W0465203

Der große Aquarienführer

FISCHE, PFLANZEN UND ZUBEHÖR FÜR IHR AQUARIUM

Der große Aquarienführer

FISCHE, PFLANZEN UND ZUBEHÖR FÜR IHR AQUARIUM

KÖNEMANN

Originalausgabe © 1995, ATP - Chamalières - Frankreich

Originaltitel: Le Grand Guide de l'Aquarium

Dieses Buch, einschließlich aller seiner Teile, ist urheberrechtlich geschützt.
Vervielfältigungen, Übersetzungen, Mikroverfilmungen sowie die
Einspeicherung und Verarbeitung in elektronischen Systemen bedürfen der
schriftlichen Zustimmung des Verlags.

© 1999 für die deutsche Ausgabe:
Könemann Verlagsgesellschaft mbH
Bonner Straße 126
D-50968 Köln

Übersetzung aus dem Französischen:
Anne Gähler, Ingrid Körber, Julia Paiva Nunes
für VerlagsService
Fachlektorat: Harro Hieronimus, Solingen
Produktion und Satz:
VerlagsService Dr. Helmut Neuberger
& Karl Schaumann GmbH, Heimstetten

Projektkoordination: Dorit Esser
Herstellung: Ursula Schümer

Druck und Bindung: Jean Lamour
Printed in France
ISBN 3-8290-1734-0

10 9 8 7 6 5 4 3 2

Inhalt

Vorwort

Wurde die Aquaristik früher ausschließlich von ernsthaften Wissenschaftlern in ihren Labors betrieben, steht sie heutzutage jedermann offen. Fachgeschäfte, Spezialabteilungen von Kaufhäusern und große öffentliche Aquarien sind allgegenwärtig, entsprechende Literatur steht reichlich zur Verfügung. Immer mehr Erwachsene und Kinder geraten in den Bann dieses täglichen Naturschauspiels, das ihnen normalerweise vorenthalten bliebe.

Es gibt mindestens ebenso viele Arten von Hobbyaquarianern wie Fischarten: die Beinahe-Profis, die Bescheidenen, die Spezialisten. Es gibt die eingefleischten Aquarienfans, die diesem Hobby ihre gesamte Zeit und Energie widmen, und die Gelegenheitsaquarianer, junge und alte, Wissenschaftler, Laien, aktive und Rentner ... Die Welt der Aquarianer ist reich an unterschiedlichen Typen.

»Eine komische Kiste«

So wurde auch der Fernseher in seiner Anfangszeit genannt, eine Kiste, die uns im Wohnzimmer ein Fenster zu einer anderen Welt öffnete. Auch das Aquarium bringt uns mit einer fremden Welt in Berührung, doch was sich in dieser Kiste bewegt, ist lebendig. Natürlich möchte man sie bestmöglich zur Geltung bringen, man sucht einen geeigneten Standort aus, richtet das Becken hübsch ein und bevölkert es mit dekorativen Fischen. So lenkt es die Blicke auf sich und drängt Fotos, Bilder und sogar das Fernsehen nach und nach in den Hintergrund.

Seit etwa zehn Jahren gibt es immer mehr Aquarien in öffentlichen oder halböffentlichen Einrichtungen. In Schulen werden sie als Lehrmittel eingesetzt, mit dem Tiere in einem ihrem natürlichen Lebensraum ähnlichen Umfeld beobachtet werden können.

Auch im medizinischen Bereich sind Aquarien häufig anzutreffen. Die meistens vorherrschende Farbe Grün, die Ruhe und das dargebotene Schauspiel ziehen die Aufmerksamkeit auf sich. Man sieht Aquarien in den Wartezimmern von Ärzten und Zahnärzten, in Rehabilitationseinrichtungen und bei Physiotherapeuten, in Krankenhäusern und sogar in psychiatrischen Kliniken. Neuerdings werden sie auch in Strafvollzugsanstalten eingesetzt.

Amazonas-aquarium in einer Zahnarztpraxis, gegenüber dem Patientenstuhl. ▽

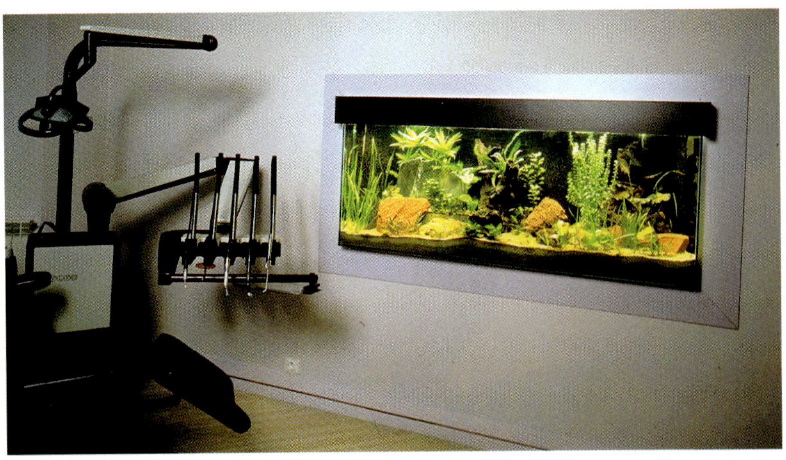

Aquaristik, Wissenschaft und Aquakultur

Aquaristik fördert die Erforschung des Lebensraums Wasser. Die Anwendungsbereiche sind die Biologie der Tiere und Pflanzen, Ökologie, Fortpflanzung, Ernährung und Verhalten. Manche Arten dienen der Erforschung der toxischen Wirkung von Umweltgiften. Die Aquakultur, die Züchtung von Speisefischen, weist Ähnlichkeiten mit der Aquaristik auf. In beiden Fällen geht es darum, Fische unter bestmöglichen Bedingungen in Gefangenschaft zu halten und zu vermehren.

Durch den Einsatz von Aquarien konnten beispielsweise neue Erkenntnisse über die

△ *Öffentliche Aquarien sind ein wichtiger Teil der kleinen Welt der Aquarianer; die reiche Unterwasserwelt steht dort jedem offen. Salmoniden im Aquarium von Le Bugue.*

Aufzucht von marinen Fischlarven als Speisefische gewonnen werden. Die Aquaristik kann außerdem zum Schutz gefährdeter Arten beitragen, indem man deren Verhalten und Fortpflanzung in Gefangenschaft untersucht, sie gezielt vermehrt und dann in der Natur aussetzt.

Andererseits wird der Aquaristik regelmäßig zum Vorwurf gemacht, die Zerstörung mancher Lebensräume sogar zu unterstützen. Die meisten Süßwasserfische werden zwar gezüchtet, Seefische hingegen hauptsächlich in ihrer natürlichen Umgebung gefangen. Wegen schlechter Fang- und Transportbedingungen kommen dabei auf einen Meeresfisch, der lebend das Aquarium erreicht, oft einige andere, die, zuweilen unter dubiosen Umständen, beim Fang, beim Transport oder bei der Akklimatisation umkommen. In dieser Hinsicht ist der Vorwurf also gerechtfertigt. Abhilfe könnte durch strengere Kontrollen und bessere Techniken geschaffen werden, damit sich der Raubbau an der Natur im Namen der Aquaristik in Grenzen hält.

Ziel ist das biologische Gleichgewicht

Ein Aquarium bedeutet heute viel mehr als ein Glas, in dem ein Goldfisch seine Runden dreht; es ist ein »Stück« nachgebildeter Natur, das ständig im Gleichgewicht sein muß. Wenn dieses Gleichgewicht nicht stark gestört ist, gehorcht die Natur gewissen Gesetzen. Aquarianer zu sein bedeutet, diese Gesetze zu verstehen und sie bei der Ausgestaltung des Aquariums mit seiner deutlich höheren Besatzdichte an Tieren und Pflanzen zu achten. Der Aquarianer bringt Ordnung in sein Mini-Universum. Doch diese scheinbare Allmacht ist in Wahrheit einem absoluten Gebot unterworfen, nämlich dem, die Natur so gut wie möglich zu imitieren; alles andere hätte über kurz oder lang den Tod des Aquariums zur Folge.

Das Aquarium, Ökologie zum Anfassen

Der abgeschlossene Lebensraum des Aquariums fördert das Verstehen bestimmter ökologischer Phänomene und ist eine ausgezeichnete Einführung in die Wissenschaft der Ökologie, die zwar schon im 19. Jahrhundert entstanden, aber erst in den letzten 20 Jahren populär geworden ist. Sie betrifft nicht nur den Menschen und sein Lebensumfeld, wie viele meinen, sondern sämtliche Abläufe in den Beziehungen zwischen Lebewesen und ihren Lebensräumen.

Die Welt der Aquaristik

Zwar bleiben viele Aquarianer, insbesondere die Anfänger, mit ihrem Hobby allein, eine Kontaktaufnahme mit den zahlreichen Clubs und Vereinen empfiehlt sich jedoch immer.

Lebensraum Wasser

Ohne Wasser gäbe es auf unserem Planeten kein Leben. Doch Wasser allein reicht nicht aus. Erst bestimmte Inhaltsstoffe ermöglichen die Entwicklung von Lebewesen. Pflanzen und Fische in einem Aquarium zu halten und zu vermehren, erfordert daher gewisse Kenntnisse über die Eigenschaften des Elements Wasser. Leider wissen viele Menschen über diesen Lebensraum nicht genügend Bescheid.

SÜSSWASSER

Die wissenschaftlich korrekte Bezeichnung lautet «festländische Gewässer». Diese stellen nur 2,6 Prozent der Wasservorkommen der Erde dar. Der Rest sind Meere und Ozeane. Von dieser Menge muß man nochmals 98 Prozent in Gletschern und unterirdischen Gewässern gebundenen Wassers abziehen und erhält als Lebensraum für lebende Organismen nur mehr Flüsse, Seen und Teiche, die lediglich 2 Prozent der gesamten festländischen Wasservorkommen darstellen.

Temperatur

△ Ein Heizthermostat sorgt für eine nahezu konstante Wassertemperatur.

Die Temperatur ist ein wichtiger Parameter für den Lebensraum Wasser, denn sie reguliert das Wachstum von Tieren und Pflanzen und beeinflußt den Sauerstoffgehalt sowie zahlreiche andere Faktoren.
Anders als bei Säugetieren, deren Körpertemperatur geregelt und praktisch konstant ist, verändert sich die der Fische und anderer Tiere im Aquarium mit der Wassertemperatur. Sie gedeihen nur bei bestimmten Temperaturen, wobei einige Arten auf Veränderungen dieses Parameters sensibler reagieren als andere.
Die Temperatur von tropischem Süßwasser schwankt weniger als in gemäßigten Breiten wie z. B. Mitteleuropa. Sie liegt ständig zwischen 20 und 30 °C. Örtlich kühlt sich das Wasser durch den Schatten der tropischen Regenwälder ab, während sich ruhige Gewässer unter direkter Sonneneinstrahlung aufheizen.
Für Aquarien wird allgemein eine Durchschnittstemperatur von 25 °C ± 1–2 °C empfohlen. Kurze Zeit (weniger als 24 Stunden) tolerieren die Fische auch größere Temperaturschwankungen. Auf Dauer würde ihr Stoffwechsel jedoch schwer gestört, d. h. ihr Organismus geriete aus dem Takt, und früher oder später würde der Tod eintreten. Zu beachten ist außerdem, daß zu hohe oder zu niedrige Temperaturen den Ausbruch bestimmter Krankheiten fördern.

Sauerstoff und Kohlendioxid

Luft enthält ungefähr zwanzig Prozent Sauerstoff, die sauerstoffreichsten Gewässer jedoch selten mehr als ein Prozent dieses gelösten Gases.
Fische haben ein wichtiges Organ, die Kiemen, mit dem sie dem Wasser den lebensnotwendigen Sauerstoff entziehen können (siehe Anatomie und Biologie).
Sauerstoff brauchen außerdem die Pflanzen sowie die mit bloßem Auge unsichtbaren Organismen, die man oft

Einfache Filtersysteme wälzen das Wasser um und reichern es mit dem für die Fische lebenswichtigen Sauerstoff an. ▷

Beispiele für die Temperatur in unterschiedlichen Gewässern (in °C)

Mittel- und Westeuropa		Tropische Zonen		
Gebirgsbäche	**Flüsse in der Ebene**	**Südamerika Amazonasgebiet**	**Südostasien Sumpfgebiete**	**Afrika Große Seen**
4–15	6–20	23–28	26–28	25–27

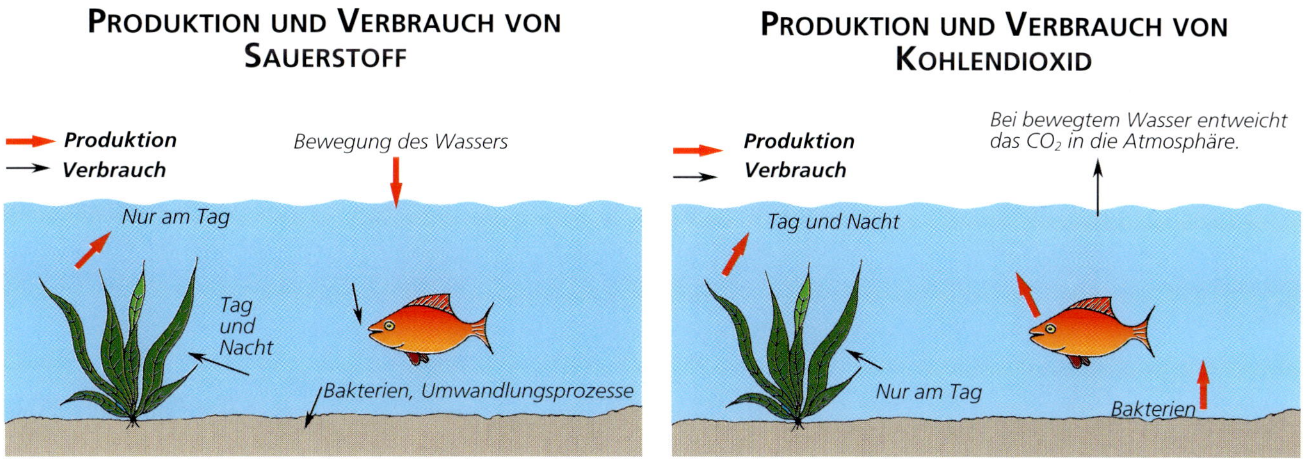

Tag und Nacht nehmen alle Lebewesen Sauerstoff auf und geben Kohlendioxid ab. Nur am Tag nehmen Pflanzen Kohlendioxid auf und produzieren über die Photosynthese Sauerstoff.

vergißt: die Bakterien. Sie wandeln die von Lebewesen stammenden organischen Stoffe (Ausscheidungen, diverse Abfallstoffe) durch chemische Reaktionen um und verbrauchen dabei ebenfalls Sauerstoff.

Wasser gerät durch Wind, Strömung und Gefälle in Bewegung und nimmt dabei Sauerstoff aus der Luft auf. Je bewegter ein Gewässer ist, desto sauerstoffreicher ist es. Auch die Pflanzen geben über die tagsüber ablaufende Photosynthese Sauerstoff an das Wasser ab. Der maximale Sauerstoffgehalt eines Gewässers hängt von seiner Temperatur ab; je wärmer das Wasser ist, desto weniger Sauerstoff enthält es: Bei 25 °C liegt der maximale Sauerstoffgehalt um 18 Prozent niedriger als bei 15 °C.

Der Sauerstoffgehalt wird in Milligramm pro Liter (mg/l) gemessen und ist relativ schwer zu regeln. Die bewegtesten und somit sauerstoffreichsten Gewässer enthalten etwa 8 bis 10 mg/l, sauerstoffärmere im Extremfall weniger als 2 mg/l.

Wegen der empfohlenen Wasserumwälzung ist der Sauerstoffgehalt im Aquarium im allgemeinen sehr hoch. Nur selten treten Probleme auf, z. B. wenn die Aquarienparameter nicht stimmen (zu hohe Besatzdichte, zu wenig Pflanzen) oder die Geräte nicht funktionieren (Panne, Stromausfall).

Bei den Atemvorgängen von Fischen, Pflanzen und Bakterien entsteht Kohlendioxid. Durch die Wasserzirkulation und die damit verbundene Anreicherung mit Sauerstoff verringert sich sein CO_2-Anteil; dieses Gas wird an die Atmosphäre abgegeben. Im Aquarium ist CO_2 eher selten, was im Extremfall für die Pflanzen zum Mangelproblem wird. Tagsüber nehmen sie bei der Photosynthese nämlich Kohlendioxid auf und beziehen daraus Kohlenstoff für ihr Wachstum.

Zwischen Sauerstoff, Kohlendioxid, Pflanzen und Fischen muß also ein ständiges Gleichgewicht herrschen, das sich nachts, wenn die Pflanzen keinen Sauerstoff produzieren, allerdings verändert.

Kohlendioxid ist außerdem einer der vielen Faktoren, die den pH-Wert beeinflussen.

DER pH-WERT

Der pH-Wert gibt an, in welchem Verhältnis Säuren und Laugen im Wasser vorhanden sind. Wasser mit pH 7 ist neutral, darunter sauer, darüber alkalisch oder basisch.

Wenn man von saurem Wasser spricht, bedeutet das aber nicht, daß es gefährliche Säuren enthält; in den Wäldern reichern sich Bäche und Flüsse mit sauren organischen Elementen an, den sogenannten Huminsäuren, die aus der Zersetzung von pflanzlichem Material entstehen (Humus). Das Wasser ist deshalb bräunlich gelb.

Im allgemeinen ist im Wasser nur bei einem pH-Wert zwischen 4 und 9 Leben möglich. Im Aquarium werden diese Grenzwerte nur selten erreicht, in der Regel liegt der pH-Wert je nach Art des Wassers zwischen 6 und 8, meistens sogar zwischen 6,5 und 7,5. In der Aquaristik spricht man von saurem Wasser, wenn der pH-Wert zwischen 6 und 6,8 liegt, von basischem Wasser bei Werten von 7,2 bis 8. Zwischen 6,8 und 7,2 gilt das Wasser als

Maximaler Sauerstoffgehalt reinen Wassers in Abhängigkeit von der Temperatur. ▽

°C	O_2 mg/l
15	10,1
16	9,9
17	9,7
18	9,5
19	9,3
20	9,1
21	8,9
22	8,7
23	8,6
24	8,4
25	8,3
26	8,1
27	7,9
28	7,8

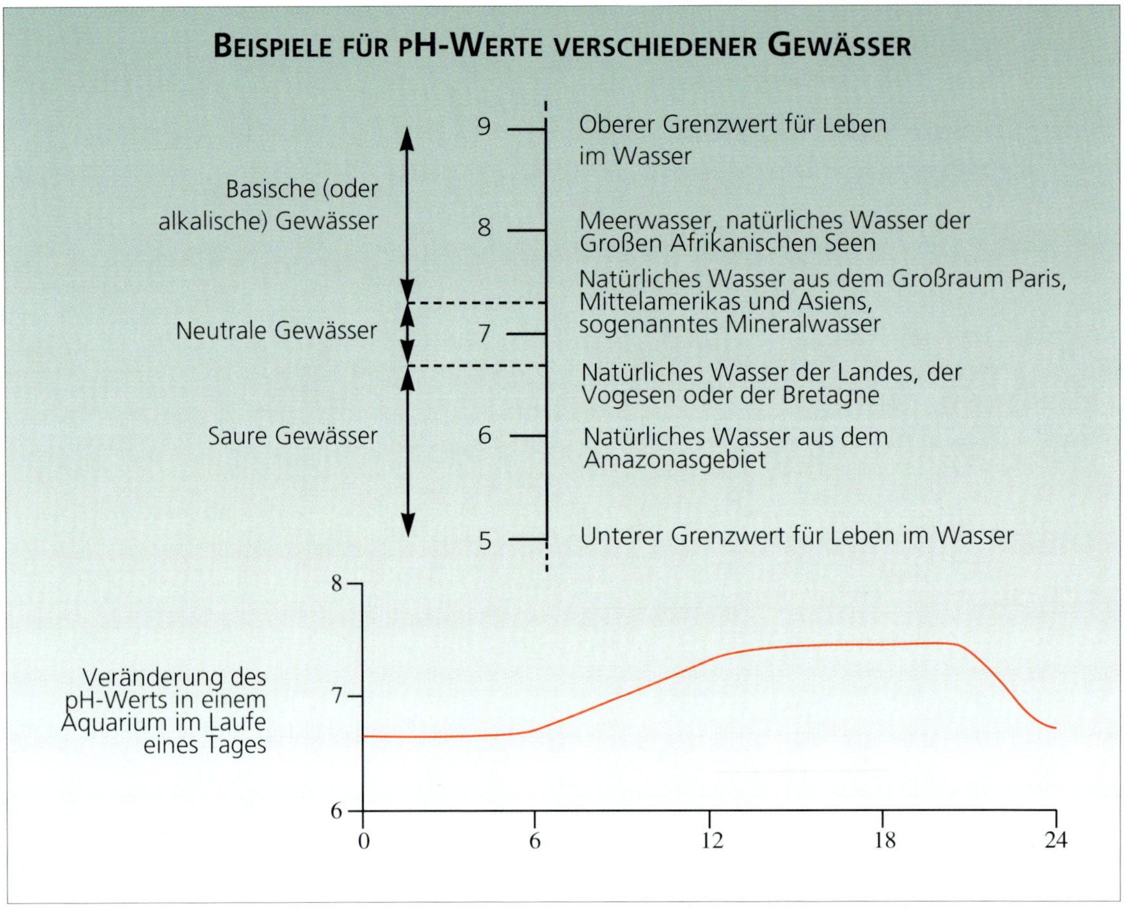

neutral. Biologische Abläufe lassen den pH-Wert schwanken: Nachts macht das von den Lebewesen produzierte Kohlendioxid das Wasser saurer, der pH-Wert geht leicht zurück. Wenn die Pflanzen das CO_2 tagsüber wieder absorbiert haben, steigt der pH-Wert erneut an.

Leichte Schwankungen sind also normal, stärkere Abweichungen deuten hingegen auf Probleme hin. Der pH-Wert ist ein guter Maßstab für das Gleichgewicht im Aquarium und muß deshalb regelmäßig überprüft werden.

Den pH-Wert mißt man folgendermaßen: Eine Probe Aquariumwasser wird mit einigen Tropfen Testflüssigkeit gemischt und mit einer Farbskala verglichen; so kann der pH-Wert ziemlich genau bestimmt werden. ▽

Es gibt Meßverfahren, bei denen man etwas Aquariumwasser in einen Testbehälter gibt und den Farbwechsel dann mit einer Farbskala vergleicht. Es sind aber auch elektronische Meßgeräte erhältlich.

Ändern des pH-Werts

Der pH-Wert des zur Verfügung stehenden Wassers ist nicht immer für die gewählten Fischarten geeignet. Außerdem kann er im Laufe der Zeit langsam ansteigen oder absinken. In Aquarienhandlungen sind pH-minus- oder pH-plus-Präparate erhältlich, es gibt aber auch andere Möglichkeiten zur Beeinflussung des pH-Werts.

- *Maßnahmen bei zu hohem pH-Wert:*

– Das Wasser mit saurerem Wasser mischen.
– Die Wasserumwälzung reduzieren, wodurch das Kohlendioxid langsamer abgebaut wird, zum Teil im Wasser verbleibt und es somit saurer macht. Aber Vorsicht, denn weniger Wasserzirkulation bedeutet auch einen niedrigeren Sauerstoffgehalt.
– Das Wasser über Aquarientorf filtern, wodurch bestimmte Säuren freigesetzt werden. Schritt für Schritt und unter ständiger Kon-

trolle des pH-Werts bestimmt man so, welche Menge Torf für einen konstanten pH-Wert benötigt wird.

• *Maßnahmen bei zu niedrigem pH-Wert:*
– Das Wasser mit alkalischerem, in der Regel härterem Wasser vermischen (*siehe* Die Wasserhärte).
– Das Wasser stärker umwälzen, wodurch das im Wasser gelöste CO_2 vermehrt abgebaut wird und der pH-Wert ansteigt.
– Das Wasser über kalkhaltiges Material wie Gestein oder Muschelgrit filtern. In diesem Fall erhöht sich auch die Wasserhärte.

Die Wasserhärte

Die Wasserhärte entspricht der Gesamtheit der darin enthaltenen Kalzium- und Magnesium-Verbindungen (Abk. Ca und Mg). Diese Salze genannten Hauptbestandteile liegen in Form von Karbonaten, Bikarbonaten und Sulfaten vor. Wasser mit Härtegrad 0 enthält keinerlei Salze (destilliertes Wasser).
Das Wasser einiger Gebiete Europas (Regionen um Paris und München, Normandie, Alpen- und Voralpengebiet) hat einen relativ hohen Härtegrad, hauptsächlich wegen des Gehalts an Kalk (oder Kalziumkarbonat).
Der Härtegrad des Wassers hängt schließlich von den Bodenschichten ab, die es durchdringt. Je mehr Kalk- und Magnesiumgestein diese enthalten, desto höher ist der Härtegrad. In der Waschmaschine z. B. benötigt man deshalb bei der Verwendung solchen Wassers mehr Waschpulver. Ab einem bestimmten Härtegrad (*siehe* Tabelle S. 17) ist das Wasser für den Genuß oder jede andere Verwendung unbrauchbar.
Wasser, das wenig Kalzium- und Magnesiumsalze enthält, wird als weich, Wasser mit einem hohen Härtegrad als hart bezeichnet.
Die Wasserhärte wird in deutschen Härtegra-

Die Nahrungskette

In der Natur

Leben im Wasser und auf dem Land ist nur durch die Einwirkung von Licht möglich. Pflanzen (bzw. Plankton) nehmen Licht zusammen mit Kohlendioxid (CO_2) auf und verbrauchen dabei Mineralsalze, die als Dünger wirken. Diese Pflanzen dienen als Nahrung für pflanzen- oder allesfressende Fische, die wiederum von fleischfressenden Fischen gefressen werden. Das letzte Glied in der Kette lebt entweder im Wasser (Delphin, Hai), auf dem Land (Mensch) oder in der Luft (Vogel). Wenn Organismen im Wasser absterben, sinken sie auf den Grund, ihr Körper wird von Bakterien zersetzt, die Materie wieder in Mineralsalze umgewandelt. Somit schließt sich die Nahrungskette.

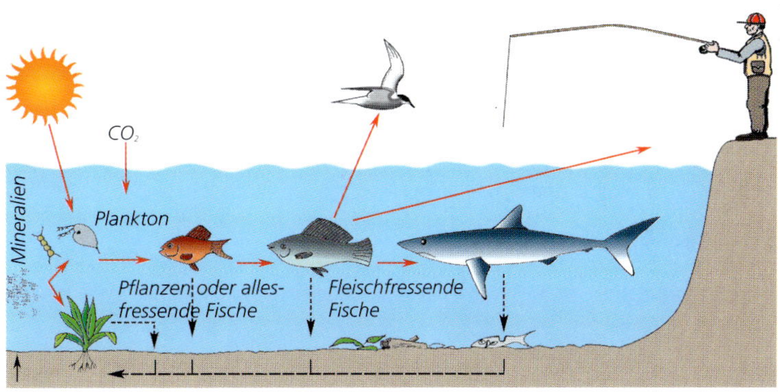

Im Aquarium

Im Aquarium ist die Nahrungskette vereinfacht, denn selbstverständlich kann man fleischfressende Fischarten nicht mit ihrer Beute in einem Becken halten. Die Fische werden vom Aquarianer gefüttert, obwohl sie sich in manchen Fällen auch von den Pflanzen ernähren, die im Becken wachsen.

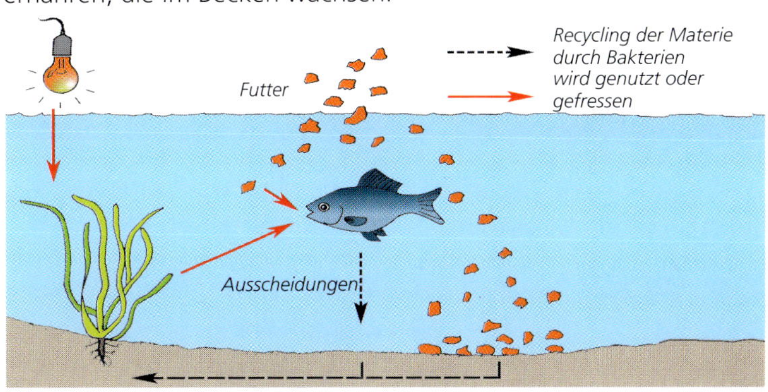

Im Handel sind Meßsets für Aquarianer erhältlich, mit denen die meisten wichtigen Wasserparameter kontrolliert werden können. ▽

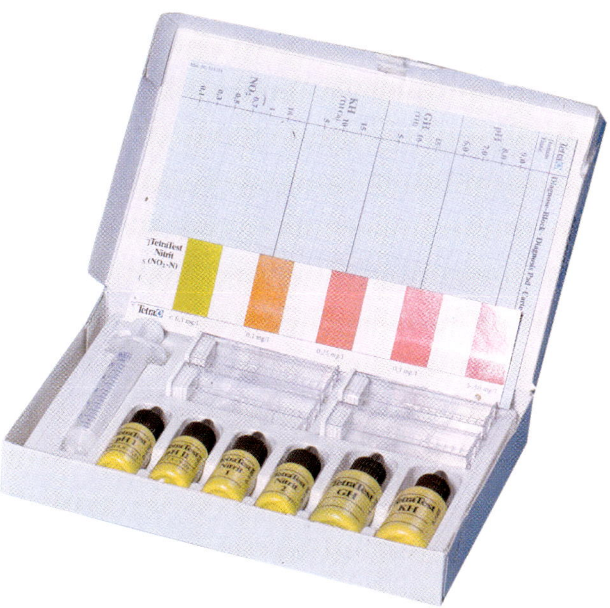

Torf

Torf entsteht durch die Zersetzung von Pflanzen in saurer Umgebung ohne Sauerstoffeinwirkung. Der Prozeß dauert mehrere Jahrhunderte und führt zuletzt zur Entstehung eines Torfmoors, wo der faserige, kompakte Torf abgebaut werden kann.
Torf färbt das Wasser bräunlich gelb und macht es saurer, wodurch es leicht antiseptische Eigenschaften erhält; manche Krankheiten treten in saurem Wasser seltener auf. Statt Gärtnertorf, der manchmal mit unterschiedlichen Substanzen angereichert ist, sollte im Fachhandel erhältlicher Aquarientorf verwendet werden. Vor Gebrauch wird der Torf ca. 15 Minuten gekocht.

Hemigrammus erythrozonus, *Glühlichtsalmler*. △

In Südamerika, im Amazonasgebiet, enthält das Wasser Blätter und Äste und ist dadurch gelblich braun bis braun. Um im Aquarium die Eigenschaften dieses Wassers (geringe Härte, pH-Wert unter 7, bräunliche Färbung) zu reproduzieren, verwendet man u.a. Torf als Filtermasse.

Pterophyllum scalare, *Skalar*. ▽

Kalzium (Ca)

Kalzium ist für das Leben im Wasser überaus wichtig. Pflanzen enthalten wenig, Tiere deutlich mehr Kalzium; es ist im Skelett der Fische, dem Panzer von Krustentieren und in der Schale von Mollusken enthalten (in beiden letzteren Fällen in Form von Kalziumkarbonat, $CaCO_3$). Kalzium und Magnesium kommen in härterem Wasser in größeren Mengen vor als in weichem.

den (°dGH) gemessen, was nicht mit Grad Celsius (°C) für die Temperaturangabe zu verwechseln ist. 1 °dGH entspricht 10 mg Kalziumionen oder der äquivalenten Menge eines anderen Erdalkaliions pro Liter.
In der Aquaristik gibt es im allgemeinen folgende Unterteilung:

– weiches Wasser mit einem Härtegrad von 1–8 °dGH, das im allgemeinen sauer ist;
– mittelhartes Wasser mit einem Härtegrad von 8–12 °dGH, das neutral oder leicht basisch ist;
– hartes Wasser mit einem Härtegrad von über 12 °dGH, das eindeutig basisch ist.

In späteren Kapiteln wird erläutert, warum manche Fischarten nur in bestimmten Wasserarten überleben können.

Die Messung der Härte

Bei Verwendung eines Farbtests gibt die Anzahl der Tropfen, die benötigt werden, bis eine Farbänderung eintritt, den Gesamthärtegrad an. Leider wird für diese Analysen nicht in allen Ländern die gleiche Einheit zugrunde gelegt. So gibt es deutsche, französische, englische und amerikanische Härtegrade. z. B. verhält sich das deutsche zum französischen Maß wie folgt:
1 °dGH = 1,78 °fr.
1 °fr. = 0,56 °dGH

• *Woher weiß man, welche Einheit der Hersteller eines Tests verwendet?*
Hierzu braucht man nur einen bekannten Gesamthärtegrad, z. B. eines Mineralwassers, nachzumessen (*siehe* S. 23). Erhält man den auf dem Etikett angegebenen Wert, handelt es sich um deutsche Grade – sofern Sie ein deutsches Mineralwasser verwenden. Erreicht man dabei andere Werte, liegt vielleicht ein Bedienungsfehler vor, oder das Haltbarkeitsdatum des Tests ist abgelaufen.

Zusammenhang zwischen Gesamthärte und temporärer Härte

Wie bereits erwähnt, sind zu große, insbesondere zu rasche Schwankungen des pH-Werts schädlich für das Leben im Wasser.

Die Wasserhärte

Wasserenthärtungs- und Osmoseanlagen

Wasserenthärtungsanlagen für den Haushalt binden die Kalziumkarbonatsalze in speziellen Harzen, reichern das Wasser jedoch mit anderen Substanzen wie Natrium an. Für die Aquaristik können sie nicht empfohlen werden.
Osmosegefiltertes Wasser enthält wenig Mineralien; das Gerät wird einfach an eine Trinkwasserleitung angeschlossen. Über eine Membran filtert es bestimmte Substanzen, darunter Kalziumkarbonatsalze, heraus.
Das so behandelte Wasser ist für den Aquarianer also sehr interessant, der Bedarf muß aber genau berechnet werden, da eine Osmoseanlage eine hohe Investition darstellt, die nicht unbedingt notwendig ist, es sei denn, man besitzt mehrere Aquarien.

Beispiele für unterschiedliche Wasserhärten (Gesamthärte)

°dGH		
20	Grenzwert für Trinkwasser	Hartes Wasser
14	Normandie, Pariser Region, Alpenraum, Alpenvorland, Große Afrikanische Seen	
11	Mittelamerika	Mittelhartes Wasser
	Pyrenäen-Atlantikküste	
8		
6		Weiches Wasser
	Vogesen, Bretagne	
	Asien	
3		
	Amazonien	
0		Destilliertes Wasser

Sehr hartes Wasser über 30 °dGH ist nicht verwendbar.

Woran erkennt man hartes Wasser sofort?

Bei hartem Wasser schäumt Seife stark, bei weichem oder destilliertem Wasser jedoch nicht.

Wasserhärte: So vermeiden Sie Verwechslungen

Die Verwendung unterschiedlicher Begriffe und Abkürzungen für die Wasserhärte ist manchmal verwirrend. Die nachfolgende Tabelle enthält die in der aquaristischen Literatur üblichen Begriffe.

Bezeichnung	Synonym	Franz. Abk.	Deut. Abk.	Beschreibung
Gesamthärte	Permanente Härte	TH	GH	Mißt sämtliche Kalzium- und Magnesiumsalze.
Karbonathärte	Temporäre Härte	TAC THCA	KH	Mißt nur die Karbonate und Bikarbonate.

Wasser für den Aquarieneinsatz sollte zuerst auf die Gesamthärte untersucht werden. In späteren Kapiteln wird nur noch von der üblicheren Bezeichnung »Härte« die Rede sein, auch wenn das nicht der offizielle Terminus ist. Die temporäre Härte bezieht sich auf die Karbonate und Bikarbonate, wobei letztere bei weichem Wasser mit einem pH-Wert unter 8 in der Überzahl sind.

△ *Die Sumatrabarbe* (Capoeta tetrazona, *hier die goldfarbene Variante) bevorzugt weiches bis mittelhartes Wasser, insbesondere für die Fortpflanzung.*

Zum Ausgleich hat die Natur die temporäre Härte oder Karbonathärte geschaffen. Je höher die Karbonathärte, desto geringer ist die Gefahr, daß der pH-Wert stark schwankt, und umgekehrt. Diese sogenannte Pufferkapazität tritt also nicht bei weichem, saurem Wasser auf. Zwischen temporärer Härte und Gesamthärte besteht ein Zusammenhang: Je mehr sich die temporäre Härte der Gesamthärte annähert, desto ausgewogener ist die Wasserzusammensetzung. Beträgt die temporäre Härte weniger als 75 Prozent der Gesamthärte, wird es problematisch.

Veränderung des Härtegrads

In manchen Fällen eignet sich das zur Verfügung stehende Wasser wegen seiner Härte nicht für die Verwendung im Aquarium. Meistens ist das Wasser etwas zu hart, die Gesamthärte muß also für Gesellschafts- oder Zuchtbecken verringert werden.
Daß das Wasser etwas zu weich ist und der Gesamthärtegrad daher erhöht werden muß, kommt seltener vor.

• *Senkung der Gesamthärte*

Wasser mit geringem Härtegrad kann mit hartem Wasser gemischt werden. Mehrere Lösungen bieten sich an (*siehe* S. 21–23):
– Regenwasser;
– Quell- und Brunnenwasser;
– Abtauwasser aus dem Kühlschrank;
– Schmelzwasser;
– destilliertes Wasser, in Flaschen abgefüllt erhältlich;
– manche Sorten von Mineralwasser;
– natürliches Wasser aus Gewässern mit geringem Härtegrad.

Von Fall zu Fall ist die Menge des zur Verfügung stehenden Wassers also verschieden groß und teuer. Um ein mehrere hundert Liter fassendes Aquarium mit Wasser einer bestimmten Härte zu füllen, ist zuweilen ein langwieriges Mischen in mehreren Gefäßen nötig.
Wasser aus Haushaltsenthärtungsanlagen sollte nicht verwendet werden, da hier die Kalziumkarbonatsalze durch andere Salze ersetzt werden. Osmoseanlagen (*siehe* S. 17) erscheinen als interessante Lösung, sind aber mit hohen Anschaffungskosten verbunden.

• *Erhöhung der Gesamthärte*

Man kann das Wasser mit härterem natürlichem Wasser mischen, das normalerweise leichter zu finden sein dürfte als weicheres Wasser, oder Kalkfelsen in das Aquarium setzen und die Erhöhung der Gesamthärte ständig überprüfen, oder aber das Wasser über Muschelgrit filtern.
Mit dem Härtegrad ändert sich auch der pH-Wert: je höher die Wasserhärte, desto höher der pH-Wert, und umgekehrt.

Mischen von Wasser mit einem bestimmten Härtegrad

Angenommen, es stehen härteres und weicheres Wasser zum Mischen zur Verfügung:
Wasser Nr. 1, Gesamthärte (GH) 11 °dGH;
Wasser Nr. 2, GH 3 °dGH;
gewünschtes Mischwasser: GH 5–6 °dGH.
Es wird folgendermaßen gerechnet:
GH Wasser Nr. 1 – GH Mischwasser = 20 – 10 = 10.
GH Mischwasser – GH Wasser Nr. 2 = 10 – 5 = 5.
Aus 10 Litern Wasser Nr. 2 und 5 Litern Wasser Nr. 1 erhält man 15 Liter Mischwasser mit GH 5–6 °dGH. Für ein Becken von 150 Litern ist 150 : 15 = 10mal diese Mischung erforderlich, also 50 Liter Wasser Nr. 1 und 100 Liter Wasser Nr. 2. Ein anderes Beispiel mit gleichen Wasserarten: Für das gleiche Bekken mit GH 8,5 °dGH sind 100 Liter Wasser Nr. 1 und 50 Liter Wasser Nr. 2 nötig.

Die Wassertrübung

Trüb wird das Wasser durch die Schwebstoffe. Das sind entweder lebende Organismen in Form von Plankton (im Aquarium nur selten) oder leblose Materie, z. B. Abfallstoffe tierischer oder pflanzlicher Herkunft oder Sediment-, in erster Linie Schlammpartikel.
Diese Schwebteilchen können von wenigen tausendstel Millimetern bis zu einigen Millimetern groß sein. In ruhigem, wenig bewegtem Wasser setzen sie sich um so schneller ab, je schwerer sie sind. In Fließgewässern oder bewegterem Wasser ist ständig ein Teil von ihnen in der Schwebe, wodurch das Wasser mehr oder weniger trüb wirkt.
Im Aquarium wird das Wasser zwar ständig umgewälzt, bleibt aber dennoch dank unterschiedlich ausgefeilter Filtersysteme klar. Die Vorteile liegen auf der Hand:
– die Sicht ist besser, und es sieht schöner aus;
– das für die Pflanzen lebensnotwendige Licht kann das Wasser leichter durchdringen; die Gefahr von Krankheiten, besonders der Kiemen, ist geringer;
– auf dem Grund des Aquariums lagern sich weniger Sedimente ab, so daß sich Verschlammung und Umwandlung organischer Materie in Grenzen halten.

Stoffwechselprodukte und Stickstoffzyklus

Im Wasser gelöste Substanzen, die vor allem von den Ausscheidungen der Fische stammen, enthalten Stickstoff (N). Diese Substanzen unterschiedlicher Komplexität werden rasch in Ammoniumverbindungen (NH_3 bzw. NH_4^+) umgewandelt, die für alle Tiere giftig sind. Bakterien bauen diese unter Aufnahme von Sauerstoff zu Nitrit (NO_2^-) ab, das ebenfalls überaus toxisch ist. Andere aerobe Bakterien wandeln Nitrit in Nitrat (NO_3^-) um, das für Fische kaum giftig ist und von den Pflanzen als Dünger verwertet werden kann. Die Gesamtheit dieser Umwandlungen wird Stickstoffzyklus genannt.
In der Natur können außerdem Einflüsse aus der Landwirtschaft dazukommen (*siehe* Schema). Da die Pflanzen am Anfang der Nahrungskette stehen, ist auch diese in den Stickstoffzyklus einbezogen.

Im Aquarium sieht es jedoch anders aus. Manche Fische ernähren sich teilweise von Pflanzen, die meisten werden jedoch gefüttert, wodurch es zeitweilig zu einem Überangebot an Nahrung kommt. Dies wirkt sich auf den Stickstoffzyklus aus, dessen Gleichgewicht unbedingt gewährleistet sein muß. Deshalb sollte man eine zu hohe Besatzdichte und Überfütterung vermeiden. Günstig ist außerdem, das Aquarium ausreichend zu bepflanzen und auf sauerstoffreiches, das heißt gut belüftetes Wasser zu achten, damit sich genügend Bakterien entwickeln und optimal arbeiten können. Durch regelmäßigen Teilwasserwechsel werden Futterreste, diverse organische Substanzen und die überschüssigen, von den Pflanzen nicht genutzten Nitrate beseitigt. Ein biologischer Filter fördert den Stickstoffzyklus.

Der Stickstoffzyklus

In der Natur

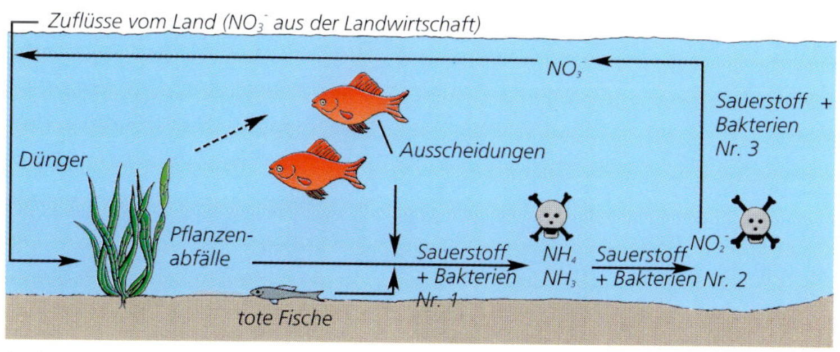

= toxische Produkte
-------> evtl. Pflanzenkonsum
———> Umwandlung der Stickstoffverbindungen

Stickstoffmoleküle tierischer oder pflanzlicher Herkunft werden in stark giftige Ammoniumverbindungen, später in ebenfalls giftiges Nitrit umgewandelt. Nitrite werden im Anschluß zu Nitraten, die wesentlich weniger gefährlich sind und von den Pflanzen als Mineralsalze verwertet werden. Hierzu sind unterschiedliche Bakterien erforderlich, die bei der Umwandlung der Stickstoffmoleküle Sauerstoff verbrauchen, weshalb das Becken immer gut belüftet sein muß.

Im Aquarium

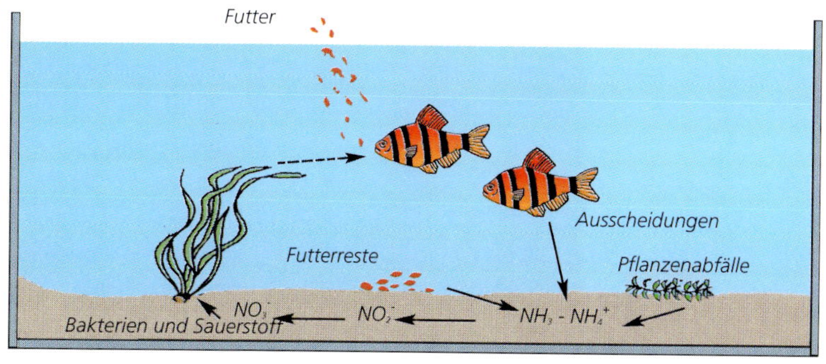

Stickstoffverbindungen				
Stickstoff-Verbindungen	**Symbole**	**Konzentration in der Natur**	**Grenzwerte im Aquarium**	**Bemerkungen**
Ammonium-verbindungen	NH_3, NH_4^+	0,005–0,05 mg/l	0,4 mg/l	1 mg/l NH_3 wird für wenige Stunden toleriert. NH_4^+ auch bis 10 mg/l
Nitrit	NO_2^-	0,001–0,05 mg/l	0,1 mg/l	0,5 mg/l wird über 24 Stunden toleriert.
Nitrat	NO_3^-	0,01 mg/l bis zu einigen Zehntel mg, je nach Gebiet	100 mg/l	150 mg/l sollten nicht überschritten werden.

Am Stickstoffzyklus beteiligte Bakterien

Im freien Wasser kommen nur wenige Bakterien vor (ca. 1 Prozent der Gesamtmenge), am Boden und an den Dekorationsgegenständen hingegen viele. Sie wandeln Stickstoffverbindungen um und nehmen dabei Sauerstoff auf.

Nach der Neueinrichtung eines Aquariums besiedeln die Bakterien das Milieu nur langsam. Es empfiehlt sich also, die gewünschten Fische erst ca. zwei bis drei Wochen später einzusetzen.

Die Toxizität der Stickstoffverbindungen

Die Konzentration von Stickstoffverbindungen ist im Aquarium höher als in einem ausgeglichenen natürlichen Milieu, und bestimmte Grenzwerte dürfen nicht überschritten werden (*siehe* Tabelle oben).

Ammonium kommt im Wasser in zweierlei Form vor und darf insgesamt 0,4 mg/l nicht überschreiten. Der gasförmige Ammonium-Stickstoff (NH_3) ist am gefährlichsten. Er entsteht erst bei pH-Werten über 7 und stellt nur selten mehr als 10 Prozent des Gesamtstick-

Nitrate, die Endprodukte des Stickstoffzyklus, werden von den Pflanzen als Mineralsalze verwertet. ▷

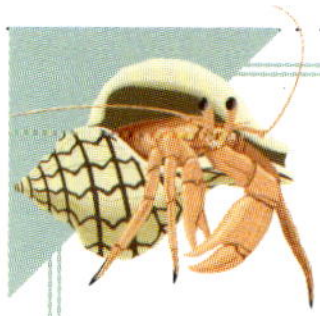

Der Nitritgehalt (NO_2^-)

In einem biologisch intakten Aquarium müssen alle Stickstoffsubstanzen unterhalb der Grenzwerte liegen. Da wenigstens Ammoniumverbindungen und Nitrate schwieriger zu überwachen sind, müssen die Nitritwerte regelmäßig kontrolliert werden. Im Fachhandel erhältliche Farbindikatoren färben sich um so dunkler, je höher die Nitritkonzentration ist. Bei zu hohem Nitritanteil:

– liegt entweder insgesamt ein Ungleichgewicht vor (Überbesatz, Überfütterung), was zu verstärkter Produktion von Ammoniumverbindungen und somit Nitrit führt;

– oder die Umwandlung von Nitriten in Nitrate ist gestört, oftmals wegen eines Mangels an Sauerstoff, den die Bakterien hierfür benötigen.

Der Nitritgehalt ist ebenso wie der pH-Wert ein guter Maßstab für die Ausgewogenheit eines jeden Aquariums und sollte deshalb unbedingt regelmäßig gemessen werden.

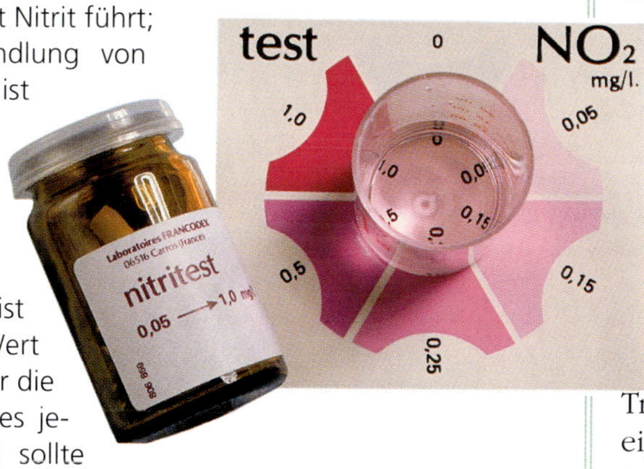

△ *Je dunkler die rosa Farbe, desto höher ist der Nitritgehalt der Probe.*

stoffs dar. Die ionisierte Form NH_4^+, die weniger gefährlich ist, kommt quantitativ weit häufiger vor.

Sonstige im Wasser gelöste Substanzen

Zahlreiche andere Substanzen liegen im Wasser in gelöster Form vor. Im allgemeinen ist ihre Konzentration niedrig und bringt keinerlei Probleme mit sich, manche, wie die Spurenelemente, haben sogar eine günstige Wirkung. Letztere umfassen verschiedene Stoffe wie Vitamine und Metalle, die in sehr geringer Konzentration lebenswichtig sind. So ist Eisen im Hämoglobin enthalten, den roten Blutkörperchen, die den von den Kiemen aufgenommenen Sauerstoff transportieren. Eisen ist auch für die pflanzliche Photosynthese wichtig: Bekommen Pflanzen zu wenig Eisen, werden sie gelb.
Mangan ist im Chlorophyll enthalten, dem grünen Farbstoff der Pflanzen, durch den diese Licht absorbieren und wachsen können. Auch andere Metalle kommen im Wasser vor, jedoch nur in Konzentrationen von wenigen Tausendstel Milligramm pro Liter. Manche, wie z. B. Kupfer, sind in höherer Konzentration sogar giftig.

Herkunft und Qualität des in der Aquaristik verwendeten Süßwassers

Am einfachsten und billigsten ist es, den Wasserhahn aufzudrehen. Es gibt aber noch andere Möglichkeiten, sich insbesondere natürliches Wasser zu beschaffen.

• *Leitungswasser*
Solange es sich um Trinkwasser handelt, was eigentlich stets vorausgesetzt werden kann, gibt es keinen Grund, weshalb es nicht für Fische geeignet sein sollte.
In manchen Regionen ist das Wasser jedoch etwas zu hart (Wasserhärte über 12 °dGH). In solchen Fällen sollte es mit weicherem Wasser gemischt werden.
Das Wasser darf niemals direkt in größerer Menge in ein von Fischen bewohntes Aquarium geleitet werden, sondern muß 24 Stunden ruhen, damit die überschüssigen, durch den Leitungsdruck gebildeten Gase entweichen können. Bei der Neueinrichtung eines Beckens ist das nicht nötig, da die Fische ohnehin erst nach einer gewissen Zeit eingesetzt werden.

• *Natürliche Gewässer*
Meistens haben die natürlichen Gewässer in der Nähe des Wohnorts ähnliche Eigenschaften wie Leitungswasser, da das Trinkwasser größtenteils von dort bezogen wird. Mancherorts hat das Wasser jedoch eine andere Zusammensetzung.

• *Quellwasser*
Das sauberste und somit interessanteste Wasser weist keine Schwebstoffe, wenig oder keine organische Materie und gute bakteriologische Qualität auf.

Optimale Zusammensetzung von Süsswasser für den Einsatz in Aquarien

Parameter	Optimale Beschaffenheit	Bemerkungen
Farbe	farblos	Gelbliches Wasser enthält organische Substanzen.
Trübung	keine	Das Wasser muß kristallklar sein.
Geruch	keiner	Manches Wasser, das organische Materialien enthält, riecht charakteristisch nach Humus.
Temperatur	unter 25 °C	Empfehlenswert ist 20–25 °C warmes Wasser.
pH	6–9	Empfehlenswert ist ein pH-Wert von 6,5–7,5.
Sauerstoff	so viel wie möglich	Trifft auf Quellwasser und Bäche zu; ruhige bzw. stehende Gewässer sind nicht geeignet.
Wasserhärte	unter 17 °dGH	Über 12 °dGH muß mit weicherem Wasser gemischt werden (außer für bestimmte Fischarten).
Ammoniak	unter 0,4 mg/l	Dieser Grenzwert wird in der Praxis kaum erreicht.
Nitrit	unter 0,1 mg/l	Das ist der Grenzwert für Trinkwasser.
Nitrat	unter 50 mg/l	Das ist der Grenzwert für Trinkwasser, der in manchen Agrargebieten jedoch überschritten wird.

Für den Aquarieneinsatz geeignetes Wasser

Wasserart	Eigenschaften	Verwendung im Aquarium
Leitungswasser	Gebietsabhängig, in Ballungszentren manchmal zu hart oder zu basisch.	Pur oder gemischt. Voll- oder Teilbefüllung eines Aquarienbeckens.
Kühlschrank-Abtauwasser	Wasserhärte null oder gering, pH-Wert fast neutral.	Verdünnung von hartem Wasser.
Destilliertes Wasser	Neutral, weich.	Verdünnung von hartem Wasser.
In Flaschen abgefülltes Wasser	Unterschiedlich. Volvic ist eines der weichsten.	Verdünnung von hartem, basischem Wasser. Mitunter gibt es Wasser, das weich genug für die Verwendung im Aquarium ist.
Natürliches Wasser		
Regenwasser	Weich und sauer (manchmal neutral), zuweilen schadstoffhaltig.	Verdünnung von hartem Wasser. In Städten und Industriegebieten zu meiden.
Schmelzwasser	Mineralarm und fast neutral.	Verdünnung von hartem Wasser. Nur sauberes Wasser verwenden.
Quellen und Bäche	Gebietsabhängig, meist wenig Trübung.	Voll- oder Teilbefüllung eines Aquariums, gemischt mit anderem Wasser.
Brunnenwasser	Unterschiedlich nach Bodenschicht, wenig Trübung.	Voll- oder Teilbefüllung eines Aquariums, gemischt mit anderem Wasser.
Tümpel, Teiche, Unterläufe von Flüssen	Unterschiedlich, oftmals trüb.	Ungeeignet, mikrobiologisch gefährlich.

◁ *Bewegtes Wasser, ob in der Natur oder im Aquarium, ist am sauerstoffreichsten.*

• *Brunnenwasser*
Ebenfalls hochwertiges Wasser, das aber manchmal zuviel Gas enthält. Zuweilen ist es leicht eisenhaltig, was das Wachstum der Pflanzen fördern kann.

• *Regenwasser*
Weiches, saures Regenwasser kann in Plastikgefäßen aufgefangen und zur Verdünnung von zu hartem Wasser verwendet werden. Unter einer Regenrinne sollte das Gefäß erst plaziert werden, nachdem der erste Schmutz vom Dach abgeflossen ist. In Städten und Industriegebieten kann das Regenwasser Schadstoffe enthalten.

• *Stehende (Tümpel, Teiche) und ruhige Gewässer (Unterläufe von Bächen und Flüssen)*
Sie sind oftmals trüb und stellen eine gewisse bakteriologische Gefahr dar.

• *Demineralisiertes oder destilliertes Wasser*
Dieses Wasser ist pH-neutral oder leicht sauer und weist keine oder nur eine geringe Härte auf. Aus Kostengründen wird es nur zum Mischen mit härterem Wasser oder zum Befüllen von Zuchtbecken verwendet. Enthärtetes Wasser darf nicht ausschließlich benutzt werden.

• *In Flaschen abgefülltes Wasser*
Es wird oft zu Unrecht Mineralwasser genannt, denn manche Arten enthalten nur sehr wenig Mineralien und sind sehr weich. Ein größeres Becken damit zu füllen kommt nicht in Frage, man kann es höchstens wie destilliertes Wasser verwenden.

◁ *Manche sogenannten Mineralwasser können in der Aquaristik verwendet.*

WERTE EINIGER HANDELSÜBLICHER WÄSSER

Marke	pH-Wert	Gesamthärte	Karbonath.
Volvic	7	3	3
Valvert	7,2–7,4	8–9	7,5–8,5
Evian	7,2–7,4	16–17	16–17

Volvic ist bei Aquarianern, die für die Zucht bestimmter Fischarten weiches Wasser benötigen, sehr beliebt. Valvert ist der Inbegriff mittelharten Wassers, und Evian kann für die Überprüfung eines Wasserhärtetests benutzt werden (siehe S. 16).

MEERWASSER

Der Hauptunterschied zwischen Süß- und Meerwasser besteht darin, daß das letztere zahlreiche Salze enthält. Diese verleihen ihm besondere Eigenschaften, die jeder Aquarianer kennen sollte.

△ *Für ein Meerwasseraquarium muß das Wasser von hervorragender Qualität sein, vor allem für wirbellose Lebewesen wie Anemonen und Korallen.*

Temperatur

Die Temperatur von tropischem Meerwasser ändert sich im Tages- und Jahresrhythmus nur wenig. Meeresfische reagieren deshalb im allgemeinen wesentlich sensibler auf plötzliche Temperaturschwankungen als Süßwasserfische. Im Seewasseraquarium muß die Temperatur deshalb mit 25–26 °C relativ stabil sein.

Salzgehalt

Seewasser enthält zum Großteil Natriumchlorid (NaCl), unser Kochsalz, jedoch auch zahlreiche andere Salze.
Der Salzgehalt des Wassers, also die Menge der im Wasser enthaltenen Salze, wird in Promille (‰) oder Gramm pro Liter (g/l) ausgedrückt. Der Salzgehalt der Ozeane unseres Planeten beträgt durchschnittlich ca. 35 ‰ bzw. ca. 35 g/l. Unabhängig von der Salzkonzentration hat Meerwasser eine beachtliche Eigenschaft: Die Summe der einzelnen Elemente ist immer gleich.
Entsalztes Wasser enthält demzufolge nicht weniger von einem oder mehreren Salzen, sondern der gesamte Salzgehalt ist niedriger. Der Salzgehalt von Seewasser ist regional verschieden; am höchsten ist er auf offener See in den Tropen, niedriger in Küstennähe oder nach starken Regenfällen, sehr niedrig an den Polen – wegen der Verdünnung mit dem Schmelzwasser der Gletscher.

Dichte

In der Meerwasseraquaristik wird nicht der Salzgehalt, sondern die Dichte des Wassers nach folgender Formel gemessen:

$$\text{Dichte} = \frac{\text{Gewicht von 1 Liter Meerwasser}}{\text{Gewicht von 1 Liter reinem Wasser}} \times 1000$$

Für die Dichte von Seewasser gibt es die Maßeinheit g/cm³. Je salziger das Wasser, desto höher seine Dichte; diese ist temperaturabhängig (geringere Dichte bei höheren Temperaturen). Es gibt Tabellen über den Zusammenhang zwischen Salzgehalt und Dichte in Abhängigkeit von der Temperatur, die im Aquarium relativ konstant ist (25–26 °C). Die Dichte ist ein leicht zu bestimmender Wert und liegt meist zwischen 1,022 und 1,024 g/cm³.

Temporäre Härte

Im Gegensatz zur Gesamthärte, die nur bei Süßwasser gemessen wird, ist für Seewasser die temporäre

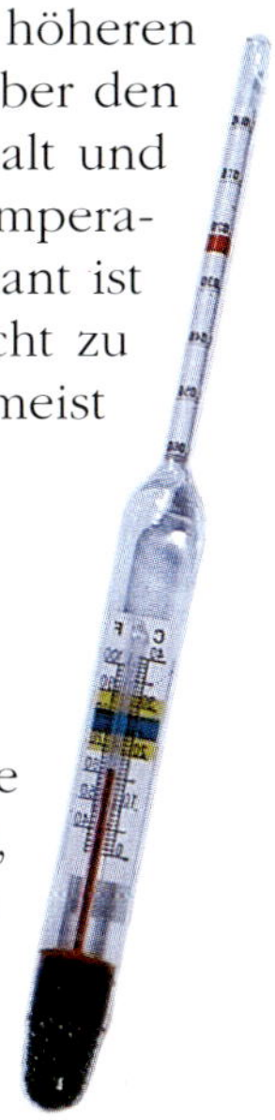

Das Aräometer ist ein wichtiges Hilfsmittel in der Meerwasseraquaristik. ▷

Dichtemessung

Die Dichte wird mit einem Meerwasserdichtemesser (Aräometer) bestimmt, der um so höher aus dem Wasser steigt, je salzhaltiger dieses ist. Auf Höhe der Wasseroberfläche wird die gemessene Dichte abgelesen. Die meisten im Fachhandel erhältlichen Aräometer haben gleichzeitig eine Temperaturanzeige. Das Meßgerät sollte vorzugsweise außerhalb des Aquariums benutzt werden, da die Bewegung des Wassers sonst ein genaues Ablesen erschwert. Hilfreich ist ein Reagenzglas oder ein durchsichtiges Gefäß (z. B. Plastikflasche), in dem das Aräometer in einer Wasserprobe auf- und abschwankt. Wenn es aufhört, sich zu bewegen, kann man den entsprechenden Wert auf der Höhe des Wasserspiegels ablesen. Auf der untenstehenden Zeichnung ist nicht 1,022, sondern 1,023 der korrekte Meßwert.

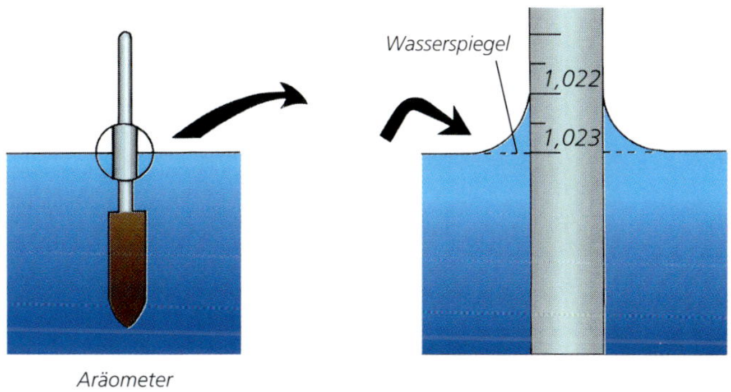

Beispiele für den Salzgehalt und die Dichte von Meerwasser

Geographische Zonen	Atlantikküste	Mittelmeerküste	Nordsee	Tropische Korallenriffe	Rotes Meer
Salzgehalt in ‰	25–35	33–37	34–35	32–35	35–38
Dichte in g/cm³	1,015–1,025	1,022–1,027	1,022–1,023	1,021–1,024	1,023–1,026

Härte ausschlaggebend. Sie dient zur Messung des Gehalts an Karbonat und Bikarbonat und ist eine sehr wichtige Größe zur Stabilisierung des pH-Werts und für das Wachstum von Korallen, deren Skelett aus Kalziumkarbonat besteht.

Hauptbestandteile von Meerwasser

Meerwasser enthält mehr als 60 verschiedene Elemente. Chloride stehen mit fast 54 Prozent der gesamten Salzmenge an erster, Natrium mit ca. 30 Prozent liegt dagegen erst an zweiter Stelle.
Beide zusammen bilden das Natriumchlorid, das mit ca. 85 Prozent das wichtigste Meersalz ist; die anderen Salze machen somit nur mehr etwa 15 Prozent aus, sind aber darum nicht weniger wichtig. Magnesium, Schwefel, Kalzium, Kalium und Brom kommen nach Natrium am häufigsten vor.

pH-Wert

Da Meerwasser salzig ist, liegt sein pH-Wert über dem von Süßwasser. Reines Meerwasser auf hoher See hat einen pH-Wert von 8,3. In Küstennähe sinkt er wegen der Verdünnung durch zufließendes Süßwasser auf 8 oder weniger ab. Im Aquarium muß der pH-Wert von Seewasser zwischen 8 und 8,5 liegen. Eine Überschreitung dieser Werte bedeutet eine physiologische Gefahr für die Lebewesen.

Schwankungen des pH-Werts im Meerwasseraquarium

Meerwasser enthält viel Kalziumkarbonat und -bikarbonat, und sein pH-Wert schwankt in der Natur nur wenig.
Anders im Aquarium, das ein Milieu mit einem geschlossenem Kreislauf darstellt. Der pH-Wert darf nicht unter 8 fallen, man kann aber häufig feststellen, daß er mit der Zeit absinkt. Der Grund liegt darin, daß das Wasser im Aquarium manchmal zu viel Kohlensäure enthält, die den pH-Wert sinken läßt.
Was kann man dagegen tun? Zunächst muß man die temporäre Härte messen: Liegt sie unter 7 °dKH, muß Kalzium zugegeben oder ein Teilwasserwechsel vorgenommen werden. In einem Aquarium ohne Korallen, nur mit Fischbesatz, ist das allerdings selten. Liegt die temporäre Härte über 7 °dKH, ist zu viel Kohlensäure im Wasser. Das Aquarium muß besser belüftet werden.

Stickstoffzyklus

Dieser verläuft genauso wie im Süßwasser. Ein Meerwasseraquarium ist oft weniger bepflanzt als ein Süßwasseraquarium, weshalb sich Nitrate, die Endprodukte des Stickstoffabbaus, leicht anhäufen.
Bei hoher Konzentration sind sie für Fische zwar ungefährlich, für Wirbellose, insbesondere Korallen, aber ausgesprochen giftig. Sie müssen also durch regelmäßigen Teilwasserwechsel ausgeschwemmt werden.

Salzgehalt (in ‰) in Abhängigkeit von Temperatur und Dichte

T °C	Dichte in g/cm³							
	1,012	1,019	1,020	1,021	1,022	1,023	1,024	1,025
22	26,7	28,1	29,4	30,7	32,0	33,4	34,7	36,0
23	27,1	28,4	29,8	31,1	32,4	33,7	35,1	36,4
24	27,5	28,8	30,1	31,5	32,8	34,1	35,4	36,8
25	27,9	29,2	30,5	31,9	33,2	34,5	35,8	37,2
26	28,3	29,6	30,9	32,3	33,6	34,9	36,2	37,6
27	28,7	30,0	31,3	32,7	34,0	35,3	36,7	37,8
28	29,1	30,9	31,8	33,1	34,4	35,8	37,1	38,4

In der Aquaristik muß die Dichte bei einer Temperatur von 25–26 °C bei 1,022–1,024 g/cm³ liegen.

Wo bekommt man Daten zur Wasserqualität?

Die Trinkwasserqualität wird in Wasserwerken, Kläranlagen, staatlich anerkannten Labors der Gemeinden und den Wasserwirtschaftsämtern kontrolliert. Wichtige Hinweise bieten der 300seitige Bericht der EU-Kommission über die Wasserqualität in Europa und der Arbeitskreis Wasser im Bundesverband Bürgerinitiativen Umweltschutz (BBU) – Archiv für aktuelle wasserwirtschaftliche Themen.

Für Meerwasser kann man sich an das international renommierte IFREMER (Französisches Forschungsinstitut für Meerwassernutzung) wenden, das mehrere Meßstationen entlang der Küste unterhält. Auch verschiedene Forschungszentren für Meeresbiologie und -ökologie entlang der Küsten sind geeignete Ansprechpartner. Auskunft erteilen auch wissenschaftliche Einrichtungen wie der Fachbereich Biologie der Universität Rostock, der einen eigenen Forschungsbereich Meeresbiologie unterhält.

Anders als in Süßwasser kommt der Stickstoffzyklus bei der Neueinrichtung eines Seewasserbeckens erst nach ca. drei bis vier Wochen in Gang. Das ist jedoch nur ein Richtwert, jedes Aquarium ist anders.

Während dieser Zeit, die sich allerdings durch die Ansiedlung von Bakterien abkürzen läßt (*siehe* Inbetriebnahme des Aquariums), dürfen also noch keine Fische oder andere Tiere eingesetzt werden. In jedem Fall liefert die Messung des Nitritgehalts einen ausgezeichneten Überblick über den Fortschritt des Stickstoffabbaus.

Bevor die Fische das Becken beziehen können, muß der Ablauf des Stickstoffzyklus regelmäßig kontrolliert werden. Sobald das Nitrit gegen Null tendiert, bilden sich Nitrate, und wenige Tage später können die Fische eingesetzt werden. Auch nach Inbetriebnahme sollte der Nitritgehalt unbedingt im Abstand von einigen Tagen geprüft werden.

Entwicklung des Stickstoffzyklus bei der Neueinrichtung eines Meeresaquariums

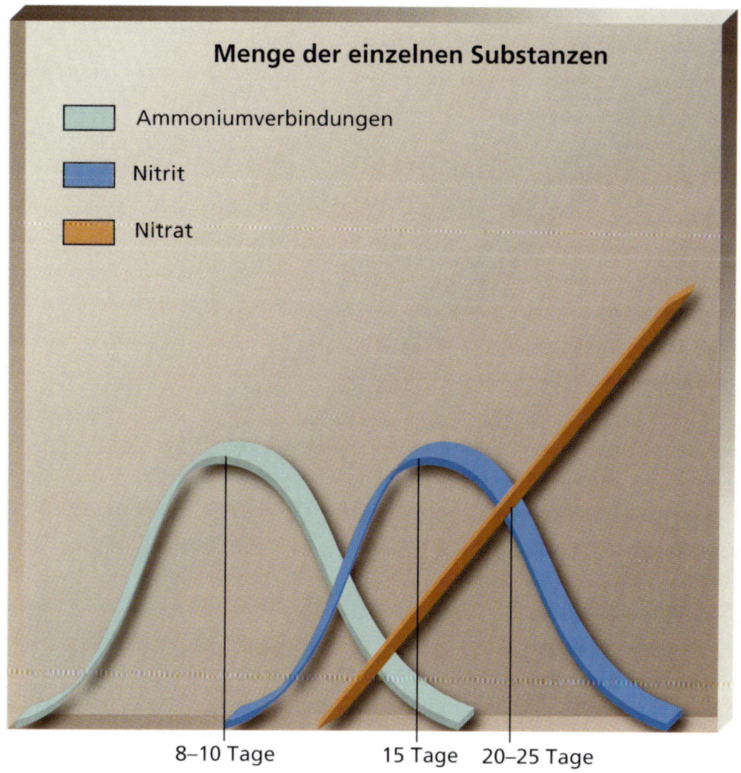

Unmittelbar nach der Befüllung mit Wasser steigt die Menge der Ammoniumverbindungen an, bis sie wie auf diesem Schema nach ca. 8–10 Tagen ihr Maximum erreicht. Gleichzeitig entwickeln sich Bakterien, die diese Ammoniumverbindungen umwandeln, und es entsteht Nitrit, dessen Konzentration um den 15. Tag herum ihren Höchststand erreicht. Parallel dazu entwickeln sich andere Bakterien, die das Nitrit wiederum in Nitrat umwandeln. Nitrit ist ca. ab dem 20.–25. Tag abgebaut, Nitrat muß durch Teilwasserwechsel entfernt werden. Es dauert mindestens drei bis vier Wochen, bis dieser Zyklus richtig funktioniert. Während dieser Zeit erreichen Ammoniumverbindungen und Nitrit Konzentrationen bis zum Zehnfachen der toxischen Dosis (wie bei Süßwasser, *siehe* S. 20). Durch regelmäßige Nitritmessungen kann der Ablauf des Zyklus mitverfolgt werden.

Sonstige im Wasser geloste Substanzen

Meerwasser enthält mehr als 60 verschiedene Elemente, manche in sehr geringer Konzentration: So ist z.B. auch 1 g Gold in 1 Kubikmeter Meerwasser enthalten!

Sämtliche im Salzwasser gelöste Substanzen haben eine bestimmte Funktion, deshalb ist es wichtig, daß für die Mischung künstlichen Seewassers nur hochwertiges Salz verwendet wird.

Manche Substanzen, wie z.B. organische Stoffe, können sich im Meerwasser anreichern und in hoher Konzentration Probleme verursachen. Durch einen Teilwasserwechsel oder andere Techniken wie den Abschäumer (S. 250) können sie jedoch meist ohne Schwierigkeiten gelöst werden.

Der Kalziumgehalt von Meerwasser

In Riffgebieten enthält das Meerwasser mit 400–500 mg/l bis zu 20mal mehr Kalzium als Süßwasser. Kalzium bildet Kalziumkarbonat ($CaCO_3$). Dieses wiederum bildet das Skelett der Korallen, den Panzer von Krustentieren und die Schale von Weichtieren. Hält man diese Lebewesen, muß die Karbonathärte zwischen 7 und 14 °dKH liegen; bei niedrigeren Werten muß ein Teil des Wassers ausgewechselt oder Kalzium zugegeben werden. Bei reinen Fischaquarien ist das nicht erforderlich.

Trübung

In Meerwasserbecken ist klares Wasser wichtiger als in Süßwasserbecken, denn tropische Gewässer enthalten nur sehr wenig Schwebstoffe. Es sind die klarsten Gewässer überhaupt. Ein Seewasseraquarium muß demzufolge stärker und wirksamer gefiltert werden als eines mit Süßwasser (*siehe* Kapitel Filterung).

Salzwasser für die Meerwasseraquaristik

Die naheliegende Vorstellung, das Wasser einfach aus dem Meer zu schöpfen, ist für die meisten Aquarianer schon aus geographischen Gründen illusorisch, weil die nächste Küste zu weit entfernt ist. Außerdem hat natürliches Meerwasser zwar Vor-, aber auch Nachteile. Manche Aquarianer benutzen gefiltertes Seewasser zum Nach- oder Befüllen ihrer Becken.

Meistens wird allerdings selbstgemischtes Salzwasser verwendet. Theoretisch ist das ganz einfach: Man braucht ja nur die erforderlichen Salze in Süßwasser aufzulösen.

In der Praxis darf man jedoch weder beliebiges Wasser noch beliebiges Salz verwenden. Kochsalz oder Salz aus Salzteichen kommt nicht in Frage. Auch läßt sich mit schlechtem Süßwasser niemals gutes Meerwasser herstellen.

Wo und wann soll man natürliches Meerwasser am besten sammeln?

Idealerweise fern von der Küste, wo das Wasser weniger verschmutzt und von seiner Zusammensetzung her konstanter ist. In Küstennähe sind folgende Gebiete zu meiden: Städte, Industriegebiete und Häfen, wo das Wasser oft verschmutzt ist; Flußmündungen, Mündungsdeltas oder Buchten, wo der Salzgehalt zu niedrig ist; stehende Gewässer (Priele), Salzteiche.

Küstengebiete mit Dünenbildung (Teile der deutschen Nordseeküste) sind im Prinzip günstig, das Wasser enthält jedoch häufig Schwebstoffe. Felsküsten (Bretagne) sind ebenfalls Gebiete, die gutes Wasser liefern.

Die besten Jahreszeiten sind Herbst und Winter, denn im Frühjahr wächst das Plankton und im Sommer ist das Wasser wegen der Touristen oft verschmutzt. Damit möglichst wenig Schwebteilchen im Wasser enthalten sind, sollte man ruhiges Wetter – am besten nach Sturm – bevorzugen. Auf jeden Fall muß natürliches Meerwasser zunächst grob, später feiner gefiltert werden.

Meerwasser sollte nicht in Küstennähe gesammelt werden, vor allem nicht in der Nähe von Zuleitungen städtischer oder industrieller Abwässer. ▷

◁ *Salz aus Salzteichen ist für die Herstellung von Seewasser für Aquarienzwecke nicht geeignet.*

Vor- und Nachteile von natürlichem und künstlich hergestelltem Meerwasser		
	Natürliches Meerwasser	**Künstliches Meerwasser**
Vorteile	• Kostet wenig und enthält alle lebensnotwendigen Bestandteile sowie die »richtigen« Bakterien.	• Enthält keine Schwebstoffe, organische Materie, Krankheitserreger oder Schadstoffe. • Kann mit dem gewünschten Salzgehalt zubereitet und in konzentrierter Form gelagert werden (drei- bis vierfacher Salzgehalt).
Nachteile	• Muß auf möglicherweise sehr weiten Wegen beschafft und transportiert werden. • Kann (je nach Sammelort) Schwebstoffe, organische Materie, Schadstoffe oder Krankheitserreger enthalten. • Salzgehalt variiert je nach Sammelort und Jahreszeit. • Kann Plankton enthalten, das sich im Aquarium ausbreiten kann, was nicht eben wünschenswert ist.	• Ist teurer als natürliches Meerwasser und enthält manchmal nicht genügend Spurenelemente. • Enthält nicht die »richtigen« Bakterien. • Es dürfen in den ersten Wochen keine Tiere eingesetzt werden, bis sich der Stickstoffzyklus stabilisiert hat.
Generell sind die Vorteile der einen Art gleichzeitig die Nachteile der anderen. Deshalb mischen manche Aquarianer beide Wasserarten zusammen.		

Herstellung von künstlichem Meerwasser

Die Qualität des verwendeten Süßwassers ist wichtig, es muß so rein wie möglich sein. Am besten ist Wasser mit einem Härtegrad von weniger als 8 °dGH. Härteres Wasser kann zwar verwendet werden, die temporäre Härte muß aber mindestens 75–80 Prozent der Gesamthärte betragen. Nitrathaltiges Wasser, wie man es häufig in Agrargebieten findet, ist ungeeignet, denn Wirbellose reagieren darauf ebenso empfindlich wie auf Metalle, die für Meerestiere jenseits bestimmter Grenzwerte giftig sind.

Künstliches Seewasser bei Erstbefüllung

Zuerst wird das Becken mit Süßwasser gefüllt und 24 Stunden lang belüftet. Dann errechnet man die Menge der Salze, die aufgelöst werden sollen, wiegt sie ab und gibt sie ins Aquarium. Schließlich wird noch einmal 24–48 Stunden lang belüftet. Dann mißt man die Dichte und paßt sie gegebenenfalls an.

Künstliche Salze

Im Zoofachhandel gibt es von verschiedenen Herstellern spezielle Salze von zufriedenstellender Qualität, die in Zukunft noch besser werden dürften. Manche Salze sind für Aquarien mit Fischen, andere für Becken mit Wirbellosen geeignet. Diese sind mit Kalzium, Spurenelementen und Vitaminen angereichert und daher natürlich dementsprechend teurer. Auch konzentriertes Meerwasser ist im Handel erhältlich, das vor Gebrauch verdünnt werden muß. Heute weisen diese Salze in der Praxis keinerlei Nachteile mehr auf. Zwischenfälle, soweit sie auftreten, sind zum allergrößten Teil auf falsche Dosierung durch den Aquarianer zurückzuführen.

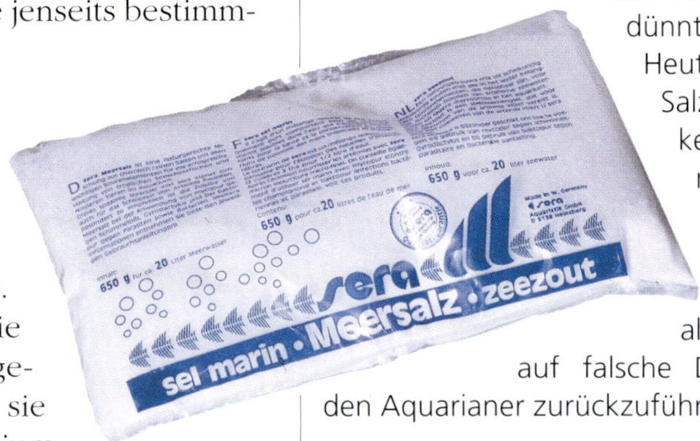

△ *Künstliches Meerwasser kann mit Hilfe spezieller Salze angemischt werden, die es im Fachhandel zu kaufen gibt.*

Seewasser auf Vorrat

Die Vorgehensweise ist die gleiche, nur werden in diesem Fall lebensmittelechte Plastikgefäße oder -wannen bzw. Gefäße aus rostfreiem Edelstahl verwendet.
Für die Herstellung von konzentrierterem Meerwasser, das besser zu lagern ist, kann man die Salzmenge um das Drei- bis Vierfache erhöhen.

Transport und Lagerung von natürlichem Wasser

In der Natur gesammeltes Wasser wird in lebensmittelechten Plastikgefäßen, z. B. Kanistern, transportiert. Da deren Fassungsvermögen jedoch in der Regel relativ gering ist (unter 30 Litern), sind für die Befüllung eines Aquariums von einigen hundert Litern mehrere Kanister erforderlich. Das Wasser kann vor Hitze und Licht geschützt (z. B. in Keller, Garage, Vorratskammer, Dachboden) in diesen Gefäßen aufbewahrt werden. Aquarianer, die mehrere Becken besitzen, lagern ihr Wasser in verschließbaren Behältern aus Polyethylen, die im Fachhandel erhältlich sind.

Anpassung der Dichte

• *Die Dichte ist zu hoch*

Ein Teil des Wassers wird abgezogen (und kann aufbewahrt werden). Dann wird möglichst weiches Süßwasser zugegeben, wobei die Dichte kontrolliert werden muß. Wenn der Wasserstand eines Meerwasseraquariums durch Verdunstung sinkt, darf nur Süßwasser nachgefüllt werden, um den Sollstand wiederherzustellen. Die Zugabe von Salzwasser würde die Dichte erhöhen.

• *Die Dichte ist zu niedrig*

In diesem Fall müssen Salze zugegeben werden, die vorher in einem Gefäß aufgelöst und nach und nach in das Becken geschüttet werden, wobei die Dichte ständig zu kontrollieren ist. Beide Schritte verlangen äußerste Sorgfalt, wenn das Aquarium bereits mit Lebewesen besetzt ist, damit keine zu plötzlichen Schwankungen eintreten.

Künstliches Meerwasser mit Salzen aus dem Fachhandel bildet einen Lebensraum, in dem die handelsüblichen Meerwasserfische problemlos gedeihen. ▽

DIE UNTERSCHIEDLICHEN AQUARIENTYPEN

Ein Aquarium ist kein buntes Durcheinander aus Pflanzen und Fischen. Viele Aquarianer bemühen sich, ein Biotop aus einer bestimmten geographischen Region (Mittelamerika, Amazonasgebiet, Asien, Afrika) nachzubilden, andere konzentrieren sich auf bestimmte Fische (z. B. Lebendgebärende, Cichliden, marine Arten). In jedem Fall muß das Aquarium ästhetisch und ausgewogen sein, um gesunde Insassen zu beherbergen. Das setzt einige Kenntnisse über die verschiedenen Lebensräume und deren Bewohner voraus.

△ Gesellschaftsbecken.

Ein Aquarium ist ein System aus einzelnen Bestandteilen – Fische, Pflanzen, Bodengrund, Felsen, Wasser –, die miteinander harmonieren müssen. Es gibt allerdings unterschiedliche Arten von Aquarien, die zwar vom Prinzip her und in technischer Hinsicht einiges gemeinsam haben, aber jeweils andere Lebensräume nachbilden. Sie werden in zwei große Gruppen unterteilt:

– Kaltwasseraquarien, auch untemperierte Aquarien genannt, deren Temperatur zwischen 5 und 25 °C liegt;

– Warmwasseraquarien mit Süß- oder Seewasser. Diese Gruppe umfaßt die geographischen Zonen, die etwa zwischen dem Wendekreis des Krebses, nördlich des Äquators, und dem Wendekreis des Steinbocks im Süden liegen. Dort schwankt die Wassertemperatur im Jahresmittel nur um wenige Grad.

KALTWASSERAQUARIEN

Diese Aquarien werden nicht beheizt, und die Wassertemperatur sollte in ähnlichem Maße wie in der Natur schwanken (ca. 5–25 °C). Dies erscheint schwierig, zumal die Temperatur am jeweiligen Standort kaum unter 15 °C fällt und oft über 18 °C liegt. Von diesem Unterschied abgesehen ist das Prinzip für alle anderen Aquarien das gleiche, d. h. es wird ein bestimmter Lebensraum imitiert. Dies erfordert ebenso viel Sorgfalt und Pflege wie bei Warmwasseraquarien. Noch einmal sei betont, daß das Goldfischglas ein Relikt der Vergangenheit ist!

Kaltwasseraquarien werden von robusten Arten bewohnt, zu denen auch Fische aus unseren Flüssen und Teichen gehören können, die aufzuzählen den Rahmen dieses Buches jedoch sprengen würde. Es wird allerdings von Goldfischen *(Carassius auratus)* die Rede sein, die oft zugunsten tropischer Arten das Feld räumen mußten, mit ihren zahlreichen Spielarten jedoch so manchen Liebhaber begeistern.

In den gleichen Temperaturbereich fallen die Gartenteiche, die völlig von den klimatischen Bedingungen abhängig sind und in denen Goldfische oder Koikarpfen (eine farbige Art unseres gemeinen Karpfens) gehalten und vermehrt werden. Wenn sie richtig angelegt sind, können diese Teiche mit Wasser- und Erdpflanzen, Wirbellosen und Amphibien ein natürliches Biotop nachbilden. Auch Tropenfische können bei geeigneten Temperaturen im Sommer eine kurze Zeit im Gartenteich verbringen. Und schließlich können auch Fische einmal Urlaub gebrauchen, insbesondere wenn der Aquarianer zur gleichen Zeit Ferien macht. Das ist praktisch, wenn sich während einer längeren Abwesenheit niemand um das Becken kümmern kann. Bei der Rückkehr aus dem Urlaub war schon so mancher Aquarianer überrascht von der Gewichtszunahme seiner Fische oder deren spontaner Vermehrung.

Man darf sich allerdings auch nicht wundern, wenn der eine oder andere Fisch verschwindet. Dann hat er entweder die Veränderung nicht vertragen, oder er ist Nachbars Katze zum Opfer gefallen.

Warmwasseraquarien

Gesellschaftsbecken

Dort leben Fische und Pflanzen zusammen, die in der Regel aus verschiedenen Regionen stammen. Das Ergebnis fällt manchmal besser, manchmal schlechter, meist kunterbunt aus. Dieser Aquarientyp ist jedenfalls der beim normalen Liebhaber am häufigsten vorzufindende.

Es ist oft, jedoch keinesfalls immer, das erste Becken, das ein Anfänger einrichtet.

△ *Gartenteich.*

Artenbecken

In diesem Fall spezialisiert sich der Hobbyaquarianer auf eine Art, die in einem Becken für sich gehalten wird. Die Entscheidung für ein solches Aquarium kann aus unterschiedlichen Motiven fallen: Man möchte Fische vermehren, in der Natur unbekannte Arten züchten – dabei vielleicht sogar an Wettbewerben teilnehmen – oder man fühlt sich einfach aus irgendeinem Grund zu bestimmten Arten hingezogen.

Wie bei dem vorigen Typ stammen Fische und Pflanzen nicht unbedingt aus derselben Gegend, und Pflanzen sind in manchen Fällen nur Beiwerk.

Holländische Pflanzenbecken

In einem solchen Aquarium sind die Pflanzen Hauptbestandteil; die Fische bringen sie lediglich schöner zur Geltung, tragen aber zum Gleichgewicht des Systems bei, das

◁ *Holländisches Pflanzenbecken.*

zuweilen nicht leicht zu wahren ist. Pflanzen und Fische können aus unterschiedlichen geographischen Zonen stammen. Das Ergebnis kann üppig ausfallen, und man erhält einen richtigen Unterwassergarten; der Aquarianer wird in diesem Fall zum Gärtner.
Wie der Name vermuten läßt, ist diese Aquarienart besonders in Holland und Deutschland beliebt, im restlichen Europa allerdings relativ wenig verbreitet.

Biotopaquarien

Hier wird ein natürliches Biotop, in dem alle Elemente – Wasser, Boden, Felsen, Pflanzen und Fische – miteinander harmonieren, möglichst naturgetreu nachgebildet. Die Besatzdichte ist allerdings manchmal höher als in der Natur. Für die Einrichtung eines solchen Beckens sind gewisse Kenntnisse über die betreffenden geographischen Zonen erforderlich.

• *Mittelamerikanische Aquarien*
Es gibt zwei Möglichkeiten: Die erste ist, ein Milieu zu schaffen, das für Lebendgebärende aus der Familie der Poeciliidae günstig ist, mittelhartes bis hartes Wasser mit einer Temperatur von mindestens 24 °C und relativ dichte Bepflanzung. Die zweite ist ein Becken für Cichliden: Felsendekoration, wenige, robuste Pflanzen, eher weiches, gut gefiltertes und sauerstoffreiches Wasser.

Blick in ein Südamerika-Aquarium. ▷

DAS AMAZONAS-GEBIET

Der Amazonas, der zweitlängste Fluß der Welt (6280 km), transportiert mit einem Durchflußvolumen von bis zu 190 000 Kubikmetern pro Sekunde fünfzehn Prozent des Fließwassers der Erde. Das Gebiet, aus dem er selbst und seine Zuflüsse gespeist werden, das sogenannte Einzugsgebiet, umfaßt 7 Millionen Quadratkilometer, das heißt fast 13mal die Fläche Frankreichs.
Im flacheren Amazonasgebiet liegt die Wassertemperatur ständig über 20 °C, Trocken- und Regenzeit wechseln sich ab. In der Regenzeit bringen die Niederschläge Schwebestoffe mit sich und lassen den Wasserspiegel um mehrere Meter steigen, den Pegel des Amazonas um bis zu zehn Meter. Das Wasser überschwemmt dabei weite Landstriche und läßt nach seinem Rückzug Sümpfe und Tümpel zurück. Diese Region ist die fischreichste der Erde.

Mittelamerika

Intensive Sonneneinstrahlung und hohe Temperaturen führen in dieser Region zu üppiger Vegetation. Gewässer in Meeresnähe sind meist hart oder sogar sehr hart, manchmal auch leicht salzhaltig und warm (über 26 °C). Die Flüsse im Landesinneren führen klares, sauerstoffreiches Wasser.

• *Südamerika-Aquarien*
Darunter versteht man hauptsächlich Aquarien, die dem Amazonas-Gebiet nachempfunden sind. Diese können generell in zwei Kategorien unterteilt werden: Becken mit klarem, transparentem Wasser mit neutralem bis leicht saurem pH-Wert werden mit kleinen, von Amateuren gut zu pflegenden Characiden besetzt. Becken mit bräunlichem, aber noch durchsichtigem Wasser bilden einen Amazonas-Waldbach nach, weshalb sie sauer und wegen der Huminsäuren dunkel sind (Schwarzwasser). Sie beherbergen Characiden oder Cichliden, insbesondere Skalare und Diskusfische. In beiden Fällen muß das Wasser sehr weich sein.

• *Afrika-Aquarien*
Im Aquarium kann das Biotop eines westafrikanischen Flusses nachgebildet werden. Hierfür ist gut gefiltertes, neutrales und recht weiches Wasser erforderlich. Die Fische werden vertreten durch den Kongosalmler, einen der Characiden auf diesem Kontinent, und einige Cichliden; typische Pflanzen sind *Anubias*-Arten.

Aquarien vom Typ Tanganjika-See zeichnen sich durch kalkhaltiges und eindeutig basisches Wasser aus. Es gibt nur wenige Pflanzen, denen die Fische überdies zuweilen recht hart zusetzen, aber eine Felsendekoration mit Verstecken und freiem Schwimmraum, die vielen Cichliden-Arten gefällt.

◁ *Tanganjika-See.*

Aquarien für Mbunas aus dem Malawi-See weisen insgesamt ähnliche Eigenschaften auf, können aber weicheres Wasser haben.

△ *Malawi-See.*

• *Südostasien-Aquarien*
Cypriniden aus Fließgewässern können in einem Becken mit klarem, gut gefiltertem, leicht saurem und weichem Wasser mit einer Temperatur zwischen 25 und 26 °C gehalten werden. Barben und Bärblinge sind die üblichen Insassen für diesen Aquarientyp, wobei einige Arten besonders für Anfänger zu empfehlen sind.

Sumpfgebiete werden durch gut bepflanzte Aquarien (bzw. Paludarien) nachgebildet, für die vorzugsweise echte Wasserpflanzen verwendet werden sollten. Das Wasser sollte leicht sauer und wenig mineralienhaltig sein,

Afrika

△ *Ein Aquarium mit mehreren im Malawi-See beheimateten Arten.*

Der Westen des Schwarzen Kontinents wird durchzogen von Bächen und Flüssen mit saurem pH-Wert, die eine Temperatur von 26–27 °C erreichen können. Sumpfgebiete verschwinden in der Trockenzeit, und die darin lebenden Fische umgehen diese problematische Phase, indem sie verschiedene Anpassungstaktiken entwickelt haben: Manche Arten wie die Killifische legen Eier, die die Trockenperiode überstehen.

Ostafrika ist durch große Seen gekennzeichnet, die regelrechte Süßwasser-Binnenmeere bilden. Die größten sind von Norden nach Süden der Viktoria-, der Tanganjika- und der Malawi-See. Buntbarsche, von denen 75 Prozent nur in dieser Region zu finden sind, beherrschen diese Lebensräume.

Der Viktoria-See hat mit einer Fläche von knapp 7000 km^2 und einer Tiefe von maximal 80 m sehr hartes Wasser, das bis zu 26 °C erreicht. Sein Fischreichtum ist sprichwörtlich, und Fische sind eine wichtige Nahrungsquelle in der Region. Seit jedoch der Nilbarsch, ein fleischfressender Raubfisch, angesiedelt wurde, gehen die Fischbestände langsam zurück. Der unter Aquarianern am besten bekannte See, der Tanganjika-See, ist mit 31 900 km^2 der zweitgrößte und mit bis zu 1400 m Wassertiefe der tiefste See der Welt. Nur in der obersten Wasserschicht von 100 bis 200 m leben Fische, die an das sehr harte Wasser mit einem pH-Wert von 7,5 bis 9,2 und einer Temperatur von bis zu 27 °C gewöhnt sind. Im klaren, sauerstoffreichen Oberflächenwasser leben nur wenige Pflanzen, statt dessen hauptsächlich Algenteppiche, die die Felsenpartien bedecken. Die darin beheimateten Arten bilden manchmal Populationen, die sich meistens nur in der Farbe unterscheiden. An den sandigen Uferzonen verstecken sich manche Fische in den leeren Schalen von Gastropoden. Die Fischerei deckt mehr als nur den lokalen Nahrungsbedarf: Buntbarsche werden aktiv gezüchtet und in die ganze Welt exportiert.

Dies trifft auch auf den Malawi-See zu, der fast ebenso groß (26 000 km^2), aber nicht so tief ist (max. 700 m). Sein Wasser ist deutlich weniger kalkhaltig, die Temperatur schwankt zwischen 24 und 26 °C. Die dort beheimateten Cichlidenarten werden gemeinhin Mbunas genannt.

Südostasien

Das Wasser der Bäche und Flüsse ist sauer, manchmal bräunlich gefärbt und oft wärmer als 25 °C. Seichte Sumpfgebiete sind einer starken Sonneneinstrahlung ausgesetzt und können sich auf über 28 °C erwärmen.
Die natürlichen Gewässer nehmen Niederschläge oder das Hochwasser der Flüsse auf; künstliche Gewässer sind die Reisfelder. Die üppige Flora besteht aus reinen Wasserpflanzen, die komplett unter Wasser stehen, oder aus Sumpfpflanzen, die in sehr feuchtem Milieu häufig zum Teil im Wasser stehen.

Mit Wasserlinsen bewachsene Wasserlandschaft in Asien. ▷

△ *Asiatisches Becken.*

damit Barben, Fransenlipper und Fische aus der Familie der Anabantiden (Kletterfische) darin leben können, wobei aktivere nicht zusammen mit ruhigeren Arten vergesellschaftet werden dürfen.

Brackwasseraquarien

Der Salzgehalt ist dort niedriger als im Meer, der pH-Wert liegt zwischen 7,5 und 8. Mit 26–27 °C ist die Wassertemperatur relativ hoch. Das Dekor besteht aus Zweigen und Wurzeln ohne Felsen. Nur wenige Pflanzen gedeihen im Brackwasser, und nur wenige Fischarten können darin überleben (*siehe* Brackwasserfische, S. 124–125).

◁ *Im Gewirr der Wurzeln können sich die Fische verstecken.*

Mangrovensümpfe

Zwischen Meer und Land befinden sich Sumpf- und Schlammgebiete (oft in Flußmündungen), wo bestimmte Bäume, die Mangroven, mit den Wurzeln im Wasser stehen. Diese tropischen Gebiete Afrikas, Asiens und Australiens werden unter der Bezeichnung Mangrovensümpfe zusammengefaßt. Das Wasser erreicht hohe Temperaturen, manchmal über 30 °C, und steht unter dem Einfluß des Meerwassers. Der Salzgehalt ist demnach variabel, weshalb nur bestimmte Tiere in diesen Gebieten leben können. Der bekannteste Bewohner der Mangrovensümpfe ist der Schlammspringer, fast eine Amphibie, der sich mit seinen Brustflossen auch außerhalb des Wassers fortbewegen kann.

Tropische Seewasseraquarien

Das Wasser muß von hervorragender Qualität, klar, also gut gefiltert, und sauerstoffreich sein. Man kann natürliches oder selbstgemischtes Wasser oder eine Mischung aus beiden verwenden. Meerespflanzen sind nicht sehr verbreitet, Algen treten jedoch oftmals spontan auf und bedecken die Dekoration aus Felsen oder abgestorbenen Korallen. Sie sind zwar kaum sichtbar, vermehren sich aber recht schnell. Ins Aquarium gelangen sie auf unterschiedliche Weise. Der Boden besteht aus Sand, der mit Schalenteilen oder Korallenstückchen versetzt und dadurch recht grobkörnig ist.

Bei guter Beleuchtung bietet ein Meeresaquarium oft eine farbenfrohe Szenerie, in der sich Fische zwischen unbelebten oder lebenden Dekorationen tummeln. Wirbellose, wie einige Garnelenarten, sind als Besatz ebenfalls geeignet.

Anfängern wird häufig empfohlen, mit der Meerwasseraquaristik erst zu beginnen, wenn sie genügend Erfahrung mit der weniger problematischen Süßwasseraquaristik gesammelt haben. Beide Lebensräume gehorchen jedoch den gleichen ökologischen Regeln. Der Hauptunterschied liegt im Salzgehalt. Dennoch ist es vernünftiger, mit Süßwasser zu beginnen, weil die Pflanzen und Fische robuster und meistens preiswerter sind. Viele Einsteiger könnten in der Tat durch Probleme mit dem Seewasserbecken und Verluste an teuren Fischen abgeschreckt werden. Realistisch betrachtet verursacht die Meeresaquaristik, abgesehen vom Preis der marinen Fischarten, kaum höhere Kosten.

Tropische Meere

Die tropischen Meere sind für ihr klares Wasser berühmt. Es ist so transparent, daß das Licht recht weit in die Tiefe vordringen und Riffzonen bis zehn Meter Tiefe sowie Gräben bis vierzig Meter ausleuchten kann. Die Fische dieser Regionen, die durch ihre Farbenpracht bestechen, lieben gut belüftetes und sauerstoffreiches Wasser. Sie leben mit zahlreichen Wirbellosen zusammen, darunter die berühmten Korallen – diese Bezeichnung umfaßt sowohl die echten Korallen als auch die verwandten Arten – und Anemonen. Im Gewebe mancher Anemonen leben bestimmte Algenformen (sogenannte Zooxanthellen), die wie alle Algen Licht brauchen: Sie gedeihen, weil die Anemonen in lichtdurchfluteten Gewässern leben.

Tropisches Süßwasser-Paludarium

Hier wird neben dem Wasser auch der angrenzende Lebensraum zu Lande mit einbezogen. Die Gestaltung ist zwar komplizierter, das Ergebnis aber oft spektakulär. Der Unterwasseranteil orientiert sich an der traditionellen Aquaristik, die Gestaltung des Landteils an der Kultur von Zimmerpflanzen in sehr feuchtem Milieu. Die übliche Besetzung sind Fische für das Wasser. Im Paludarium können aber ebenso interessante Amphibien oder Reptilien wie Wasserschildkröten leben.

Dieses geräumige Paludarium beherbergt neben mehreren Fischarten auch Wasserschildkröten. ▷

Sonderformen

In dieser Kategorie werden folgende Formen zusammengefaßt:

- Zuchtbecken zur vorübergehenden Verwendung, oft nur ein geklebtes Glasbecken ohne Bodengrund;
- Quarantänebecken;
- Großaquarien. Diese sind sehr lang, denn Tiefe und Höhe dürfen aus technischen und praktischen Gründen bestimmte Maße nicht überschreiten (abgesehen von den Becken in öffentlichen Aquarien). Wegen der hohen Deckenbelastung und besonderen Materialien, die zur Herstellung verwendet werden, sind sie zuweilen schwierig zu installieren.

Großaquarien sind oftmals größeren Fischen vorbehalten, die viel freien Schwimmraum brauchen. Aber auch für die vorstehend beschriebenen Formen finden sie Verwendung, denn je größer ein Becken ist, desto leichter ist ein gewisses biologisches Gleichgewicht herzustellen. Entgegen landläufiger Meinung sind Großaquarien daher nicht schwieriger zu pflegen.

ÖFFENTLICHE AQUARIEN

Mit den öffentlichen Aquarien bekommt die Aquaristik eine neue Dimension. Im allgemeinen versucht man dabei, der Öffentlichkeit große Becken zu präsentieren, in denen die Tiere sich in der Unterwasserwelt, die normalerweise nicht zugänglich ist, so naturgemäß wie möglich verhalten können. Das Hauptziel dieser »lebenden Museen« ist, Wassertiere zu studieren und zu präsentieren; denn einige biologische Phänomene sind nach wie vor unerforscht, z. B. die Vermehrung zahlreicher Meeresfische. Zu dieser neuen Generation von möglichst naturgetreuen Museen zählen beispielsweise das Océanopolis in Brest, das Centre national de la mer in Boulogne-sur-Mer, das Aquarium von La Rochelle und nicht zuletzt Pioniere wie das Aquarium von Monaco und das Aquarium des Zoologischen Museums von Nancy. Auch die meisten Zoologischen Gärten präsentieren ihren Besuchern Großaquarien, so z. B. die Tiergärten in München und Berlin. Im Letztgenannten gibt es sogar ein Fachgeschäft für den Bedarf des Aquarianers.
Natürlich gibt es in Küstenländern wie Frankreich, England und den USA mehr öffentliche Aquarien als in einem Binnenland wie Deutschland. Als besondere Attraktion könnte sich hier jedoch in Zukunft der in Bremerhaven geplante Oceanpark erweisen. Auch Österreich verfügt mit dem Wiener Haus des Meeres über ein beachtenswertes öffentliches Aquarium.

Tropisches Aquarium von Tours, Süßwassersaal. ▷

»Lagune« im Aquarium von La Rochelle. ▷

Die Fische

Es gibt mehr als 30 000 Fischarten, je etwa zur Hälfte Süß- und Meerwasserarten, von denen etwa 1500 für den Aquarianer interessant sind. Die Klasse der Fische weist eine große anatomische und biologische Vielfalt auf, die man auch bei den Zierfischen wiederfindet.

ANATOMIE UND BIOLOGIE

Jeder Aquarianer sollte ein Minimum an Kenntnissen über die Anatomie und Biologie seiner Fische besitzen. Die folgenden kurzen und leichtverständlichen Erläuterungen sollen dafür sorgen, daß die Fische gesund bleiben und optimale Lebensbedingungen sowie geeignetes Futter geboten bekommen, damit sie wachsen und sich fortpflanzen können. Artgerechte Haltung beginnt mit der Einsicht in die Zusammenhänge.

DER KÖRPERBAU

Seepferdchen, Hippocampus kuda. ▽

Die Körperform

Man zeichnet einen Fisch häufig als langgezogene Spindel, eine Form, die für das Schwimmen im Wasser in der Tat am besten geeignet ist. Diese Hydrodynamik erlaubt es dem Fisch, trotz des hohen Wasserwiderstands relativ sehr hohe Geschwindigkeiten zu erreichen (bis zu 20 km/h).

Andererseits hängt die Körperform auch mit dem jeweiligen Lebensstil zusammen. Am Boden lebende Arten haben einen abgeflachten Bauch. Fische, die in Gewässern mit vielen Pflanzen und Ästen leben, sind eher klein und gedrungen, um sich zwischen den Hindernissen hindurchschlängeln zu können; gleiches gilt für die Bewohner von Korallenriffen. Manche Fische lassen sich jedoch nirgends einordnen, da sie bizarre Formen aufweisen, die allerdings immer ihrer speziellen Lebensart angepaßt sind.

△ *Rotfeuerfisch,* Pterois volitans.

ÄUSSERE ANATOMIE

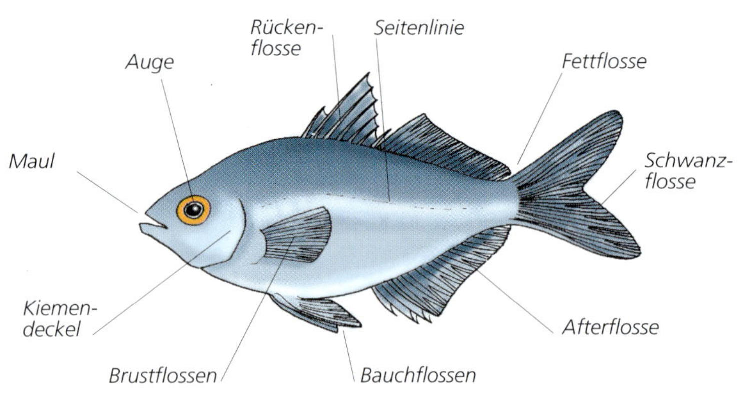

Die Flossen

Fische weisen mehrere Arten von Flossen auf, die jeweils eine besondere Funktion haben. Ihre Form und Anzahl hilft bei der Einteilung der Fische in Familien.

Rücken- und Afterflosse z. B. sind als Einzelflossen ausgebildet. Sie werden zur Stabilisierung im Stillstand oder bei geringer Geschwindigkeit benutzt und bei höherer Geschwindigkeit weggeklappt.

Die Schwanzflosse (fälschlich auch Schwanz genannt) stellt zusammen mit der hinteren Körperpartie den Antrieb dar. Manche Arten, insbesondere die Familien der Characiden und der Welse, haben außerdem noch eine kleinere Fettflosse zwischen Rücken- und Schwanzflosse, die keine eigentliche Funktion hat.

Brust- und Bauchflossen, die symmetrisch auf jeder Körperseite angeordnet sind, sind paarige Flossen. Sie werden zur Stabilisie-

rung, im Stillstand, zum Abbremsen und für Richtungsänderungen benutzt: Die Steuerung erfolgt vertikal von der Oberfläche zum Gewässerboden und umgekehrt, wie mit dem Höhenruder eines U-Boots, horizontal von links nach rechts und umgekehrt.
Alle Flossen bestehen aus Strahlen, die mit Schwimmhäuten bespannt sind. Sie können mit Ausnahme der Schwanzflosse an den Körper angelegt werden. Die Fettflosse ist nur eine kleine Hautfalte ohne Strahlen. Sind die Strahlen verknöchert, werden sie Stacheln genannt und sind manchmal für den Aquarianer sogar gefährlich, wie z. B. bei vielen Welsen.

Schleim, Haut und Schuppen

Der Fischkörper ist mit Schleim überzogen, der zwei wesentliche Funktionen hat: Zum einen macht er die Haut glatt und verbessert so die Hydrodynamik des Fisches. Zum anderen bildet er einen wirksamen Schutzfilm gegen Parasiten und andere Krankheitserreger.
Der letztgenannte Punkt ist sehr wichtig. Deshalb sollte man Fische auch nicht mit der bloßen Hand anfassen. Man zerstört dadurch die Schleimschicht, und der Fisch wird anfälliger für Krankheiten.

Entgegen der landläufigen Meinung stehen die Schuppen nicht aus dem Körper heraus. Sie sind ein Teil der Haut und durch eine feine, durchsichtige Schicht der Epidermis hindurch sichtbar. Wird eine Schuppe aufgebogen, verletzt oder herausgerissen, ist somit auch die Haut betroffen und wird für Krankheitserreger angreifbar.

Die Färbung

Jeder Fisch hat eine Grundfarbe, die sich verändern kann. Die metallisch glänzende Färbung, die auf Kristalle in den Hautzellen zurückzuführen ist, ändert sich mit dem Lichteinfall. Die Farben entstehen durch unterschiedliche Pigmentierung der Epidermis. Hormone bewirken eine langsame Farbveränderung, etwa bei der Fortpflanzung und zur Tarnung, Nervenimpulse eine

◁ *Manche Fischarten haben schützende Knochenplatten an Kopf und Körper.*

◁ *Männchen des Siamesischen Kampffisches* (Betta splendens).

Flossen, die in der Natur nicht vorkommen

Die Flossen mancher Zierfische haben eine völlig andere Form und Größe als die freilebender Arten. Sie sind durch jahrelange geduldige Selektion durch die Aquarianer entstanden. Die ästhetische Wirkung ist garantiert, aber manchmal ändert sich dadurch das Verhalten des Fisches, insbesondere seine Schwimmgeschwindigkeit. Fische mit großen, segelförmigen Flossen haben nur noch eine entfernte Ähnlichkeit mit ihren wildlebenden Artgenossen, die in Vergessenheit geraten sind und heutzutage in unseren Aquarien nicht mehr vorkommen. Man kann sich allerdings zuweilen nach dem Sinn dieser Selektion fragen: Zwar erhält man dadurch einen schönen Fisch, aber gibt es nicht genügend natürliche Schönheiten?

Schwertträger (Xiphophorus helleri), *eine Zuchtform mit besonders lang ausgebildeten Flossen* ▷

◁ Euxiphipops navarchus.

Die Färbung: Schützen, Warnen und Imponieren

△ *Durch seine schwarzen Streifen wird der Skalar unauffällig.*

Die Färbung eines Fisches ändert sich mit dem Alter und dem emotionalen Zustand. Manche Bewohner von Korallenriffen verjagen Artgenossen oder Fische einer anderen Art, die eine ähnliche Färbung aufweisen, (z. B. Pomacanthiden, auch Kaiserfische genannt): Sie werden als Feinde angesehen, die eine Bedrohung für das eigene Territorium und die Nahrungsquellen darstellen. Deshalb sind die Nachkommen solcher Fische ganz anders gefärbt als die Elterntiere, denn auf diese Weise werden sie nicht als Eindringlinge betrachtet. Als Schutz legen sich einige Fische eine Art Tarnkleid zu, um mit der Umgebung zu verschmelzen, andere hingegen lassen ihre Farbe zu diesem Zweck verblassen. Der Skalar verbirgt sich dank seiner dunklen vertikalen Streifen zwischen den Ästen und Wasserpflanzen (Zeichnung oben).

Bei einigen Arten haben Männchen und Weibchen sehr unterschiedliche Färbungen, wodurch die Fische das jeweils andere Geschlecht erkennen können. Das gilt für viele Cichliden der afrikanischen Seen. Der Aquarianer profitiert letztendlich von dieser natürlichen Identifizierungserleichterung. In der Paarungszeit nehmen Männchen häufig intensivere Farben an, um das Weibchen beim Paarungstanz zu verführen, aber auch, um die Konkurrenten zu beeindrucken und auszustechen. So z. B. beim Feuermaulbuntbarsch, einer mittelamerikanischen Cichlidenart, dessen Kopfunterseite sich bei der Fortpflanzung leuchtendrot färbt.

Die Färbung der Fische hat nicht nur eine ästhetische, sondern auch eine soziale Funktion. ▷

△ *Manche Fische, wie diese Muräne, haben sehr spitze Zähne, was auf ihre Lebensweise als Raubfische hinweist.*

schnellere, z. B. bei Flucht oder um Aggressivität anzuzeigen. Auch Krankheiten können die Färbung eines Fisches verändern.

Der Kopf

Der Kopf kann eine konische, eine längliche oder eine eher massige Form haben. Er ist der Sitz wichtiger Organe: zunächst der Augen, die keine Lider haben und sehr beweglich sind. Durch diese Beweglichkeit und die seitliche Anordnung hat der Fisch ein weites Gesichtsfeld von ca. 270°. Seine Sehschärfe ist jedoch begrenzt. Ab einer gewissen Entfernung erkennt er anstelle von Einzelheiten nur noch Massen und Formen. Der Fisch reagiert sehr sensibel auf Lichtveränderungen, kann schwaches Licht, z. B. Mondlicht, wahrnehmen und sieht Farben.

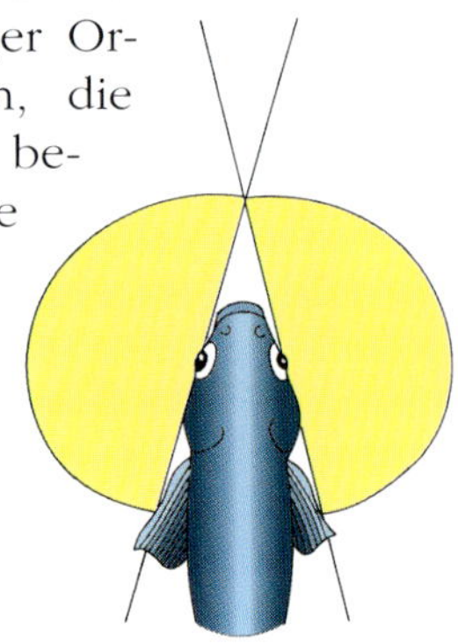

△ *Fische verfügen über ein sehr breites Gesichtsfeld.*

Das Maul ist sehr unterschiedlich ausgebildet. Größe und Form hängen meist mit den Ernährungsgewohnheiten zusammen. So haben fleischfressende Fische meistens ein großes Maul, das sich weit öffnen läßt, mit vielen spitzen Zähnen, die manchmal nach hinten gebogen sind, um die Beute besser festzuhalten. Alles- und Pflanzenfresser haben oft ein kleineres Maul mit abgeflachten Zähnen zum Zermahlen der Nahrung.

Das Warnsystem der Fische

Manchmal fragt man sich, ob Fische nicht über einen sechsten Sinn verfügen, vor allem, wenn man einen Kescher ins Aquarium hält. In Wirklichkeit haben sie die Situation mit ihrem Seitenlinienorgan und ihrem Geruchssinn analysiert, sie für ungewöhnlich befunden und daraus geschlossen, daß Gefahr im Verzug ist. Diese Warnung vor Gefahr oder einem außergewöhnlichen Ereignis scheint bei Fischen, die normalerweise sehr friedlich sind, besonders ausgeprägt zu sein. Man sollte sie daher besser hypersensibel nennen.

△ Mit seinem Maul kann dieser Meeresfisch (Forcipiger flavissimus, Röhrenmaul-Pinzettfisch) mit langgezogener Schnauze seine Beute aus den Vertiefungen der Korallenriffe herausholen.

Auch die Anordnung des Mauls kann Aufschluß über die Ernährungsgewohnheiten geben:
Ein oberständiges Maul deutet darauf hin, daß der Fisch seine Beute bevorzugt an der Wasseroberfläche sucht.
Ein endständiges Maul bedeutet, daß der Fisch seine Beute weder an der Oberfläche noch auf dem Grund, sondern in mittlerer Wassertiefe sucht.
Ein unterständiges Maul haben Fische, die sich bei der Nahrungssuche auf den Grund des Gewässers konzentrieren.

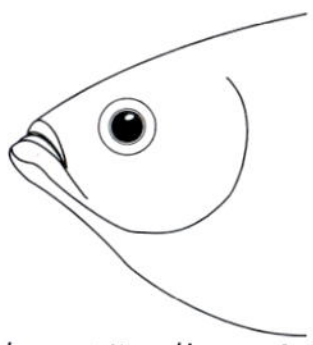

Oberständiges Maul

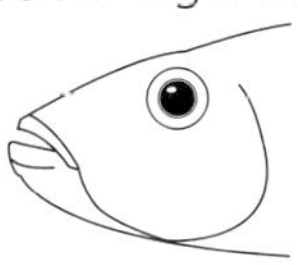

Endständiges Maul

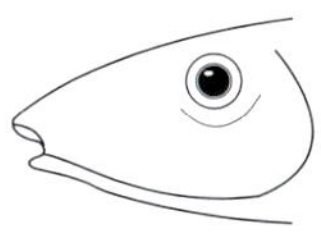

Unterständiges Maul

Die Nasenöffnungen

Die zwei oder vier Nasenöffnungen sitzen vor den Augen. Sie haben keinerlei Atmungsfunktion, laufen jedoch im Inneren des Kopfes als Nasensack aus und ermöglichen es so dem Fisch, Gerüche wahrzunehmen und zu analysieren.

Der Kiemendeckel (Operculum)

Er schützt die Kiemen und läßt das Wasser durch regelmäßige, ventilartige Bewegungen zirkulieren, damit die Kiemen ständig mit dem flüssigen Element in Kontakt sind, aus dem sie den Sauerstoff beziehen.

Die Atmung

Wasser wird durch das Maul eingesaugt, geht durch die Kiemen und wird durch die Bewegungen der Kiemendeckel wieder ausgestoßen. Die Kiemen sind immer von Wasser umspült.
Der Sauerstoffbedarf ist umgekehrt proportional zur Größe der Fische, und die kleinsten Exemplare brauchen relativ am meisten Sauerstoff. Zehn Fische von jeweils 1 g verbrauchen mehr als ein Fisch von 10 g.

Die Barteln

Fische, die am Grund oder in dunkleren Gewässerschichten leben (Farbe oder Trübung des Wassers) haben um das Maul herum Barteln *(Corydoras, Botia)*.
Diese Anhänge sind Tast- und Sinnesorgane und können den Gesichtssinn ergänzen bzw. ersetzen, so daß der Fisch erkennt, was ihm als Nahrung dienen könnte.

Der Glaswels findet seine Nahrung mit Hilfe der Barteln. ▽

△ *Der blinde Höhlensalmler* (Anoptichthys jordani) *hat keine Augen, Feinde erkennt er mit Hilfe des Seitenlinienorgans.*

Der zuweilen fälschlich gebrauchte Begriff »Kiemen« bezeichnet die durch die Bewegungen des Kiemendeckels bedingte Öffnung, durch die das Wasser ausströmt, das die Kiemen umspült hat.

Das Seitenlinienorgan

Das symmetrisch auf beiden Körperseiten angeordnete Seitenlinienorgan ist bei manchen Arten leichter, bei anderen schwerer zu erkennen. Es besteht aus einzelnen nebeneinander liegenden Poren, die über einen Kanal unter der Haut verbunden sind. Dieses für den Fisch wichtige Organ besitzt kein anderes Wirbeltier.

Durch den bei Fischen sehr gut entwickelten Geschmacks- und Geruchssinn können diese Duftstoffe in sehr geringer Konzentration wahrnehmen. Das Seitenlinienorgan dagegen nimmt über seine Sinneszellen Vibrationen des Wassers wahr, analysiert sie und gibt sie an das Gehirn weiter. So erfährt der Fisch, ob sich ein Feind oder eine Beute nähert.

Die Bedeutung der Seitenlinie wird beim blinden Höhlensalmler *(Anoptichthys jordani)* deutlich, der niemals an ein Hindernis stößt, obwohl er keine Augen hat.

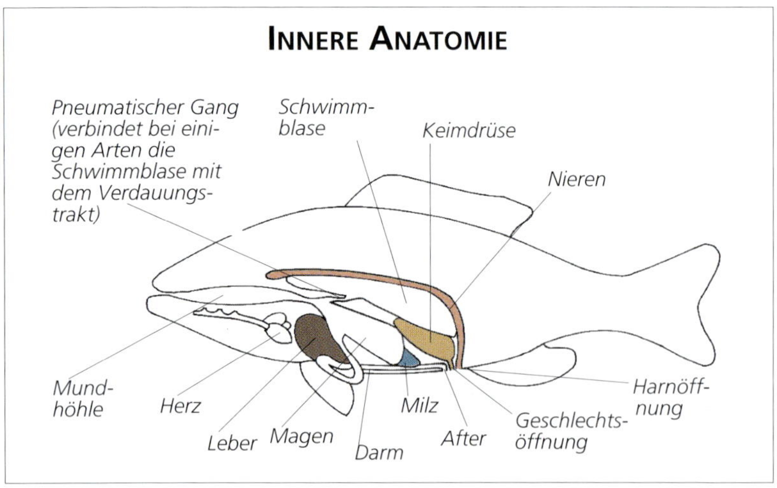

Innere Anatomie

Die inneren Organe machen bei einem Fisch mit klassischer Körperform fünfzig bis sechzig Prozent des Körpergewichts aus.

Das Gehirn

Verglichen mit höherentwickelten Lebewesen ist es relativ einfach. Die Partien, die dem Seh- und dem Geruchssinn entsprechen, sind ausgeprägter, was die Bedeutung dieser beiden Sinne deutlich macht.

Das Skelett

Es stützt natürlich den Körper des Fisches, ist jedoch wesentlich weniger robust als bei Tieren, die auf dem Land leben. Denn der Fisch ist quasi schwerelos und wird vom Wasser getragen. Allgemein ist das Skelett relativ empfindlich, und gelegentlich sieht man Fische, die »verkrüppelt« zur Welt kommen.

Atmung und Kreislauf

Fische haben ein besonderes System der Sauerstoffversorgung. Das kohlendioxidreiche Blut wird vom Herzen in die Kiemen gepumpt, wo es sich wieder mit Sauerstoff an-

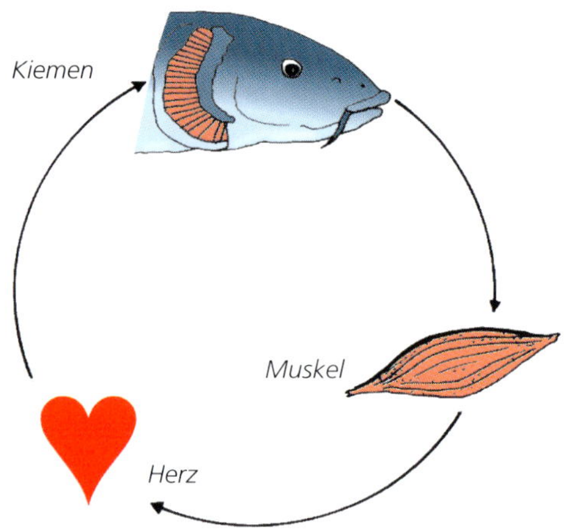

reichert. Die Natur hat die Fische mit acht Kiemen ausgestattet (vier auf jeder Seite), die jeweils aus zwei Kiemenblättchen bestehen. Ausgebreitet entspräche die Gesamtfläche dieser wichtigen Organe etwa der des Fischkörpers. Die intensiv rote Farbe der Kiemen kommt von der starken Durchblutung. Eine dunklere Färbung läßt auf Atemprobleme schließen. Die Kiemen sind empfindliche Organe, die durch Schwebeteilchen oder Parasiten beschädigt werden können. Dadurch bekommt der Fisch weniger Sauerstoff, und man kann sich vorstellen, daß sich

daraus schwerwiegende Gesundheitsprobleme ergeben. Nachdem das sauerstoffreiche, hellrote Blut durch die Kiemen geflossen ist, versorgt es den Körper, und mit Hilfe des Sauerstoffs wird in den Organen die aufgenommene Nahrung verbrannt.
Fische aus der Familie der Belontiidae, die in Gewässern leben, in denen Sauerstoff zeitweise knapp wird, besitzen ein besonderes Organ, mit dem sie Sauerstoff aus der Luft aufnehmen können.

△ Bei den Poeciliidae (Lebendgebärende Zahnkarpfen) dient die veränderte Afterflosse des Männchens (unten) als Kopulationsorgan.

Das Verdauungssystem

Es weist keine Besonderheiten auf, außer daß der Magen zur Aufnahme größerer Beutemengen dehnbar ist, besonders bei fleischfressenden Fischen. Der Verdauungsprozeß beginnt im Magen und wird im Darm fortgesetzt. Bei großen Beutemengen kann er einige Tage dauern, bei künstlicher Nahrung im Aquarium übersteigt er selten ein paar Stunden.

Die Ausscheidungsorgane

Sie dienen zur Ausscheidung der unverdaulichen Nahrungsreste über den After in Form von Fäkalien. Der Urin wird in den Nieren gebildet, die sich unterhalb der Wirbelsäule befinden, und über die Harnöffnung ausgeschieden.
Fische scheiden übrigens auch Stickstoffverbindungen über die Kiemen aus. Alle Ausscheidungen enthalten Stickstoff, der für alle Tiere gesundheitsschädlich ist, in einem ausgewogenen Aquarienmilieu am Ende jedoch in Nitrat umgewandelt wird.

Die Schwimmblase

Fische besitzen eine gasgefüllte Schwimmblase. Dieses Organ ist mit dem Verdauungstrakt verbunden und wird entweder gefüllt oder entleert, wodurch der Fisch sein spezifisches Gewicht der Umgebungsdichte anpassen und im Wasser entweder aufsteigen oder absinken kann.

Die Geschlechtsorgane

Das Männchen besitzt Hoden, die mit Samenleitern verbunden sind. Beim Weibchen münden die zwei Eierstöcke in Eileiter. Bei beiden Geschlechtern werden die Keimzellen über die Geschlechtsöffnung abgegeben. Da die Befruchtung außerhalb des Körpers, d. h. im Wasser, stattfindet, gibt es normalerweise kein Kopulationsorgan.

Erkennen Fische »ihren« Aquarianer?

Viele Aquarienfreunde haben bemerkt, daß manche ihrer Fische stärker auf ihre Präsenz reagieren als auf die anderer Menschen. Angenommen, sie »erkennen« tatsächlich den, der sie pflegt – wie machen sie das?
Fische können feine Unterschiede in den Vibrationen der Schritte verschiedener Menschen ausmachen, die ins Beckenwasser übertragen werden. Auch ihr (alles andere als perfekter) Gesichtssinn hilft ihnen bei der Erkennung.

Wer von beiden erkennt den anderen zuerst? ▷

Schlafen Fische?

Wenn man am Morgen das Licht im Aquarium einschaltet, sieht man, daß die Insassen nicht sofort ihre normale Aktivität entwickeln. Manche liegen auf dem Grund, andere stecken zwischen den Pflanzen, wieder andere stehen beinahe unbeweglich im Wasser. Von Schlaf im eigentlichen Sinne kann man nicht sprechen, es ist jedoch sicher, daß die Fische mehr oder weniger tiefe Ruhephasen haben. Leuchtet man nachts mit einer Taschenlampe ins Aquarium, sind die Fische beinahe unbeweglich (außer die nachtaktiven Arten). Allerdings können sie die Augen nicht schließen, da sie keine Lider haben.

Fühlen Fische körperlichen Schmerz?

Der Schmerz wird über Empfindungsnerven ans Gehirn geleitet. Da auch Fische solche Nerven besitzen, kann davon ausgegangen werden, daß sie Schmerz empfinden, wenn sie gestoßen oder verletzt werden oder vielleicht sogar, wenn sie krank sind.

Biologie

△ *Fische mit klassischer Körperform bewegen sich durch Schläge mit dem hinteren Teils ihres Körpers fort.*

Fortbewegung

Vor allem der hintere Teil des Körpers dient als Antrieb, insbesondere die Schwanzflosse. Die anderen Flossen dienen zur Stabilisierung und Steuerung. Je besser die Hydrodynamik eines Fisches ist, desto schneller kann er sich in Bewegung setzen und desto schneller schwimmt er. Für die Jagd auf Beute oder die Flucht vor Feinden sind diese Eigenschaften von entscheidender Bedeutung.

Aktive, schnelle Fische wie Barben sollte man in aller Regel nicht mit ruhigeren, langsameren Arten (Guramis) vergesellschaften, da es vorkommen kann, daß die letzteren nicht schnell genug an das Futter herankommen.

Verhalten

Das Verhalten der Aquarienfische spiegelt ihre Lebensweise in freier Natur wider und ist lediglich dadurch beeinträchtigt, daß der Lebensraum begrenzt ist. Auf diese Weise kommen sie mit anderen Arten schneller und leichter in Kontakt. Ein und dieselbe Art kann in unterschiedlichen Aquarien in Abhängigkeit von der Größe des Beckens und von den anderen Bewohnern daher verschiedene Verhaltensweisen annehmen.

- *Territorialverhalten*

Besteht im ursprünglichen Biotop ein Revier- oder Territorialverhalten, tritt dies auch in Gefangenschaft auf, manchmal sogar in verstärkter Form. Ein Revier ist ein ständiger oder zeitweiliger Lebensraum, dessen Größe proportional zur Größe des Fisches ist. Der Bewohner vertreibt Individuen seiner eigenen, einer verwandten oder auch einer völlig anderen Art aus seinem Revier. Das Revier muß groß genug sein, damit der Fisch sich darin verstecken kann, genügend Nahrung findet und Artgenossen des anderen Geschlechts zur Paarung vorhanden sind. Im Aquarium müssen für einige Fische, besonders für marine Arten, Möglichkeiten zum Rückzug und Verstecke eingerichtet werden.

- *Gruppenverhalten*

Gemeinsamkeit schafft Stärke, und Fische, die in der Gruppe leben, können sich besser

Manche Fische leben in der Gruppe zusammen, wodurch sie sich leichter verteidigen und fortpflanzen können. ▷

gegen Feinde verteidigen. Von weitem wirkt eine Gruppe oder ein Schwarm Fische in der Tat wie eine Masse, die einen Feind überraschen und einschüchtern kann. Das Leben in der Gruppe fördert zudem die Fortpflanzung, denn so hat ein Fisch größere Chancen, einen Partner zu finden. Die Einheit und Struktur einer Gruppe werden durch eine Reihe von Signalen geregelt, die für das menschliche Auge nicht erkennbar sind. So verhindert beispielsweise das Seitenlinienorgan, daß die Fische zusammenstoßen.

• *Dominanzverhalten*
Die größeren Fische dominieren die kleineren der gleichen Art. Wachsen diese heran, werden sie aus dem Revier vertrieben. Dieses Dominanzverhalten hat einen praktischen und sozialen Nutzen: Der Dominante hat das Vorrecht in der Wahl der Nahrung und des Sexualpartners. Der Fisch am unteren Ende der Hierarchie wird ständig eingeschüchtert und angegriffen, so daß er sich die meiste Zeit verstecken muß und langsamer wächst. An einigen Arten der afrikanischen Cichliden läßt sich dieses Verhalten gut beobachten.

• *Beute-Räuber-Beziehung*
Da sich manche Fische in der Natur von kleineren Arten ernähren, kann man beide nicht gemeinsam im Aquarium halten. So kann man z.B. große südamerikanische Cichliden nicht mit Characiden vergesellschaften.

• *Aggressivität*
Manchmal verhalten sich Fische der gleichen Art oder unterschiedlicher Arten im Aquarium aggressiv. Diese Aggressivität ist immer gerechtfertigt, denn sie dient der Verteidigung des Reviers oder der Brut. Sie ist Ausdruck eines Raumproblems und tritt in großen Aquarien seltener auf. Ein Neuankömmling in einem Becken wird jedoch oft als Eindringling oder Beute betrachtet und eingeschüchtert.

Wachstum und Lebenserwartung

Im Gegensatz zum Menschen wachsen Fische ihr ganzes Leben lang, zunächst schneller, später langsamer.
Im Aquarium bleiben Fische im allgemeinen kleiner als ihre freilebenden Artgenossen, wahrscheinlich, weil ihr Lebensraum eingeschränkt ist. Das kann man selbst ausprobieren, indem man einen Fisch, der nicht mehr zu wachsen scheint, in ein größeres Becken umsetzt: Man wird feststellen, daß er wieder wächst.
Die Lebenserwartung hängt von der Art ab. Kleinere Arten werden etwa zwei bis drei Jahre alt, die meisten Fische erreichen jedoch ein Alter von drei bis acht Jahren. Mancher »Methusalem« erreicht gar das stattliche Alter von zehn und mehr Jahren. Das geschieht meistens bei größeren Arten. Es ist schwer, eine Lebenserwartungsprognose für eine bestimmte Art abzugeben, da zuviel von den Lebensumständen abhängt.

△ *In der Natur ernähren sich größere Arten häufig von kleineren, was im Aquarium natürlich verhindert werden muß.*

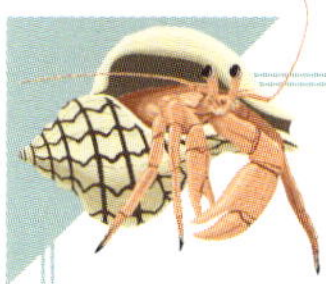

Aggressivität im Aquarium?

Es dürfen nur solche Arten zusammen gehalten werden, die sich nachweislich vertragen, insbesondere bei den marinen Arten, und die Individuen brauchen so viel Platz wie nur möglich. Man muß genügend Rückzugsmöglichkeiten und Verstecke schaffen, die der Größe der Fische entsprechen. Es können auch Arten mit unterschiedlichen Lebensweisen vergesellschaftet werden, wenn sie sich gegenseitig keine Konkurrenz machen, z.B. Freischwimmer (Barben und Danios) mit Bodentypen (Botias).

ERNÄHRUNG

Die Ernährung muß den Fischen die für den Aufbau ihres Körpers nötigen Stoffe (Proteine) und die für das Funktionieren des Organismus erforderliche Energie (Proteine, Kohlenhydrate und Fette) zuführen. Sie unterstützt den Fisch bei Wachstum, Fortpflanzung und der Bekämpfung von Krankheiten.
Qualität und Quantität des Futters sind zwei wichtige Begriffe; der Aquarianer muß lernen, zwar Überfütterung zu vermeiden, aber sowohl hochwertige als auch abwechslungsreiche Nahrung anzubieten.

Ernährungsarten und Nahrungsbedarf

Bei der Ernährungsweise der Fische unterscheidet man drei unterschiedliche Hauptgruppen:
– Fleischfresser, die sich von Würmern, Krebstieren, Insekten oder anderen Fischen ernähren;
– Pflanzenfresser, die sich hauptsächlich von Pflanzen und Algen ernähren, die sie abgrasen oder -raspeln.
– Allesfresser, die sich sehr abwechslungsreich ernähren, da sie sowohl tierische Beute als auch Pflanzen fressen.
Die Freßgewohnheiten eines Fisches sind jedoch nicht immer eindeutig zu bestimmen. In freier Natur fressen die Fische, was sie finden. So kommt es natürlich vor, daß auch ein Pflanzenfresser gelegentlich ein kleineres Tier mitfrißt, das sich in den Pflanzen verborgen hatte.
Fleischfresser brauchen hauptsächlich Proteine und Fette, Pflanzenfresser in erster Linie Kohlenhydrate, und Allesfresser eine Mischung aus Proteinen, Kohlenhydraten und Fetten.
Auch bei den Zierfischen finden sich, bis auf wenige Ausnahmen, diese drei Ernährungstypen wieder.
Vitamine und Mineralsalze, die eine abwechslungsreiche und ausgewogene Ernährung unbedingt liefern sollte, dürfen auch nicht fehlen (insbesondere durch Zugabe von frischer Nahrung bzw. von Lebendfutter). Ein breites Nahrungsangebot fördert das Wachstum, die Fortpflanzung sowie die Widerstandsfähigkeit der Aquarienbewohner gegenüber Krankheiten. Sie ist somit die beste Vorbeugung gegen Enttäuschungen und Mißerfolge.

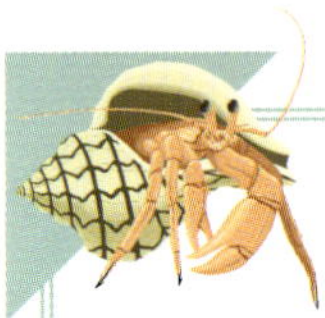

Die Futterration

Die meisten Aquarianer neigen dazu, ihre Pfleglinge zu überfüttern. Auf diese Weise werden sie schnell übergewichtig. Außerdem erhöht sich dadurch die Verschmutzungsgefahr im Aquarium, denn je mehr ein Fisch frißt, desto mehr Stickstoffverbindungen scheidet er aus, ganz zu schweigen von den Futterresten, die sich rasch im Wasser zersetzen.
Ein erwachsener Fisch braucht nur 1 bis 2 Prozent seines Körpergewichts an Futter pro Tag, ein Heranwachsender das Doppelte. Sehr feine Flocken können nicht so leicht überdosiert werden wie andere Futterarten, mit denen man es manchmal zu gut meint. Die Futterration sollte über den Tag verteilt werden: Erwachsene Fische werden zweimal, Jungfische wenn möglich öfter gefüttert.
Eine kürzere Fütterungspause überstehen die Fische problemlos, und es ist sogar sehr wahrscheinlich, daß sie in freier Natur auch nicht jeden Tag fressen. Manche Aquarienfreunde haben für ihre Fische einen Fastentag pro Woche eingeführt, der eine eventuelle Überfütterung an den anderen Tagen wieder ausgleicht. Jungfische hingegen vertragen das Fasten meistens nicht und reagieren manchmal sogar mit einem Wachstumsrückstand.

Im Zoofachhandel wird künstlich hergestelltes Fischfutter in unterschiedlichen Formen und Packungsgrößen angeboten. ▷

Künstliches Futter

△ *Flockenfutter ohne Fleischanteil.*

Darunter versteht man getrocknete Nahrung, wie sie im Zoofachhandel angeboten wird.

In den letzten 20 Jahren ist das Angebot deutlich größer geworden. Heute ist es überaus vielfältig und an die Bedürfnisse der unterschiedlichen Fischgruppen wie Jungfische und Erwachsene, Süßwasser- und Meerwasserarten angepaßt.

Dieses Futter enthält einen hohen Anteil an Proteinen (in der Regel vierzig bis fünfzig Prozent) und ist zumeist in Form von Flokken, mitunter aber auch als Granulat oder Tabletten erhältlich.

Flocken schwimmen eine Zeitlang an der Wasseroberfläche, bevor sie untergehen, und sind so für Oberflächentypen und Freischwimmer geeignet. Granulat sinkt recht schnell zu Boden und spricht somit eher Freischwimmer und Bodentypen an.

Das Futter ist selbstverständlich in verschiedenen Korngrößen erhältlich, die den unterschiedlichen Maulgrößen der Fischarten angepaßt sind.

Künstliches Futter ist empfindlich und verdirbt, wenn es nicht ordnungsgemäß, das heißt trocken und lichtgeschützt, gelagert wird. Da vom Hersteller die chemische Zusammensetzung des Futters nur für bestimmte Zeit garantiert wird, sollte man besser kleinere Mengen kaufen, wenn man nur ein Aquarium mit wenigen Fischen besitzt.

△ *Flockenfutter für Guppys.*

Manche Aquarianer besorgen sich für ihre Fische sogar Futter für Speiseforellen. Es enthält viele Proteine und Fette und fördert bei den Zuchtforellen ein schnelles Wachstum, das in der Aquaristik jedoch nicht unbedingt angestrebt wird. Obwohl dieses Futter Pigmente enthält, die das Fleisch der Salmoniden intensiver färben sollen, haben Aquarianer, die es verwenden, nach eigener Aussage keine Veränderung der äußeren Färbung ihrer Fische festgestellt. Für größere Zucht- oder für Gartenbecken stellt diese Art Nahrung jedenfalls eine preisgünstige Alternative dar.

◁ *Flocken für erwachsene Pflanzenfresser.*

△ *Künstliches Futter sollte man durch Lebendfutter oder Frischkost ergänzen.*

◁ △ *Handelsübliche künstliche Nahrung für erwachsene Fische.*

Manche marine Arten verweigern künstliches Futter, entweder für eine gewisse Zeit nach ihrer Einsetzung in ein Becken oder sogar generell.

Ein Trick, die Fische zur Annahme künstlichen Futters zu bewegen, besteht darin,

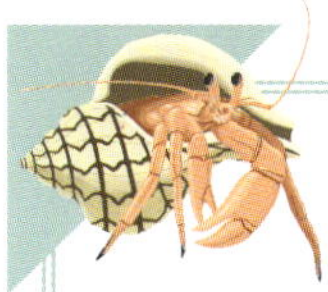

Die unterschiedlichen Futterarten für Aquarienfische

Im Fachhandel erhältliches künstliches Futter ist für Zierfische gut geeignet. Um ihren Bedarf optimal zu decken, kann man ihnen außerdem Lebendfutter anbieten, das ebenfalls in Fachgeschäften erhältlich ist und vor allem Vitamine und Mineralsalze enthält. Eine andere Möglichkeit ist, Hühner- oder Putenfleisch oder z. B. Muscheln zu füttern.

◁ Künstliches Futter in Tablettenform.

Gefriergetrocknete △ Muscheln.

◁ Rinderherz, ebenfalls gefriergetrocknet.

Frisch- oder Lebendfutter mit immer größeren Mengen künstlichen Futters zu versetzen. Die Fische gewöhnen sich nach und nach an den neuen Geruch und Geschmack und fressen es schließlich unvermischt. Manche Fische verweigern sich jedoch beharrlich.

△ Verschiedene Tiefkühlkost: Krebs, Phytoplankton.

Natürliche Nahrung

Gefriergetrocknetes Futter

Kleine Tiere, Garnelen, Würmer oder Plankton werden gefriergetrocknet, indem man ihnen bei niedrigsten Temperaturen Wasser entzieht, um sie haltbarer zu machen. Natürlich erhöht das den Preis. Dieses Futter ist mindestens genauso nahrhaft wie die gleiche Menge Flocken und bei den Fischen sehr beliebt. Es muß vor Feuchtigkeit geschützt aufbewahrt werden.

Frostfutter

Gründlich ausgewählte und gereinigte Garnelen, Fische, Würmer und Plankton werden auch in tiefgekühlter Form angeboten. Ihr Nährwert ist sehr hoch, denn das Tiefgefrieren verändert ihre Inhaltsstoffe nicht. Dieses Futter ist in der Tiefkühltruhe lange haltbar, darf aber aus Gründen der Lebensmittelhygiene nach dem Auftauen nicht wieder eingefroren werden. Es ist teurer als gefriergetrocknetes Futter.

◁ Gefriergetrocknete Tubifexwürfel.

△ Gerfriergetrocknete Garnelen.

Selbst zubereitetes Futter

Diese letzte Nahrungsform kann frisch oder nach dem Einfrieren und Wiederauftauen verfüttert werden. Rotes Fleisch (Rind, Pferd, Lamm) sollte wegen seines hohen Fettgehalts nicht verwendet werden. Rinderherz, das viel Blut, aber auch Fett liefert, ist nur für größere Fische geeignet. Empfehlenswerter sind Fleischsorten wie Hähnchen-, Putenfleisch oder Schinken. An Meerestieren sind Weißfisch – der jedoch vorsichtig zu behandeln ist, weil er sich sonst im Wasser auflöst –, Muscheln, Schalenweichtiere oder Garnelen geeignet, die man als Konserven im eigenen Saft kau-

Vitamine

Vitamine sind für Fische genauso wichtig wie für Menschen. Sie werden für den Aufbau des Skeletts benötigt, fördern das Wachstum und stärken die Immunabwehr. Ein Fisch mit Vitaminmangel wird schwach, was sich jedoch nicht unbedingt auf den ersten Blick erkennen läßt.

Vitamine sind weder lagerfähig noch hitze-, sauerstoff- oder lichtbeständig. Deshalb sollten sie hauptsächlich in Form von Frischkost, Lebendfutter oder Tiefkühlnahrung zugeführt werden.

fen kann. Fische mit vegetarischer Vorliebe brauchen zuweilen Pflanzenkost; hierfür kann man Salat oder Spinat nehmen, der zuvor einige Minuten blanchiert wurde.

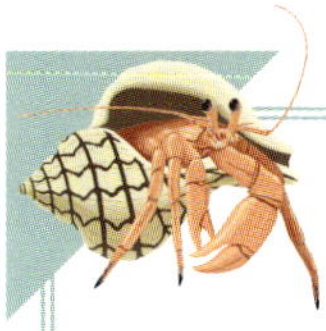

Getrocknete Daphnien

Früher waren sie weit verbreitet, und so mancher Aquarianer hat mit ihnen die ersten Erfahrungen gemacht. Heute geraten sie immer mehr in Vergessenheit. Für Fische sind sie in der Tat nicht ideal und sollten besser nicht verfüttert werden. Selbst für Goldfische gibt es heutzutage besser geeignetes Komplettfutter, vor allem in Flockenform.

▷ *Tiefgefrorene Stinte.*

Lebendfutter

Es behält seinen vollen Nährwert und bewegt sich, was Fische interessant finden: kurzum, die ideale Nahrung. Leider läßt es sich nur ein paar Tage lagern, aber immerhin kann man es einfrieren, wodurch es allerdings für die Fische an Attraktivität verliert.

Lebendfutter und selbst zubereitete Nahrung

Handelsübliches künstliches Futter ist für Aquarienfische im allgemeinen gut geeignet. Zur Abwechslung und Ergänzung kann man ihnen Lebendfutter anbieten, das ebenfalls im Fachhandel erhältlich ist und vor allem Vitamine und Mineralsalze enthält. Auch Frischkost oder selbst zubereitete Mischungen sind gute Alternativen.

Muscheln, eine überaus interessante Frischkost

Auch Fische mögen die von menschlichen Genießern so geschätzten Schalentiere, vor allem marine Arten, die künstliches Futter verweigern. Muscheln sind überall erhältlich, vergleichsweise preisgünstig, leicht durch Tiefgefrieren zu lagern und wegen ihres hohen Gehalts an Proteinen und Kohlenhydraten und ihres geringen Fettanteils ein ideales Fischfutter. Außerdem enthalten sie zahlreiche Mineralien, wie Kalzium, Phosphor, Magnesium und Eisen, und sogar das für das Immunsystem wichtige Vitamin C. Vor Gebrauch müssen die Muscheln gekocht und dann von den Schalen und dem Fuß, mit dem sie sich im Bodengrund festhalten, befreit werden. Zum Verfüttern oder Einfrieren werden sie kleingeschnitten.

Selbst zubereitetes Futter

Das Futter für Aquarienbewohner läßt sich auch selbst zubereiten. Möglichkeiten gibt es genügend. Nachfolgend finden Sie ein Rezept, das unter vielen anderen als Beispiel dienen kann:

Gekochtes Hühner- oder Putenfleisch oder Schinken und ebenfalls gekochte Meeresfrüchte, etwa Muscheln und/oder Schalenweichtiere, werden kleingeschnitten oder elektrisch püriert und mit etwas Wasser zu einer geschmeidigen Masse vermischt. Eventuell kann man etwas Multivitaminpräparat aus dem Zoofachhandel hinzufügen.

Dieser Masse wird Gelatine zugegeben, am besten in Pulverform, damit sie sich nicht im Wasser auflöst und dieses verschmutzt. Einen Teil dieser Paste kann man sofort verfüttern, den Rest leicht in Eiswürfelbehältern – idealerweise solchen mit vielen kleinen Näpfen –, einfrieren. Die dafür verwendeten Gefrierbehälter sollten ausschließlich diesem Zweck dienen, da die Plastikmaterialien oft den Fischgeschmack annehmen.

△ *Gekochte, eventuell tiefgefrorene Muscheln sind ein praktisches und nahrhaftes Futter.*

Mückenlarven

Eigentlich handelt es sich hier nicht um Würmer, sondern um Wasserlarven verschiedener nicht stechender (rot, weiß) bzw. stechender Mückenarten. Rote Mückenlarven leben in Gewässern, die reich an organischen Stoffen sind, schwarze oft in kleinen Pfützen. Man braucht sie nicht selbst zu fangen, da sie im Fachhandel erhältlich sind. In nasses Zeitungspapier eingewickelt, halten sich rote Mückenlarven ein paar Tage im Kühlschrank. Diese Larven sind nahrhaftes, eiweißreiches Futter.

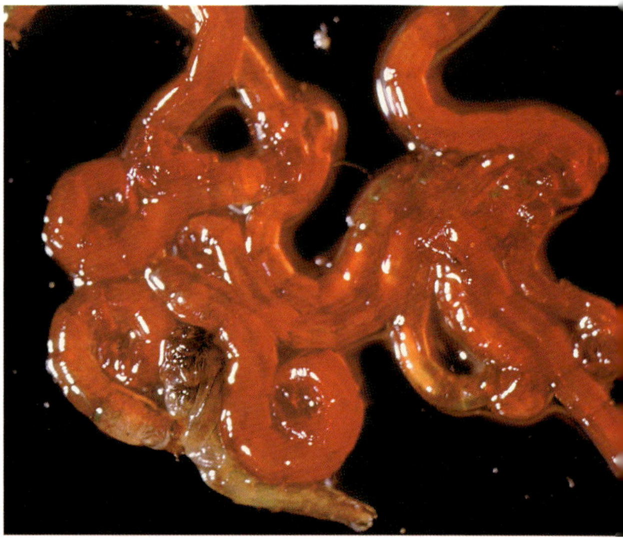

△ *Diese eiweißreichen Mückenlarven sind eine begehrte Beute für fleischfressende Fische.*

Tubifex

Diese Würmer leben im Schlamm, der reich an organischer Materie ist. Manche Fachleute sind der Ansicht, Tubifex-Würmer stellten ein Risiko für das Aquarium dar, da sie unerwünschte Bakterienarten einschleppen könnten. Dieses Risiko ist allerdings sehr gering, und es sind keine schwereren Zwischenfälle bekannt. Im Fachhandel erhältliche Würmer halten sich einige Tage im Kühlschrank. Sie werden in Leitungswasser eingelegt, das Wasser muß jeden Tag gewechselt werden.

Tubifex in ihrem natürlichen Lebensraum. ▷

Garnelen

Die nur 1 bis 2 cm großen und auf der Seite schwimmenden Bachflohkrebse gibt es in bewegtem, sauerstoffreichem Süßwasser. Sie werden nur selten lebend, öfter gefriergetrocknet verkauft. Wenn man Gelegenheit dazu hat, kann man sie leicht selbst fangen und das begehrte Futter an die Fische verfüttern.

Auch die kleinen Meerwassergarnelen (Myris) der Atlantik- bzw. der Nordseeküsten sind bei den Beckenbewohnern, besonders den Seefischen, überaus beliebt. An der Küste werden sie manchmal in Geschäften für Anglerbedarf verkauft.

Wenn man das Glück hat, selbst am Meer zu leben, kann man sie fangen und in einem gut belüfteten Meerwasseraquarium aufbewahren.

Beide Garnelenarten können nach gründlicher Reinigung unter dem Wasserstrahl gekocht und eingefroren werden. Vermischt mit

Tubifex-Würmer können mit einem speziellen Futtertrichter an die Fische verfüttert werden. ▽

◁ Lebendige oder gekochte Garnelen von den Küsten der Nordsee oder des Atlantiks werden von größeren Fischen gerne gefressen.

einigen anderen Zutaten finden sie in selbst zubereitetem Futter Verwendung (*siehe* Kasten S. 53).

Kleine Fische

An Seefische, die künstliches Futter hartnäckig verweigern, oder an größere Süßwasserarten kann man kleine Fische oder Jungfische verfüttern. Zu diesem Zweck züchten manche Aquarianer Arten, die sich schnell und leicht vermehren lassen (z. B. Lebendgebärende).

Sonstiges Lebendfutter (größer als 1 cm)

Würmer oder Insektenlarven selbst zu züchten und aufzubewahren, ist ebenfalls eine Möglichkeit, auch wenn das etwas Arbeit macht. Die Palette der genannten lebenden Beutetiere reicht aus, um den Bedarf der Zierfische zu decken.

Plankton

Süß- oder Seewasserplankton enthält zahlreiche Kleinstlebewesen, die mit bloßem Auge oft kaum zu erkennen (0,1 bis 1 cm), für die Ernährung unserer Fische, besonders des Nachwuchses, aber überaus interessant sind. Anstatt es selbst zu sammeln, was einerseits sehr mühsam ist, andererseits die Gefahr birgt, mikroskopisch kleine Krankheitserreger einzuschleppen, sollte man es besser tiefgefroren kaufen.

Salinenkrebschen

Diese »Wundernahrung« sollte jeder Aquarianer züchten. Die kleinen Krebstiere tragen die Bezeichnung *Artemia salina* und werden ausgewachsen etwa 1 cm groß.

Sie leben in salzhalti-

◁ Ein ausgewachsener Salinenkrebs. Artemianauplien sind besonders zur Aufzucht von Jungfischen der meisten Arten geeignet. ▽

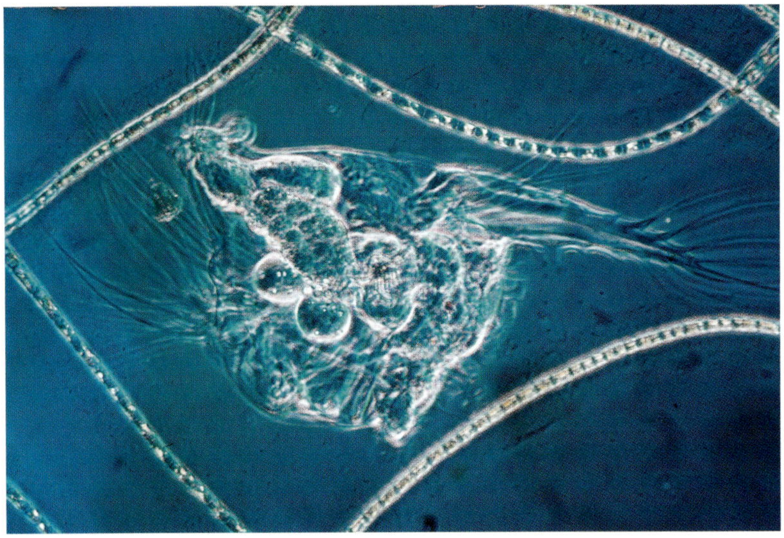

△ *Manche Vereine züchten Rädertierchen, die ideale Nahrung für Meeresfische, besonders für Anemonenfische.*

gen Binnengewässern und ernähren sich von Schwebealgen, die sie mit ihren Schwimmbeinen aus dem Wasser filtern.
Für die Aquaristik ist am interessantesten, daß sie Eier legen, die in getrocknetem Zustand gut lagerfähig sind, da so ihre Entwicklung unterbrochen wird, ohne daß sie absterben. Wenn man sie wieder in Salzwasser legt, schlüpfen nach kurzer Zeit die Larven, Nauplien genannt; sie sind nur etwa 0,3 mm groß und besonders für die Jungfischaufzucht geeignet. Auch für Laien ist es leicht, Nauplien heranzuziehen. Für manche Jungfische sind sie allerdings schon zu groß, vor allem für marine Arten. In diesem Fall sollte man eher zu Rädertierchen greifen, einer Zwischenform aus Würmern und Krebstieren, die einen Panzer haben und nur 0,2 mm groß werden.

Im natürlichen Meeresplankton stellen Hüpferlinge die Ernährungsgrundlage für manche Fische dar. ▽

Rädertierchen

Sie sind schwieriger zu züchten als Salinenkrebschen, denn sie ernähren sich von mikroskopisch kleinen Algen im Plankton. Besser ist es, man besorgt sie sich in ozeanographischen oder meeresbiologischen Labors, die auch die nötigen Ratschläge erteilen, wie man sie einige Tage aufbewahren kann, bis die Fische, an die sie verfüttert werden, groß genug sind, um Artemianauplien zu fressen.

Die Fütterung

Wenn die Fische gesund und an die Gefangenschaft gewöhnt sind, fressen sie immer zur gleichen Tageszeit und am liebsten am gleichen Ort. Die Tagesration sollte über den Tag verteilt, also beispielsweise morgens und abends angeboten werden. Am Abend, z. B. 1 bis 2 Stunden vor Abschalten der Beckenbeleuchtung, ist es für den Aquarianer meistens am bequemsten. Bei der Fütterung läßt sich das Verhalten der Beckeninsassen jedenfalls am besten überprüfen und ihr Gesundheitszustand kontrollieren. Natürlich macht es jedem Aquarienfreund Spaß, seine Fische aus der Hand fressen zu lassen, aber Vorsicht, manche Exemplare haben scharfe Zähne!
Wenn das Wasser zu stark belüftet wird, kann sich künstliches oder natürliches Futter unter Umständen zu schnell verteilen. Oft sammelt es sich dann in einer Ecke des Beckens, wo die Fische nicht mehr hinkommen. Auf diese Weise wird das Wasser verschmutzt. Man sollte es sich deshalb zur Gewohnheit machen, bei der Fütterung und solange die Fische fressen, die Umwälzpumpe abzuschalten.

Fütterung der Jungfische

Jungfische von eierlegenden Arten ernähren sich in der ersten Zeit ihres Lebens vom Inhalt ihres Dottersacks, da sich ihr Maul erst einige Tage nach dem Schlüpfen öffnet. Dann fressen sie auch oft sofort und ohne Probleme Futter in Pulverform.

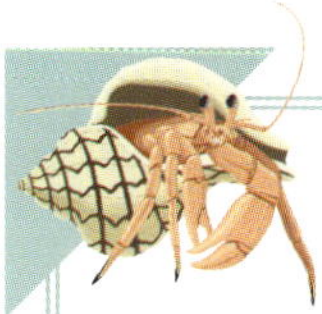

Die Aufzucht von Artemias

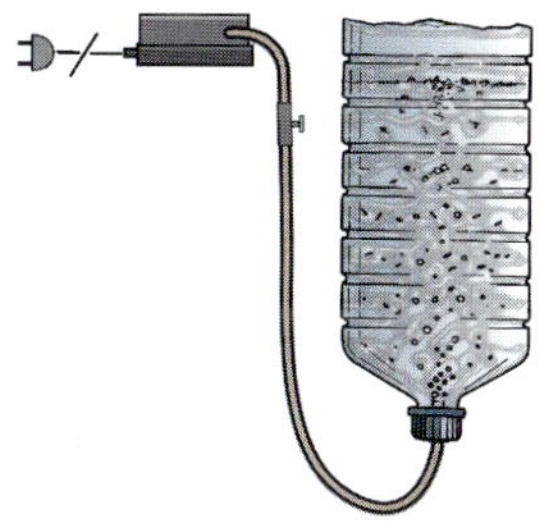

△ Das Schlüpfen von Artemialarven in leicht belüftetem Wasser.

Die getrockneten Eier (Dauereier genannt) sind in Aquarienfachhandlungen erhältlich. Sie müssen vor Licht und Feuchtigkeit geschützt aufbewahrt werden. Damit sie schlüpfen, ist Salzwasser mit folgenden Eigenschaften erforderlich: Temperatur 25 °C, Salzgehalt 35 ‰, was einer Dichte von 1,023 g/cm³ entspricht.
Als Salzwasser kann natürliches oder mit Spezialsalzen angemischtes Wasser verwendet werden, man kann aber auch grobes Kochsalz nehmen, was praktischer ist, wenn man kein Meerwasseraquarium hat. Wenn man kälteres und weniger salzhaltiges Wasser nimmt (bis 20 °C und 20 ‰, entsprechend einer Dichte von 1,014 g/cm³), schlüpfen entsprechend weniger Larven (50–60 % statt 80–90 %). Geeignet sind kleinere Glas- oder PVC-Gefäße (z. B. Flaschen). Im Fachhandel sind aber auch spezielle Behälter erhältlich. Die Eier werden eine Viertelstunde lang in ruhiges Wasser gelegt, damit sie sich vollsaugen können. Da 250 000 Eier nur etwa 1 g wiegen, reicht eine kleine Menge, z.B. eine Messerspitze, für eine Brut Jungfische vollkommen aus. Mit Durchlüftung wird das Wasser in wallende Bewegung gebracht, um die Eier zu verteilen. Bei zu starker Durchlüftung wird jedoch ein Teil an die Wände des Gefäßes geschleudert und kann nicht schlüpfen. Bei 25 °C schlüpfen die Larven nach 24 bis 36 Stunden, bei 20 °C nach 48 Stunden. Nun wird die Belüftung gestoppt: Die leeren Eihüllen schwimmen an der Oberfläche, die nicht geschlüpften Eier sinken auf den Grund, die Larven schwimmen in der mittleren Wasserschicht. Dort können sie leicht abgesaugt (z. B. mit einem Belüftungsschlauch) und durch einen (im Fachhandel erhältlichen) kleinen Filter oder durch die feinen Maschen eines Stücks Stoff gefiltert werden. Manche Aquarianer verwenden dazu engmaschige Seidenstrumpfhosen. Zur Vereinfachung können die Larven mit Hilfe einer Taschenlampe an einem Punkt konzentriert werden, da sie immer dem Licht zuschwimmen. Nun kann man sie an die Jungfische verfüttern; im Süßwasser überleben sie allerdings nur ein paar Minuten. Am ersten Tag nach dem Schlüpfen fressen sie nicht. Wenn man sie ein paar Tage länger ziehen möchte, damit sie sich weiterentwickeln und größer werden, ist im Fachhandel entsprechendes Futter erhältlich. So können Nauplien zu erwachsenen Krebsen herangezogen werden.

△ Im Fachhandel erhältliches Zubehör zum Ziehen von Artemialarven.

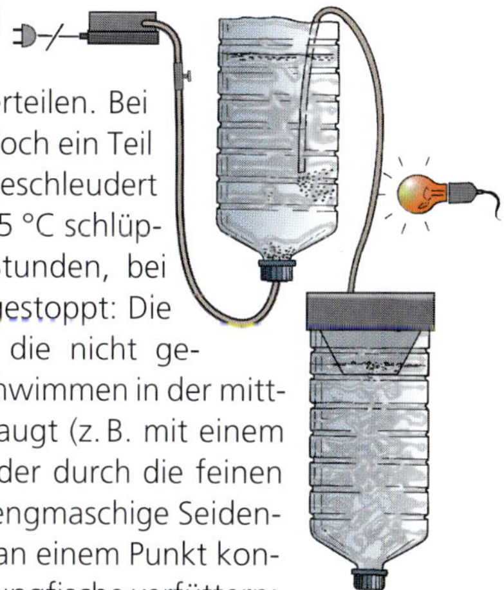

△ Abziehen der Artemialarven.

Erwachsene Salinenkrebse

Erwachsene Salinenkrebse werden in Tüten, mit Salzwasser und Luft verpackt, lebend verkauft. Bevor sie an die Fische verfüttert werden, die dieses Futter lieben und die winzigen Tiere gerne jagen, wird die Flüssigkeit durch ein Sieb abgegossen. In Süßwasser überleben die Salinenkrebse nur wenige Minuten. Sie sind aber auch tiefgefroren erhältlich.

◁ *Überfütterung ist in jedem Fall zu vermeiden, sowohl mit künstlichem Futter als auch, wie auf diesem Bild, mit erwachsenen Salinenkrebsen.*

Ist das nicht der Fall, bekommen sie ein paar Tage lang Artemianauplien. Zuerst füttert man die gerade geschlüpften, danach etwa 48 Stunden alte.
Man muß also ein paar Tage lang für eine tägliche Produktion an Artemianauplien sor-

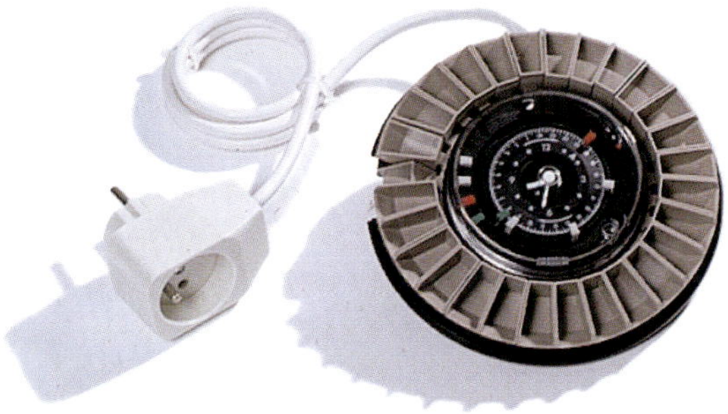

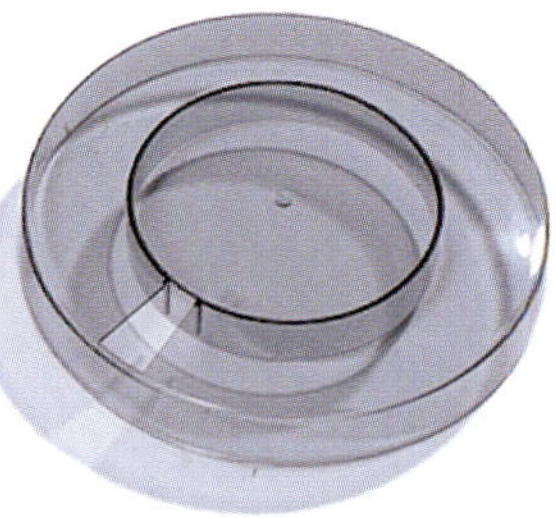

◁ ▽ *Dosierautomat für künstliches Futter. Jedes Fach entspricht einer Tagesration.*

gen. Wenn man keine Salinenkrebse hat, kann man alternativ dazu auch Infusorien züchten.
Lebendgebärende Fische (aus der Familie Poeciliidae) nehmen von Geburt an künstliches Futter, mögen aber auch sehr gern Nauplien der Salinenkrebse. Für Jungfische mariner Arten nimmt man, wie bereits oben erklärt, am besten Rädertierchen, die für deren winzig kleines Maul besonders gut geeignet sind.

Infusorien

Das sind mikroskopisch kleine Einzeller, die im Süßwasser leicht zu züchten sind. Im Aquarium kommen sie in geringer Menge vor.
Sie entwickeln sich mit Hilfe der *Riccia*, einer unter der Wasseroberfläche schwimmenden Pflanze, auf deren Blättern sie ihr Futter aus organischer Materie finden. Man kann sie auch selbst ziehen, indem man ein Stück Kartoffel, ein Salatblatt oder Paddy, ungeschälten Reis aus Samen- oder Naturkostgeschäften, ein paar Tage in einem Gefäß mit Aquarienwasser weichen läßt.

△ *Jungfische in Gefangenschaft können mit Artemianauplien, später mit Futter in Pulverform gefüttert werden, das im Fachhandel erhältlich ist.*

Was tun, wenn ein Fisch nicht frißt?

Gelegentlich kommt es vor, daß ein Fisch die Nahrungsaufnahme verweigert oder nicht fressen kann. Man muß in solchen Fällen versuchen, die Ursache dieses Verhaltens herausfinden und zu beheben.
Ein neu ins Aquarium eingesetzter Fisch frißt in den seltensten Fällen gleich am ersten Tag;

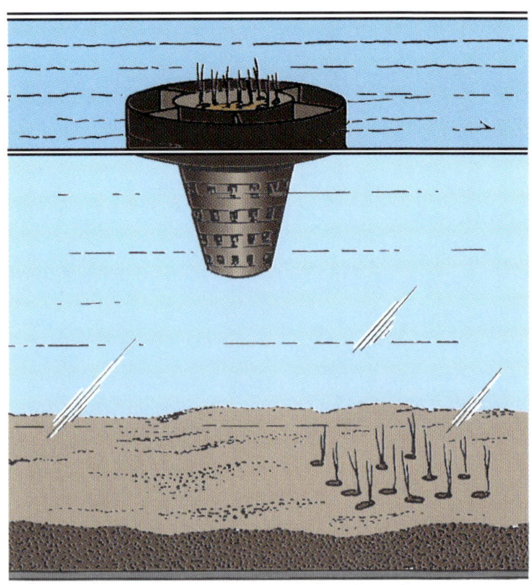

△ *Mit Paddy-Reis können Infusorien gezogen werden; er wird am Grund »ausgesamt« oder in einen Tubifex-Futtertrichter gegeben.*

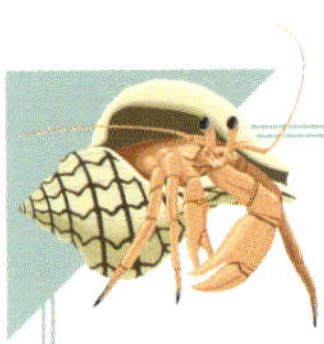

Das A und O der Fütterung

– Bieten Sie den Fischen abwechslungsreiche Nahrung.
– Füttern Sie wenig, aber häufig, am besten zweimal täglich, Jungfische auch häufiger.
– Warten Sie nicht, bis die Fische satt sind und nicht mehr fressen wollen, sondern brechen Sie die Fütterung ab, wenn die Ration verzehrt ist.
– Saugen Sie Futterreste so schnell wie möglich ab, weil sie sonst das Wasser verschmutzen.

das ist normal, da er sich in seiner neuen Umgebung verloren vorkommt. Kleinere Arten und weniger lebhafte Fische geraten den größeren und schnelleren gegenüber bei der Fütterung oft ins Hintertreffen. Sie müssen dann getrennt mit zappelndem Lebendfutter gefüttert werden, während man die übrigen Fische mit anderem Futter ablenkt.
Auch Krankheit kann der Grund sein, daß ein Fisch die Nahrungsaufnahme verweigert. Dies zeigt sich an seinem Verhalten, seiner Färbung und gegebenenfalls an Symptomen, die an seinem Körper sichtbar werden. In diesem Fall muß er von den anderen Fischen getrennt und in ein separates Becken gesetzt werden und braucht Pflege und nährstoffreiche Nahrung wie Lebendfutter oder Frischnahrung.
Es kommt auch vor, daß Fische, besonders Meeresfische, künstliches Futter grundsätzlich verweigern. Beharrlichkeit nützt hier wenig, vielmehr sollte man zu abwechslungsreicher Nahrung auf der Grundlage von Lebendfutter übergehen.

Ein »Wunderfutter« für Jungfische

Damit ist Eigelb von hartgekochten Eiern gemeint, das man in einem Glas mit etwas Wasser verrührt. Dadurch entstehen kleine Teilchen, die anschließend durch ein Sieb gestrichen werden. Diesen Brei bekommen nun die Jungfische, wobei allerdings nicht zu viel im Becken verteilt werden sollte, um das Wasser sauber zu halten. Protein- und fettreiches Eigelb kann zu oder anstelle von anderem Futter gegeben werden.

△ *Vorbereitung von aufgetautem Tiefkühlfutter, bevor es an größere Fische verfüttert wird.*

▽ *Manche Aquarianer verfüttern Austern an ihre Fische – eine teuere Mahlzeit, aber den Fischen scheint es zu schmecken.*

FORTPFLANZUNG

Hierzulande und in den temperierten Breiten der Erde hängt die Fortpflanzung der Fische von der Jahreszeit und somit von der Temperatur ab. Es gibt nur eine Laichzeit, in der sich eine Art in der Regel nur einmal fortpflanzt. In tropischen Gebieten, wo die Temperaturschwankungen geringer ausfallen, hängt die Fortpflanzung von anderen Faktoren, wie Regenfällen, ab. Die Fische können mehrmals im Jahr ablaichen, wobei die Abstände zuweilen weniger als einen Monat betragen.

△ *Ein* Hemichromis bimaculatus-*Pärchen (Roter Buntbarsch) mit seinem Nachwuchs.*

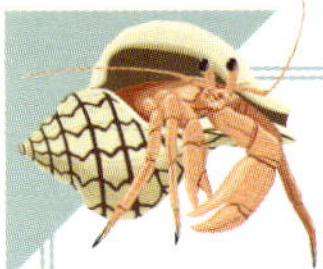

Der Schlüssel zur erfolgreichen Zucht

– Die Elterntiere müssen gut genährt und gesund sein.
– Man muß ihnen die bestmögliche Umgebung bieten:
- ein Zuchtbecken;
- hochwertiges Wasser, das in seinen Eigenschaften dem natürlichen Lebensraum so gut wie möglich entspricht.

– Für die Fütterung der Jungtiere muß gesorgt sein.

Grundprinzipien

Die meisten Aquarienfische legen Eier, es gibt aber auch Ausnahmen, die lebende Junge gebären.
Durch abwechslungsreiches, hochwertiges Futter legt der Fisch Eiweiß- und Fettreserven an, so daß Eier und Spermien heranreifen können.
Wenn der Eierstock des Weibchens angeschwollen ist, ist es zum Ablaichen bereit. Ein Reiz wie Regen, Sonnen- oder Mondlicht – der Einfluß des Erdtrabanten wird derzeit noch erforscht – reicht in der Natur aus, um

den Ablaichvorgang auszulösen. Im Aquarium wird das Ablaichen manchmal durch mehr oder weniger intensives morgendliches Sonnenlicht oder durch einen Teilwasserwechsel ausgelöst.

Manche Fische führen einen Balztanz auf, bei dem das Männchen das Weibchen verführt oder sogar manchmal mißhandelt und seine Konkurrenten mitunter recht gewaltsam aussticht. Das Weibchen legt dann die Eier ab, die sogleich vom Männchen befruchtet werden.

Selbstverständlich ist das nur ein allgemeines Schema; Zierfische weisen zuweilen sehr unterschiedliche Verhaltensweisen auf, insbesondere bei der Brutpflege. Manchmal wird das Gelege sich selbst überlassen oder sogar von den Eltern aufgefressen, manchmal aber auch gut bewacht und verteidigt, ebenso die Jungfische in ihren ersten Lebenstagen.

Während die Eier einige Tage lang ausgebrütet werden, entwickelt sich der Embryo. Wenn er vollständig entwickelt ist, bewegt er sich so stark, daß er die Eimembran durchbricht und schlüpft. Es erscheint eine Larve, die sich in Körperform, Größe und den Proportionen einiger Organe noch wesentlich vom erwachsenen Fisch unterscheidet. So sind die Augen überproportional entwickelt, damit die Larve ihre Beute erkennen kann. Außerdem hat sie einen Dottersack, aus dem sie sich in den ersten Tagen ernährt (außer bei Lebendgebärenden aus der Familie Poeciliidae).

Die Larve entwickelt sich in den nächsten Tagen und Wochen weiter und verändert ihre Anatomie und ihr Verhalten, bis sie dem erwachsenen Fisch immer mehr ähnelt. Jetzt spricht man vom Jungfisch.

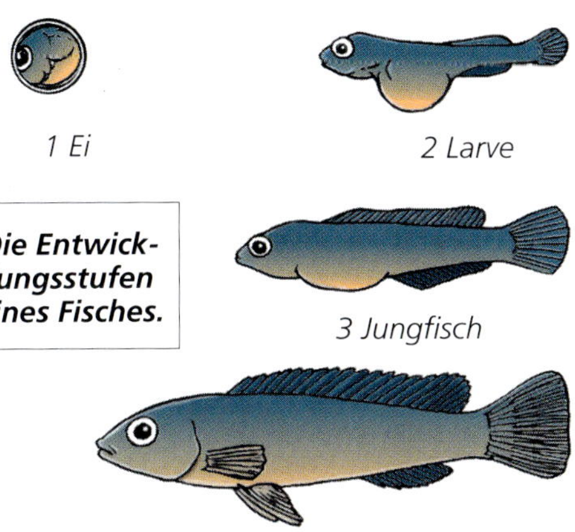

Die Entwicklungsstufen eines Fisches.

Das Geschlechtsleben der Fische

In der Theorie ist es einfach: Es gibt Männchen und Weibchen. In Wirklichkeit ist es jedoch manchmal komplizierter, manche Arten können ihr Geschlecht verändern, was man sukzessiven Hermaphroditismus nennt. Dieses Phänomen gibt es u.a. bei den Anthias und manchen Labridae, die zuerst weiblich, dann männlich sind. Anemonenfische haben als Jungfische männliche Anlagen, sind aber auf dieser Entwicklungsstufe noch nicht geschlechtsreif. Später werden sie entweder zu geschlechtsreifen Männchen oder zu Weibchen. Da diese Fische Einzelgänger sind, erhöht die Geschlechtsumwandlung die Chancen, einen passenden Partner zu finden. Dieses Phänomen hat auch bei Arten seine Berechtigung, die ein Haremssystem haben, wo also ein Männchen mit mehreren Weibchen zusammenlebt. Stirbt das Männchen, kann eines der Weibchen zum Männchen werden, um die Fortpflanzung innerhalb der Gruppe zu sichern.

◁ Manche Fische legen ihre Eier auf einer horizontalen Unterlage ab. Dann befächeln sie sie mit Frischwasser und schützen sie vor Räubern.

Der Dottersack dieser 15 Tage alten Larven ist fast aufgebraucht. ▽

Der Dottersack

In ihren ersten Lebenstagen ernährt sich die Fischlarve vom Dottersack. Er besteht aus dem Dotter, das dem Eigelb bei Geflügeleiern entspricht, und wird vom Weibchen während der Eibildung angelegt. Blutgefäße durchziehen den Dottersack und verteilen diese Reserven im Körper des Fisches. So kann er überleben, bis er selbst in der Lage ist, Beute zu fangen. In der Regel kann der Jungfisch das bereits nach einigen Tagen.

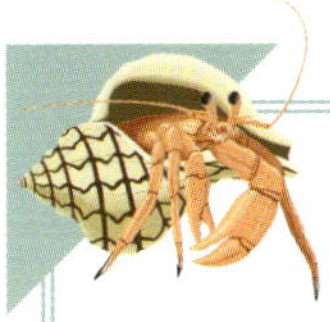

Zuchtbecken

Da es nur die Elterntiere und ihren Nachwuchs aufnehmen soll, ist es im allgemeinen recht klein. Bodengrund ist mit Ausnahme von einigen Arten, wie »Cichlasoma«, nicht erforderlich. Das Zuchtbecken sollte geheizt, aber nur mäßig gefiltert werden, wobei darauf zu achten ist, daß die Eier und Jungfische nicht eingesaugt werden können. Belüftung ist nicht unbedingt notwendig. Das Becken wird mit Wasser aus dem Aquarium der Elterntiere befüllt, das man schrittweise verändern kann, damit es bestimmte, für paarungsbereite Fische geeignete Eigenschaften aufweist (pH-Wert, Härte). Der Laichgrund sollte aus natürlichem (Pflanzen, Felsen) oder künstlichem Material (PVC) bestehen. In der Beschreibung der einzelnen Familien finden sich nähere Angaben.

Dieses Cichlidenweibchen, das die Eier im Maul ausbrütet, ist in einem ruhigen Zuchtbecken besser aufgehoben. ▷

Die Fortpflanzungs-strategien

Durch die Fortpflanzung wird das Überleben der Art gesichert. Die Natur hat dafür unterschiedliche Strategien entwickelt. So sind kleine Eier, die in großen Mengen abgelegt werden, häufig durchsichtig, um sie vor den Blicken der Räuber zu schützen.
Größere Eier werden, wenn sie weniger zahlreich sind, die meiste Zeit von den Eltern bewacht.
In beiden Fällen ist es das Ziel, Verluste so gering wie möglich zu halten. Im Aquarium erhöht der Eingriff des Aquarianers die Erfolgschancen spürbar, und das Überleben bzw. die Vermehrung einer Art ist normalerweise gesichert.

Manchmal merkt der Aquarianer gar nichts davon, wenn sich Fische in einem Gesellschaftsbecken vermehren. ▽

Zuchttechniken in der Aquaristik

Die Zuchtmethoden sind bei den verschiedenen Fischfamilien sehr unterschiedlich, weshalb sie detaillierter im »Katalog der Fischarten« behandelt werden. Einige Grundzüge können hier aber dargestellt werden.

Auswahl des Ortes

Die Fortpflanzung kann spontan in einem Gesellschafts-, Arten- oder Biotopbecken erfolgen. Dies ist häufig der Fall, wenn der Aquarianer unerfahren ist und das Herannahen des Ablaichtermins beim Weibchen noch nicht erkennen kann. In diesem Fall können die Jungtiere nur mit Glück überleben. Einige werden von den übrigen Beckeninsassen aufgefressen, der Rest hat in jedem Fall Schwierigkeiten, sich zu ernähren.
Deshalb sollte ein spezielles Zuchtbecken eingerichtet werden.

Auswahl der Elterntiere

Auch wenn es normalerweise relativ schwierig ist, Männchen und Weibchen zu unterscheiden, läßt es sich doch leicht erkennen, wann das Weibchen einen dicken Bauch hat und ein oder mehrere Männchen ihm erhöhte Aufmerksamkeit schenken. Diese Anzeichen deuten auf die nahende Ablaichzeit hin.
Dann ist es an der Zeit, die betreffenden Tiere in ein speziell vorbereitetes Zuchtbecken umzusetzen.

△ *Auswahl und richtige Ernährung der Zuchteltern sind wichtige Faktoren für den Zuchterfolg. Hier ein* Colisa-lalia-*Pärchen, rechts das Männchen.*

Die Pflege der Zuchtpaare

Der Zuchterfolg hängt nicht zuletzt auch vom guten Gesundheitszustand der Zuchteltern ab. Diese brauchen ein ruhiges Zuchtbecken, in dem sie von den anderen Aquarienbewohnern getrennt sind.

Besonderer Wert muß auf ihre Ernährung gelegt werden, denn davon hängt die Qualität der Eier und vor allem des Dotters ab. Die Elterntiere brauchen frische, abwechslungsreiche Nahrung, am besten Lebendfutter. Künstliches Futter kann zwischendurch als Ersatz verwendet werden, darf aber nicht als Grundnahrungsmittel dienen.

Das Ablaichen

Lichteinfall, z. B. die Morgensonne oder die künstliche Beleuchtung des Aquariums, fördert im allgemeinen den Ablaichprozeß. Wenn man den Eindruck gewonnen hat, daß die Fische nicht schnell genug ablaichen, kann man ungefähr zehn Prozent des Wassers austauschen und so den Ablaichvorgang auslösen.

Freilaicher

Wenn die Eier auf den Beckengrund fallen, müssen sie vor der Gier der anderen Fische geschützt werden. Dies geschieht am besten in einem Zuchtbecken. Hier gibt es mehrere Möglichkeiten:

– Man kann das Becken horizontal durch ein Gitter abtrennen, das nur die abgelaichten Eier durchläßt;

– oder man legt Glasmurmeln auf den Boden des Beckens, zwischen denen sich der Laich sammelt und so sehr leicht abgesaugt werden kann.

Die meisten freilaichenden Fische betreiben keinerlei Brutpflege, weshalb die Elterntiere aus dem Becken entfernt werden müssen. In der Familie der Cypronodontidae gibt es einige Arten, deren Eier außerhalb des Wassers in feuchtem Milieu überleben können.

A

B

◁ ▽ *Mehrere Tricks können die Eier vor dem Zugriff räuberischer Eltern schützen, entweder verwendet man ein Gitter (A) oder Glasmurmeln (B).*

Halbnatürliche Fortpflanzung

Bei Fischen, die, wie Characiden, normalerweise in Schwärmen zusammenleben, und keine treuen Paare bilden, kann man die halbnatürliche Fortpflanzung praktizieren. In ein geeignetes Becken setzt man circa zehn Exemplare ein, die sich darin fortpflanzen. Dann gibt es zwei Möglichkeiten: Entweder man entfernt die erwachsenen Fische und zieht die Jungfische alleine groß oder man läßt erwachsene und junge Fische zusammen. In diesem Fall muß man Verstecke für den Nachwuchs schaffen, raumgreifende Pflanzen, Felsen usw. Erst wenn die Larven 5 bis 10 mm groß sind, werden sie in ein anderes Becken umgesetzt, wo sie weiter heranwachsen. Die Erwachsenen können sich weiter vermehren, sobald Eier und Samenzellen wieder herangereift sind. Diese Methode ist einfach zu praktizieren: Ein oder mehrere Paare finden zusammen und paaren sich, wann sie wollen. Indem man sie nicht von den Jungfischen trennt, kann eine Art natürliche Auslese erfolgen, bei der nur die widerstandsfähigsten Jungen überleben, die sich nicht von den Elterntieren auffressen lassen.

◁ *Die Methode der halbnatürlichen Fortpflanzung kann man z. B. bei Neons* (Paracheirodon innesi) *anwenden.*

◁ *Haftende Eier werden von den Fischen auf ein Substrat (oben), in eine natürliche oder künstliche Höhle (Mitte) oder manchmal in eine Vertiefung im Bodengrund (unten) gelegt.*

△ *Bei den maulbrütenden Cichlidenarten können sich die Jungfische auch später im Maul der Mutter verstecken (hier* Geophagus hondae*).*

Substratlaicher

Fische wie die Characidae, die meist keine Brutpflege betreiben, legen ihre Eier in feinfiedrige Pflanzen (z. B. *Myriophyllum, Cabomba*), mit denen das Aquarium bepflanzt sein sollte. Man kann auch Filterwolle verwenden, die im Fachhandel erhältlich und als künstliches Laichsubstrat gut geeignet ist.

Nach dem Ablaichen müssen die Elterntiere zumeist aus dem Becken entfernt werden. Einige Arten kümmern sich hingegen um ihre Eier oder auch Jungtiere. Skalare z. B. legen ihre Eier auf eine Pflanze mit harten Blättern, andere, wie die amerikanischen Cichlidenarten, heften sie horizontal oder vertikal an einem Stein an.

Man kann diesen Arten auch ein künstliches Laichsubstrat, z. B. ein Kunststoffrohr oder eine PVC-Platte, anbieten.

Andere afrikanische Cichliden aus dem Tanganjika-See oder amerikanische Arten wie die der Gattung *Apistogramma* legen ihren Laich in einer Höhle oder einer kleinen Grotte ab, bisweilen an deren Decke.

Festes Laichsubstrat wird im allgemeinen von einem Elternteil gereinigt, bevor das Weibchen die Eier ablegt, die das Männchen sogleich befruchtet.

Das Männchen verteidigt anschließend die Laichstätte gegen Feinde seiner eigenen oder einer anderen Art, während das Weibchen den Eiern mit den Flossen Frischwasser zufächelt. Manchmal vertauschen die Eltern auch die Rollen oder einer der Fische reinigt den Laichplatz, indem er die abgestorbenen Eier entfernt. Er erkennt sie an ihrer milchigweißen Farbe. In der Folgezeit werden die Jungfische von den Eltern so lange betreut, bis sie selbständig sind.

△ *Das Weibchen legt die Eier auf einer vorher gereinigten Unterlage ab, wo sie sofort vom Männchen befruchtet werden.*

Maulbrüter

Durch dieses Laich- und Brutverhalten, das insbesondere bei den afrikanischen Cichlidenarten des Malawi-Sees vorkommt, überleben sowohl in der Natur als auch im Aquarium besonders viele Eier und Jungtiere.

Die Männchen, die meistens auffälliger gefärbt sind als die Weibchen, haben kleine, leuchtende Flecken an ihrer Afterflosse. Das Weibchen laicht auf den Grund des Gewässers ab und nimmt die Eier dann sogleich in ihre Maulhöhle. Das Männchen schwimmt zur Befruchtung neben dem Weibchen hin und her und breitet seine Afterflosse aus. Das Weibchen versucht dann, die vom Männchen ausgestoßenen Spermien sofort in ihr Maul einzusaugen. Somit findet die Befruchtung in der Mundhöhle statt.

Die Entwicklung der Embryos dauert ein bis drei Wochen, und in dieser Zeit frißt das Weibchen nichts. Es ist deutlich erkennbar, wie sich sein Hals durch die Eier nach außen wölbt. Das Weibchen bewegt die Eier hin und her, damit sie mit Sauerstoff versorgt werden.

Die Jungfische verlassen das Maul der Mutter nach einiger Zeit, flüchten sich bei der kleinsten Beunruhigung jedoch gleich wieder dorthin zurück. Die Mutter kümmert sich um die Jungen, bis diese allein zurechtkommen.

△ *Die Jungfische können auch später im Maul der Mutter Zuflucht suchen. Das kommt nicht häufig vor, wenn das Muttertier in einem Zuchtbecken isoliert ist.*

Mit dieser Technik können sich Maulbrüter auch in Gesellschaftsbecken vermehren. Man kann das Weibchen auch vorsichtig herausfischen und genauso behutsam seine Brut »ausspucken« lassen, um diese dann getrennt aufzuziehen.

Und wenn es nicht funktioniert?

Mehrere Zuchtpaare wurden ausgewählt, vorsichtig in ein eigenes Zuchtbecken umgesetzt, und trotzdem passiert nichts?
Folgende Szenarien sind möglich:
– Es kommt nicht zum Ablaichen. Vielleicht gefallen die Partner einander nicht. Man sollte ein anderes Zuchtpaar nehmen oder einem Weibchen mehrere Männchen zuteilen.
– Das Ablaichen ist erfolgt, die Larven schlüpfen aber nicht. Vielleicht wurden sie nicht befruchtet, oder die Befruchtung hat stattgefunden, aber das Wasser ist zum Ausbrüten der Eier nicht geeignet.
– Die Larven sind geschlüpft, sterben aber schnell ab. Sicherlich ist ungeeignete Ernährung der Grund. Es kommt auch vor, daß sich die Eltern nicht für ihre Brut interessieren und ihnen kein Frischwasser zufächeln. In diesem Fall muß man sie herausnehmen und beim Gelege einen kleinen Belüfter plazieren, der die Eltern ersetzt. Abgestorbene Eier müssen entfernt werden.
Auf jeden Fall sollte man die Hoffnung nicht aufgeben. Das Verhalten der Fische muß genau beobachtet werden, ein eingerichtetes Zuchtbecken sollte bereitstehen, und für die Ernährung der künftigen Jungfische muß gesorgt sein.

Schaumnestbauer

Fische aus der Familie der Belontiidae bauen an der Wasseroberfläche ein Nest aus schaumgefüllten Luftblasen. Dies ist eine Anpassungstaktik an das sauerstoffarme Milieu, in dem sie leben. Denn an dieser Stelle ist das Wasser am sauerstoffreichsten. Außerdem bietet das Nest einen gewissen Schutz für die Brut.
Das Männchen baut das Nest, indem es mit Luft von der Wasseroberfläche kleine Blasen bildet, die mit seinem Speichel zusammengehalten werden. Danach verführt es ein Weibchen, hält es in der Nähe des Nestes fest, befruchtet die Eier sofort nach dem Ablaichen und befördert sie mit seinem Maul ins Nest. Dieser Vorgang wiederholt sich mehrfach. Dann verjagt das Männchen das Weibchen, zuweilen sehr gewaltsam, so daß das Weibchen zu seiner Sicherheit besser aus dem Aquarium entfernt werden sollte, und bewacht schließlich das Nest. Nach dem Schlüpfen bleiben die Larven zunächst einige Tage im Nest und verlassen es dann. Das Männchen muß nun entfernt werden, da es sie sonst auffressen könnte.

◁ *Schaumnest eines Zwergfadenfisch-Männchens (Belontiidae) an der Wasseroberfläche.*

Lebendgebärende

Bei den Lebendgebärenden werden die Eier nicht abgelaicht, sondern entwickeln sich im Mutterleib, wo die Larven auch schlüpfen. Sie kommen also lebend und voll ausgebildet zur Welt und beginnen sofort mit der Nahrungssuche. Dieses Fortpflanzungsverhalten betrifft nur einige wenige Fischfamilien wie die Poeciliidae.

Meeresfische

Nur wenige marine Arten vermehren sich regelmäßig im Aquarium. Außer bei den Anemonenfischen und verwandten Arten sind Zuchterfolge selten. Hier hat die wissenschaftliche Forschung noch viel zu tun.

Die verschiedenen Phasen der Fortpflanzung bei den Belontiidae: Schaumnestbau durch das Männchen (das Weibchen ist in einem getrennten Abteil), Ablaichen, Herausnehmen des Weibchens. ▽

KRANKHEITEN

Der Aquarianer muß Krankheitsanzeichen erkennen können und vor allem für gute Pflege und einwandfreies Futter sorgen, um Krankheiten vorzubeugen.
Ein Fisch kann krank sein oder eine Krankheit in sich tragen, ohne selbst zu erkranken, dann ist er ein gesunder Überträger. Unter bestimmten Bedingungen bricht die Krankheit bei ihm aus oder er steckt seine Artgenossen an.

Krankheitsursachen

Die Krankheitsursache kann außerhalb des Aquariums liegen

– Ein neu eingesetzter Fisch, der frisch importiert wurde und unter seiner Reise oder der Unterbringung beim Händler leidet, kann krank werden und andere Fische anstecken;
– ein gesunder oder kranker Überträger wird eingesetzt;
– es wurde verschmutztes Wasser aus natürlicher Umgebung – einem See oder Meerwasser fragwürdiger Qualität – eingefüllt;
– es sind unbeabsichtigt Schadstoffe wie Tabakrauch oder Aerosole ins Aquarium gelangt.

Natürlich sollte man solche Zwischenfälle tunlichst vermeiden.

Die Krankheitsursache kann innerhalb des Aquariums liegen

Meistens ist eine Veränderung der Haltungsbedingungen zum Negativen die Ursache, wodurch bei einem gesunden Überträger manche Krankheiten zum Ausbruch kommen können.
– Temperaturabfall oder plötzliche Temperaturänderungen nach oben oder unten durch eine Störung des Heizsystems;
– Absinken des Sauerstoffgehalts im Aquarium;
– Überschuß an Stickstoffverbindungen we-

Das Quarantänebecken

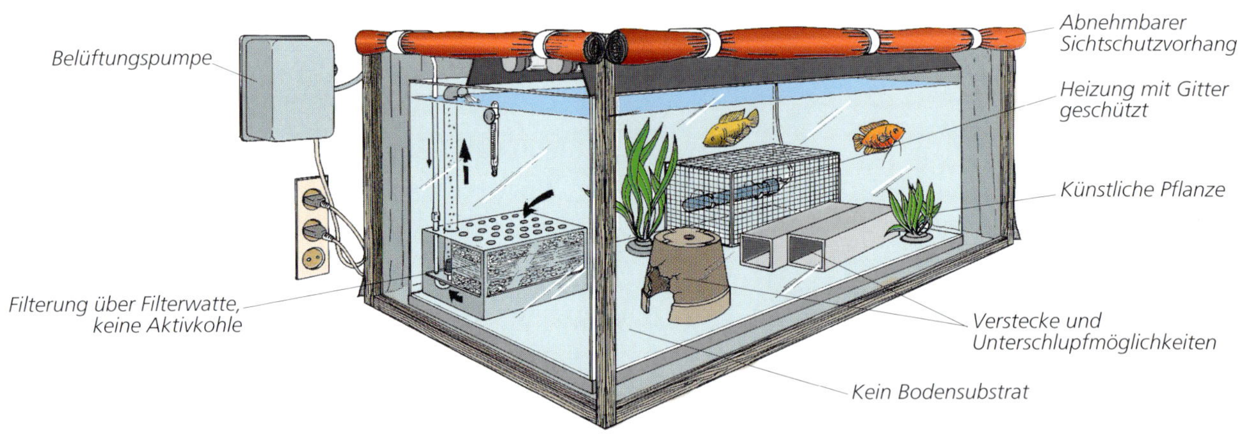

Man verwendet ein kleineres Becken aus geklebtem Glas, das nur mit dem für die Pflege Nötigsten ausgestattet ist. Es gibt also weder Pflanzen noch Bodensubstrat oder Dekorationsgegenstände, außer für von Natur aus scheue Fische. Diesen kann man einen Unterschlupf aus Kunststoff, z. B. PVC, anbieten. Normale Filterung ist nicht nötig, höchstens ein kleiner Schwamm-Innenfilter. Die Belüftung ist allerdings wichtig, da manche Medikamente den Sauerstoffgehalt des Wassers beeinflussen. Die Temperatur wird auf 27 bis 28 °C erhöht.
Das Quarantänebecken sollte an einem ruhigen, lichtgeschützten Ort stehen, um die Heilung zu beschleunigen. Man kann außerdem die Scheiben abdecken.
Nach Gebrauch muß das Aquarium mitsamt Zubehör desinfiziert werden: 4 ml Bleichlauge auf 100 l Wasser mischen und die Flüssigkeit ins Becken geben. Das Ganze 24 Stunden durchlüften, dann mehrfach mit frischem, klarem Wasser durchspülen.

△ *Ein kranker* Scatophagus argus *mit beschädigten Flossen.*

gen einer Filterstörung oder Überbesatz an Fischen;
– allgemein schlechte Wasserqualität;
– Verletzungen durch einen Kampf oder einen etwas zu feurigen Balztanz, durch Stöße oder Scheuern an den Dekorationsgegenständen;
– Unterernährung oder unausgewogene Ernährung.

Vorbeugende Massnahmen

Vorbeugen ist besser als Heilen: Dieses altbekannte Sprichwort gilt auch für die Aquaristik. Vorbeugen bedeutet, die Fische und deren Lebensraum täglich zu beobachten, wozu einige Kenntnisse vonnöten sind. Die beste Vorbeugung sind und bleiben gute Bedingungen im Aquarium.

Krankheiten und ihre Behandlung

Generell lassen sich zweierlei Arten unterscheiden, ansteckende und nicht ansteckende Krankheiten. Infektionskrankheiten werden von Mikroorganismen wie Bakterien, Pilzen oder Viren ausgelöst. Auslösende Faktoren sind weiterhin Streß, unangepaßte Ernährung oder Temperaturabfall. Manche Erreger haben einen gemischten Lebenszyklus und leben zum Teil im Fisch, zum Teil im Wasser.
Nicht ansteckende Krankheiten werden nicht durch Erreger, sondern durch das Umfeld verursacht (Wasserqualität, Ernährung).
Medikamentencocktails und Überdosierung sind zu vermeiden, sie schaden mehr als sie nützen. Man sollte sich auch streng an die Behandlungsdauer halten, selbst wenn die Symptome offensichtlich schnell wieder abgeklungen sind.

Woran erkennt man einen kranken Fisch?

Eine Krankheit ist nicht immer leicht festzustellen, vor allem, wenn keine äußeren Symptome zu erkennen sind. Mehrere Anzeichen, die einzeln oder gleichzeitig auftreten, können darauf hindeuten, daß ein Fisch krank ist.
– Allgemeines Verhalten: Der Fisch versteckt sich, erschrickt leicht, wirkt gestreßt.
– Schwimmverhalten: Er schwimmt torkelnd und reibt sich gelegentlich an der Dekoration oder am Boden.
– Freßverhalten: Abmagerung, Nahrungsverweigerung.
– Atmung: Der Fisch »schnappt« an der Oberfläche nach Luft.
– Äußere Anzeichen: Weiße Punkte, weißliche Kotfäden, Hervorquellen eines Auges oder beider Augen bzw. Aufquellen des Körpers, abstehende Schuppen, verschiedene Wunden…

△ *Das Verhalten dieses Fisches* (Macropodus opercularis) *und seine leicht aufgestellten Schuppen lassen auf einen schlechten Gesundheitszustand schließen.*

… und einen gesunden Fisch?

Zweierlei muß berücksichtigt werden: das Aussehen und das Verhalten des Fisches. Es sind also gute Kenntnisse über seine Anatomie, Biologie und Ökologie erforderlich. Ein gesunder Fisch hat eine leuchtende Färbung und einen lebhaften Blick. Sein Körper ist nicht aufgedunsen, die Schuppen und Kiemendeckel liegen an. Er nimmt die Nahrung in normaler Menge auf normale Art und Weise auf. Er versteckt sich nicht ohne offensichtlichen Grund.

▽ *Kräftige Farben und normal ausgebreitete Flossen deuten auf gute Gesundheit hin.*

Während der Behandlung sollten die Fische nur mäßig, aber mit Frischkost gefüttert werden. Nach der Genesung sollte die Nahrung abwechslungsreich und ausgewogen sein, um den Heilungsprozeß vollständig abzuschließen.
Die häufigsten Krankheiten und deren Behandlungsmethoden sind auf den Seiten 70–71 aufgeführt.

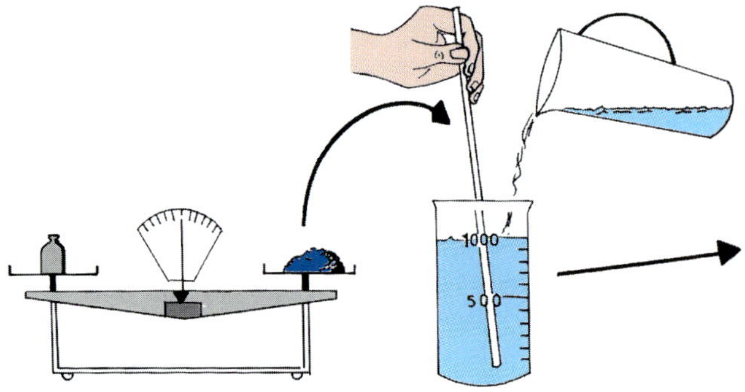

△ *Pulver wie Kupfersulfat und Methylenblau werden abgewogen und verdünnt, um eine Mutterlösung herzustellen.*

Die Behandlungsschritte

1. Den Fisch in ein Quarantänebecken setzen.
2. Die Temperatur auf 27–28 °C erhöhen.
3. Die Filterung und ggf. den Abschäumer bei Meerwasseraquarien abstellen, gleichzeitig die Belüftung verstärken.
4. Das Medikament falls nötig auflösen.
5. Das Medikament nach und nach über mindestens eine Stunde verteilt ins Becken gießen, bei Kupfersulfat sogar über einen ganzen Tag verteilt.
6. So lange wie empfohlen wirken lassen.
7. Das Aquarium zur Hälfte entleeren, dann durch Zugabe des gleichen Wassers wie ursprünglich wieder auffüllen.
8. Fünf Tage lang jeweils $^1/_{10}$ des Inhalts wechseln und immer das gleiche Wasser zum Nachfüllen benutzen.
9. Die Behandlung gegebenenfalls wie beschrieben wiederholen.
10. Den Filter und ggf. den Abschäumer wieder anstellen.
11. Die Temperatur langsam über drei Tage verteilt wieder auf den ursprünglichen Wert absenken.
12. Die Belüftung wieder auf die ursprüngliche Intensität drosseln.

In einem Gesellschaftsaquarium beginnt die Behandlung selbstverständlich mit dem 2. Schritt.

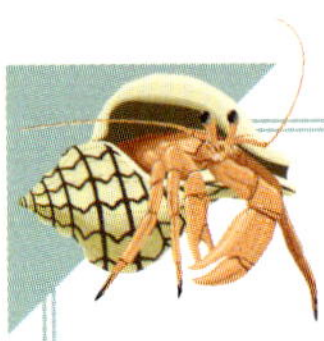

Das A und O der Vorbeugung

- Gute Kenntnis des Aquariums; regelmäßige Überprüfung bestimmter Parameter wie Nitritgehalt und pH-Wert; gute Wasserqualität;
- gute Kenntnis der Beckeninsassen und ihrer Gewohnheiten hinsichtlich Verhalten und Ernährung;
- Überbesatz vermeiden;
- weder zu viel noch zu wenig füttern;
- ständigen Streß durch die Vergesellschaftung von Fischen vermeiden, die von der Größe oder vom Verhalten her bzw. wegen fehlender Zufluchtsmöglichkeiten nicht zusammenpassen;
- einen neuen Fisch nicht direkt ins Aquarium einsetzen.

Eine gute Kenntnis der Fische (Färbung und Verhalten) ist eine der wichtigsten Voraussetzungen für die Vermeidung von Krankheiten im Aquarium. ▷

Medikamente

Im Zoofachhandel sind Medikamente für bestimmte Krankheiten erhältlich. Die Forschung macht hier ständig Fortschritte. In den letzten Jahren sind neue Medikamente für Meeresfische auf den Markt gekommen. Dosierung und Behandlungsdauer müssen unbedingt eingehalten werden.
Bakterielle Krankheiten können mit Antibiotika bekämpft werden. Wir raten jedoch vom Gebrauch dieser schwer erhältlichen Medikamente ab, da sie zur Bildung resistenter Bakterienstämme führen können.
Diverse Chemikalien können für die Behandlung verwendet werden, jedoch auch hier muß man sich exakt an die Dosierung halten.
Kochsalz ist nur für den Einsatz in Süßwasser geeignet, hilft aber in manchen Fällen. Durch langsame Zugabe von Salz entsteht im Aquarium eine Salzlösung von maximal 5–10 g/l. Nach Behandlungsende wird der ursprüngliche Zustand ohne Salz wiederhergestellt, indem jeden Tag 25 Prozent der Wassermenge ausgetauscht werden.
Methylenblau ist ein wirksames Mittel gegen Pilzbefall. 1 g von dem Pulver, das noch in einigen Apotheken erhältlich ist, wird in 1 l Wasser aufgelöst. Fische werden mit 0,5 bis 1 ml/l dieser Lösung behandelt, Eier mit 1 ml/l. Durch mehrere Teilwas-

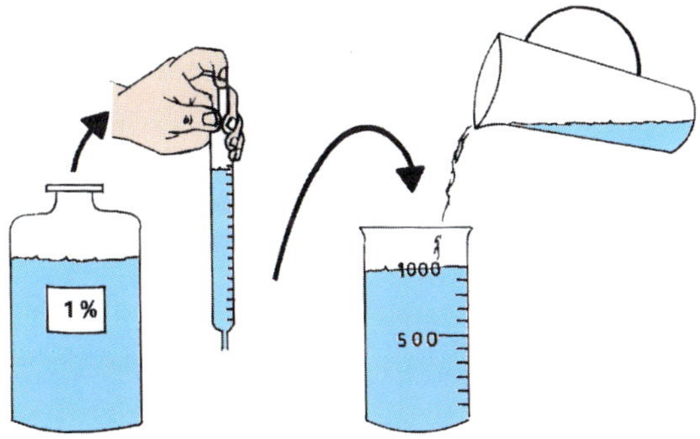

△ *Der Mutterlösung, die auch aufbewahrt werden kann, wird die erforderliche Menge entnommen.*

serwechsel von jeweils 25 Prozent wird das Medikament nach Behandlungsende wieder ausgeschwemmt. Methylenblau ist allerdings nur für die Verwendung in Süßwasser geeignet.

Malachitgrün ist besonders wirksam bei Pilzinfektionen, aber auch bei der Weißpünktchenkrankheit. Eine Lösung von 1,5 g auf 10 l Wasser wird erst unmittelbar vor Gebrauch angesetzt, die Behandlungsdauer darf 2 Stunden nicht übersteigen.

Der Fachhandel bietet auf der Basis dieser Inhaltsstoffe zahlreiche gut wirkende Medikamente an. Heilmittel gegen die häufigsten Krankheiten sollten immer auf Vorrat gekauft werden. Oft brechen Krankheiten nämlich gerade am Wochenende aus, da die Aquarianer an diesen Tagen Zeit haben, neue Fische zu kaufen und einzusetzen oder das Wasser zu wechseln.

Kupfersulfat wird oft in der Meerwasseraquaristik verwendet, ist jedoch für Wirbellose und einige Pflanzen toxisch. Deshalb müssen die Fische in einem Quarantänebecken behandelt werden, wenn sie nicht die einzigen Bewohner des Meerwasseraquariums sind. 16 g Kristalle werden in 1 l Wasser aufgelöst. Ausgehend von dieser Lösung erfolgt die Behandlung mit einer Verdünnung von 10 ml/100 l. Zur Sicherheit kann das Medikament über einen ganzen Tag verteilt ins Wasser gegeben werden.

Lösungen mit Methylenblau, Malachitgrün und Kupfersulfat müssen mit destilliertem Wasser angesetzt werden. Alle genannten Substanzen, außer Kochsalz, müssen kühl und dunkel aufbewahrt werden.

Diese Art der Aufbewahrung birgt jedoch Gefahren, vor allem für Kinder, die sich für die farbigen Kupfersulfat- und Methylenblaulösungen interessieren könnten.

Die häufigsten Krankheiten

Die wenigsten Aquarianer bleiben von der Weißpünktchenkrankheit oder Pilzinfektionen verschont.

Die Weißpünktchenkrankheit

Hierfür ist ein einzelliger Parasit verantwortlich, der abwechselnd im Fisch und im Wasser lebt; die Ansteckungsgefahr ist hoch.

Die Krankheit bricht insbesondere bei Temperaturabfall oder nach dem Einsetzen eines neuen Fisches aus. Sie wird mit handelsüblichen Medikamenten oder mit Malachitgrün behandelt.

Gleiches gilt für watteähnliche Beläge auf der Haut, die durch *Saprolegnia*-Arten hervorgerufen werden. Hautverletzungen fördern den Ausbruch der Krankheit. Sie wird mit handelsüblichen Medikamenten oder mit Methylenblau oder Malachitgrün behandelt.

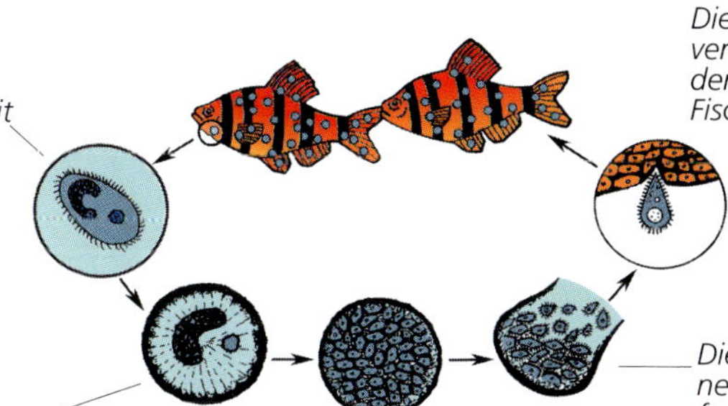

Die Samtkrankheit

Sie wird durch einzellige Parasiten hervorgerufen, die sich mit einer Geißel fortbewegen. Sie leben abwechselnd im Fisch und im Wasser. Diese stark ansteckende Krankheit bricht beim gesunden Überträger aus, wenn der Fisch geschwächt ist. Sie wird mit Kupfersulfat (Meerwasser) oder handelsüblichen Medikamenten behandelt.

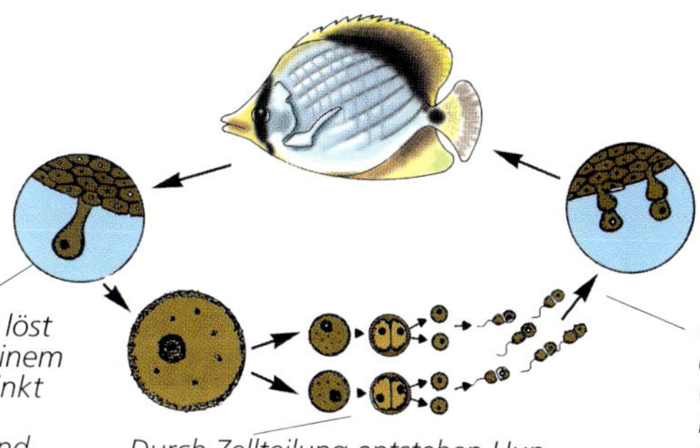

DIE HÄUFIGSTEN KRANKHEITEN

Symptome	Name der Krankheit oder Störung	Ursache	Wasserart
Weiße Punkte am Körper und auf den Flossen (Stecknadelkopfgröße bis max. 1 mm)	Weißpünktchenkrankheit (*Ichthyophthirius*)	Einzelliger Parasit, (*Ichthyophthirius multifiliis*)	Süßwasser
Kleinere Punkte als oben, einen leichten Schleier bildend, Flossen manchmal verklebt, Scheuern an der Dekoration	Samtkrankheit	Einzelliger Parasit, *Oodinium pillularis*, der sich mit einer Geißel fortbewegt.	Süßwasser, aber hauptsächlich Meerwasser
Wie oben, nur größere Punkte	*Cryptocaryon*-Krankheit	Einzelliger Parasit, *Cryptocaryon*	Meerwasser
Weiße, watteähnliche Hautbeläge	Schimmel, Saprolegnia	Pilze, darunter Saprolegnia	Süßwasser, selten im Meerwasser
Ein Auge oder beide Augen quellen hervor.	Exophthalmus	Bakterien, Viren, manchmal beides	Süß- und Meerwasser
Unterbauch aufgebläht, Flossen gesträubt	Bauchwassersucht	Hauptsächlich Bakterien	Süß- und Meerwasser
Kiemendeckel abstehend, unsicheres Schwimmen, Würmer an den Kiemen	*Gyrodactylus*-Befall	Hautwurm, *Gyrodactylus*	Süßwasser
Schnappen nach Luft an der Wasseroberfläche	Sauerstoffmangel oder Nitritvergiftung	Belüftung defekt, allgemeines Gleichgewicht im Aquarium gestört	Süß- und Meerwasser
Abmagerung, Wachstumsstörungen	Ernährungsstörung oder Darmparasiten	Unterernährung oder Vitaminmangel, Darmwürmer	Süß- und Meerwasser
Unruhe, ungleichmäßige Schwimmbewegungen, ungewöhnliches Verhalten	Schlechte Haltungsbedingungen	Sauerstoffmangel, schlechte Wasserqualität (vor allem Stickstoffverbindungen)	Süß- und Meerwasser
Deformiertes Skelett bei Jungfischen	Erbkrankheit	Genetische Ursachen (Eltern)	Süß- und Meerwasser

Neolamprologus multifasciatus *mit Schimmel auf seinen Wunden.* ▷

im Aquarium

Behandlung	Bemerkungen
Temperaturerhöhung auf 32 °C, Malachitgrün, handelsübliche Medikamente	Ansteckend, wird vor allem durch ohne Quarantäne eingesetzte Fische übertragen
Kupfersulfat (Meerwasser), Methylenblau (Süßwasser), handelsübliche Medikamente	Anfangs oft schwer zu erkennen, häufig im Meerwasser, ansteckend
Kupfersulfat, handelsübliche Medikamente	Manchmal in Verbindung mit kleinen blutigen Flecken; Fische können Atembeschwerden haben.
Salz, Malachitgrün oder Methylenblau (im Meerwasser: Kupfersulfat, handelsübliche Medikamente)	Der Ausbruch der Krankheit wird durch Verletzungen begünstigt.
Handelsübliche Medikamente	Schwierig zu behandeln; stark befallene Fische abtöten
Handelsübliche Medikamente	Ansteckend, schwierig zu behandeln
Salz, Kupfersulfat	Nicht leicht festzustellen
Belüftung verstärken, Wasserparameter anpassen und überwachen, Wasserwechsel	Schnappen nach Luft kann auch ein Anzeichen für eine Infektionskrankheit sein.
Frischkost und Lebendfutter im Wechsel, handelsübliche Medikamente bei Darmparasiten	Im Handel erhältliche Vitaminlösungen können zugegeben werden.
Sauerstoffgehalt erhöhen, ein Drittel des Wassers wechseln, Qualität überprüfen (Nitrit, pH)	Die Symptome können auch auf eine Infektionskrankheit hindeuten.
Sind viele Jungtiere betroffen, haben die Eltern einen genetischen Fehler und müssen getrennt werden.	Nicht selten sind ein oder mehrere Jungfische in einer Brut betroffen.

△ Ein Fisch mit Weißpünktchenkrankheit. Diese leicht zu entdeckende Krankheit – der Körper ist mit weißen Flecken bedeckt – ist sehr ansteckend, aber gut heilbar.

Bei Krankheiten richtig handeln

– Sofort handeln;
– mit der geeigneten Therapie beginnen;
– den Fisch in einem Quarantänebecken behandeln.

Die Behandlung des erkrankten Fisches muß sofort nach Auftreten der Krankheit, also nach Entdeckung der ersten Symptome, beginnen, und man muß rasch handeln.

Einen Fisch in einem Gesellschaftsaquarium zu behandeln, birgt gewisse Risiken: Manche Medikamente können unerwünschte Wirkungen auf andere Arten oder auf Pflanzen haben; besser ist in jedem Fall ein Quarantänebecken.

△ Der aufgeblähte Bauch eines Fisches ist oft ein Anzeichen für Bauchwassersucht.

BEZEICHNUNGEN UND HERKUNFT UNSERER AQUARIUMSFISCHE

Die Bewohner unserer Aquarien – Fische, Pflanzen oder kleine Wirbellose – haben alle einen Namen. Das ist die Ursache für eine ganze Reihe von Problemen, die nicht sämtlich gelöst sind. Es ist in der Tat so, daß Arten nicht einheitlich bezeichnet werden! Wir wollen versuchen, etwas Klarheit in diese Angelegenheit zu bringen.

Die korrekte Benennung

Wissenschaftlicher Name und Populärname

Xiphophorus helleri *trägt zwei Populärnamen: Schwertträger oder Helleri.* ▷

• *Der wissenschaftliche Name*
Auf internationaler Ebene gilt nur der wissenschaftliche Name. Er stellt praktisch die Weltsprache der Aquarienkunde dar. Einer Tradition des 18. Jahrhunderts gemäß ist er lateinisch und besteht aus zwei Teilen:
– dem Gattungsnamen, der mit einem Großbuchstaben beginnt.
– dem Artnamen, der klein geschrieben wird.
Der Entdecker eines Fisches weist der Art ihren Namen zu. Dieser ist aber keineswegs unumstößlich, sondern kann sich durch neue wissenschaftliche Erkenntnisse ändern. Der alte Name bleibt dann als Synonym bestehen. Diese Änderungen betreffen am häufigsten den Gattungsnamen. Ist die Art nicht genau bekannt, verwendet man die Abkürzung »sp.«, die vom lateinischen Wort »Species« (Art) stammt.

• *Der Populärname*
Populärnamen haben oft seltsame Ursprünge. Sie können eine Übersetzung aus dem Lateinischen oder einer anderen Sprache oder ein Teil des wissenschaftlichen Namens sein. Sie können aber auch einfach erfunden sein, z. B. nach den teilweise abenteuerlichen Umständen der Entdeckung einer Art. Daß derartige Ungenauigkeiten Verwirrungen verursachen, ist verständlich. Hinzu kommt, daß es für einige Arten mehrere Populärnamen gibt, für andere wiederum überhaupt keinen. So nennt man zum Beispiel *Xiphophorus helleri* entweder Schwertträger oder einfach nur Helleri.

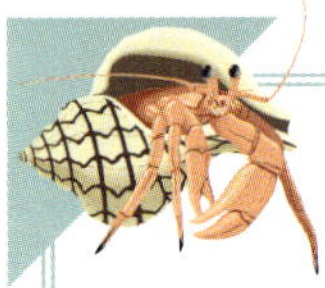

Wie werden Lebewesen klassifiziert?

Eine Gattung kann mehrere Arten enthalten, die ihr aufgrund gemeinsamer Merkmale zugeteilt werden. Mehrere anatomisch und biologisch verwandte Gattungen faßt man zu einer Familie zusammen. Verwandte Familien bilden eine Ordnung. Das führt zu dem folgenden allgemeinen Schema.

Ordnung	Familien	Gattungen	Arten
Cypriniformes	Cyprinidae	*Barbodes*	*schwanenfeldii*
		Puntius	*oligolepis* *semifasciolatus* *titteya*
	Cobitididae	*Botia*	*macracanthus*
		Pangio	*kuhlii*

▷ *Eilandbarbe,* Puntius oligolepis.

Namensprobleme

Namensprobleme treten vor allem bei Pflanzen und Fischen auf, weniger bei den Wirbellosen. Sie führen häufig zu Artverwechslungen. Zum Teil dauert es lange, ehe ein veralteter lateinischer Name aus dem Handel, der Literatur und dem Sprachgebrauch der Aquarianer verschwunden ist und sich der neue Name durchgesetzt hat. Einige neu entdeckte Arten werden zunächst mit einer Codenummer oder einem vorläufigen Namen versehen. Andererseits ist es aber auch möglich, daß »neu entdeckte« Arten in Wirklichkeit schon lange bekannt sind. In diesem Fall trägt die Art fortan zwei Namen. Die Vervielfachung der Rassen, Zuchtformen und Hybriden erleichtert die Angelegenheit nicht. Sogar Wissenschaftler haben manchmal Probleme, sich zurechtzufinden
In diesem Buch haben wir die aktuellen wissenschaftlichen Namen verwendet. Die lateinischen Synonyme wurden weggelassen, die Populärnamen, die Namen der Rassen und der Zuchtformen sind hingegen ebenfalls aufgeführt.

Rassen, Stämme, Varietäten

Unter natürlichen Bedingungen gibt es viele lokale Stämme und Rassen, die sich durch ihre Färbung unterscheiden. Darüber hinaus versuchen die Züchter in immer neuen Kreuzungen, Tiere mit neuen Formen und Farben zu schaffen. Um die Varietäten zu charakterisieren, wird in beiden Fällen dem wissenschaftlichen oder dem Trivialnamen ein charakterisierendes Adjektiv oder ein Name beigesellt: »Schleierskalar«, »Rauchfarbener Skalar«, oder »Schleier-Schwertträger«, »Lyratail-Schwertträger «, »Berliner Kreuzung«.

Kreuzungen und Hybriden

Manchmal sind verschiedene Arten, meist die, die zu einer Gattung gehören, untereinander kreuzbar. Dieses Phänomen wird in der Natur selten beobachtet, öfter aber in der Aquaristik. Wenn die Kreuzung gelungen ist und das Ei sich entwickelt, vereint die neue Form Eigenschaften beider Eltern in sich. Dieser Fisch wird dann keinen eigenen Namen erhalten, sondern man kombiniert die Namen seiner Eltern miteinander, indem man ein »x« zwischen sie stellt. So ergibt sich ein Hybride Fisch 1 x Fisch 2. Der – wenn er nicht steril ist – kann sich wieder mit anderen Hybriden oder reinrassigen Fischen kreuzen, bis nach einigen Generationen niemand mehr genau sagen kann, um welche Art es sich hier genau handelt. Das ist bei einigen der im Handel käuflichen Arten der Fall: Sie tragen einen wenig verläßlichen lateinischen Namen, denn sie sind genetisch weit von ihren Urvätern entfernt.

Woher kommen unsere Aquarienfische?

Wildfänge und Zuchtfische

Von den etwa 1500 Arten, die man im Aquarium halten kann, sind nur etwa 300 bis 500 gängige Arten. Diese werden auch »tropische Fische« genannt, da sie früher in ihrer natürlichen Umgebung, den tropischen Gebieten (*siehe* Karte auf der nächsten Seite), gefangen wurden. Heute werden 80 bis 85 Prozent der Süßwasserfische gezüchtet. Führend sind südostasiatische Länder: Hongkong, die Philippinen und Singapur liefern über 75 Prozent der Weltproduktion. Vom Neonfisch etwa, der in Südamerika heimisch ist, werden im Monat mehrere hunderttausend Stück gezüchtet. In anderen Gebieten der Erde werden vor allem bestimmte Arten gezüchtet. So hat man sich zum Beispiel in Florida und Amazonien auf lebendgebärende Fische spezialisiert. Die Cichliden kommen aus Ostafrika, sie sind in den dortigen Seen heimisch und werden an Ort und

◁ *Der Papageienbuntbarsch, eine Kreuzung aus* Cichlasoma labiatum *und* Heros severus.

Hauptherkunftsländer der tropischen Fische

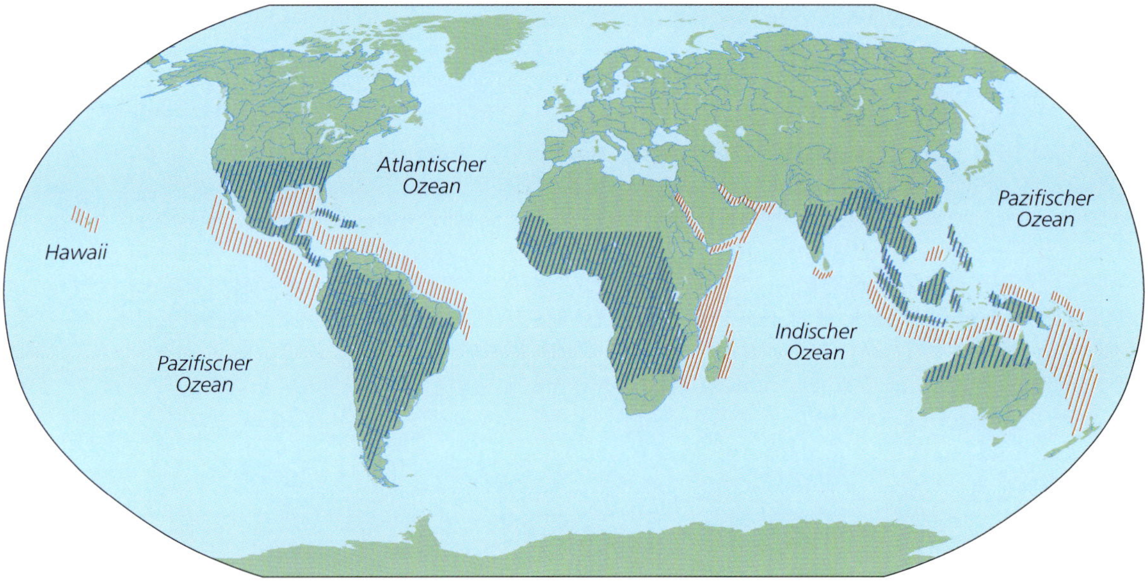

Stelle aufgezogen. Frankfurt am Main ist das Drehkreuz des internationalen Zierfischimports nach Europa, während sich in der früheren Tschechoslowakei ein nationaler Wirtschaftszweig entwickelt. In Europa gibt es einige Firmen, die, ausgehend von Jungtierimporten oder Eigenzuchten, Aquarienfische für den Handel produzieren. Diese Maßnahmen dienen dazu, die Fischentnahme aus den natürlichen Biotopen zu verringern. Trotzdem sind einige Arten, allerdings durch Umweltzerstörung, schon in ihrem natürlichen Lebensraum bedroht, so zum Beispiel in Amazonien, wo man bereits über die Einrichtung von Schutzzonen nachdenkt. Im Gegensatz dazu sind fast alle Meerwasserfische im Aquarium Wildfänge. Manchmal wird behauptet, daß für einen Fisch, der in unseren Aquarien ankommt, neun Tiere beim Fang, beim Transport oder bei Zwischenhändlern verendet sind, und daß die Aquarienfreunde auf diese Weise an der Plünderung der Riffe mitwirken. Es gibt hierzu keine genauen Untersuchungen; deshalb ist der Schaden kaum abzuschätzen.

Taucher beim Fang tropischer Meeresfische. ▷

Der Fang von tropischen Meeresfischen

Früher war jedes Mittel recht, um an die begehrten Fische zu gelangen, wie zum Beispiel die Verwendung von Sprengstoff oder Cyanid, um sie zu betäuben. Diese Methoden richteten großen Schaden an der Unterwasserfauna an. Heute verwenden die seriösen Gesellschaften sanftere, weniger verheerende Fangmethoden. Dabei sucht ein Team von mehreren Tauchern ein Stück Riff ab, das durch ein Netz isoliert wurde. Die Fische werden nach unterschiedlichen Kriterien (vor allem nach der Größe) ausgewählt und mit Keschern gefangen. Vor dem Export werden sie in Hälterungsbecken aufbewahrt.

Der Artenschutz

In Aquarien finden sich keine geschützten Arten, deshalb kann man die Aquarianer nicht für deren Verschwinden verantwortlich machen. Die Mehrzahl der Arten, die unsere Aquarien bevölkern, sind in ihrer natürlichen Heimat sehr häufig.

SÜSSWASSERFISCHE

Süßwasserfische leben in vielen Biotopen, sowohl in tropischen als auch in gemäßigten Zonen. Man kann sie allgemein in zwei Gruppen einteilen: Der ersten gehören Fische an, die weiches, saures Wasser bevorzugen. Einige Arten dieser Gruppe benötigen sogar sehr weiches Wasser und pH-Werte um 6. Zu der zweiten zählt man Fische, die sich in hartem, basischem Wasser wohl fühlen. Auch hier gibt es Tiere mit extremen Bedürfnissen: Manche gedeihen nur in sehr hartem Wasser und bei einem pH-Wert von 8. Manche Fische vertragen auch leicht brackiges Wasser. Andere Arten wiederum stellen keine besonderen Ansprüche an die Wasserqualität. Sie sind deshalb besonders für den Einsteiger geeignet, der fürs erste Leitungswasser verwenden kann. Es gibt über 10 000 Arten von Süßwasserfischen, von denen nur wenige Hundert unsere Aquarien bevölkern.

CHARACIDAE (SALMLER)

Die meisten Salmler (insgesamt über 1000 Arten) leben in Südamerika, vor allem in Amazonien. Nicht alle Arten sind im Handel erhältlich. Die Gruppe wird durch eine kleine Fettflosse zwischen Rücken- und Schwanzflosse charakterisiert (zum Teil fehlend; die Fettflosse findet sich auch bei den Welsen wieder). Sie sind, wie ihre kräftigen Zähne beweisen, fast alle Fleischfresser, die sich unter anderem von Insekten und deren Larven ernähren. Die Characidae leben in Gruppen oder Schwärmen in Wasserläufen und schattigen Tümpeln, die dicht mit Pflanzen bewachsen sind. Diese beiden Faktoren sichern den optimalen Schutz des Geleges. Salmler sind gesellig und friedfertig. Man kann sie gut in einem – sogar relativ kleinen – Gemeinschaftsbecken halten, sofern das Wasser weich und sauer ist. Das trifft besonders auf die Schwarzwasserarten des Amazonasbeckens zu (Neonsalmler, Roter Neon, Trauermantelsalmler, Glühlichtsalmler). Der Beckenbewuchs sollte relativ dicht sein, damit das Licht gestreut wird. Die Characidae nehmen Fertigfutter an, stürzen sich aber mit Begeisterung auch auf kleines Lebendfutter. Obwohl die Vermehrung dieser Fischgruppe früher als recht schwierig angesehen wurde, gelingen heute mit etwas Erfahrung und Sorgfalt Nachzuchten. Die meisten Arten kann man auf dieselbe Weise vermehren: In ein kleines Aquarium (50 Liter oder weniger) gibt man Glaskugeln, Torf oder Pflanzen mit zarten Blättern, um die Eier zu schützen. Das Wasser muß weich und sauer sein und die Lichtintensität sehr gering (sogar totale Dunkelheit ist möglich). Die Elterntiere, ein Pärchen oder zwei Männchen und ein Weibchen, werden nach der Eiablage wieder entfernt, denn sie haben ihre eigenen Eier zum Fressen gern. Die rasch wachsenden Setzlinge nehmen schon wenige Tage nach dem Schlüpfen Lebendfutter an. Dann sollte man das Becken belichten.

◁ ***Astyanax mexicanus***
Geologische Phänomene haben beim **Blinden Höhlensalmler** dazu geführt, daß die Art in unterirdischen Flußläufen Mexikos isoliert wurde. Im Laufe der Zeit sind die Augen verkümmert, was aber durch einen verbesserten Geruchssinn ausgeglichen wird. Sein empfindliches Seitenlinienorgan hilft ihm, selbst unerwarteten Hindernissen (wie zum Beispiel der Hand des Aquarianers) auszuweichen. Größe: 8–10 cm.

Paracheirodon axelrodi △
Der **Rote Neon** braucht saures, torfgefiltertes Wasser, um eine volle Farbausprägung zu erreichen. Um Fortpflanzungserfolge zu erzielen, muß man dem Fisch extrem weiches Wasser (Härtegrad beinahe Null) und einen sauren pH-Wert (bis 6) bieten. Die 300 bis 500 Eier entwickeln sich im Dunkeln. Größe: 4–5 cm.

Aphyocharax anisitsi
Der **Rotflossensalmler** ist ein lebhafter Schwimmer, der im Schwarm lebt und genügend Freiraum für ausgiebiges Herumschwimmen braucht. Er nimmt zwar Trockenfutter, bevorzugt aber kleine, lebendige Beutetiere. Größe: 4–5 cm. ▷

Gymnocorymbus ternetzi
Der **Trauermantelsalmler** vermehrt sich bei gedämpftem Licht und legt im weichen, sauren Wasser bis zu 1000 Eier. Die sogenannte Schleierflossenform (eine Zuchtform) hat deutlich vergrößerte Flossen. Größe: 5–6 cm. ▽

DIE AUSNAHME

Der **Blaue Kongosalmler,** *Phenacogramus interruptus,* ist von anderer Abstammung als die meisten anderen Characidae. Denn er kommt aus Afrika. Er lebt in Gruppen in weichem und saurem Wasser. Das Männchen ist am Auswuchs der Schwanzflosse leicht zu erkennen. Größe: 10–13 cm.

△ ***Hemigrammus bleheri***
Der **Rotkopfsalmler** bevorzugt braungefärbtes Wasser. Er wird oft mit nahe verwandten Arten verwechselt (*H. rhodostomus* und *Petitella georgiae*). Von diesen unterscheidet er sich durch seine Rotfärbung, die bei dieser Art bis zum Seitenlinienorgan reicht. Größe: 5 cm.

△ ***Hemigrammus caudovittatus***
Anfangs sind die Tiere etwas scheu, aber meist lebt sich der **Rautenflecksalmler** schnell ein, vor allem wenn man mehrere Tiere (ungefähr 10) gleichzeitig einsetzt. Das Weibchen legt bis zu 1000 Eier. Größe: 8–10 cm. Pflanzenfresser!

▷ ***Hemigrammus pulcher***
Der **Karfunkelsalmler** bevorzugt Lebendfutter. Nachzuchten sind schwierig, auch bei optimaler Wasserqualität: pH-Wert = 6,5, Wasserhärte 0–2 °dGH, schwache Beleuchtung. Größe: 4–5 cm.

Hemigrammus hyanuary
Im Handel ist der **Grüne Neon** selten zu finden. Damit er sich wohl fühlt, sollte man das Wasser regelmäßig wechseln und das Licht gedämpft halten. Größe: 4–5 cm. ▽

▽ ***Hemigrammus erythrozonus***
Der **Glühlichtsalmler** vermehrt sich bei gedämpftem Licht, saurem (pH-Wert = 6,5) und sehr weichem Wasser. Ein Schwarm von zehn Tieren dieser sehr friedlichen Art ist in einem Gesellschaftsbecken „Südamerika" ein schöner Anblick. Größe: 4–5 cm.

Hasemania nana
Im Unterschied zu den anderen Salmlern hat der **Kupfersalmler** keine Fettflosse. Er lebt in kleinen Gruppen und fühlt sich in saurem Wasser und gut bepflanzten Aquarien wohl.
Größe: 4–5 cm. ▷

△ ***Hyphessobrycon callistus***
Der **Blutsalmler** wird oft mit den Arten *H. serpae* oder *H. bentosi* verwechselt. Er fühlt sich in hellen, gut bepflanzten Becken wohl. Für die Fortpflanzung benötigt dieser vermehrungsfreudige Fisch gedämpftes Licht und sehr weiches, saures Wasser. Größe: 4–5 cm.

△ ***Hyphessobrycon peruvianus***
Den recht unbekannten **Loretosalmler** findet man selten im Fachhandel. Der Fisch fühlt sich in relativ dunklem, torfgefiltertem Wasser wohl. Größe: 4–5 cm.

◁ ***Hyphessobrycon bentosi***
Der **Schmucksalmler** hat im Unterschied zu *H. callistus* keinen schwarzen Fleck hinter dem Kopf. Die Rückenflosse des Männchens ist größer als die des Weibchens. Sobald die Eier auf dem Grund abgelegt sind, müssen die Eltern entfernt werden, da sie die Eier sonst auffressen. Größe: 4–5 cm.

△ ***Hyphessobrycon herbertaxelrodi***
Der **Schwarze Neon**, auch **Schwarzer Flaggensalmler** genannt, bevorzugt klares, saures Wasser, sucht aber manchmal dunklere Gebiete auf. Er pflanzt sich bei 26 °C in sehr weichem Wasser fort. Die Eier entwickeln sich bei sehr schwachem Licht. Größe: 4–5 cm.

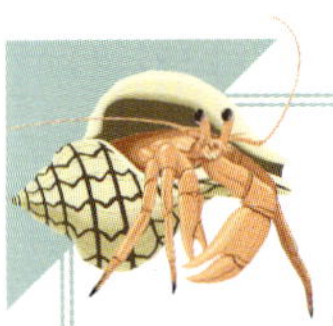

Salmler für Anfänger

Einem Anfänger werden Nachzuchten dieser Familie wohl eher selten gelingen. Die Haltung von Salmlern dagegen ist nicht allzu kompliziert. Folgende zwei Arten sind dem Anfänger zu empfehlen:

▽ ***Hemigrammus ocellifer***
Ein sehr bekannte Art ist der **Schlußlichtsalmler.** Er stellt auch zur Fortpflanzung relativ geringe Ansprüche an die Wasserqualität. Die Männchen tragen meist einen langen weißen Fleck auf der Schwanzflosse. Größe: 4–5 cm.

△ ***Hyphessobrycon pulchiprinnis***
Der **Zitronensalmler** ist ein Schwarmfisch, der sich meist zwischen Pflanzen aufhält. Nachzuchten sind schwierig, auch verblassen dann oft die Farben. Größe: 4–5 cm.

Hyphessobrycon erythrostigma
Die Rückenflosse der Männchen des **Kirschflecksalmlers** ist gestreckter als die der Weibchen. Die Vermehrung ist schwierig, man benötigt saures, torfgefiltertes Wasser. Es sollten feinfiedrige Pflanzen zur Eiablage vorhanden sein. Die Eier entwickeln sich bei Dunkelheit. Größe: 4–5 cm. ▷

◁ ***Nematobrycon palmeri***

Der **Kaisertetra** lebt in Gruppen und zieht sich immer wieder in die Vegetation zurück. Die kräftiger gefärbten Männchen liefern sich teilweise recht heftige Kämpfe. Der Fisch ist wenig fortpflanzungsfreudig, seine Vermehrung daher schwierig. Größe: 5–6 cm.

△ ***Paracheirodon innesi***

Der **Neonsalmler** verdankt seinen Namen und seine große Beliebtheit der auffälligen Färbung. Für die Vermehrung ist gute Wasserqualität nötig, ebenso wie ein durch Torffilterung eingestellter pH-Wert von 6 und ein Härtegrad von beinahe Null.
Größe: 4–5 cm.

△ ***Prionobrama filigera***

Der **Rotflossen-Glassalmler** sucht seine Nahrung an der Oberfläche, bevorzugt am Ausstrom des Wasserfilters, ist aber auch in der Lage, aus dem Wasser zu springen. Die Haltung erfordert nicht ganz so weiches und saures Wasser wie bei den anderen Arten. Größe: 5–6 cm.

Moenkhausia sanctaefilomenae △

Die **Rotaugen-Moenkhausia** bevorzugt ruhiges Wasser mit dichtem Pflanzenbewuchs, zwischen denen sie sich in kleinen Gruppen aufhält. Für die nicht einfache Vermehrung bedarf es gedämpften Lichts und sehr weichen Wassers. Größe: 5 cm.

Megalamphodus megalopterus

Der **Schwarze Phantomsalmler** lebt in Gruppen in klarem, saurem Wasser und braucht genügend Freiraum zum Schwimmen. Die Fortpflanzung ist nicht einfach: Er benötigt gedämpftes Licht und einen durch Torffilterung eingestellten pH-Wert von 6. Unter diesen Bedingungen kann das an seiner kleineren Rückenflosse erkennbare Weibchen bis zu 300 Eier legen. Größe: 4–5 cm. ▷

△ ***Pristella maxillaris***
Der **Sternfleck**- oder **Stieglitzsalmler** ist ein robuster, hinsichtlich der Wasserqualität sehr toleranter Fisch. Nachzuchten sind allerdings schwierig. Größe: 7 cm.

Thayeria boehlkei
Der **Schrägschwimmer** bewegt sich, wie der Name andeutet, mit schräg nach oben gerichtetem Körper durch das Aquarium. Er bevorzugt dunkles Wasser und gedämpftes Licht. Die Vermehrung ist recht einfach, das Weibchen legt bis zu 1000 Eier. Größe: 4–5 cm. ▽

NAHE VERWANDTE DER CHARACIDAE
Lebiasinidae – Gasteropelecidae – Serrasalmidae – Anostomidae

Einige Fische, die anatomische Ähnlichkeiten mit den Characidae aufweisen, sind unter Aquarienfreunden recht bekannt. Auch sie stammen ursprünglich aus den weichen, sauren Gewässern Südamerikas.
Die **Schlanksalmler (Lebiasinidae**) leben dicht unter der Wasseroberfläche und können sogar aus dem Wasser springen. Ihr oberständiges Maul weist sie als Räuber aus, die ihre Beute an der Oberfläche fangen.
Die **Beilbauchfische (Gasteropelecidae**) verdanken ihren Namen ihrer Körperform. Ihr gerader Rücken und ihr leicht nach oben gerichtetes Maul weisen darauf hin, daß sie ihre Beute direkt unter der Oberfläche fangen. Sie können ebenfalls aus dem Wasser springen und leben in ruhigem, schattigem Wasser.
Die wohl prominentesten Mitglieder der **Familie der Scheibensalmler (Serrasalmidae)** sind die Piranhas, deren Gefährlichkeit oft übertrieben wird: Piranhas sind nur dann wirklich gefährlich, wenn der Geruch von Blut sie erregt. Sie sind gefräßige Carnivoren, die Frischfleisch bevorzugen.
Die Fische der Ordnung **Metynnis** gehören in dieselbe Familie wie die Piranhas, denen sie ähnlich sehen. Sie sind aber friedliche Fische, die vor allem Pflanzen fressen.
Weiterhin gehören zu dieser Familie noch die **Engmaulsalmler (Anostomidae),** die etwas aggressiver sind. Mit ihrem schlanken, längs oder quer gestreiften Körper können sie sich gut zwischen den Wurzeln und Zweigen verstecken, die in ihren natürlichen Biotopen vorkommen.

***Leporinus arens* (Anostomidae)**
Dieser Allesfresser braucht pflanzliches Zusatzfutter. Wegen seines aggressiven Charakters und seiner Größe braucht er ein großes, abgedecktes Aquarium – der **Gestreifte Leporinus** ist in der Lage, aus dem Wasser zu springen. Größe: 20–25 cm. ▷

◁ ***Metynnis argenteus* (Serrasalmidae)**

Der **Scheibensalmler** sieht einem Piranha sehr ähnlich, nimmt aber nur pflanzliche Nahrung zu sich. Das führt häufig dazu, daß er die Bepflanzung des Aquariums anknabbert. Größe: 10–15 cm.

△ ***Carnegiella strigata* (Gasteropelecidae)**

Der **Gestreifte Beilbauchfisch** lebt in Gruppen und ernährt sich von an der Oberfläche schwimmenden Nahrungsteilchen. Er zieht Lebendfutter deutlich vor, nimmt aber auch handelsübliches Trockenfutter. Größe: 5 cm.

***Nannostomus trifasciatus* (Lebiasinidae)**

Der **Dreibinden-Ziersalmler** bevorzugt durch dichtes Pflanzenwachstum gedämpftes Licht, braucht aber eine freie Zone zum Herumschwimmen. Die Nachzucht im Aquarium gilt als schwierig, obwohl die Weibchen der sehr fruchtbaren Art bis zu 1000 Eier legen können. Größe: 5–6 cm. ▽

△ ***Serrasalmus nattereri* (Serrasalmidae)**

In Gefangenschaft sind **Piranhas** nur in einem Artbecken zu halten, das geräumig und gut bepflanzt sein sollte. Fleisch ist Nahrungsgrundlage: Fleisch, Muscheln, kleine lebende Fische. Fortpflanzung in Gefangenschaft ist bei ausreichend großem Becken einfach. Größe 20–30 cm.

***Gasteropelecus sternicla* (Gasteropelecidae)**

Der **Silber-Beilbauchfisch** ist etwas größer und etwas schüchterner als *C. strigata*. Wie bei letzterem sind auch hier Nachzuchten im Aquarium selten. Größe: 5–6 cm. ▷

◁ ***Nannobrycon eques* (Lebiasinidae)**

Der **Spitzmaul-Ziersalmler**, auch als **Schrägsteher** bekannt, schwimmt immer mit dem Kopf in einem 45°-Winkel nach oben gerichtet. Der recht scheue Fisch lebt in kleinen Gruppen, seine Vermehrung gestaltet sich oft schwierig. Größe: 5 cm.

CYPRINIDAE

Eine der mit über 2000 Arten größten, weltweit verbreiteten Familien der Süßwasserfische sind die Karpfenfische (*Barbus, Danio, Rasbora, Labeo, Carassius* und andere). Vor allem die kleinen, nur einige Zentimeter großen Arten sind bei Aquarienbesitzern sehr bekannt und beliebt. Die größeren Arten können bis zu einem Meter lang werden.
Die Cypriniden stellen einen beachtlichen Teil der Fischproduktion: Von den Karpfen, der bekanntesten Ordnung dieser Familie, werden jährlich sechs Millionen Tonnen produziert. Die Gesamterträge der Aquakultur, Süß- und Salzwasser zusammengenommen, belaufen sich zum Vergleich auf insgesamt 17 Millionen Tonnen.
Die gemeinsamen Merkmale der Cypriniden sind ein gedrungener Körper, recht große Schuppen und das Fehlen von Zähnen auf dem Kiefer. Diese sind nach hinten, auf Höhe des Schlundes, verlagert. Sie sind Allesfresser, die aus sehr verschiedenartigen Biotopen stammen, sich aber rasch im Aquarium eingewöhnen. Einige Arten tragen lange Barteln, die sie zur Nahrungssuche einsetzen.

△ ***Puntius oligolepis***
Die **Eilandbarbe** ist ein friedlicher Fisch. Seine Vermehrung im Aquarium ist einfach: Sie braucht leicht basisches Wasser und feinfiedrige Pflanzen. Kreuzung mit anderen Barbus-Arten ist möglich. Größe: 5 cm.

Barbodes schwanenfeldii
Die **Brassenbarbe** kann im Aquarium bis zu 25 cm lang werden. Sie ist recht friedlich, braucht aber Platz und viel Futter (auch pflanzliches Zusatzfutter). Größe: 25 bis 30 cm. ▷

Barben

Die Barben kommen in Europa, Afrika und Asien vor, wo sie in flachen, bewegten, dicht bewachsenen Gewässern leben. Von den über hundert bekannten Arten werden nur einige Dutzend im Handel geführt und zwar unter dem Handelsnamen *Barbus, Puntius, Capoeta* und *Barbodes*. Die Gattungen unterscheidet man anhand ihrer Bartelzahl (0 bis 4). Es sind aktive, selbstsichere, lebhafte Fische, die Arten mit ausgeprägten Flossen zusetzen können. Sie leben in Gruppen oder kleinen Schwärmen. Man sollte sie am besten in einem gutbepflanzten Aquarium halten, mit weichem, leicht saurem, gut belüftetem und gefiltertem Wasser. Sie sind Allesfresser – kleinere Tiere und Pflanzen –, die in Gefangenschaft gerne Fertigfutter nehmen. Nachzuchtversuche, die in abgestandenem, weichem Wasser bei 28 °C unternommen werden sollten, sind oft erfolgreich. Die Setzlinge sind bei der Geburt ungefähr drei Millimeter groß. Sie werden mit Nauplien gefüttert.

Barben für Anfänger

Die **Prachtbarbe** *(Puntius conchonius)* ist ein sehr friedlicher Fisch. Die Zucht (bei der das Männchen sich rosa färbt) ist in weichem, abgestandenem Wasser leicht. Die oft über hundert Eier werden an Pflanzen oder andere Gegenstände geheftet; die Eltern müssen nach dem Ablaichen entfernt werden. Nach 36 Stunden schlüpfen die Jungfische. Die ersten zwei Tage werden die Jungen mit Infusorien ernährt. Heute wird die Prachtbarbe oft in der Schleierflossenform gepflegt. Größe: 8 cm.

Kreuzungen

Bei einigen *Barbus*-Arten bringen Kreuzungen lebensfähige Junge hervor. Der hier abgebildete Hybride ist eine Kreuzung von *Puntius nigrofasciatus* und *Puntius tetrazona*.

Puntius semifasciolatus
Aus der **Messingbarbe** ist vermutlich durch Mutation oder Hybridisation die Brokatbarbe entstanden. Das Männchen ist lebhafter und stärker gefärbt als das Weibchen. Größe: 8–10 cm. ▷

△ ***Puntius titteya***
Die **Bitterlingsbarbe** ist eine der kleinsten Vertreterinnen ihrer Familie. Die Männchen zeigen, vor allem während der Balz, ein sattes Purpurrot. Die Fische sind recht vorsichtig und verstecken sich gerne im dichten Bewuchs. Das Weibchen legt mehrere Hundert Eier. Größe: 5 cm.

△ ***Puntius schuberti***
Die **Brokatbarbe** ist eine Kuriosität: Sie kommt in der Natur nicht vor, sondern ist wohl eine Mutation von *Puntius semifasciolatus*. Sie ist ein sozialer Fisch, der im Schwarm aktiv herumschwimmt. Die Vermehrung ist einfach, im 26 °C warmen Wasser schlüpfen die Jungen nach 36 Stunden. Sie wachsen rasch und sind nach knapp einem Jahr ausgewachsen. Größe: 5–6 cm.

△ ***Puntius tetrazona***
Goldfarbene Zuchtform. Größe: 5–6 cm.

◁ ***Puntius tetrazona***
Eine der bekanntesten Barben ist die **Sumatrabarbe**. Die typische Streifung erscheint bei den Jungfischen nach ungefähr zwei Wochen. An Zuchtformen gibt es: die Grüne Sumatrabarbe, Albino-Sumatrabarben und die Goldfarbene Sumatrabarbe (der nur das schwarze Pigment fehlt). Größe: 5–6 cm.

Die Streifenbarben: Eine ganze Anzahl verschiedener Arten weist mehr oder weniger zahlreiche Streifen auf. Die meisten davon sind vertikal angeordnet. Man unterscheidet diese Arten anhand der Zahl und der Dicke ihrer Streifen. Größe: 5–7 cm.

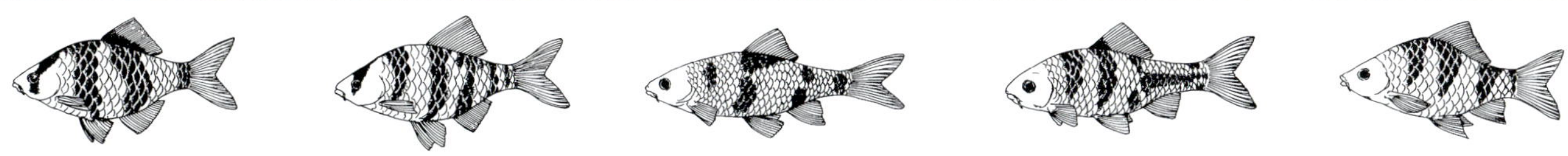

Puntius tetrazona (Sumatrabarbe) – *Puntius pentazona* (Fünfgürtelbarbe) – *Puntius everetti* (Clownbarbe) – *Puntius lateristriga* (Schwarzband-, Seitenstrichbarbe) – *Puntius nigrofasciatus* (Purpurkopfbarbe)

Danios

Sie sind resistent, ständig aktiv, einfach nachzuzüchten und nehmen jede Nahrung an. Das macht die Danios zu Fischen, die für den Anfänger besonders gut geeignet sind. Sie sind, wie die Barben, ausgesprochen gesellige Tiere.

▽ ***Danio aequipinnatus***
Der **Malabarbärbling** ist größer als seine Verwandten, aber genauso resistent und problemlos in der Nachzucht. Größe: 8 cm.

Die Fortpflanzung des Zebrabärblings

Am besten nimmt man ein kleines Becken ohne Bodengrund, in das man frisches Wasser mit etwas Wasser aus dem Aquarium der Eltern gibt. Das Wasser muß weich sein, der pH-Wert neutral, eine Temperaturerhöhung auf 26 bis 27 °C ist vorteilhaft. Die Eltern sind eifrige Laichräuber, man muß die Eier also rasch in Sicherheit bringen. Der Wasserstand sollte zehn bis fünfzehn Zentimeter hoch sein. Man kann darüber hinaus entweder den Untergrund mit Glaskugeln auffüllen, zwischen denen die Eier sich einnisten, oder auf halber Höhe ein Gitter einbringen, das die Eier, aber nicht die Eltern passieren können. In ein solches Becken setzt man für jedes trächtige Weibchen zwei Männchen. Nach dem Ablaichen, das meist mit den ersten Sonnenstrahlen stattfindet, muß man die Eltern entfernen. Bis zum Schlüpfen der Jungen aus den 200 bis 300 abgelegten Eiern dauert es zwei bis drei Tage; nach dem 6. oder 7. Tag beginnen die Jungfische zu schwimmen.

△ ***Brachydanio »frankei«***
Diese Art sieht wie eine Miniaturforelle aus und scheint in der Natur nicht vorzukommen. Sie stammt vermutlich von einem im Labor isoliert gehaltenen Stamm. Die heute im Handel angebotenen Tiere stammen aus südostasiatischen Zuchten. Der **Leopard-Danio** lebt in Schwärmen nahe der Oberfläche und gewöhnt sich rasch ein. Es existiert eine Schleierflossenform, deren Flossen verlängert sind. Größe: 5–6 cm.

Der Danio für Anfänger

Der **Zebrabärbling** *(Brachydanio rerio)* wird seit Anfang dieses Jahrhunderts in Europa gezüchtet und hat schon vielen Liebhabern der Aquaristik zu ersten praktischen Erfahrungen verholfen. Vor ungefähr zwanzig Jahren kam eine Segelflossenform auf den Markt. Seine Resistenz und einfache Vermehrung haben dazu geführt, daß Wissenschaftler den Zebrabärbling verwendet haben, um die Giftigkeit verschiedener Substanzen zu untersuchen. Seit kurzem existiert eine Linie geklonter Danios, deren Erbgut identisch ist und die auf äußere Einflüsse identisch reagieren. So wird der Einfluß genetischer Variabilität in den Experimenten unterdrückt. Größe: 5–6 cm.

Brachydanio albolineatus
Der **Schillerbärbling** ist ein recht gefräßiger Schwarmfisch, der Temperaturen von unter 20 °C übersteht. Größe: 6 cm.

Rasboras

Diese kleinen, lebhaften Fische leben in Gruppen oder Schwärmen in flachen, schnell fließenden Gewässern. Ihre gefurchte Schwanzflosse läßt auf gute Schwimmer schließen. Diese robusten Arten lassen sich gut in weichem, leicht saurem Wasser halten. Ihre Vermehrung gestaltet sich allerdings recht schwierig.

Rasbora borapetensis

Der **Rotschwanzbärbling** vermehrt sich in einem kleinen Becken, in das man feinblättrige Pflanzen eingesetzt hat. Aus den bis zu 500 Eiern schlüpfen Larven, die in den ersten zwei Lebenswochen Lebendfutter erhalten sollten. Größe: 5 cm. ▽

△ *Rasbora heteromorpha*

Der **Keilfleckbärbling** ist eine der beliebtesten Arten dieser Ordnung. Er pflanzt sich in saurem Wasser fort (pH-Wert = 6, torfgefiltert). Die klebrigen Eier werden auf oder unter ein breites Blatt gelegt. Es ist von Vorteil, das Becken abzudunkeln. Größe: 5 cm.

◁ *Rasbora elegans*

Der **Schmuckbärbling** lebt im freien Wasser nahe der Oberfläche. Er braucht viel Schwimmraum. Seine Farben kommen am besten bei dunklem Bodengrund, saurem und weichem Wasser zur Geltung. Größe: 5 cm.

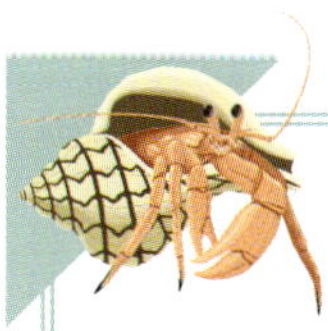

Rasboras für Anfänger

Der **Glasbärbling** *(Rasbora trilineata)*, hat einen tief gefurchten Schwanz und braucht relativ viel Platz zum Schwimmen. Die Eier werden zwischen den feinen Blättern bestimmter Pflanzen abgelegt, und nach 24 Stunden schlüpfen die Jungfische. Er nimmt sowohl Lebend- als auch handelsübliches Trockenfutter. Größe: 10 cm.

Fransenlipper

Die Körperform dieser Fische ist perfekt an ihren Lebensraum auf dem Grund schnell fließender Gewässer angepaßt: eher langgesteckt, um der Strömung zu widerstehen, mit flachem Bauch, um sich auf dem Grund niederzulassen, dazu Barteln, um Beute auf oder im Bodengrund aufzuspüren. Die Fische sind meist nachtaktiv und können sich gegen Individuen ihrer Art aggressiv verhalten, da sie ihr Territorium verteidigen. Anderen Arten gegenüber sind sie friedlich.

Wie bei einigen anderen in Aquarien gehaltenen Arten ist die Vermehrung der Fransenlipper erst durch aus der modernen Aquakultur entliehene Techniken möglich geworden. Die Verwendung von Hormonen zur Zucht liegt außerhalb der Möglichkeiten eines Amateurs.

Epalzeorhynchos frenatus ▷
Albinoform.
Größe: 10–15 cm.

◁ ***Epalzeorhynchos frenatus***
Der **Grüne Fransenlipper** unterscheidet sich von seinen Verwandten durch die blassere Körperfärbung und die rot leuchtenden Flossen. Die Lebensweisen sind gleich. Im Handel findet man manchmal eine Albinoform, die mit der Wildform kreuzbar ist. Die Nachkommen tragen dann die Färbung der Wildform.
Größe: 10–15 cm.

△ ***Epalzeorhynchos bicolor***
Der **Feuerschwanz-Fransenlipper** ist meist nachtaktiv, wobei er den Grund nach Nahrung absucht. In Gefangenschaft ist pflanzliches Zusatzfutter nötig. Bei der Einrichtung des Aquariums muß man verschiedene Verstecke (Steine, Wurzeln) vorsehen, unter die sich der Fisch tagsüber zurückziehen kann.
Größe: 15–20 cm. Einzelgänger!

Goldfische und ihre Varietäten

Der Goldfisch ist der älteste domestizierte Fisch. Seine Geschichte beginnt vor der der Aquaristik. Die unauffälligere Wildform wird 40 bis 50 cm groß. Sie stammt ursprünglich aus Asien, ist aber mittlerweile in allen Gewässern der Erde beheimatet, deren Temperatur zwischen 5 und 25 °C liegt. Der klassische Rote Goldfisch ist vermutlich vor über 2000 Jahren durch Selektion aus der Wildform entstanden. Seit dem Mittelalter ist die Zucht weit verbreitet. Die ersten Exemplare gelangten im 17. Jahrhundert zusammen mit anderen Geschenken für die königliche Familie Frankreichs nach Europa. Es existieren verschiedene Varianten der Goldfische, die durch geduldige Selektion aus der roten Form entstanden sind.

▽ **Verschiedene Goldfisch-Varietäten.**

◁ Shubunkin

Rücken- und Schwanzflosse des **Kaliko-Goldfischs** sind deutlich verlängert. Seine Färbung ist variabel, es treten jedoch immer mehrere Farben auf. Größe: 10–15 cm.

Die Koï

Sie werden oft mit den Goldfischen verwechselt, stammen aber von den Karpfen ab. Die Koï wurden in über 1000 Jahren aus der Wildform selektioniert. Sie können bis zu 1 Meter lang werden und tragen im Gegensatz zu den Goldfischen Barteln.

Japanischer Schleierschwanz

Die Schwanzflosse des japanischen Schleierschwanzes besteht aus zwei bis drei Lappen. Größe: 20 cm.

Haltung der Goldfische

Der Goldfisch braucht eine seiner Lebensweise angepaßte Umgebung: ein großes Aquarium mit vielen Pflanzen, zwischen denen er schwimmen kann, und groben Bodengrund. Das Wasser wird gefiltert, aber nicht geheizt. Obwohl die Fische als robust gelten, sollten Wassertemperaturen von 22 °C nicht überschritten werden. Kälter als 5 °C sollte das Wasser auch nicht werden, da sich sonst die Stoffwechselaktivität der Fische deutlich verringert. pH-Wert und Wasserhärte sind nicht von so zentraler Bedeutung wie bei anderen Arten.

◁ Demekin

Der **Schwarze Teleskop-Schleierfisch** hat runde, hervortretende Augen. Die gängigsten Exemplare sind durchgehend schwarz. Der Himmelsgucker ist eine recht nahe verwandte Art. Größe: 20 cm.

◁ Chotegan

Charakteristisch für den **Himmelsgucker** sind runde, mit Bindegewebe gefüllte Taschen unter den Augen. Die Schwanzflosse kann einfach oder geteilt sein. Es existieren darüber hinaus noch andere Zuchtformen, und die hier genannten können miteinander gekreuzt werden. Alle Tiere können einfarbig oder verschiedenfarbig gesprenkelt sein. Es gibt rote, gelbe, goldene, weiße und schwarze Fische. Größe: 10 cm.

◁ Ranchu

Der **Löwenkopf** verdankt seinen Namen den blasigen Wülsten auf seinem Kopf. Die Rückenflosse fehlt teilweise. Größe: 10 cm.

Ein Vier-Sterne-Hotel

Die besten Bedingungen bietet dem normalen Goldfisch ein Gartenteich, in dem er seine volle Größe erreichen kann. Dort übersteht er auch den Winter, wenn der Teich tief genug ist. Oft vermehren sich die Tiere, wenn die Wassertemperatur 19–20 °C erreicht oder übersteigt. Die Eltern haben ihren Nachwuchs allerdings »zum Fressen gern«. Die charakteristische Färbung der Varietät tritt bei den Jungfischen erst nach einigen Wochen auf.

Der Goldfisch – ein wichtiger Wirtschaftsfaktor

Der Goldfisch ist ein Fisch, der wohl nie aus der Mode kommen wird, und seine Aufzucht ist ein wichtiger Wirtschaftsfaktor. Abgesehen von der Aquarienhaltung wird er gern für Gartenteiche verwendet. Die einfacheren Varianten werden in Ungarn und Italien gezogen, die exquisiteren (oft auch »Chinesisch« genannten) Formen meist in Asien.

Weitere Cypriniden: *Balantiocheilos – Epalzeorhynchus – Tanichthys*

Zusätzlich zu den bisher vorgestellten und im Handel gängigen sind auch noch einige andere Arten für den Aquarianer interessant.

Epalzeorhynchus kalopterus

Im Gegensatz zu ihren Gattungsgenossen verhält sich die **Schönflossen-Rüsselbarbe** anderen Spezies gegenüber ruhig, ja fast schüchtern. Sie verbringt viel Zeit damit, den Boden nach Nahrung abzusuchen. *Crassocheilus. siamesis* (die Siamesische Rüsselbarbe), eine nahe verwandte Art, bekämpft sehr effektiv Grünalgen, die ein Aquarium manchmal zuwuchern können. Sie unterscheidet sich von der obengenannten Art dadurch, daß der mittige schwarze Längsstreifen bei ihr nicht auf die Schwanzflosse ausgedehnt ist. Größe: 10–15 cm. ▽

△ *Tanichthys albonubes*

Der **Kardinalfisch** ist dank seiner Robustheit (er kann niedrige Temperaturen bis 16 °C vertragen) ein vorzüglicher Anfängerfisch. Haltung und Zucht werden noch zusätzlich dadurch erleichtert, daß die Eltern keine Laichräuber sind. Größe: 5 cm.

Balantiocheilos melanopterus

Die **Haibarbe** ist ein schwimmfreudiger Fisch, der ein recht geräumiges Becken benötigt. Sie kann auch aus dem Wasser springen. Die Fortpflanzung im Aquarium ist nicht sicher bezeugt. Größe: 20–30 cm. ▷

COBITIDEN

Sie sind nahe Verwandte der Cypriniden, die in Europa und Asien verbreitet sind. Cobitiden haben Barteln, mit denen sie am Boden nach Futter suchen. Man sollte deshalb recht feinen Sand mit abgerundeten Körnern verwenden, wenn man sie im Aquarium halten will. Sie tragen einen Unteraugendorn, den sie zur Verteidigung nutzen und der sich leicht in den Maschen eines Keschers verfängt. Die Schmerlen, wie man sie auch nennt, sind nachtaktive Bodenbewohner, denen man tagsüber Verstecke zur Verfügung stellen muß. Sie nehmen Flockenfutter an, pflanzen sich aber im Aquarium kaum fort.

Pangio kuhlii

Im Zoofachhandel findet man unter dem Namen »kuhli« verschiedene Arten zusammengefaßt, die sich nur durch ihre Färbung unterscheiden. Sie sind überaus friedlich und schüchtern, können aber durch jede noch so kleine Öffnung aus dem Aquarium entwischen. Das Ablaichen findet meist spontan nach einem Wasserwechsel statt. Die Eltern fressen gern ihre Eier. Größe: 12 cm. ▷

Botia macracanthus

Die **Prachtschmerle** ist die bekannteste und verbreitetste Schmerle. Auf Nahrungssuche wühlt sie gerne im Bodengrund. Sie pflanzt sich im Aquarium nicht fort. Die Prachtschmerlen sind nachtaktive Bodenbewohner, denen man tagsüber Verstecke zur Verfügung stellen muß. Bei Platzmangel oder zur Verteidigung ihres Territoriums können sie aggressiv werden. Größe: 25 cm. ▽

△ *Botia lohachata*

Diese Art ist etwas weniger lichtscheu, aber manchmal aggressiv; sie zeigt sich auch bei eingeschalteter Beleuchtung. Größe: 15 cm.

▷ *Botia morleti*

Die Färbung der Mausschmerle wechselt mit ihrer Stimmung: Es kann eine schwache Bänderung auftreten. Sie ist etwas schwimmfreudiger als andere Arten. Größe: 10–12 cm.

Botia rubripinnis

Die **Grüne Schmerle**, auch **Blaue Prachtschmerle** genannt, hat mehr oder weniger stark gefärbte rotorange Flossen. Man findet sie seltener im Handel als andere Botias. Größe: 15 cm. ▷

Acantopsis dialuzona

Die **Pferdekopfschmerle** wird nach Einbruch der Dunkelheit aktiv. Sie gräbt sich im Sand ein, so daß nur noch der Kopf zu sehen ist. Größe: 15 cm. ▽

Botia striata

Eine der schönsten Arten ist die Zebra- oder **Streifenprachtschmerle**. Ihr Körper ist mit schmalen vertikalen Streifen gemustert. Größe: 10 cm. ▷

▽ **Vier häufiger eingeführte Arten der Gattung *Pangio*.**

P. kuhlii kuhlii | *P. kuhlii sumatranus* | *P. kuhlii myersi* | *P. cunneovirgatus*

WELSE

Unter diesem Namen werden verschiedene Familien, die zu den Siluriformes gehören, zusammengefaßt. Sie tragen oft Barteln und sind meist schuppenlos – einzelgängerische, bodenbewohnende, nachtaktive Fische. Ihre Ansprüche an die Wasserqualität sind gering. Sie sind aber für das Gleichgewicht im Aquarium sehr wertvoll, da sie sich von Algen und zu Boden gefallenen Partikeln ernähren. Die zwei wichtigsten Familien sind Callichtyidae und Locariidae.

Die Familie **Callichtyidae** (Panzer- und Schwielenwelse) wird vor allem durch die Ordnung Corydoras repräsentiert. Diese Fische tragen anstelle von Schuppen überlappende Knochenplatten. Ein weiteres gemeinsames Merkmal dieser Gruppe sind Barteln sowie Stacheln an den Rücken- und Bauchflossen. Ihr flacher Bauch deutet auf Fische hin, die auf dem Boden leben und dort ihre Nahrung suchen, die aus kleiner Lebendbeute oder künstlichem Futter besteht. Sie stammen ursprünglich aus Südamerika und sind perfekt für ein Gesellschaftsbecken geeignet, das sie mit Salmlern, Skalaren oder Diskusfischen teilen. Etwa zehn Arten sind häufig im Handel, einige andere tauchen dort mehr oder weniger regelmäßig auf.

Die **Locariidae** (Harnischwelse) leben in Südamerika auf dem Boden oft schnell fließender Gewässer. Ihr Maul ist zum Saugnapf umgebildet, ihr Körper gepanzert, und ihre Flossen sind häufig stachelbewehrt. Sie ernähren sich ganz oder teilweise von Pflanzen. Einigen Berichten zufolge sind Nachzuchten im Aquarium geglückt.

Corydoras arcuatus

Der **Stromlinien-Panzerwels** verdankt seinen Namen dem dunkelbraunen Band, das vom Auge bis zum unteren Ansatz der Schwanzflosse reicht. Die Haltung des Fisches im Aquarium ist leicht, die Nachzucht wird teilweise als schwierig beschrieben. Größe: 5 cm. ▷

Corydoras julii (Callichthyidae)

Diese Art ist wegen ihres hübschen Leopardenmusters sehr attraktiv und wird gerne gehalten. Die Tiere sind eher ängstlich, ihre Vernehrung schwierig. Die Art ist leicht mit anderen ebenfalls getupften Arten zu verwechseln. Größe: 5 cm. ▷

Corydoras melanistius (Callichthyidae)

Den **Schwarzbinden-Panzerwels** erkennt man am dunklen Fleck auf Höhe der Rückenflosse. Das Weibchen legt 100 bis 200 Eier, aus denen nach ungefähr einer Woche die Jungen schlüpfen. Größe: 5 cm. ▽

Corydoras schwartzi (Callichthyidae)

Seine Färbung ist der des Schwarzbinden-Panzerwelses, mit dem er häufig verwechselt wird, recht ähnlich, er trägt aber keinen schwarzen Fleck auf dem Rücken. Größe: 5 cm. ▷

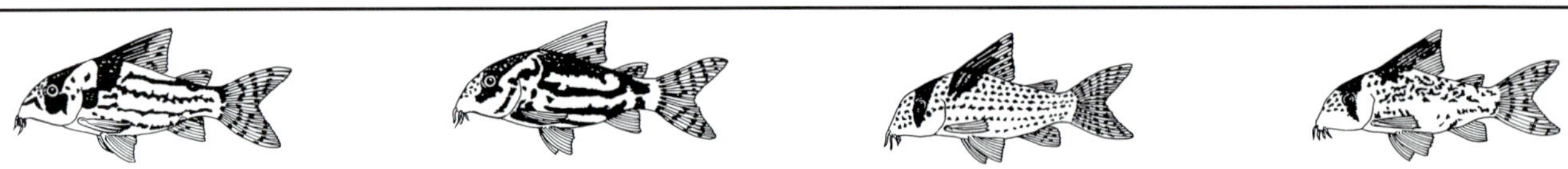

C. schwartzi | *C. surinamensis* Varietät aus Surinam | *C. melanistius* | *C. melanistius* andere Variante

Corydoras für Anfänger

Zwei robuste, widerstandsfähige Arten sind besonders für den Anfänger geeignet. Der **Metall-Panzerwels** *(Corydoras aeneus)* ist farblich wenig attraktiv. Es gibt aber eine Albino-Zuchtform. Wie bei vielen Corydoras-Arten ist auch hier das Männchen schlanker als das Weibchen. Der **Marmorierte Panzerwels** *(C. paleatus)* ist den Aquarianern schon seit langem bekannt. Er wird in Südostasien gezüchtet. Das Weibchen legt bis zu 200 Eier, die es an Pflanzen oder Steine klebt (manchmal auch an die Scheiben des Aquariums). Das Ablaichen kann fast jede zweite Woche stattfinden. Größe: 6 cm.

◁ ***Corydoras aeneus***

◁ ***Corydoras paleatus***

Corydoras aeneus Albinovariante. ▷

△ ***Corydoras trilinileatus*** **(Callichthyidae)**

Die Anordnung der dunklen Flecken des **Dreibinden-Panzerwelses** variiert je nach seinem Herkunftsort. Der Fisch zieht Bereich gedämpften Lichts vor. Seine Vermehrung ist schwieriger als die des Marmorierten Panzerwelses. Größe: 5 cm.

Corydoras metae **(Callichthyidae)**

Das Weibchen des **Meta-Panzerwelses** reinigt sorgfältig Scheiben und Pflanzen, um dort seine Eier abzulegen. Größe: 5 cm. ▽

▽ ***Corydoras schwartzi*** **(Callichthyidae), Variante**

Die Färbung dieser Art variiert je nach Herkunftsort sehr stark, was zu Verwechslungen führen kann. Wenn man bedenkt, daß in der Natur über 150 Corydoras-Arten vorkommen, versteht man, wie leicht zwei Arten verwechselt werden können oder daß zwei Fische, die man für verschieden hielt, zur selben Art gehören. Größe: 5 cm.

Die Fortpflanzung der Gattung Corydoras

Während diese früher als sehr schwierig angesehen wurde, ist sie heute einem erfahrenen Aquarienbesitzer, der sorgfältig vorgeht, möglich. Im Verlauf der Balz sind die Tiere sehr aktiv, das Männchen verfolgt das Weibchen manchmal mehrere Tage lang. Eine Luftdruckveränderung, Frischwasserzufuhr oder Temperaturerhöhung können das Ablaichen auslösen. Das Männchen bleibt in der Nähe des Weibchens, teilweise im rechten Winkel zu ihr, damit die Samen die Eizellen gut befruchten können. Das Weibchen nimmt die Eier zwischen ihre Bauchflossen und bringt sie zu einem vorher gesäuberten Platz, wo sie abgelegt werden. Diese Handlungen können mehrmals vollzogen werden. Die Jungfische, die einige Tage später schlüpfen, reagieren empfindlich auf Änderungen ihrer Umwelt.

Hypostomus plecostomus (Loricariidae)

Diese Fische sind reine Algenfresser, die am Boden leben und nachtaktiv sind. Man muß dem Fisch genügend Platz bieten, da er ab einer gewissen Größe aufdringlich werden kann. Größe: 30 cm. ▽

▷ *Ancistrus sp.* (Loricariidae)

Es gibt einige kommerziell wichtige Arten, die häufig verwechselt werden. Die ausgewachsenen Männchen erkennt man an den langen Barteln auf dem Kopf. Die *Ancistrus*-Arten weiden algenbewachsene Flächen ab. Ihre Fortpflanzung ist zwar selten, aber durchaus möglich. Die Eier werden in Höhlen abgelegt. Größe: 13 cm.

◁ *Farlowella* sp. (Loricariidae)

Das Maul des **Nadelwelses** ist sehr weit unter den Kopf nach hinten verschoben. Der Fisch ist nachtaktiv und lebt auf Pflanzen und Holz. Größe: 15 cm.

△ *Acanthodoras spinosimus* (Doradidae)

Brustflossen und Körper des **Kammdornwelses** sind mit Stacheln besetzt. Er ist lichtscheu und bevorzugt weiches, saures Wasser. Er ist ein zurückgezogen lebender Allesfresser. Größe: 15 cm.

Eine kleine »Putzfrau« für Anfänger, *Otoclincus macrospilus* (Loricariidae)

Die Fische sind friedliche, kleine Algenfresser, die sich in Gefangenschaft nur selten fortpflanzen. Größe: 5 cm.

Gyrinocheilus aymonieri (Gyrinocheilidae)

Die **Saugschmerle** weidet mit ihrem zur Saugscheibe umgestalteten Maul Algen ab. Mit zunehmender Größe kann sie aggressiv werden. Größe: 15–20 cm. ▷

Sorubim lima (Pimelodidae)

Der **Spatelwels** ist ein räuberischer Fisch, der bis zu 60 cm groß werden kann und deshalb ein geräumiges Aquarium braucht. Der gefräßige, nachtaktive Fisch frißt lebende Beute oder frisches Fleisch. Er hat einen gezahnten Dorn auf jeder Brustflosse. ▷

◁ ***Synodontis nigriventris* (Mochokidae)**
Während die Jungtiere des **Rückenschwimmenden Kongowelses** noch in normaler Position durchs Wasser gleiten, schwimmen die adulten Tiere fast ausschließlich bauchoben durch das Aquarium. Die Art ist friedlich, nachtaktiv und nimmt alle Arten von Futter an. Größe: 10 cm.

△ ***Kryptopterus minor* (Siluridae)**
Der **Indische Glaswels**, eine der seltenen Arten mit vollständig durchsichtigem Körper, hat zwei lange Barteln, mit denen er Gegenstände betastet. Er lebt tagaktiv im Schwarm im freien Wasser und sollte nicht durch sehr lebhafte Arten gestört werden. Größe: 10–12 cm.

△ ***Synodontis petricola* (Mochokidae)**
Wie auch *S. nigriventis* stammt der **Vielpunkt-Fiederbartwels** aus Afrika. Er schwimmt in normaler Position und bleibt tagsüber meist in seinem Versteck. Im Handel sind noch einige andere *Synodontis*-Arten. Größe: 15 cm.

△ ***Pimelodus pictus* (Pimelodidae)**
Dieser nachtaktive, eher einzelgängerische Fisch lebt in allen Bereichen des Aquariums und braucht Platz. Größe: 15 cm.

△ ***Eutropiellus buffei* (Schilbeidae)**
Der **Schwalbenschwanz-Glaswels** ist ein tagaktiver Schwimmer, der im Schwarm lebt. Er steht oft schräg im Wasser. Das Tier verkümmert bei Einzelhaltung. Es ist ein Allesfresser, der weiches, saures Wasser vorzieht. Größe: 8 cm.

◁ ***Pangasius hypophthalmus* (Pangasiidae)**
Der **Haiwels** lebt in Gruppen. Es sind sehr schwimmfreudige Tiere, die relativ viel Platz benötigen. Die Fortpflanzung im Aquarium ist nicht zweifelsfrei festgestellt worden. Größe: 20–30 cm.

ATHERINIDAE

Ein typisches Merkmal der Ährenfische ist, wie bei allen guten Schwimmern, der langgestreckte Körper. Die meisten Arten leben im Salzwasser, nur wenige im Süßwasser.

△ ***Bedotia* cf. *geayi***
Der **Rotschwanz-Ährenfisch** ist ein sehr aktiver Schwimmer, der gegenüber Schwankungen der Wasserqualität recht unempfindlich zu sein scheint. Die Nachzucht ist recht einfach, zumal sich die Eltern nicht für ihren Nachwuchs interessieren. Die Eier fallen zu Boden, und nach fünf Tagen schlüpfen die Jungen, die zunächst mit Lebendfutter und erst später mit Fertigfutter versorgt werden müssen. Größe: 10 cm.

▽ ***Marosatherina ladigesi***
Manche Autoren ordnen diesen Fisch der Familie der Telmaterinidae zu. Er lebt in Gruppen, bevorzugt weiches Wasser und braucht Freiraum zum Schwimmen. Die Strahlen der Schwanzflosse sind beim Männchen stärker ausgeprägt. Größe: 6–8 cm.

MELANOTAENIIDAE

Die sogenannten Regenbogenfische stammen aus den Seen und Flüssen Australiens und Neuguineas. Sie fühlen sich in mittelhartem Wasser bei einem pH-Wert knapp unter 7 wohl. Die Farbe kann sich durch verschiedene äußere Einflüsse ändern: Erregung, Fortpflanzung oder Dominanz. Was das Futter betrifft, sind ihre Ansprüche gering.

◁ ***Melanotaenia maccullochi***
Der **Zwergregenbogenfisch** ist die vielleicht häufigste Art im Handel. Er ist sehr robust, benötigt aber ein großes Becken mit genügend Freiraum, in dem er langsam umherschwimmen kann, aber auch einen gut bepflanzten Bereich. Wie alle Regenbogenfische ist er Dauerlaicher. Die recht großen Eier werden mit dünnen Fäden an Pflanzen befestigt, wo sie sich 6 bis 7 Tage entwickeln. Die Jungfische bleiben an einem Gegenstand kleben (Scheibe, Pflanze), bevor sie zu schwimmen beginnen. Sie wachsen anfangs nur sehr langsam. Größe: 7–8 cm.

Melanotaenia boesemani
Der **Boesemans-Regenbogenfisch** ist einer der buntesten Regenbogenfische. Die Nachzucht gelingt leicht, aber die Jungfische nehmen nur sehr kleine Beutetiere oder feinstes Trockenfutter an. Manchmal ist im Handel auch die Art *M. herbertaxelrodi* zu finden, die ebenfalls sehr schön gefärbt ist. Größe: 10–12 cm. ▷

CYPRINODONTIFORMES

Eierlegende Zahnkarpfen finden sich in fast allen Süßgewässern der Erde mit Ausnahme Australiens. Es gibt über 500 Arten. Ihr oben angesetzter Mund, mit dem sie gut Beute von der Wasseroberfläche aufnehmen können, ist mit Zähnen bestückt. Einige Arten können auch aus dem Wasser springen. Eierlegende Zahnkarpfen leben in ruhigen, flachen, stehenden Gewässern, manchmal in einfachen Pfützen, die austrocknen können. In solchen Fällen sterben zwar die erwachsenen Tiere, aber ihre Eier überdauern die Trockenzeit (*siehe* Fortpflanzung). Die Fische sind recht klein (selten über 8 cm), sehr bunt (vor allem die Männchen) und werden von einigen Aquarienbesitzern wegen ihrer besonderen Fortpflanzungsweise geschätzt. Artverwechslungen sind recht häufig, besonders weil die Färbungen von geographisch getrennten Populationen oft sehr verschieden sind. Nur einige wenige Arten findet man regelmäßig im Handel, die anderen werden direkt unter Liebhabern getauscht. Diese Liebhaber nennt man in Fachkreisen auch »Killifreunde«, da ihre Zöglinge den Populärnamen »Killis« (von ndl. »kill« = Pfütze) tragen.

Die Fortpflanzung der Killis

Killis, die in nie austrocknenden Gewässern leben, legen klebrige Eier. Die Jungen brauchen manchmal mehrere Wochen bis zum Schlüpfen. Arten, die in periodisch austrocknenden Gewässern leben, haben eine besondere Methode entwickelt, um den Fortbestand der Art zu sichern. Die im Boden abgelegten Eier unterbrechen ihre Entwicklung – man spricht auch von Diapause –, sobald der Boden austrocknet. Wenn der erste Regen fällt, setzt die Entwicklung wieder ein, und die Jungen schlüpfen. Die Inkubation kann also drei bis sechs Monate dauern. Die Eier sind nicht klebrig. Sobald man die Augen des Embryos im Ei erkennen kann, ist der Zeitpunkt des Ausschlüpfens nahe.

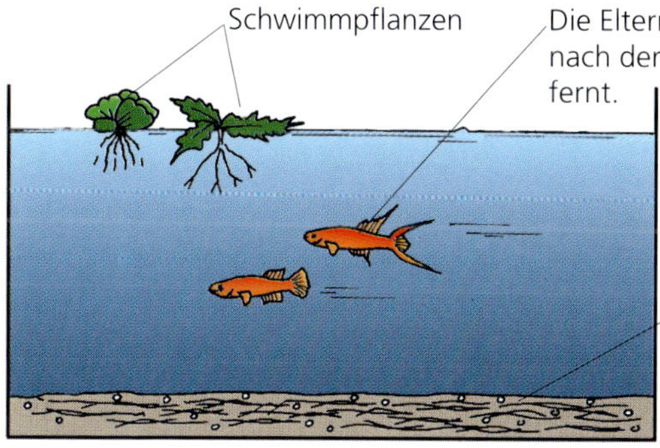

◁ Haftlaichende Killis

Die Haltung der Killis im Aquarium

Ideal ist es, jedes Pärchen in ein kleines, 10 bis 15 Liter fassendes, separates Becken zu setzen. Man kann auch ein Aquarium vorsehen, in dem man Männchen verschiedener Arten sammelt. Man bekommt auf diese Weise ein prächtiges Farbschauspiel zu sehen. Man sollte allerdings kein Gemeinschaftsbecken für die Weibchen anlegen, da viele einander sehr ähneln und nur schwer wieder zu trennen sind. Das Wasser muß sauer und sehr weich sein. Man sollte eine Torffilterung vorsehen. In einigen Fällen kann dieser Filter, auf dem Boden des Aquariums angelegt, die Eier aufnehmen. Die Temperatur des Wassers sollte 24 °C nicht übersteigen.

◁ Bodenlaichende Killis

Konservierung und Transport der Eier

Aquarienbesitzer, die weit voneinander entfernt wohnen, können Killieier auf dem Postweg austauschen. Die Inkubationszeit der Eier erlaubt ihren Transport in feuchter Umgebung und bei niedrigen Temperaturen. Die bodenlaichenden Arten vertragen ein trockeneres Transportmedium als die haftlaichenden. Die niedrigen Temperaturen verlängern die Diapause. Die als Transportbehälter verwendeten Dosen oder Plastiksäcke müssen absolut dicht sein. Bei Zugabe von Wasser schlüpfen die Jungfische.

▽ Schlüpfen der Jungfische

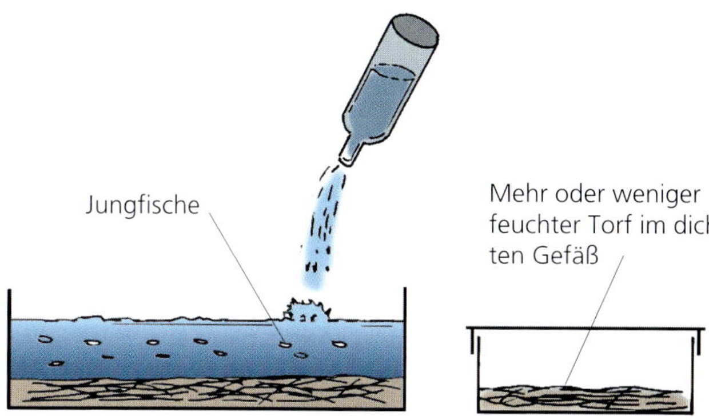

Die *Aphyosemion*-Arten

Man findet sie auf dem afrikanischen Kontinent in vielen tropischen Bereichen, vom Kongo bis zur westafrikanischen Küste. Bodenlaichende Arten sind seltener als solche, die in nichtaustrocknenden Gewässern leben. Die Eier mancher haftlaichender Arten können auch Trockenperioden überstehen.

△ ***Aphyosemion bivittatum***

Der **Gebänderte Prachtkärpfling** wird bei langsamem Wachstum bis zu 6 cm groß. Die klebrigen Eier haben mindestens 15 Tage Liegezeit bis zum Schlupf.

◁ ***Aphyosemion walkeri***

Walkers Prachtkärpfling ist ein Bodenlaicher, dessen Eier sich bei 18 bis 20 °C im feuchten Torf 6 bis 8 Wochen lang entwickeln. Größe: 6 cm.

Aphyosemion sjoestedti

Der **Blaue Prachtkärpfling** ist ein bodenlaichender Killi, dessen Eier fünf Wochen bei 22 °C bis zum Schlupf brauchen. Größe: 12 cm. ▷

△ ***Aphyosemion gardneri nigerianum***

Die Färbung des **Nigeria-Prachtkärpflings** variiert je nach Ursprungsort stark. Er ist ein Haftlaicher, dessen Junge nach zwei bis drei Wochen aus den Eiern schlüpfen. Größe: 6 cm.

Aphyosemion marmoratum

Die Fortpflanzungsweise des **Marmorierten Prachtkärpflings** kann man als gemischt bezeichen: Läßt man die Eier im Aquarium, so dauert es 15 bis 20 Tage, bis die Jungen zu schlüpfen beginnen, und bis alle geschlüpft sind, vergeht noch einmal ungefähr dieselbe Zeit. Im Torfgrund abgelegte Eier brauchen länger zu ihrer Entwicklung, schlüpfen aber synchron. Größe: 6 cm. ▽

Aphyosemion australe *(abgeb. ist die Goldform)* ▷

Wer diese besonderen Fische näher kennenlernen möchte, für den ist der **Bunte Prachtkärpfling**, auch **Kap Lopez** genannt, die richtige Art. Er ist oft im Handel zu finden – ein robuster Haftlaicher, der recht einfach zur Fortpflanzung zu bewegen ist. In ein kleines Becken, dessen Boden mit Torf bedeckt ist, setzt man feinfiedrige Pflanzen und hält die Temperatur unter 23 °C. Der pH-Wert sollte zwischen 6 und 7 liegen, die Wasserhärte bei fast Null. Das Weibchen legt 50 bis 100 ungefähr einen Millimeter große Eier, aus denen nach 15 Tagen die Jungen schlüpfen. Abgestorbene, getrübte Eier (die lebenden sind durchsichtig) entfernen. Das Schlüpfen der Jungen kann durch eine Erhöhung des CO_2-Gehaltes des Wassers ausgelöst werden. Eine Möglichkeit, das zu erreichen, besteht darin, vorsichtig mit einem Schlauch ein wenig Atemluft ins Aquarium zu blasen. Größe: 6 cm.

Andere Killifische: *Callopanchax – Epiplatys – Aplocheilus – Fundulus – Rivulus – Notobranchius – Cynolebias*

Neben den auf der Vorseite beschriebenen *Aphyosemia* gibt es noch andere bei Aquarienbesitzern beliebte Arten. Diese Fische findet man meist nicht im Handel, kann sie sich aber oft über Vereine beschaffen.
Früher wurden einige Vertreter der Gattung *Calleopanchax* in die Gattung *Roloffia* gestellt, deren Vertreter aus den afrikanischen Küstenstaaten westlich von Benin stammen.
Die *Epiplatys* sind Killis, die man vom Senegal bis zum Tschad, ja sogar bis zum Kongo in den Flüssen tropischer Regenwälder findet. Die Arten sind keine Bodenlaicher. Die klebrigen Eier werden meist an Pflanzen abgelegt.
Die *Aplocheilus* leben in Asien. Diese Gruppe umfaßt nur wenige Arten. Ihre Fortpflanzung ist der von *Aphyosemion* ähnlich.
Die *Fundulus* stammen aus Zentralamerika und den USA, einige Arten sogar aus Kanada, und sind unter europäischen Aquarianern kaum bekannt. Die Eier kleben an Pflanzen, und die Jungfische schlüpfen nach ungefähr zwei Wochen.
Die *Rivulus* kommen im nördlichen Südamerika und in Zentralamerika vor. Sie ziehen ruhiges, nicht zu warmes Wasser vor und sind in der Lage, aus dem Aquarium herauszuspringen. Es sind Haftlaicher, die ihre Eier auf Pflanzen oder auf dem Boden ablegen.
Die *Nothobranchius* besiedeln die Gewässer Südost- und Ostafrikas in Gebieten periodischer Trockenheit. Sie haben einen weniger schlanken, aber ebenso bunten Körper wie die bisher vorgestellten Arten.
Die *Cynolebias* sind südamerikanische Bodenlaicher. Einige graben sich zur Eiablage in den Torfuntergrund ein. Es gibt einige weitere *Cynolebias*-Arten, die den hier vorgestellten recht ähnlich sind.

Cynolebias nigripinnis
Der **Schwarze Fächerfisch** ist ein Bodenlaicher, dessen Eier vier Monate lang im feuchten Torf aufbewahrt werden müssen. Größe: 5 cm. ▽

Cynolebias bellottii
Die Männchen des **Blauen Fächerfisches** sind manchmal untereinander oder den Weibchen gegenüber aggressiv. Die Vermehrung dieses Bodenlaichers ist nicht einfach: Die Eier müssen drei bis sechs Monate im feuchten Torf aufbewahrt werden. Bringt man sie dann in ein Aquarium, schlüpfen die Jungfische binnen einer Woche. Größe: 5–6 cm. ▽

△ ***Rivulus cylindraceus***
Das größere Weibchen ist an einem weiß umrandeten schwarzen Fleck auf der Schwanzflosse kenntlich. Es legt zwei Millimeter große Eier, aus denen nach ungefähr 15 Tagen die Jungen schlüpfen. Größe: 7–8 cm.

◁ ***Aplocheilus lineatus***
Der **Streifenhechtling** kann bis zu 10 cm groß werden und braucht deshalb ein großes, bepflanztes Becken. Die Eier werden in Pflanzen abgelegt. Die Jungfische sind winzig und brauchen Beute, die in ihr Maul paßt. Das Foto zeigt einen halbwüchsigen Fisch. Alttiere sind farbiger.

Pseudoepiplatys annulatus
Dieser kleine, nur 3 bis 4 cm große Fisch hält sich unter der Wasseroberfläche auf. Er laicht in feinblättrigem Pflanzenwerk ab. Die Eier entwickeln sich binnen 8 bis 10 Tagen. ▽

▷ ***Nothobranchius guentheri***
Der **Kikambala-Prachtgrundkärpfling** ist schwierig zu vermehren, aber ein hübscher kleiner Fisch. Die Eier werden sechs bis zwölf Wochen im feuchten Torf aufbewahrt. Danach kommen sie wieder in Wasser, und innerhalb einer Woche schlüpfen die Jungfische. Größe: 5–6 cm.

△ ***Callopanchax occidentalis***
Dieser Bodenlaicher pflanzt sich in saurem, weichem Wasser fort. Die Diapause kann vier bis fünf Monate dauern, manchmal sogar länger. Das Männchen des **Goldfasan-Prachtkärpflings** ist sehr bunt gefärbt, das Weibchen trägt eher ein Tarnkleid. Größe: 8–9 cm.

Ein mit Cichliden zu haltender Killifisch: *Lamprichthys tanganicanus*

Diese Art ist für den Aquarienbesitzer interessant, der Fische sucht, die er zusammen mit Cichliden (*siehe* dort) aus dem Tanganjika-See halten kann. Durch seine Lebhaftigkeit und seinen besonderen Charakter ist dieser Schwarmfisch der ideale Gefährte für Buntbarsche, braucht aber große Becken. Er wird leider im Handel selten angeboten. Größe: 12 cm.

Aphyosemion geryi △
Der haftlaichende **Zickzack-Prachtgrund-Kärpfling** kann alle 15 Tage Eier legen. Aus den ungefähr einen Millimeter großen Eiern schlüpfen nach ca. 10 bis 12 Tagen die Jungfische. Diese wachsen rasch und sind schon nach 3 Monaten geschlechtsreif.

POECILIIDAE

Der Lebensraum der Poeciliidae erstreckt sich über weite Teile Mittelamerikas, wo sie gut bewachsene, meist ruhige, zum Teil brackige, harte und basische Seen und Tümpel besiedeln. Sie sind recht aktive Schwimmer, die gut für Anfänger geeignet sind. Sie fressen jede Nahrung, verschmähen auch kleine lebende Beute nicht und nehmen gerne pflanzliches Zusatzfutter.

Die Männchen sind im allgemeinen kleiner als die Weibchen, aber meist schöner gefärbt. Ihre Analflosse ist durch Modifikation des dritten, vierten und fünften Strahls zu einem rinnenförmigen Begattungsorgan umgestaltet (das Gonopodium; *siehe* Abbildung). Dadurch können Samenpakete während einer kurzen Scheinpaarung direkt in die Genitalöffnung des Weibchens abgegeben werden. Das Weibchen kann dann ohne weitere Befruchtung im Abstand von etwa vier Wochen mehrmals Nachwuchs zur Welt bringen (das ist bei den Goodeiden nicht der Fall). Wird der Trächtigkeitsfleck nahe der Genitalöffnung größer, so steht die Geburt der Jungen kurz bevor. Die Jungen schlüpfen im Bauch und werden, zum Teil noch gekrümmt, sofort ausgestoßen. Sie sind, verglichen mit den Jungtieren eierlegender Arten, recht groß, schwimmen sofort umher und nehmen auch schon kleine Stückchen Flockenfutter auf. Die Eireifung und das Schlüpfen der Jungen werden durch eine leichte Temperaturerhöhung um einige Grad gefördert. Die Weibchen können dann etwa alle vier Wochen Junge zur Welt bringen.

Poecilia latipinna
Dieser Fisch trägt dieselben Trivialnamen wie *P. sphenops* (**Molly, Black-Molly**), und seine Ansprüche sind die gleichen. Seine Rückenflosse ist höher und länger als die von *P. sphenops*. Der **Schwarze Leierschwanz** ist eine Kreuzung der beiden Arten. Größe: 8 cm. ▷

△ ***Gambusia affinis***
Die **Gambuse** stammt ursprünglich aus dem Süden der USA, ist aber mittlerweile in fast allen tropischen und subtropischen Gebieten der Erde verbreitet. So findet man diesen Fisch zum Beispiel in Frankreich im Süden des Landes, an den Mittelmeerküsten und sogar bis Bordeaux. Die Fische wurden mit Absicht ausgesetzt, da sie mit Vorliebe die wasserlebenden Larven der Stechmücken verzehren. Die Gambuse ist also kein »echter« Aquarienfisch, aber sehr resistent, und sie vermehrt sich rasch. Man kann sie auch als Beute für räuberische Arten einsetzen, wie zum Beispiel Cichliden, oder für Arten, die kein handelsübliches Trockenfutter annehmen. Dazu zählen auch einige marine Arten. Denn die Gambuse übersteht einen abrupten Wechsel ins Salzwasser einige Minuten lang. Größe: 5 cm.

▽ ▷ ***Poecilia sphenops***
Die häufigste Varietät hat einen silbrigglänzenden Körper, der mehr oder weniger mit schwarzen Tupfen bedeckt ist. Die schwarze Form (**Black Molly**) ist beliebter. Dieser Fisch fühlt sich im harten Wasser wohl. Pflanzliches Zusatzfutter ist anzuraten. Größe: 8 cm.

◁ ▷ *Poecilia velifera*

Der **Segelkärpfling** besitzt eine sehr ausgeprägte Rückenflosse. Es gibt eine wenig verbreitete schwarze und eine sogenannte goldene Form, die aber, am roten Auge leicht zu erkennen, ein Albino ist. Der einfach zu erreichenden Vermehrung dieser Fische kann man durch Temperaturerhöhung noch nachhelfen. Die Weibchen können bis zu 100 Junge bekommen. Länge: 15 cm.

Echte oder Pseudo-Lebendgebärende?

Den Begriff »Lebendgebärende« verwendet man für die Familien der Poeciliiden, der Hemirhamphiden und der Goodeiden. Ihre Jungen kommen lebend zur Welt, was bei Fischen eine ziemliche Seltenheit ist. Obwohl sich nur bei den Goodeiden die Jungfische im Mutterleib außerhalb des Eis ernähren, spricht man von Lebendgebären, das aber weniger oder stärker (Goodeiden) ausgeprägt sein kann.

Guppy, Rot halbschwarz
Größe: 5 cm. ▷

◁ *Poecilia reticulata*

Selbst denen, die noch nie ein Aquarium besessen haben, ist der **Guppy** ein Begriff. Er wurde Mitte des letzten Jahrhunderts entdeckt und ist einer der beliebtesten Fische überhaupt. Er ist sehr leicht nachzuzüchten. Es gibt unzählige verschiedene Formen, die anhand der Schwanzflossenform und der Grundfarbe unterschieden werden. Der Guppy bevorzugt hartes, alkalisches Wasser, ist aber sehr tolerant. Ein Weibchen kann alle vier Wochen bis zu 100 Jungfische gebären, wenn man die Temperatur auf 27 bis 28 °C erhöht. Die Wildform des Guppy ist kaum gefärbt. Größe: Männchen 2,5, Weibchen 5 cm.

Guppy, Triangel
Größe: 5 cm. ▷

Poecilia reticulata, Wildform
Größe: 5 cm. ▷

Die Guppyzuchtformen nach ihren Schwanzflossen

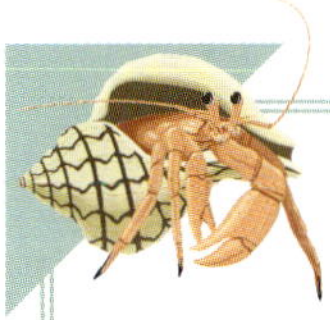

Ein lebendgebärender Fisch für den Anfänger: der Platy
(Xiphophorus maculatus)

Außer für den Guppy sollte sich der Anfänger auch für den Platy *(X. maculatus)* interessieren. Der sogenannte **Spiegelkärpfling** ist in verschiedenen Zuchtformen im Handel erhältlich. Die Weibchen gebären bis zu 50 Junge. Man kann ihn mit anderen Schwertträger- oder Papageienkärpflingsarten kreuzen. Folgende Zuchtformen findet man im Handel:
Korallenplaty: eine der bekanntesten;
Spiegelplaty: mit blauem Körper;
Wagtailplaty: rot oder gelborange mit schwarzen Flossen;
Tuxedoplaty: rot und schwarz;
Schwarzer Platy: spiegelt metallisch blau- oder grünschwarz;
Simpsonplaty: hat eine vergrößerte Rückenflosse.

△ ***Schwertträger***
Goldfarbene Zuchtform. Größe: 12 cm.

△ ***Schwertträger***
Wagtail-Zuchtform. Größe: 12 cm.

◁ ***Xiphophorus helleri***
Auf dem Foto ist die Wagtail-Zuchtform des Schwertträgers abgebildet. Obwohl wir heute die verlängerte Schwanzflosse des Männchens als Schwert bezeichnen, bezog sich der Name ursprünglich (Xiphophorus, gr. = Schwert tragen) auf das Gonopodium. Die Weibchen können bis zu 200 Junge gebären.
Größe: 12 cm.

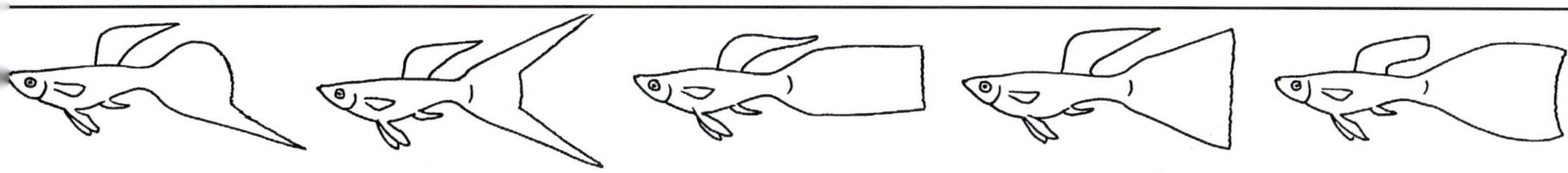

▽ ***Xiphophorus maculatus***

Der **Spiegelkärpfling** (hier eine rote Zuchtform, der obere Fisch hat eine Simpson-Rückenflosse) weist häufig Punkte und Striche vor der Schwanzflosse auf. Größe: 6 cm.

△ ***Xiphophorus nezahualcoyotl***

Die anderen Schwertträgerarten (das Bild zeigt eine Wildform) haben meist kürzere Schwerter als *X. helleri*. Sie sind selten im Handel zu finden. Größe: 8 cm.

Die Schwertträger-Zuchtformen

Die Farbe und die Form der Flossen variiert je nach Zuchtform:

- **Grüner Schwertträger:** Mehr oder weniger helles Grün mit einer durchbrochenen roten Line auf den Flanken. Der Wildform nahe verwandt;
- **Roter Schwertträger:** Körper vollständig rot, gängigste Form;
- **Tuxedo-Schwertträger:** Grundfarbe Rot mit einem großen schwarzen Fleck, der hinter dem Kopf beginnt und sich bis zum Schwanzansatz zieht;
- **Berliner Kreuzung:** Rot mit schwarzen Flecken;
- **Wagtail-Schwertträger:** Roter Körper mit schwarzen Flossen;
- **Schwarzer Schwertträger:** In Wirklichkeit Blau oder Grün, mit dunklen, metallischen Flecken;
- **Simpson-Schwertträger:** Mit überproportionierter Rückenflosse;
- **Schleier-Schwertträger:** Alle Flossen vergrößert;
- **Lyratail-Schwerttträger:** Äußere Strahlen der Schwanzflosse und anderer Flossen verlängert.

△ ***Schwertträger***
Rote Lyratail-Zuchtform.
Größe: 15 cm.

Schwertträger
Schleierform.
Größe: 12 cm. ▷

Schwertträger
Zuchtform mit Simpsonflosse.
Größe: 12 cm.▽

Schwertträger
Grüne Form.
Größe: 12 cm. ▽

Wichtige Aspekte bei Kreuzungen und Zuchtformen der Poeciliiden

Aquarienbesitzer, die jemals die Wildformen der gängigen Varietäten gesehen oder gar besessen haben, sind sehr selten. Die Zuchtformen kommen zwar in der Natur gar nicht vor, sind aber die handelsüblichen Formen. Mit den schönsten Exemplaren werden Wettbewerbe ausgetragen, in denen die Farbe, die Körperform und die Flossen beurteilt werden.
Wieviele Varietäten gibt es? Wenn man bedenkt, daß es fünf gängige Farben, drei Flossenformen gibt und daß sowohl die Platys als auch alle *Xiphophorus*-Arten (Schwertträger, andere Xiphos, Platys und Papageienkärpflinge) miteinander kreuzbar sind, so erhält man eine riesige Anzahl von Möglichkeiten und hat doch mit Sicherheit noch welche vergessen. Man hört manchmal, daß die heutigen, über lange Zeit selektionierten Zuchtformen empfindlicher seien als früher, aber in Wahrheit kann man das nicht so pauschal behaupten. Schließlich sollte man Anfänger nicht entmutigen, denen man diese Fische speziell wegen ihrer Reproduktionsfreudigkeit mit Recht empfehlen kann.

HEMIRHAMPHIDEN – GOODEIDEN

Einige Hemirhamphidae sind ebenfalls lebendgebärend. Sie leben in Asien in harten, zum Teil brackigen Gewässern. Die Vertreter dieser Familie haben einen überlangen Unterkiefer. Aus Mexiko stammen die Goodeiden. Anders als bei den Poeciliidae müssen die Männchen die Weibchen vor jeder einzelnen Geburt befruchten. Ihr Körperbau ist recht gedrungen.

△ ***Xenotoca eiseni* (Goodeidae)**
Das hintere Körperende der Männchen des **Banderolenkärpflings** ist orange gefärbt. Dieser Fisch scheint manchmal etwas aggressiv zu sein. Die Weibchen sind bis zu zwei Monate lang trächtig; die 40 bis 60 Jungen wachsen rasch. Größe: 7 cm.

△ ***Ameca splendens* (Goodeidae)**
Das Männchen des **Ameca-Kärpflings** ist kräftiger gefärbt als das Weibchen. Zur Fortpflanzung braucht dieser Fisch hartes Wasser. Das Weibchen bringt 30 bis 40 schon sehr große Junge zur Welt. Größe: 8–10 cm.

▷ ***Dermogenys pusillus* (Hemirhamphidae)**
Im Handel sind unter dem Namen »Halbschnabelhechtkärpfling« verschiedene Zuchtformen erhältlich. Sie leben alle dicht unter der Wasseroberfläche, wo sie auch ihre Nahrung finden. Die Weibchen werfen weniger Junge als die der Poeciliiden; der »Schnabel« bildet sich bei den Jungfischen erst nach einigen Wochen. Größe: 7 cm.

CICHLIDEN

Sie haben einen wenig schmeichelhaften Ruf: bissige Tiere, die ihre Zeit damit verbringen, andere Spezies oder ihre eigenen Artgenossen anzugreifen oder die Dekoration zu zerstören. Dieser Ruf ist meist übertrieben. Über 1500 Arten, nahe Verwandte unserer Barsche, bevölkern die Süßwasserseen und -flüsse Amerikas, Afrikas und kleiner Teile Asiens. Diese Carnivoren sind oft von ansehnlicher Größe und robustem Äußeren, haben zahnbesetzte Kiefer und einen gesegneten Appetit. Sie haben nur eine – verlängerte – Rückenflosse. Manche Individuen sind starke Persönlichkeiten und haben viel Charakter. Sie sind lebhaft und ungestüm, werden sogar in manchen Situationen (Fortpflanzung, Revierverteidigung) aggressiv.
In dieser Familie treten viele unterschiedliche Fortpflanzungsarten auf. Die eigentümlichste zeigen die sogenannten »Maulbrüter«: Das Weibchen beschützt erst die Eier und dann die Jungfische, indem sie sie ins Maul nimmt. Dieses Verhalten steigert den Fortpflanzungserfolg beträchtlich.

DIE BUNTBARSCHE: RICHTIG ODER FALSCH?

	RICHTIG	FALSCH
Die Cichliden sind große Fische.	Die aus Amerika und Afrika stammenden Arten erreichen im Aquarium teilweise 20–30 cm.	Einige Arten werden nicht größer als 10 cm. Dies gilt besonders für südamerikanische Arten.
Sie sind Zerstörer, ja geradezu Bulldozer, die die Pflanzen entwurzeln.	Einige Cichliden graben und verrücken so Steine und entwurzeln Pflanzen, besonders zur Paarungszeit. Andere sind einfach nur lebhaft und bringen (oft unabsichtlich) die Dekoration durcheinander.	Fast alle kleinen sowie einige der größeren Cichliden nehmen sogar zur Paarungszeit Rücksicht auf ihre Umgebung und interessieren sich nicht für die Pflanzen.
Sie haben einen schlechten Charakter und kommen nicht mit anderen Fischen aus.	Nur wenige Tiere sind andauernd aggressiv und kampflustig; andere verteidigen nur ihr Revier oder werden zur Paarungszeit aggressiv.	Einige Arten, nicht nur die kleinsten, sind sozial, ja fast ängstlich oder schüchtern; bei manchen Arten ändert sich das in der Paarungszeit.
Man sollte sie in einem großen Einzelaquarium halten.	Diese Haltung ist für die großen, weniger sozialen Cichliden vorzuziehen (Mindestvolumen des Beckens 300 Liter). Auch diese vertragen sich mit anderen, gleich großen Fischen. Kleinere Tiere werden aber oft als Beute gesehen.	Die Ruhigeren leben sich gut in einem bestehenden Aquarium ein, vorzugsweise mit ruhigeren Fischen. Voraussetzung ist auch hier ein ausreichendes Beckenvolumen (mindestens 100–200 Liter).
Im Handel sind sie kaum zu finden.	Die unbekannten, die selteneren, die erst vor kurzem entdeckten Arten (die oft noch gar keinen wissenschaftlichen Namen, sondern nur eine Codenummer haben) bekommt man in den Aquarienvereinen, vor allem in den auf Cichliden spezialisierten, die sie züchten.	Die gängigeren sind – in Asien oder ihrer Heimat gezüchtet, manchmal auch aus der natürlichen Umgebung gefangen – gut erhältlich. Einige Händler, vor allem in den Großstädten, sind auch auf Cichliden spezialisiert.

Die verschiedenen Fortpflanzungsarten der Cichliden			
	Ablaichen auf **Substrat**, horizontal oder vertikal, natürlich (Stein, Blatt) oder künstlich (z.B. aufgeschlitztes PVC-Rohr).	Ablaichen in **Unterschlupf**, versteckt, natürlich (Mulde, Vertiefung, Höhle) oder künstlich (Blumentopf, halbe Kokosnuß, Rohr).	**Maulbrüter** (meist nach Eiablage auf einem geschützten Platz).
Amerika	*Laetacara,* *Microgeophagus ramirezi,* *Geophagus brasiliensis,* *»Cichlasoma«,* *Uaru amphiacanthoides,* *Pterophyllum, Symphysodon.*	*Nannacara anomala,* *Apistogramma.*	*Geophagus steindachneri.*
Afrika	*Hemichromis lifalili,* *Tilapia buttikoferi,* ▽ *T. mariae.* 	*Pelvicachromis pulcher,* *Julidochromis,* *Neolamprologus,* *Telmatochromis.* 	*Astatotilapia burtoni,* *Haplochromis,* *Oreochromis,* *Aulonocara nyassae,* *Labeotropheus,* *Melanochromis,* *Pseudotropheus,* *Cyphotilapia frontosa,* *Tropheus.*
Asien	*Etroplus.* ▷		

Der Charakter der Cichliden			
	Ruhige Arten (manchmal ängstlich), die man nicht zusammen mit großen oder lebhaften Fischen halten sollte.	**Zeitweilig aggressive Arten,** besonders Artgenossen gegenüber (Fortpflanzungsperiode, Revierverteidigung), sonst aber meist friedfertig.	**Lebhafte Arten** mit »schlechtem Charakter«, die praktisch permanent aggressiv und streitlustig sind.
Amerika	*Cleithracara maroni,* *Cichlasoma bimaculatum,* *Hypselecara temporalis,* *Geophagus steindachneri,* *Nannacara anomala,* *Pterophyllum,* *Symphysodon.*	*Apistogramma, Microgeophagus,* *Laetacara curviceps,* *A. pulcher,* *Thorichthys meeki,* *Heros severus,* *Geophagus brasiliensis,* *Uaru amphiacanthoides.*	Die anderen *Cichlasoma*-Verwandten, *Astronotus ocellatus.* ▽ 
Afrika	*Pelvicachromis pulcher,* ▽ *Sciaenochromis ahli,* *Protomelas annectens, Copadichromis, boadzulu, Cyrtocara moorii.* 	*Steatocranus, Astatotilapia,* *Dimidiochromis compressiceps,* *Placidochromis electra, Nimbochromis linni, Aulonocara hansbaenschi,* ▽ *Labeotropheus trewavasae,* *Julidochromis,* *Neolamprologus leleupi,* *N. sexfasciatus,* *Cyphotilapia frontosa.* 	*Hemichromis, Tilapia,* *Oreochromis,* Die anderen *Haplochromis*-Verwandten *Melanochromis,* ▽ *Labeotropheus fuelleborni,* *Pseudotropheus,* *Neolamprologus tetracanthus,* *N. tretocephalus,* *Tropheus.* 
Asien	*Etroplus.*		

AMERIKANISCHE CICHLIDEN

Diese Arten bevorzugen generell weiches, leicht saures Wasser und reagieren offenbar mitunter empfindlich auf Änderungen der Wasserqualität. Das Aquarium (mindestens 300 bis 400 Liter für die großen Arten) muß Verstecke bieten und mit guten Filtern ausgerüstet sein. Die Ernährung ist nicht schwierig: Frische Nahrung oder Lebendfutter werden besonders gern genommen. Die Fische bringen ihren Laich an einem Substrat an. Sie sind meist Offenbrüter. Maulbrütende Arten sind selten.

Cichlasomas-Formenkreis

Die Cichlasoma-Verwandten stammen aus Zentral- und Südamerika. Es sind potentiell aggressive Fische, besonders zur Paarungszeit. Einige Arten sind allerdings recht friedlich. Aus diesem Grund, aber auch wegen ihrer Größe, brauchen sie geräumige Becken: 200-Liter-Aquarien für die kleinen Arten, mindestens 400-Liter-Becken für die großen. Die Dekoration sollte aus Steinen und robusten Pflanzen bestehen. Cichlasomas-Verwandte sind Allesfresser, deren Ernährung in Gefangenschaft keine Probleme bereitet. Man sollte allerdings bedenken, daß sie recht räuberisch sind. Das meist kleinere Weibchen legt die Eier auf einem harten Substrat ab, das sie zuvor gereinigt hat. Dort werden sie dann vom Männchen besamt. Nach ungefähr zwei Tagen werden die Eier zu kleinen, in den Sand gegrabenen Mulden getragen. Dies erleichtert das Ausschlüpfen der Jungen. Die Larven bleiben einige Tage dort, und das Weibchen kümmert sich um sie, während das Männchen das Revier verteidigt.

△ ***Cichlasoma citrinellum***

Diese Art ist recht aggressiv und braucht deshalb ein Beckenvolumen von mindestens 500 Litern. In der freien Natur kommt die goldgelbe Färbung nur selten vor, die Tiere sind hier eher grau. Größe: 30–35 cm.

Hypselecara temporalis

Obwohl die Fische bis zu 30 cm groß werden können, sind sie recht ruhig. Den **Smaragdbuntbarsch** erkennt man an der gewölbten Stirn. Die Art stammt aus Amazonien, braucht saures, weiches Wasser und viel Platz. ▷

»Cichlasoma« salvini △

Die erwachsenen Tiere sind aggressiv, bewachen aber ihre nach mehreren Hunderten zählende Brut, die nach fünf oder sechs Tagen frei schwimmt. Sie fühlen sich in hartem, basischem Wasser in einem Becken mit mindestens 250 Litern Fassungsvermögen am wohlsten. Man kann robuste Pflanzen einsetzen. Größe: 15 cm. (Einige Cichlasoma–Arten werden in Anführung gesetzt, da sie wohl in eine andere Gattung gehören.)

Cichlasoma maculicauda

Auch der **Schwarzgürtel-Buntbarsch** ist, besonders seinen eigenen Artgenossen gegenüber, aggressiv. Das Weibchen kann bis zu 1000 Eier legen, die Eltern kümmern sich bis zu drei Wochen lang um die Jungen. Der Fisch bevorzugt das in seinem natürlichen Biotop in Mittelamerika vorherrschende basische, mittelharte Wasser. Größe: 30 cm. ▽

◁ *Mesonauta insignis*

Im Gegensatz zu anderen *Cichlasoma*-Arten klebt der **Flaggenbuntbarsch** seine Eier zunächst an ein senkrechtes Substrat. Die Larven werden dann von den Eltern auf einen anderen Untergrund gebracht. Wegen seines schwierigen Charakters sollte man den Fisch nicht zusammen mit kleineren Fischen halten. Größe: 20 cm.

△ *Cichlasoma labiatum*

Dieser Fisch ist im ausgewachsenen Stadium eindeutig zu identifizieren, aber die Jungen werden manchmal mit *C. citrinellum* verwechselt. Er ist aggressiv und verteidigt sein Revier heftig. Man sollte die Jungfische nach dem Ablaichen von den Eltern trennen. Die Jungen wachsen rasch heran. Größe: 20–25 cm.

△ *»Cichlasoma« octofasciatum*

Der **Achtbinden-Buntbarsch** wurde lange Zeit unter dem Namen *C. biocellatum* im Handel geführt. Er ist ein sehr ruppiger Zeitgenosse, der mit der Einrichtung des Aquariums nicht gerade vorsichtig umgeht. Dabei ist er sehr fruchtbar – er legt zwischen 500 und 800 Eier. Dieser Fisch ist nur für erfahrene Aquarianer geeignet, die sich mit Cichliden vertraut machen wollen. Größe: 20 cm.

△ *Cichlasoma nicaraguense*

Die Männchen werden 25 cm groß, die Weibchen bleiben deutlich kleiner, sind aber während der Fortpflanzungsperiode bunter. Die nicht klebrigen Eier – ein seltenes Phänomen bei den Cichlasoma-Arten – werden in eine auf dem Boden des Aquariums gegrabene Grube gelegt.

◁ *Cichlasoma cyanoguttatum*

Die Färbung des **Perlbuntbarsches** variiert je nach Herkunftsort. Wegen seiner Größe und seines Verhaltens (er verteidigt sein Territorium entschlossen) braucht dieser Fisch ein großes Becken mit basischem und recht hartem Wasser. Das Weibchen legt bis zu 600 Eier. Größe: 30 cm

△ *Thorichthys meeki*

Den Namen **Feuermaul-Buntbarsch** hat der Fisch wegen seiner Drohgebärden erhalten, bei denen er die Kiemendeckel spreizt und den Mundboden absenkt. Er ist trotz seiner geringen Größe recht aggressiv. After- und Rückenflosse des Männchens laufen spitz zu. Das Weibchen legt bis zu 1000 Eier, aus denen nach 48 Stunden die Jungen schlüpfen. Nach vier Tagen schwimmen die Larven frei. Größe: 15 cm.

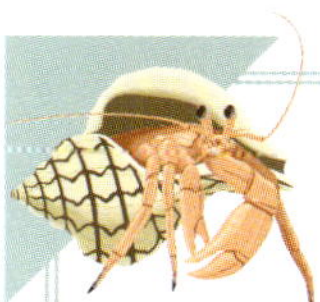

Der Cichlasoma für Anfänger

Cichlasoma bimaculatum ist wegen seines recht ruhigen Verhaltens jenen Aquarianern zu empfehlen, die erste Erfahrung mit Cichliden sammeln wollen. Seine relativ geringe Größe (bis 20 cm) erlaubt die Haltung in einem 200-Liter-Becken, zusammen mit manchen Fischen, die etwas kleiner sind als er selbst (bestimmte Characiden); das Wasser sollte weich und sauer sein. Das Weibchen legt bis zu 200 Eier; die geschlüpften Jungfische wachsen rasch.

△ ***Cichlasoma nigrofasciatum***
Gelbe Zuchtform.

»Cichlasoma« nigrofasciatum

Der **Zebrabuntbarsch** ist ein kämpferischer, revierbildender Fisch, der gern das Aquarium »umgräbt«. Man sollte also Pflanzen und unbefestigte Steine vermeiden. Die Art stammt aus Zentralamerika. Im Lauf der Zeit wurde eine gelbe, genauso aggressive Form herausselektiert. Beide Formen sind mit dem Feuermaul-Buntbarsch kreuzbar, aber die Hybriden erben den Charakter des »Zebras«. Größe: 15 cm.

△ ***Heros severus***
Der **Augenfleckenbuntbarsch**, der auch Arbeiterdiskus genannt wird, stammt aus Amazonien und bevorzugt saures, weiches Wasser. Er ist, die Zeit der Fortpflanzung ausgenommen, ein relativ friedlicher Fisch und einer der am wenigsten fruchtbaren dieser Gruppe: Das Weibchen legt nur ungefähr 100 Eier. Größe: 20 cm.

◁ ***Cichlasoma synspilum***
Trotz ihrer Größe verhält sich diese Art anderen Fischen gegenüber recht freundlich, solange diese ihr Territorium respektieren. Natürlich braucht sie viel Platz, vermehrt sich dann aber relativ leicht, wobei das Weibchen bis zu 800 Eier legen kann. Größe: 35 cm.

Skalare

Skalare zählen zu den bekanntesten und beliebtesten Cichliden. Sie stammmen aus den weichen, sauren Gewässern Amazoniens und brauchen ein hohes, geräumiges Aquarium mit genügend Schwimmraum, aber auch mit Pflanzen, um sich darin zu verstecken. Diese friedlichen Fische kann man in einem »Gesellschaftsbecken Südamerika« zusammen mit Panzerwelsen und Salmlern halten. In der Paarungszeit sind die Fische anderen Arten gegenüber aggressiv. Man sollte auch keine zu kleinen Fische einsetzen, denn diese werden oft als Beute angesehen. Als Nahrung ist kleine, lebende Beute zu empfehlen. Die im Handel erhältliche Nahrung wird ebenfalls angenommen. Beide Partner kümmern sich um das Gelege. Das Weibchen legt die klebrigen Eier auf großblättrigen Pflanzen ab (Gattung *Echinodorus*) oder auf in das Aquarium eingebrachte PVC-Rohre. Zum Teil werden auch ungewöhnliche Plätze gewählt, wie die Scheiben oder sogar die Heizung. Die Eier werden von den Eltern bewacht, und es wird ihnen Frischwasser zugefächelt. Nach ein bis zwei Tagen schlüpfen die Jungen. Wenn die Eltern das Gelege im Stich lassen, muß man sie entfernen und eine leichte Strömung schaffen, um die Eier mit Sauerstoff zu versorgen – z. B. mit einem Sprudelstein, den man in unmittelbarer Nähe anbringt. Die Jungen, die noch nicht die charakteristische Form der Alttiere haben, ernähren sich bereits einige Tage nach dem Schlüpfen von *Artemia*-Nauplien. Ob die Zucht nun ein Erfolg war oder mißglückt ist – es kann vorkommen, daß das Pärchen kurze Zeit später einen neuen Versuch unternimmt.

◁ ***Pterophyllum scalare***
Der **Segelflosser** oder **Skalar** wird heute in Asien und Europa (also weit von seinem Ursprungsort entfernt) gezüchtet, und es existieren viele Zuchtformen, die man nach Breite und Intensität der schwarzen Färbung beurteilt. Darüber hinaus gibt es jede Varietät auch in der Schleierflossenform. Länge: 15 cm.

Pterophyllum altum
Der **Hohe Skalar** wird nicht gezüchtet. Die im Handel auftauchenden Tiere sind Wildfänge und daher teuer. Die Haltung ist nicht einfach, und das Wasser muß von guter Qualität sein. Länge: 15 cm.

Diskusfische

Diese wohl schönsten und majestätischsten Süßwasserfische stammen aus Amazonien und dem Orinoco-Gebiet. Sie leben in sehr ruhigen, klaren, sauren und weichen Gewässern – ruhige, friedfertige Geschöpfe, die sich gemächlich fortbewegen. Man sollte sie nicht dem Streß aussetzen, den lebhafte Fische für sie darstellen. Sie kommen gut mit Panzerwelsen und Apistogrammas (Zwergbuntbarschen) aus. Diskusfische brauchen ein recht großes Becken (100 Liter Wasser für jeden ausgewachsenen Fisch), das mit totem Holz, Wurzeln (die vorher behandelt wurden) und Pflanzen eingerichtet ist. Die Temperatur sollte über 26 °C liegen, regelmäßige Teilwasserwechsel sind nötig. Die Nahrung ist idealerweise abwechslungsreich und besteht vor allem aus Frisch- und Lebendfutter.

Die Nachzucht ist sehr schwierig, der Erfolg hängt wesentlich von der Wasserqualität ab. Das torfgefilterte Wasser muß sauer (pH-Wert 6, sogar etwas darunter) und weich sein. Die Temperatur sollte 28 °C betragen.

Diskusfische wählen ihre Partner selbst. Männchen und Weibchen sind schwierig auseinanderzuhalten. Aus den an einer senkrechten Oberfläche – PVC-Rohr, Blumentopf, Glasscheibe – abgelegten (bis zu 200) Eiern schlüpfen nach zwei bis drei Tagen die Jungen, deren Kopf am Substrat kleben bleibt.

Das Besondere an diesen Jungfischen ist ihre Ernährung: Die Elterntiere scheiden ein Sekret ab, das von den Jungen gefressen wird – ein bei Fischen sehr seltenes Phänomen. Ohne diese sehr empfindliche Entwicklungsphase überleben die Jungen nicht. Später nehmen sie dann Artemia-Nauplien.

Symphysodon discus
Der **Heckel-** oder **Pompadour-Diskus** trägt nur drei dunkle Banden. Im Gegensatz zu seinem Verwandten *S. aequifasciatus*, von dem die meisten gehandelten Tiere gezüchtet werden, sind die meisten Heckel-Diskusfische Wildfänge. Von diesen beiden Arten werden jährlich einige Zehntausend Tiere importiert. Obwohl es nur sehr wenige Daten über die Wildpopulationen dieser Fische gibt, scheinen die Bestände bisher nicht gefährdet. Darüber hinaus bilden diese Fische in bescheidenem Umfang auch eine Nahrungsquelle für die einheimische Bevölkerung. Größe: 10–15 cm. ▽

Symphysodon aequifasciatus △
Braune Zuchtform. Größe: 10–15 cm.

Symphysodon aequifasciatus △
Pärchen. Größe: 10–15 cm.

▷ ***Symphysodon aequifasciatus***
Je nach Befinden des Fisches sind die neun Banden mehr oder weniger sichtbar. Größe: 10–15 cm.

◁ △ ***Symphysodon aequifasciatus***
Es gibt mehrere natürliche Varietäten (die Wissenschaftler sprechen von »Unterarten«):
– Der **Braune Diskus** wird nach seiner Grundfarbe so genannt. Er hat blaue Banden am Kopf.
– Der **Grüne Diskus** hat einen helleren Körper und einen grünblauen Bauch, Kopf und Anfang des Rückens sind blau gebändert.
– Der **Blaue Diskus**, dessen ganzer Körper, die Flossen eingeschlossen, von blauen Linien bedeckt ist.
Darüber hinaus existieren noch einige Zuchtformen:
– Der **Rote Diskus** hat einen roten Bauch und Rücken, seine Bauchflossen sind schwarz.
Die Form **Flächen–Türkis** hat einen einheitlich grünblauen Körper, fast ohne Streifen.
– Die Form **Türkis gestreift**, eine sehr beliebte, schöne Zuchtform, die auf rotem Grund türkise Streifen trägt.

Symphysodon discus
(drei Banden, davon die mittlere immer sichtbar)

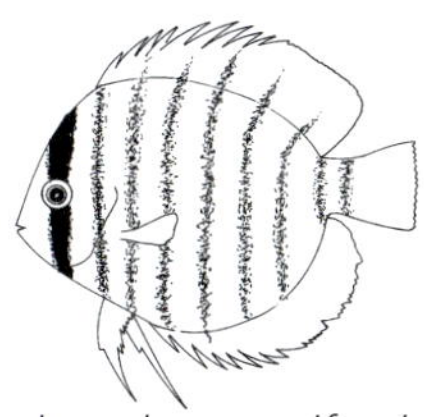

Symphysodon aequifasciatus
(neun mehr oder weniger deutliche Banden)

Andere amerikanische Cichliden

Neben den bisher vorgestellten Gruppen existieren noch weitere amerikanische Arten. Einige recht kleine Arten sind aufgrund ihrer Farbe und ihres Verhaltens sehr beliebt, andere sind echte Riesen, die ein großes Becken brauchen.

▷ ***Cleithracara maronii***
Der **Schlüsselloch-Buntbarsch** oder **Maroni** ist schüchtern und friedlich; er fühlt sich in gut bepflanzten Aquarien, die viele Verstecke bieten, wohl. Er pflanzt sich ähnlich fort wie *L. curviceps*, aber das Weibchen legt weniger Eier. Größe: 12 cm.

Laetacara curviceps
Dieser recht kleine amazonische Fisch ist, mit Ausnahme der Fortpflanzungszeit, ein recht friedlicher Zeitgenosse. Das Weibchen legt bis zu 1000 Eier auf ein Substrat, die dann von beiden Eltern gemeinsam ausgebrütet werden. Die Larven produzieren aus einer Drüse am Kopf ein Sekret, mit dem sie sich am Substrat festheften. Die frei herumschwimmenden Jungfische muß man mit Nauplien füttern. Größe: 10 cm. △

Aequidens pulcher
Der **Blaupunkt-Buntbarsch** ist ein Fisch, der nicht nur bei der Verteidigung seines Territoriums recht aggressiv sein kann. Größe: 15 cm. ▽

Microgeophagus ramirezi
Der **Schmetterlingsbuntbarsch** ist in puncto Wasserqualität sensibel, deshalb sind regelmäßige Teilwasserwechsel nötig. Er fühlt sich am wohlsten in gut bepflanzten Aquarien, die viele Verstecke bieten. Das Weibchen legt 300 bis 400 Eier auf einen flachen Stein. Es gibt eine goldene (oder gelbe) Zuchtform. Größe: 7 cm. ▽

Astronotus ocellatus
Der **Oscar** wird bis zu 30 cm lang und steht im Ruf eines Rauhbeins. Jedenfalls pflegt sich der **Pfauenaugen-Buntbarsch** beim Schwimmen nicht allzusehr um die Pflanzen zu kümmern. Deswegen sollte man ihm ein großes Aquarium gönnen und die robusten Pflanzen fest verankern. Es gibt bronzene und goldene Zuchtformen. ▽

Apistogramma agassizii
Der **Agassizi-Zwergbuntbarsch** ist ein kleiner, friedlicher Fisch, der für regelmäßige Wasserwechsel dankbar ist. Das Weibchen legt bis zu 300 Eier auf ein festes Substrat. Größe: 7 cm. ▽

△ ***Apistogramma cacatuoides***
Die Männchen des **Kakadu-Zwergbuntbarsches** bekämpfen sich heftig. Die Eier werden an der Decke einer natürlichen oder künstlichen Höhle abgelegt. Das Weibchen bewacht die Jungen. Fünf bis sieben Tage nach dem Schlüpfen beginnen diese zu schwimmen. Größe: 7 cm.

◁ ***Nannacara anomala***
Der **Glänzende Zwergbuntbarsch**, der weiches, saures Wasser bevorzugt, bleibt relativ klein. Das Weibchen verteidigt seine Eier sogar gegen das Männchen. Größe: 8 cm.

Uaru amphiacanthoides
Im Verhältnis zu seiner Größe ist der **Keilfleck-Buntbarsch** recht schüchtern und langsam. Das ändert sich jedoch in der Fortpflanzungsperiode, während der die Eltern 300 Eier befächeln und schützen. Um die Art zu halten, braucht man mindestens ein 400- bis 500-Liter-Aquarium, das mit weichem, saurem Wasser gefüllt ist.
Größe: 25–30 cm. ▷

△ ***Geophagus brasiliensis***
Der **Perlmutter-Erdfresser** kann über 20 cm groß werden und gilt als recht streitsüchtig. Man muß ihn darum in einem geräumigen Becken mit gleich großen Fischen halten. Er verträgt mittelhartes Wasser und einen neutralen pH-Wert. Allerdings sollte man das Wasser regelmäßig wechseln.

◁ ***Geophagus hondae***
Der **Rothauben-Erdfresser** hat einen friedlichen Charakter und durchwühlt gerne den Sand. Das Weibchen nimmt die Eier nach der Ablage in das Maul und entläßt die Jungen zwei bis drei Wochen später. Bei Gefahr kehren die Jungen in das Maul des Weibchens zurück.
Größe: 20 cm.

Afrikanische Cichliden

Nach Größe und Verhalten fühlen sich die meisten afrikanischen Cichlidenarten in einem großen Becken mit gut gefiltertem Wasser und wenigen Pflanzen – die auch in ihrer natürlichen Umgebung rar sind – am wohlsten. Das Wasser sollte hart und leicht basisch sein, mit einem pH-Wert von 7,5 bis 8, manchmal mehr. Die Einrichtung des Aquariums besteht vor allem aus Steinen, die wie ein Geröllfeld mit vielen Verstecken angeordnet sind. Daneben muß für die meisten Arten ein Bereich existieren, in dem die Tiere frei schwimmen können. Manche Spezies bevorzugen Sandböden. Männchen und Weibchen weichen in der Färbung oft erheblich voneinander ab. In dieser Familie kommen viele Maulbrüter vor, die anderen brüten in einer Höhle oder an einem Gegenstand. Viele der Arten aus den afrikanischen Seen sind endemisch, das heißt, man findet sie nirgendwo sonst auf der Welt. Die Existenz isolierter lokaler Populationen fördert die Entstehung von Farbvarianten einer Art.

Die Cichliden des Tanganjika-Sees

Ungefähr 80 bis 90 Prozent der Arten in diesem See sind endemisch. Einige sind Maul-, die anderen Substratbrüter. Einige kleine Arten wohnen in den leeren Gehäusen von Wasserschnecken.

◁ ***Cyphotilapia frontosa***
Der **Große Beulen- oder Buckelkopf-Buntbarsch** braucht ein Aquarium mit mindestens 400 bis 500 Litern Fassungsvermögen und Steinen als Dekoration. Er frißt recht große Beutestücke – Muscheln und Krabben. Die erwachsenen Männchen erkennt man an ihrem Buckel. Die Weibchen sind Maulbrüter. Größe: 35 cm.

△ ***Julidochromis dickfeldi***
Den **Dickfelds-Schlankbuntbarsch** erkennt man an einer manchmal dunkleren Grundfarbe und einem blauen Flossensaum. Größe: 8 cm.

◁ ***Julidochromis transcriptus***
Die drei Banden dieser Art sind durch Flecken miteinander verbunden. Wie auch die anderen *Julidochromis*-Arten ist sie nicht besonders häufig im Handel zu finden.
Größe: 8 cm.

Julidochromis regani
Der **Vierstreifen-Schlankcichlide** ist einer der größten »Julidos« und wird bis zu 15 cm lang. Seinen Namen hat er wegen seiner vier Längsstreifen erhalten. ▷

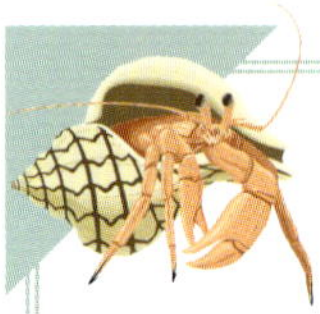

Ein afrikanischer Cichlide für Anfänger

Wegen seines Verhaltens ist *Neolamprologus brichardi* für den Anfänger zu empfehlen. Er ist ein sozialer, in Gruppen lebender Fisch, der nur zur Paarungszeit Reviere besetzt. Die Eier werden in einer Höhle abgelegt, die die Eltern manchmal selbst unter einem Felsen freigeschaufelt haben. Das Weibchen kümmert sich um die Eier, während das Männchen das Nest bewacht. Die Jungfische schwimmen ab dem achten Tag nach ihrer Geburt.
Das Weibchen kann nach einem Monat erneut Eier legen; dann kann man das Zusammenleben mehrerer Generationen beobachten. Das Männchen kümmert sich um die älteren Nachkommen, das Weibchen um die jüngeren. Sobald sie einige Zentimeter lang sind, beteiligen sich die Jungfische an der Verteidigung des Territoriums.
Der **Feenbarsch** ist ein Planktonfresser, der sich im Aquarium von kleiner, lebender Beute ernährt. Größe: 10 cm.

△ ***Julidochromis marlieri***
Der Name **Schachbrett-Schlankcichlide** ist durchaus treffend. Größe: 10–12 cm.

Julidochromis ornatus ▷
Die *Julidochromis*-Arten leben auch außerhalb der Fortpflanzungsperiode als ortstreue Pärchen. Sie bevorzugen Felsküsten, die ihnen Verstecke und Unterschlupf bieten. Dort findet auch die Paarung statt. Die mehreren hundert Eier werden an die Decke der Brutstätte geklebt und von der Mutter beaufsichtigt, während das Männchen das Territorium verteidigt. Nach acht bis zehn Tagen beginnen die Jungen unter Aufsicht der Eltern zu schwimmen. Der **Gelbe Schlankcichlide** hat drei dunkle Banden auf hellem Grund. Größe: 8 cm.

◁ ***Neolamprologus sexfasciatus***

Er ist zwar nicht sonderlich streitsüchtig, aber man sollte ihn trotzdem nicht zusammen mit kleineren Arten halten. Die Eiablage findet in einem Versteck statt, an dessen Decke die Eier befestigt werden. Die Jungfische verlassen die Höhle nach einer Woche. Größe: 15 cm.

▽ ***Neolamprologus tetracanthus***

Diese Art ist zu kleineren Fischen recht ruppig. Der Fisch bevorzugt sandigen, bepflanzten (z. B. mit *Vallisneria*) Boden. Die Höhle, in der er sich fortpflanzt, gräbt er selbst, indem er den Sand unter einem Stein entfernt. Die 100 bis 150 Eier werden an der Decke dieses Verstecks befestigt. Größe: 15–18 cm.

▽ ***Neolamprologus leleupi***

Der **Tanganjika-Goldcichlide** ist ein eher aggressiver Einzelgänger. Die Eiablage vollzieht sich in einer unter einem Felsen ausgehobenen Grube. Aus den ungefähr 200 Eiern schlüpfen nach drei Tagen die Jungen, die schon eine Woche später schwimmen. Größe: 8–10 cm.

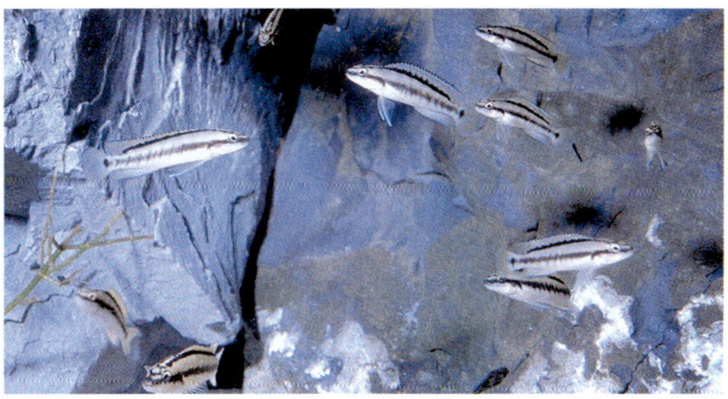

▽△ ***Telmatochromis bifrenatus***

Der **Zweibandcichlide** ist eine kleine, sozial lebende Art und bevorzugt felsiges Gelände. Die Eier werden in einer winzigen Höhle abgelegt, die das Männchen bewacht und die die Jungen erst einige Tage nach dem Schlüpfen verlassen. Die Fische bevorzugen lebende Beute. Größe: 8 cm. ▷

Ein »Schneckenhausbesetzer«

Neolamprologus brevis ist ein schüchterner, fast ängstlicher Fisch, der seine Eier in leere Schneckenhäuser legt, wie sie in seinem natürlichen Verbreitungsgebiet reichlich vorhanden sind. Sobald sie ungefähr zwei Zentimeter lang sind, besetzen die Jungen ihr eigenes Schneckenhaus. Im Aquarium muß man auf feinsandigem Grund einige Schneckenhäuser (Wasser- oder Weinbergschnecken) mit der Öffnung nach oben auslegen. Die Art ist recht schwer erhältlich. Größe: 5 cm.

△ ***Neolamprologus tretocephalus***

Der **Fünfstreifen-Tanganjikabuntbarsch** ist ein aggressiver, territorialer Fisch, der felsige Gebiete bevorzugt. Wie die anderen Lamprologus-Arten ist er für regelmäßige Wasserwechsel dankbar. Größe: 10 cm.

◁ ▷ ***Tropheus moorii***
Das Aquarium sollte für den **Brabant-Buntbarsch** mit Felsen, klarem Wasser und Algen eingerichtet sein. Man sollte pflanzliches Zusatzfutter anbieten. Die Männchen verhalten sich untereinander aggressiv. Die Weibchen sind Maulbrüter. Die Eier sind größer als die anderer Arten, die Weibchen können deshalb höchstens zwanzig Stück auf einmal in ihr Maul nehmen. Die Jungen sind anders gezeichnet als die erwachsenen Tiere, die wiederum, je nach Herkunftsort, sehr unterschiedlich gefärbt sein können. Größe: 15 cm

Tropheus duboisi
Die Jungen des **Weißpunkt-Buntbarsches** zeigen eine charakteristische Färbung: weiße Punkte auf schwarzem Grund. Bei den Erwachsenen verschwindet sie, zurück bleibt nur ein weißer Fleck. Die Biologie dieses Fisches ist mit *Tropheus moorii* identisch. Größe: 12 cm. ◁ ▷

Die Cichliden des Malawi-Sees

In diesem See zählt man über 200 Arten, die fast alle endemisch sind. Die Cichliden leben an den Steinküsten mit ihren vielen Verstecken, die von klarem, flachem, hellem Wasser umspült werden. Sie ernähren sich von den Algen, die diese Steine bedecken. Größere Pflanzen sind selten.

In Gefangenschaft brauchen die Fische ein großes, gut gefiltertes Becken von mindestens 200 bis 300 Liter Inhalt für die kleinen, 400 bis 500 Liter für die großen Arten. Die Einrichtung sollte hauptsächlich aus gut befestigten Steinen bestehen, damit auch die lebhafteren Fische die Aufbauten nicht zum Einsturz bringen können. Das Wasser sollte recht basisch sein (pH-Wert mindestens 7,5, unter Umständen kann 8 überschritten werden) und mittelhart (ab 4 °dGH). Die Fische nehmen das handelsübliche Trockenfutter in Form von Granulat an, ziehen jedoch Lebendfutter deutlich vor. Die meisten Arten sind Maulbrüter. Bis vor einigen Jahren wurden fast alle Arten unter dem Gattungsnamen *Haplochromis* zusammengefaßt. Jetzt ordnet man sie verschiedenen Gattungen zu, verwendet aber den Namen *Haplochromis* auch weiterhin und bezeichnet damit einige endemische, maulbrütende Arten des Malawi-Sees.

Aulonocara hansbaenschi △
Die Männchen des **Kaiserbuntbarsches** kämpfen nur so lange gegeneinander, bis sich eine stabile Rangordnung herausgebildet hat. Um sich wohl zu fühlen, braucht dieser Fisch sowohl Steinaufbauten als auch feinen Sandgrund. Das Weibchen legt die Eier zunächst auf einem Stein ab, nimmt sie aber dann ins Maul. Auch wenn sie schon schwimmen, ist das Maul der Mutter noch eine Zeitlang ein Zufluchtsort für die Jungen. Man kennt mehrere verschiedene Formen dieses Cichliden, von denen einige in Wahrheit sogar andere Arten sein könnten. Größe: 20 cm.

Copadichromis boadzulu
Sobald die Jungen dieser Art ein bis zwei Zentimeter groß sind, schwimmen sie in Gruppen, die manchmal von einem dominanten Männchen geführt werden. Das Weibchen brütet die 30 bis 50 Eier drei Wochen lang im Maul aus. Größe: 12 cm. ▷

▷ ***Cyrtocara moorii***
Die erwachsenen Tiere des **Beulenkopf-Maulbrüters** tragen einen Buckel auf der Stirn. Es ist eine eher zurückhaltende Art, die sowohl Sandboden als auch Felsen braucht. Das Weibchen brütet drei Wochen im Maul. Größe: 25 cm.

Sciaenochromis ahli △
Diese Cichliden-Art ist eher schüchtern und manchmal recht ängstlich. Das Männchen ist blau, das Weibchen grau mit dunklen Querstreifen. Größe: 15–18 cm.

△ ***Copadichromis jacksoni* (Weibchen)**
Diese Art wird manchmal mit *S. ahli* verwechselt, ist aber etwas größer als diese. Die Jungtiere tragen zwei dunkle Flecken an der Seite, die bei den Erwachsenen meist verschwinden. Größe: 20–22 cm.

△ ***Nimbochromis livingstonii***
Der **Schläfer** ist ein recht aggressiver Fisch, der kleinere Tiere jagt. Das dominante Männchen schimmert blau, die Weibchen tragen dunkle Flecken auf einem hellen Hintergrund. Sie brüten die Eier drei Wochen lang aus. Größe: 20 cm.

△ ***Dimidiochromis compressiceps***
Diese Art hat einen langen, flachen Kopf und einen langgestreckten, schlanken Körper. Beim Schwimmen ist der Körper zum Beutefang schräg nach unten geneigt. Das Aquarium sollte Sandboden, mit Vallisneria bepflanzt, bieten. Größe: 20 cm.

▷ ***Nimbochromis linni***
Diesen friedlichen Fisch kann man leicht mit der nahe verwandten Art *N. polystigma* verwechseln. Im Unterschied zu dieser ist das Maul nach unten gezogen. Das Weibchen (Foto) brütet die bis zu 300 Eier drei Wochen lang aus. Größe: 25 cm.

Nimbochromis venustus
Alle *Nimbochromis*-Arten weisen dunkle Flecken an den Flanken auf. Das dominante Männchen des **Pfauenmaulbrüters** hat einen gelben Körper und einen blauen Kopf. Die Art bevorzugt sandige, mit *Vallisneria* bepflanzte Bereiche. Größe: 20 cm. ▷

Protomelas annectens

Dieser Fisch ist schüchtern und ängstlich. Das Weibchen legt die Eier in eine vom Männchen gegrabene Grube, wo sie befruchtet werden. Anschließend nimmt sie die Eier zwei bis drei Wochen lang ins Maul. Die Jungtiere verlassen diesen Unterschlupf, sobald sie sieben bis acht Millimeter groß sind. Größe: 20 cm. ▽

◁ *Protomelas similis*

Der schwarze Streifen, der sich vom Kiemendeckel bis zum Schwanz hinzieht, führt manchmal zu Verwechslungen mit *P. annectens*. Größe: 12 cm.

Placidochromis electra

Der Fisch filtert das Sediment auf der Suche nach Nahrungspartikeln. Die Eier werden in einer in den Sand gegrabenen Kuhle abgelegt. Anschließend brütet das Weibchen sie eine Woche lang im Maul aus. Die Larven verlassen dieses Versteck weitere zwei Wochen später. Größe: 15–20 cm. ▷

Unter dem Namen **Mbunas** (Felsencichliden) faßt man die Gattungen *Pseudotropheus, Labeotropheus* und *Melanochromis* zusammen, die einige Verhaltensähnlichkeiten aufweisen. Es sind aktive, lebhafte, streitsüchtige Tiere, besonders während der Fortpflanzungszeit oder bei der Revierverteidigung. In der Landessprache heißt Mbuna »Steinklopfer«. Sie sollten unter sich bleiben, wobei man darauf achten muß, daß die Tiere etwa gleich groß sind. Mbunas sind robust, aber empfindlich gegenüber Schwankungen des Sauerstoffgehaltes. Die Fortpflanzung kann im Gesellschaftsbecken ablaufen. Die polygamen Männchen unterscheiden sich von den Weibchen durch ihre Färbung. Die Weibchen brüten die Eier etwa drei Wochen lang in ihrem Maul aus. Manchmal entstehen durch die stark abweichende Färbung lokaler Populationen Verwechslungen, ebenso wie durch die regelmäßigen Neuimporte.

Labeotropheus fuelleborni

Den **Schabemundbuntbarsch** erkennt man an ihrem seltsam geformten Maul. Die Tiere benötigen pflanzliches Zusatzfutter. Es gibt verschiedene Rassen, die sich je nach geographischer Herkunft unterscheiden. Größe: 12–15 cm.▽

△ *Labeotropheus trewavasae*

Blaue Variante. Der **Schlanke Schabemundbarsch** hat einen schlankeren Körper als *L. fuelleborni*. Er verteidigt aktiv sein Territorium, frißt vor allem Pflanzen, nimmt aber auch kleine Krebstierchen. Größe: 12 cm.

△ *Melanochromis auratus*

Der **Türkisgoldbarsch** ist die aggressivste Art der Mbunas. Dies gilt vor allem für das dominante Männchen. Die Eiablage findet in einem Versteck statt, bewacht vom Männchen. Dieses trägt zwei dunkle Streifen auf hellem Untergrund, beim Weibchen ist es umgekehrt. Größe: 11 cm.

Melanochromis johannii ▷
Der **Kobaltorangebuntbarsch** ist sehr aggressiv – sogar die Weibchen bekämpfen sich untereinander. Die Fische nehmen gern pflanzliche Zusatznahrung. Die Männchen sind dunkel mit hellen Längsstreifen, die Weibchen goldgelb gefärbt. Größe: 12 cm.

△ *Pseudotropheus crabro*
Die Tiere bilden Reviere und erkämpfen sich ihren Platz in einer sehr strikten Rangordnung. Die Eier werden auf einen flachen Stein abgelegt. Anschließend zieht sich das Weibchen an einen ruhigen Ort zurück, um die Eier auszubrüten. Größe: 15 cm.

▽ *Pseudotropheus elongatus*
Er ist von schlankerer Gestalt als die anderen *Pseudotropheus*-Arten. Die blaue Grundfarbe ist sehr variabel. Die Männchen tragen Augenflecken auf der Afterflosse. Größe: 12 cm.

▽ *Pseudotropheus sp.*
Die Art ist unter Aquarienbesitzern schon sehr lange bekannt. Der Fisch frißt hauptsächlich Pflanzen. Es gibt verschiedene Formen, die sich durch ihre Färbung voneinander unterscheiden. Einige könnten auch nah verwandte Arten sein. Größe: 12–15 cm.

Pseudotropheus tropheops
Einer der mittelgroßen Mbunas: Die Art kann bis zu 13 cm groß werden. Die Männchen sind braunviolett, die Weibchen dunkelgelb. Pflanzliches Zusatzfutter ist empfehlenswert. ▷

◁ ▽ *Pseudotropheus lombardoi*
Im Gegensatz zu den anderen Felsencichliden sind die Männchen des **Gelben Zebras** goldgelb, die Weibchen blau mit schwarzen Querstreifen. Sobald die Jungen drei bis vier Zentimeter lang sind, beginnen sie die typische Färbung zu zeigen. Größe: 13–15 cm.

Pseudotropheus socolofi ▷
Im Gegensatz zu den anderen Fischen dieser Gruppe unterscheidet sich das Weibchen farblich kaum vom Männchen. Der **Pindani-Buntbarsch** ist aggressiv und verteidigt sein Revier sehr heftig. Größe: 13 cm.

Andere afrikanische Cichliden

Außerhalb der genannten Seen finden sich noch einige andere interessante Arten. Sie leben in weniger bekannten Seen oder in den Flußläufen West- und Ostafrikas.

Pelvicachromis pulcher

Der **Königscichlide** stammt aus Nigeria und bevorzugt harte, gut bewachsene Gewässer. Das Weibchen legt die 200 bis 300 Eier in einer Höhle ab und kümmert sich um sie, während das Männchen den Brutplatz verteidigt. Es ist dabei weniger aggressiv als andere Cichliden. Ungefähr eine Woche nach dem Schlüpfen schwimmen die Jungfische frei herum. Größe: 10 cm. ▷

Astatotilapia burtoni

Diese Art findet man im Nil und in den Flüssen Ostafrikas. Die Tiere sind recht friedlich, sie werden nur zur Fortpflanzungszeit aggressiv. Die Eier werden in eine in den Boden gegrabene Mulde gelegt. Danach nimmt das Weibchen sie ins Maul, um sie zwei Wochen lang an einem ruhigen Ort auszubrüten. Größe: 15–20 cm. ▷

Oreochromis niloticus

In Freiheit ein Planktonfresser, wird der Fisch in Gefangenschaft zum Allesfresser. Er wächst recht schnell und ist sehr widerstandsfähig. Die Art erträgt Temperaturen zwischen 13 und 33 °C und kann, wenn man den Salzgehalt langsam erhöht, sogar im Salzwasser leben.
Von seinem ursprünglichen Lebensgebiet (Nil, Tschad und Senegal) aus wurde dieser Fisch praktisch im gesamten tropischen Afrika und auch im Viktoriasee verbreitet. Er stellt eine Nahrungsressource für die einheimische Bevölkerung dar, aber die großen Exemplare, die geräuchert werden, sind seit der Einführung des Nilbarsches *(Lates niloticus)* selten geworden. Der Schaden, den dieser gefräßige Räuber anrichtet, beweist, daß man in ein Ökosystem nicht ungestraft fremde Arten einsetzen kann. Die Populationen der kleineren Cichliden des Victoriasees sind besonders betroffen. *Oreochromis niloticus* ist auch in vielen anderen tropischen Gebieten der Erde eingeführt worden, wo er in großem Maßstab zur Nahrungsmittelproduktion gezüchtet wird. Er wird selten in Aquarien gehalten. Größe: 30–35 cm.

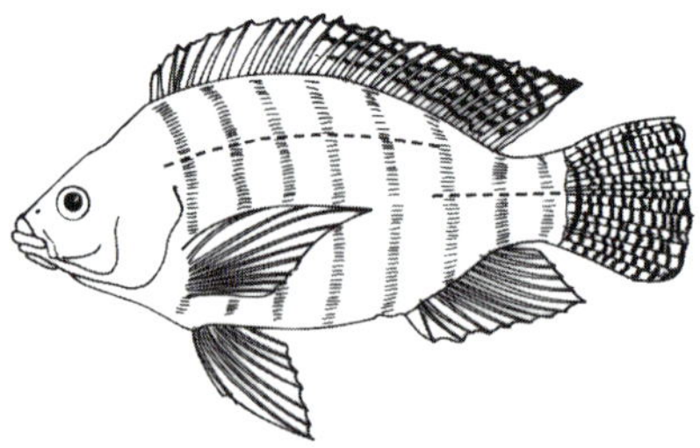

Hemichromis lifalili ▷

Meist wird diese Art unter dem Namen *H. bimaculatus* angeboten. Das ist aber eine andere, seltene Art. Die Wildfänge haben eine deutlichere Rotfärbung. Der **Rote Cichlide** ist aggressiv und verteidigt sein Territorium. Das Weibchen legt 500 Eier auf ein Substrat. Die Jungfische beginnen nach etwa einer Woche frei zu schwimmen. Größe: 10 cm.

◁ *Oreochromis mossambicus*

Diese Art wurde in mehreren tropischen Gebieten der Erde ausgesetzt. Ein großes Weibchen brütet mehrere hundert Eier drei bis vier Wochen lang im Maul aus. Die erwachsenen Tiere können sich an Salzwasser anpassen. Die Jungfische gewöhnen sich, sobald sie einen Zentimeter groß sind, an eine schrittweise Erhöhung der Salzkonzentration. Das macht den Nachwuchs dieser Tilapie für Aquarienbesitzer interessant, die Lebendfutter für ihre Salzwasserfische brauchen. Größe: 40 cm.

▽ ***Tilapia mariae***

Der **Marien-Buntbarsch** kann bei der Verteidigung seines Reviers sehr aggressiv werden. Das Weibchen legt 200 Eier auf einem Gegenstand ab und bewacht sie. Nach zwei Tagen schlüpfen die Jungen. Größe: 30 cm.

Pseudocrenilabrus multicolor

Der **Vielfarbige Maulbrüter** (auch **Kleiner Maulbrüter** genannt) lebt im Nil und im Victoriasee. Er verteidigt sein Revier sogar gegen größere Arten. Nach dem Ablaichen, das in einer in den Sand gegrabenen Mulde geschieht, nimmt das Weibchen die Eier ins Maul. Die bis zu 100 Eier werden zehn Tage lang bebrütet. Größe: 8 cm. ▷

△ ***Tilapia buttikoferi***

Das Weibchen der **Zebratilapie** legt 200 bis 400 Eier auf einen Stein. Beide Elterntiere verteidigen – sehr aggressiv – zunächst die Eier und später die Jungfische. Pflanzliches Zusatzfutter ist empfehlenswert. Größe: 25 cm.

Steatocranus casuarius

Der **Buckelkopf-Buntbarsch** ist ein aggressives Tier, das in bewegten Gewässern lebt. Er trägt einen charakteristischen Buckel auf der Stirn. Das Weibchen legt 60 bis 100 Eier in eine Höhle, die von beiden Eltern bewacht wird. Größe: 10 cm. ▽

Asiatische Cichliden

Es gibt nur zwei Arten, von denen eine gelegentlich im Aquarium gehalten wird.

◁ △ ***Etroplus maculatus***

Der **Punktierte Indische Buntbarsch** fühlt sich in Becken mit hartem, brackigen Wasser wohl, die dicht bepflanzt sind. Er ist ein friedlicher, recht fruchtbarer Fisch. Das Weibchen legt 300 Eier auf einem Substrat ab. Die Larven werden dann in eine in den Sand gegrabene Kuhle gebracht. Von dieser Art gibt es auch eine goldgelbe Form, die oben abgebildet ist. Größe: 8 cm.

BELONTIIDAE

Das gemeinsame Merkmal dieser Fische ist das sogenannte Labyrinth, ein hinter dem Kopf gelegenes Organ, mit dem sie atmosphärischen Sauerstoff aufnehmen können. Daher stammt der Name Labyrinthfische. Das Labyrinth ergänzt die Sauerstoffaufnahme durch die Kiemen. Es stellt eine Anpassung an den Lebensraum dieser Fische dar; die Jungtiere bilden das Organ während ihrer ersten Lebenswochen aus. Die Belontiiden leben in sauerstoffarmen Gewässern Asiens: ruhige, stehende, zum Teil schlammige Teiche und Reisfelder. Die Brustflossen einiger Arten sind mit fadenförmigen Anhängen versehen, mit denen die Fische ihre Umgebung ertasten können und die ihnen bei der Orientierung helfen. Es sind robuste, meist friedliche Fische, die sich vielseitig ernähren und leicht zu halten sind. Die Fische bauen vor der Paarung ein Schaumnest, es gibt auch Maulbrüter.

Betta splendens

Der **Siamesische Kampffisch** verdient seinen Namen nur teilweise. Denn wenn auch die Männchen untereinander – und unmittelbar nach der Eiablage auch gegenüber den Weibchen – Aggressivität zeigen, so sind sie doch anderen Arten gegenüber friedfertig. Ein schönes Männchen kann man also problemlos in einem Gesellschaftsbecken halten. Sobald das Weibchen abgelaicht hat, muß man es entfernen, da es sonst vom Männchen verletzt oder sogar getötet wird. Nach zwei Tagen schlüpfen die Jungen, nun sollte man auch das Männchen entfernen. Die Jungfische wachsen schnell. Größe: 6–7 cm.

◁ ***Betta splendens*** △
Männchen.

◁ ***Betta splendens***
Weibchen mit Eiansatz.

Colisa fasciata

Die Männchen des **Gestreiften Fadenfisches** bekämpfen sich untereinander. Die Weibchen legen im weichen, sauren Wasser über 100 Eier. Die Art kann man mit dem Wulstlippigen Fadenfisch kreuzen, die Hybriden kommen dann unter dem Namen einer der Elternarten in den Handel. Größe: 10 cm. ▷

◁ *Colisa chuna*

Der **Honigfadenfisch** baut zur Fortpflanzung nicht immer ein Nest. Das Männchen trägt die Larven umher, bis diese frei schwimmen können. Die Art ist friedlich und schüchtern. Größe: 5 cm.

△ *Colisa labiosa*

Der **Wulstlippige Fadenfisch** ist ein schüchterner Fisch, der sich in der Vegetation versteckt, sobald ihn etwas beunruhigt. Die Weibchen legen im weichen, sauren Wasser mehrere hundert Eier. Größe: 9 cm.

◁ ***Trichogaster leeri***
Der **Mosaikfadenfisch** ist ein friedliches Wesen. Das Männchen ist an der spitzeren Rückenflosse kenntlich. Das Weibchen kann bis zu 1000 Eier legen. Die Jungfische wachsen nur langsam heran.
Größe: 13 cm.

◁ ***Macropodus opercularis***
Der **Makropode** (oder **Paradiesfisch**) ist nach dem Goldfisch einer der ältesten Zierfische. Er ist der »unleidigste« dieser Familie, ist aber tiefen Temperaturen gegenüber (bis 15 °C, kurzzeitig sogar niedriger) sehr widerstandsfähig. Das Weibchen legt mehrere hundert Eier, aus denen nach ungefähr zwei Tagen die Jungen schlüpfen.
Größe: 10–15 cm.

▽ △ ***Trichogaster trichopterus***
Der **Blaue Gurami** (auch **Punktierter Fadenfisch** genannt) hält bei der Fortpflanzung am liebsten einigen Abstand zu allen anderen Fischen. Die gängige Form hat zwei schwarze Flecken an den Seiten, die bei der »Cosby«-Zuchtform fehlen. Es gibt auch eine goldene Form
Größe: 10 cm.

Helostoma temmincki *(Goldform)*
Die **Küssenden Guramis** sind nahe Verwandte der Belontiiden (sie gehören zur Familie der *Helostomatidae*), die auch ein Labyrinth besitzen und ein Schaumnest bauen. Die Fische stehen sich oft Maul an Maul gegenüber. Dieser Handlung kommt wohl vor allem soziale Bedeutung zu; sie hat nicht immer mit der Fortpflanzung zu tun, wenn sie auch fester Bestandteil des Balzverhaltens ist. Größe: 15–30 cm. ▽

Der Gurami für Anfänger

Der Siamesische Kampffisch wird Anfängern meist wegen der Schönheit der Männchen empfohlen. Um sich aber mit der Fortpflanzung dieser Gattung vertraut zu machen, sollte man sich zunächst dem **Blauen Gurami** oder dem **Zwergfadenfisch** zuwenden. Letzterer *(Colisa lalia)* ist ein friedlicher Fisch, der sich bei einer Störung versteckt. Das Männchen ist bunter als das Weibchen. Nach zwei Tagen schlüpfen die Jungen, die kleine, lebende Beute fressen. Es gibt mehrere Zuchtformen, etwa den Roten Zwergfadenfisch oder den Neon-Lalia. Auch bei diesen Formen sind die Weibchen weniger bunt. Größe: 5 cm.

SONDERFORMEN

Einige Fische sind in der Aquarienkunde selten. Manchmal stellen sie sogar in der Natur eine eigenständige Familie dar.

***Chitala ornata* (Notopteridae)**

Der **Tausenddollarfisch** lebt in Asien. Er bevorzugt leicht basisches Wasser. Er ist ein nachtaktives Wesen, das genauso gut vorwärts wie rückwärts schwimmen kann. Im Handel sind verschiedene Arten zu finden. Eine davon, *Notopterus notopterus*, ist eine Nahrungsquelle der einheimischen Bevölkerung. Die Nachzucht der Art ist vor kurzem gelungen. Größe: 100 cm. ▷

***Xenomystus nigri* (Notopteridae)**

Im Unterschied zur vorhergehenden Art hat er keine Rückenflosse, ist aber ebenfalls eher nachtaktiv. Er kann mit Hilfe seines pneumatischen Kanals, der die Schwimmblase mit dem Verdauungstrakt verbindet, Knurrlaute erzeugen.
Größe: 30 cm. ▷

△ ***Gnathonemus petersii* (Mormyridae)**

Der **Tapir**- oder **Elefantenrüsselfisch** sucht seine Nahrung am Boden. Dies tut das recht scheue Tier meist bei Dunkelheit. Der Fisch kann schwache Stromstöße aussenden, die aber völlig harmlos sind.
Größe: 20–23 cm.

***Pantodon buchholzi* ▷ (Pantodontidae)**

Der Fisch lebt nahe der Oberfläche, wo er auch seine Beute fängt. Er bevorzugt Lebendfutter, ist manchmal aggressiv und kann auch aus dem Wasser springen. Seine Brustflossen, die der Fisch immer waagrecht abspreizt, haben ihm seinen deutschen Namen **Afrikanischer Schmetterlingsfisch** eingebracht. Größe: 12 cm.

***Eigenmannia lineata* (Rhamphichthyidae)**

Dieser **Messerfisch** stammt aus den ruhigen Gewässern Südamerikas. Er bevorzugt daher weiches, saures Wasser. Es ist eine eher nachtaktive Art, die lebende Beute vorzieht. Die Tiere scheinen sich im Aquarium nur schwer fortzupflanzen.
Größe: 20–35 cm. ▷

△ ***Chanda ranga*** **(Ambassidae)**
Der **Glasbarsch** lebt in den harten, brackigen Gewässern Asiens. Die Nachzucht dieses ruhigen Fisches ist sehr schwierig. Das Weibchen legt rund 100 Eier in die feinen Blätter bestimmter Pflanzen. Die winzigen Jungfische müssen mit (ausreichend kleinen) Infusorien gefüttert werden. Größe: 6–8 cm.

Eine schändliche Praxis

Glasbarsche *(Chanda ranga)*, deren Rücken und Bauch leuchtend bunt gefärbt sind, kommen in der Natur nicht vor. Eine mehr als zweifelhafte Praxis in Südostasien besteht darin, den Tieren Farbstoff zu injizieren. Es ist unnötig zu sagen, daß sich diese schändliche Praxis nicht verbreiten darf. Wir raten dringend vom Kauf dieser Fische ab, deren Farbe im übrigen nicht lange hält.

◁ ***Polycentropsis abbreviata*** **(Nandidae)**
Sein blattähnliches Aussehen schützt den **Afrikanischen Vielstachler** vor Freßfeinden. Das weit vorgestülpte Maul ermöglicht es ihm, Fische, die halb so groß sind wie er selber, regelrecht einzusaugen. Es existieren mehrere Arten der Nanderbarsche. Eine südamerikanische Art, die zur Gattung *Monocirrhus* gehört, schwimmt mit abwärts geneigtem Kopf und trägt eine kleine Bartel an der Unterlippe. Größe: 6–8 cm

Mastacembelus sp. **(Mastacembelidae)**
Verschiedene Arten, die sich nur durch ihre Färbung unterscheiden, findet man im Handel unter dem Namen *Mastacembelus*. Ihr langgezogenes Maul dient als Tastorgan. Die **Stachelaale** können sich in den Sand eingraben, bis nur noch ihr Kopf herausschaut. Man sollte nur ein Exemplar halten, denn die Tiere verstehen sich nicht mit Artgenossen. Sie sind sehr wendig und entschlüpfen leicht aus dem Aquarium. Nachzucht ist bis jetzt nur mit Hilfe von Hormonen möglich.
Größe: 20–75 cm. ▷

BRACKWASSERFISCHE

Manche Arten verkraften beachtliche Schwankungen im Salzgehalt der Gewässer, in denen sie leben. Bei anderen Arten leben die Jungtiere im Süßwasser und schwimmen dann die Flußmündungen hinab, wo sie ihre Entwicklung vollenden. Als erwachsene Tiere leben sie im Meer. Diese Fische brauchen ein spezielles Aquarium mit einem genau auf ihre Bedürfnisse abgestimmten Salzgehalt. Verschiedene Arten sind im Handel zu finden. Einige davon haben interessante Eigenheiten und werden von Aquarienbesitzern als Besonderheit geschätzt. Leider wenden sich nur wenige Aquarianer den Brackwasseraquarien zu, obwohl dieses Gebiet nicht weniger interessant ist als die Süß- oder Salzwasseraquarien. Einige der unten aufgeführten Arten kann man gut zusammen halten.

◁ ***Monodactylus argenteus* (Monodactylidae)**
Die Jungtiere des **Silberflossenblattes** leben im Süßwasser, die Heranwachsenden im Brackwasser und die Erwachsenen im Meer. Diese Schwarmfische brauchen ein großes Becken mit viel freiem Schwimmraum. Sie sind schüchtern und bevorzugen frisches oder Lebendfutter. Die nahe verwandte Art *Psettus. sebae* nimmt auch pflanzliche Nahrung. Ist der Gesundheitszustand bei Fischen beider Arten schlecht oder bekommt ihnen die Wasserqualität nicht, so verdunkelt sich ihre Färbung. Bei gutem Gesundheitszustand dominiert die goldene Grundfarbe. Größe: 25 cm.

***Hypogymnogobius xanthozona* (Gobiidae)**
Die **Goldringelgrundel** lebt in den Küstengebieten Südostasiens. Der Fisch kann sich mit seinen zu Saugnäpfen umgebildeten Brustflossen an Gegenständen festheften, um nicht von der Strömung mitgerissen zu werden. Er nimmt kleines Lebendfutter. Die Vermehrung im Aquarium ist selten. Größe: 5 cm. ▷

◁ ***Periophthalmus* sp. (Gobiidae)**
Die **Schlammspringer** sind sehr seltsame Fische, die sich außerhalb des Wassers mit Hilfe ihrer Brustflossen vorwärts bewegen können. Sie sind (mit Ausnahme Amerikas) in allen tropischen Zonen der Erde verbreitet. Schlammspringer leben in sandigen Flußmündungen, wo sie dem Rhythmus der Gezeiten folgen. In Gefangenschaft sollte man sie eher in einem Aquaterrarium als in einem Aquarium halten. Ein sanft ansteigendes Sandufer sollte den Tieren ermöglichen, leicht aus dem nicht über 15 cm tiefen Wasser herauszukommen. Die Vermehrung in Gefangenschaft ist sehr selten. Im Handel findet man hauptsächlich die zwei Arten: *P. barbatus* und *P. papilio*. Größe: 15–25 cm.

Toxotes jaculatrix (Toxotidae)
Der **Schützenfisch** lebt direkt unter der Oberfläche und geht von dort aus auf Jagd. Er kann mit einem gezielten Wasserstrahl kleine Insekten »abschießen«, die dann schnell geschnappt werden. Die Zielgenauigkeit wird dadurch erreicht, daß der Fisch sowohl unter als auch über Wasser sehr gut sieht. So kann er Ziele in bis zu einem Meter Entfernung treffen. Die Fische sind manchmal aggressiv, bilden Territorien und fühlen sich im harten, brackigen Wasser wohl. Bisher ist kein Fortpflanzungserfolg im Aquarium bekannt. Es sollte vor allem Lebendnahrung gefüttert werden, wenn möglich Insekten, sonst auch Tubifex oder Jungfische von Poeciliiden (Lebendgebärenden). Größe: 24 cm. ▷

◁ ***Scatophagus argus*** **(Scatophagidae)**
Erwachsene **Grüne Argusfische** können auch im Süßwasser leben, sind aber hier weniger aktiv als im Salzwasser. Es sind Schwarmfische, die pflanzliches Zusatzfutter brauchen. Die Fortpflanzungsweise ist unbekannt. Die Art *S. rubifrons* ist möglicherweise nur eine Unterart von *S. argus*. Diese Fische sind im Süßwasser krankheitsanfälliger als im Salz- oder Brackwasser. Deshalb ist es von Vorteil, sie in salzhaltigem Wasser großzuziehen. Über eine gelungene Vermehrung dieser Arten in Gefangenschaft ist nichts bekannt. Fortpflanzung findet nur im Brackwasser statt. Größe: 20–25 cm.

Tetraodon nigroviridis **(Tetraodontidae)**
Einige Arten dieser Familie, die größtenteils Salzwasserfische enthält, leben im Brackwasser. Der bekannteste unter ihnen ist der **Grüne Kugelfisch**, der als erwachsenes Tier aggressiv werden kann. Er zeigt eine Vorliebe für kleine Schnecken und andere lebende Beute. Seine Vermehrung im Brackwasser bei Temperaturen von über 26 °C scheint möglich. Größe: 12–15 cm. ▽

△ ***Tetraodon biocellatus*** **(Tetraodontidae)**
Verschiedene Arten dieser Familie sind im Handel zu finden. Sie alle können sich im Fall einer Bedrohung mit Wasser oder Luft »aufblasen«, um den Feind zu beeindrucken. Ihre Zähne sind hervorragend zum Knacken von Schnecken oder Muschelschalen geeignet. Die Art *T. biocellatus*, der **Palembang-Kugelfisch**, ist aggressiv. Sie kommt in recht salzigen Gewässern vor. Die Fische nehmen Lebendnahrung oder fleischhaltiges Futter. Über eine Fortpflanzung in Gefangenschaft ist nichts bekannt. Größe: 6–7 cm.

MEERWASSERFISCHE

Es gibt auf der Welt an die 20 000 Arten von Meeresfischen, doch nur ein geringer Teil davon ist für die Aquaristik interessant. Es handelt sich hier hauptsächlich um die im Küstenbereich des Pazifischen und Indischen Ozeans lebenden Arten. Einige stammen auch aus Australien oder dem tropischen Atlantik. Diese Fische werden hauptsächlich in ihrem natürlichen Milieu gefangen und vermehren sich nur selten in Gefangenschaft. Im Aquarium akklimatisieren sie sich nicht so leicht wie die Süßwasserfische, besonders aufgrund ihrer Ernährung: Viele nehmen industriell hergestelltes Futter nicht an, und manche Arten haben sehr ausgefallene Bedürfnisse. Selbst die kleinsten Meeresfische benötigen ein Mindestvolumen von 150 bis 200 Litern. Die mittelgroßen (ca. 20 cm) müssen in mindestens 300 oder 400 Liter fassenden Becken gehalten werden, wenn sie aktiv sind. Es ist ratsam, sich junge, nicht ausgewachsene Tiere zu beschaffen, da diese leichter zu akklimatisieren bzw. zu ernähren sind.

Das Zusammenleben der Meeresfische

Aufgrund ihres Verhaltens (Aggressivität, Territorialverhalten, Gruppenverhalten) können nicht alle Meeresfische in einem Aquarium zusammenleben, und eine falsche Wahl kann schwerwiegende Konsequenzen haben.

Die folgende Übersicht zeigt neben einigen charakteristischen Merkmalen der verschiedenen Arten auf, wie man ein Meerwasseraquarium besetzen sollte.

Einzeln zu haltende Fische, die aufgrund ihres Territorialverhaltens sehr aggressiv sind. 	Acanthuridae (außer Paracanthurus hepatus), Balistidae, Canthigaster, Chaetodontidae (mit einigen Ausnahmen), Pomacentridae (Riffbarsche), Diodontidae, Labridae, Lutjanidae, Monacanthinae, Ostraciontidae, Pomacanthidae, Pseudochromis, Scorpaenidae, Serranidae (außer Anthias), Siganidae, Tetraodontidae, Zanclidae ◁ ***Lutjanus sanguineus*** **(Lutjanidae)**
Raubfische, die man nicht mit kleineren Fischen zusammen halten sollte , da diese leicht zur Beute werden können. 	Balistidae, Diodontidae, Lutjanidae, Muraenidae, Scorpaenidae, Serranidae, Zanclidae ◁ ***Cromileptes altivelis*** **(Serranidae)**
Fische, die in kleinen Gruppen zusammenleben können. ***Amphiprion ocellaris*** **(Pomacentridae)** ▷ 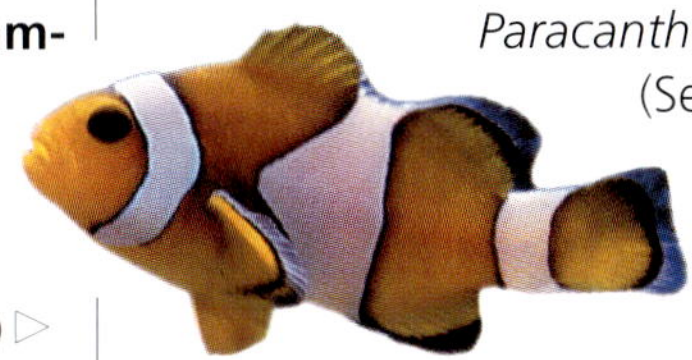	*Paracanthurus hepatus* (Acanthuridae), *Anthias* (Serranidae), Blenniidae, Seepferdchen (Syngnathidae), Anemonenfische (Pomacentridae), *Synchiropus* (Callionymidae), Feilenfische (Monacanthidae)

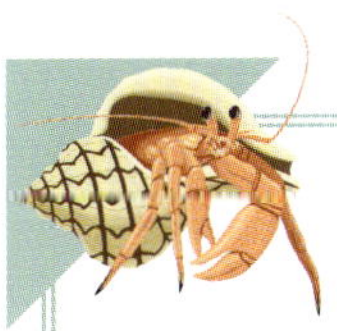

Meeresfische für Anfänger

Die Bezeichnung »Anfänger« bezeichnet hier einesteils die Neulinge in der Aquaristik, deren erstes Aquarium ein Meerwasseraquarium ist, und anderenteils die Aquarianer, die bis jetzt nur Erfahrung mit Süßwasserfischen haben. Ersteren sind einige Anemonenfische (*A. clarkii* und *A. sebae*) und Blaugrüne Demoisellen zu empfehlen, beide aus der Familie der Pomacentridae. Auch kleine Labridae und *Blennius* (Familie der Blenniidae) eignen sich gut. Für letztere kommen außerdem alle Arten von Anemonenfischen und Demoisellen sowie etwas majestätischere Arten in Frage, wie z. B. einige Engelfische (*Pomacanthus semicirculatus,* Pomacanthidae), Korallenfalterfische (*Chaetodon auriga* und *C. lunula*, Chaetodontidae), Doktorfische (*Acanthurus lineatus* und *Paracanthurus hepatus*, Acanthuridae).

Meeresfische für Fortgeschrittene

Sobald man sich mit den Problemen der Meeresaquaristik vertraut gemacht und Erfahrung gesammelt hat, kann man schließlich auch einige sensiblere Arten halten: den Königsfisch *(Pomacanthus annularis)*, einige Zwergkaiserfische wie *Centropyge acanthops* (Afrikanischer Zwergkaiserfisch), sämtliche Arten der Pomacanthidae, die Gattungen *Naso* und *Zebrasoma* (Acanthuridae), den Gelben Kofferfisch *(Ostracion cubicus, Ostraciontidae)*, das »Fuchsgesicht« *(Lo vulpinus, Siganidae)*.
Hingegen sind einige Arten nur den sehr erfahrenen Aquaristen zu empfehlen: Der Halsband-Falterfisch *(Chaetodon collare)*, der Pinzettfisch *(Chelmon rostratus)*, der Schwarzgelbe Pinzettfisch *(Forcipiger flavissimus)*, alle aus der Familie der Chaetodontidae.
Schwierig zu halten sind auch die Acanthuridae, Balistidae und Pomacanthidae, die bis jetzt nicht aufgeführt wurden, sowie die Zanclidae.

HOLOCENTRIDAE

Diese Fische werden besonders nachts aktiv, denn durch ihre großen Augen können sie ihre Beute gut finden. Tagsüber bleiben sie versteckt; genügend Unterschlupfmöglichkeit und ein mindestens 300 Liter fassendes Becken sollten geboten sein.

Sargocentron cornutus
Eine ruhige, an ein Einsiedlerdasein gewöhnte Art. Leicht zu halten, da man ihr Lebendbeute wie z. B. kleine Fische verfüttern kann. Größe: 17 cm. ▷

△ ***Myripristis murdjan***
Der **Weißsaum-Soldatenfisch** ist gesellig und robust und jagt bevorzugt nachts kleine Lebendbeute. Er braucht Versteckmöglichkeiten, um sich wohl zu fühlen. Größe: 25 cm.

Myripristis jacobus
Ähnlich wie *M. murdjan*.
Größe: 18 cm. ▽

◁ ***Sargocentron spiniferum***
Seine leuchtendrote Farbe unterscheidet ihn von *Sargocentron cornutus*, doch seine Lebensweise ist sehr ähnlich.
Größe: 45 cm.

LUTJANIDAE

Die Lutjanidae leben in Küstengewässern, aber nicht unbedingt an Riffen. Es sind gefräßige Fische mit festen, spitzen Zähnen, die ein großes Becken und einen Freiraum brauchen, wo sie in kleiner Gruppe schwimmen können. Lutjanidae mögen Lebendfutter, können sich aber auch gut von Fischstückchen, Muscheln und Garnelen ernähren.

△ ***Lutjanus sebae***
Der **Kaiser-Schnapper** lebt in der Nähe von Korallen; erwachsene Tiere, die oft zu Einzelgängern werden, akzeptieren nicht immer die Gesellschaft von Artgenossen. Ein großes Becken mit Versteckmöglichkeiten ist Voraussetzung. Größe: 60–80 cm.

◁ ***Lutjanus sanguineus***
Der **Blutrote Schnapper** hat einen gesunden Appetit und liebt kleine Fische. Die Jungfische weisen einen dunklen Streifen vom Auge bis zum Anfang der Rückenflosse auf, der beim Erwachsenen oft verschwindet.
Größe: 60–100 cm.

△ ***Ocyurus chrysurus***
Dieser Schnapper stammt aus dem tropischen Atlantik, ist ein guter Schwimmer und liebt Fische und kleine Krebstiere. Er wird nur selten in Aquarien gehalten, was wegen seiner Schönheit sehr bedauerlich ist. Aber er braucht ein im Verhältnis zu seiner Größe sehr voluminöses Becken und muß einzeln gehalten werden.
Größe: 50–75 cm.

◁ ***Lutjanus kasmira***
Die Jungen des **Blaustreifenschnappers** haben eine weniger intensive Färbung als die Erwachsenen und tragen einen schwarzen Fleck. Sie ernähren sich von kleinen Fischen und Krebstieren.
Größe: 35 cm.

HAEMULIDAE

Die Jungen leben im Schwarm; sie sind anders gefärbt als die erwachsenen Tiere, die eher allein leben. Sie finden ihre Nahrung auf dem Grund und durchwühlen oft sogar den Sand, um kleine Lebendbeute zu fangen. Im Aquarium gewöhnen sie sich schnell an Ersatzfutter. Sie brauchen ein großes Becken mit Versteckmöglichkeiten.

△ ***Plectorhinchus gaterinus***
Die Jungen weisen gelbe Längsstreifen auf, während die erwachsenen Fische leuchtend gelb mit dunklen Punkten sind. Die **Schwarztupfen-Süßlippe** ist ein friedlicher Fisch. Sie ist Fleischfresser und ernährt sich von adulten Artemien und ähnlichem Futter.
Größe: 40–50 cm.

Plectorhinchus chaetodontoides
Die **Harlekin-Süßlippe** lebt als Einzelgänger oder im kleinen Schwarm in den Korallenriffen. Die weißen Flecken des Jungfischs verschwinden beim Erwachsenen. Tagsüber wird er kaum aktiv, braucht aber ein großes Becken. Größe: 50–70 cm. ▽

Plectorhinchus vittatus
Die **Orientalische Süßlippe** läßt sich als Jungtier besonders gut akklimatisieren. Sie ist recht gefräßig und liebt Garnelen, Fischstückchen und anderes Fleischfutter. Es gibt mehrere nah verwandte Arten mit Längsstreifen. Größe: 40–50 cm. ▽

SERRANIDAE

Es gibt über 400 Arten von Sägebarschen, verbreitet über alle tropischen und subtropischen Meere. Einige davon lassen sich gut in einem großen Aquarium halten (mindestens 400 Liter). Die Serranidae sind robust und leben allein, wenn sie ausgewachsen sind. Diese gefräßigen Raubfische verschlingen kleinere Fische und lieben Frischfutter in großen Stücken.

▷ ***Cephalopholis argus***
Der **Pfauen-Zackenbarsch** ist leicht zu zähmen – er frißt sogar aus der Hand! Charakteristisch ist seine braune Farbe mit den hellen Tupfen. Größe: 25–40 cm.

Cephalopholis miniatas ▷
Der **Juwelen-Zackenbarsch** ist ein Einzelgänger und lebt meist versteckt hinter Korallen. Im Aquarium kann er über 5 Jahre alt werden. Die Färbung wird beim ausgewachsenen Tier dunkler. Größe: 30–40 cm.

△ ***Cephalopholis urodeta***
Man erkennt den **Feuer-Zackenbarsch** an den beiden weißen Querstreifen an der Schwanzflosse. Er ist eher ruhig und liebt es, sich zu verstecken. Größe: 20–25 cm.

Cromileptes altivelis △
Die Flecken sind bei Jungfischen besonders markant und verblassen mit fortschreitendem Alter. Der **Paddelbarsch** kann in freier Natur bis zu 60 cm groß werden. Im Aquarium erreicht er eine Größe von 30–40 cm. Er legt sich zum Jagen auf die Lauer und stürzt sich auf seine Beute. Er ist wenig anfällig für die geläufigen Krankheitserreger. In großen Becken kann man mehrere Exemplare halten.

△ ▷ ***Pseudanthias squamipinnis***
Der **Juwelen-Fahnenbarsch** lebt in Gruppen oder im Schwarm, der von mehreren Männchen angeführt wird. Dieser freundliche kleine Fisch kann in einem mittelgroßen Aquarium (mindestens 200 Liter) mit genügend Versteckmöglichkeiten gut gehalten werden. In der Natur ist er Planktonfresser, und er mag gerne zerkleinertes Futter, am liebsten Lebendbeute. Er wird oftmals auch der Familie der *Anthias* zugeordnet. Größe: 12–15 cm.

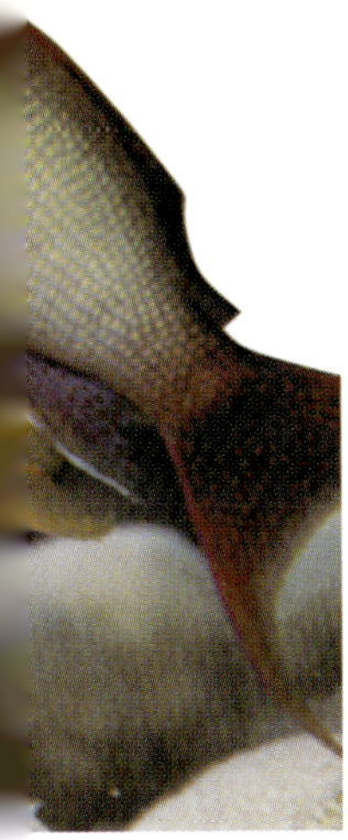

Hamletbarsche

In der Familie der Serranidae gibt es Arten der Gattung Hypoplectrus, die ursprünglich aus dem tropischen Atlantik stammen. Wegen ihrer geringen Größe sind sie für Aquarienfreunde interessant, die nur ein 200 Liter fassendes Becken besitzen. Diese Fische sind Einsiedler und verstecken sich gerne. Sie ernähren sich von Krebstieren, Würmern und Kleinfischen.

Hypoplectrus uninonatus* var. *gemma
Wie die anderen Arten seiner Gattung ist der **Blaue Hamlet** aggressiv und darf nicht zusammen mit Artgenossen gehalten werden. Größe: 10–11 cm. ▷

◁ ***Hypoplectrus unicolor* var. *puella***
Die Farbe dieses Fisches variiert von Individuum zu Individuum. Größe: 10–11 cm.

▷ ***Hypoplectrus unicolor* var. *gummigutta***
Der **Goldene Hamlet** weist einen schwarzen dreieckigen Fleck vor dem Auge auf. Alle Hamletbarsche sind Hermaphroditen, das heißt, sie haben gleichzeitig Ei- und Spermazellen, doch nur eine Geschlechterrolle ist aktiviert. Sie können sich also nicht selbst befruchten. Größe: 10–11 cm.

Hypoplectrus unicolor* var. *indigo
Der **Indigoblaue Hamlet** ist größer als der Blaue Hamlet und unterscheidet sich von diesem außerdem durch seine hellen Querstreifen. Größe: 10–11 cm. ▷

CHAETODONTIDAE (FALTERFISCHE)

Wegen ihrer Farben gehören die Falterfische zu den schönsten Aquarienfischen der Meeresaquaristik. Sie sind in tropischen Gewässern sehr verbreitet und leben, einzeln oder als Pärchen, in den Korallenriffen. Die Jungen sind oft anders gefärbt als die erwachsenen Fische, was häufig zu Verwechslungen führt. Sie halten sich im allgemeinen in Küstennähe auf. Die verschiedenen Arten der Gaukler- oder Falterfische haben teils sehr unterschiedliche Ernährungsgewohnheiten: Manche leben von Algen, manche von den Tentakeln der Anemonen oder Korallenpolypen, und einige wiederum bevorzugen andere Wirbellose. Dies bringt häufig Akklimatisierungsprobleme mit sich, da man ihnen kein normales Ersatzfutter geben kann. Man muß sie also langsam an andere Beute gewöhnen: adulte Artemien, Würmer, Muschelstückchen und kleine Garnelen. Wenn sie diese Nahrung nicht annehmen, sterben sie recht schnell. Gauklerfische stellen höchste Ansprüche. So muß das Wasser von bester Qualität sein: perfekte Wasserbewegung, Filterung und Durchlüftung; regelmäßiger partieller Wasserwechsel ist günstig. Die Temperatur sollte bei mindestens 26 °C, die Dichte bei 1,022–1,023 g/cm^3 liegen.

Im Aquarium sollte man immer nur einen *Chaetodon* pro Becken halten, denn aufgrund ihres Territorialverhaltens ertragen sie die Gegenwart von Artgenossen schlecht, stören sich aber nicht an Individuen anderer Arten. Wirbellose Tiere kommen als Mitbewohner selbstverständlich nicht in Frage. Die Dekoration sollte aus Korallenstöcken bestehen, zwischen denen sich die Falterfische wegen ihrer Körperform wohl fühlen. Allerdings sollte genügend Freiraum zum Schwimmen und für die Nahrungsaufnahme vorhanden sein.

Chaetodon paucifasciatus

Der **Rotmeer-Winkelfalterfisch** kann auch mit Artgenossen zusammen gehalten werden. Er ist aktiv, frißt die Algen von der Dekoration sowie Wurm- und Muschelstückchen. Es kann dennoch passieren, daß er jegliche Nahrung verweigert, wenn man ihn neu ins Aquarium setzt. Größe: 14 cm. ▽

Chaetodon auriga ▽

Der **Fähnchen-Falterfisch** ist einer der bekanntesten Falterfische und verdankt seinen Namen der fähnchenartigen Verlängerung der Strahlen der Rückenflosse. Er ist lebhaft, nicht scheu und läßt sich gut akklimatisieren. Man gibt ihm am besten Lebendfutter oder tiefgekühltes Futter und zusätzliche Pflanzennahrung, wenn in der Dekoration nicht genügend Algen vorhanden sind. Größe: 20 cm.

◁ ***Chaetodon capistratus***
Die Akklimatisierung des **Vieraugenfalterfischs** ist nicht immer ganz einfach, denn er ernährt sich gewöhnlich von Anemonententakeln und Korallen. Doch nach einiger Zeit gewöhnt er sich gut ein. Er gehört zu den wenigen Arten, die ihren Ursprung im tropischen Atlantik haben. Dort kommt er allerdings recht häufig vor. Größe: 15 cm.

▽ ***Chaetodon miliaris***
In der Natur ernährt sich der **Zitronenfalterfisch** von den weichen Partien der Korallen. In Gefangenschaft muß man ihn an kleines Lebendfutter und Tiefkühlfutter (Artemien, Tubifex) gewöhnen. Größe: 13 cm.

△ ***Chaetodon collare***
Der **Halsband-Falterfisch** duldet auch seine Artgenossen im selben Becken, wenn dieses groß genug ist. Er ist wenig anspruchsvoll und nimmt Lebend- und Tiefkühlfutter sowie Algen gut an. Eine leicht zu haltende Art. Größe: 17 cm.

▽ ***Chaetodon melannotus***
Es gibt nur wenig Unterschiede zwischen jungen und ausgewachsenen **Schwarzrücken-Falterfischen**, einer recht scheuen Art. Sie mögen Artemien, Würmer, kleine Muschelstücke und kleine *Aiptasia*-Anemonen, die oft »spontan« in Meerwasseraquarien entstehen. Größe: 15–17 cm.

△ ***Chaetodon lunula***
Der **Mondsichel-Falterfisch** lebt sich schnell ein und akzeptiert tierisches Futter mit einem Zusatz von Pflanzennahrung. Die schwarzen Flecken der Jungen auf Rücken und Schwanzansatz vergrößern sich beim erwachsenen Fisch und erreichen eine Größe von 7–8 cm. Größe: 20 cm.

▷ ***Chaetodon meyeri***
Der **Schwarzstreifen-Falterfisch** ist nur schlecht erhältlich und schwierig zu pflegen, denn er ernährt sich von Korallen. Auch wenn er Ersatznahrung annimmt, überlebt er oft nicht lange in Gefangenschaft. Größe: 15–18 cm.

Chaetodon fasciatus
Der **Gebänderte** oder **Tabak-Falterfisch** ist nicht leicht zu akklimatisieren. Er ernährt sich von Anemonententakeln und von den weichen Teilen des Korallenriffes. Er kann leicht mit *C. lunula* verwechselt werden. Größe: 18–22 cm. ▷

Chaetodon punctatofasciatus

Dieser **Punktstreifen-Falterfisch** ist ruhig und kaum aggressiv, aber ein sehr aktiver Schwimmer. Er nimmt Industrienahrung an, wenn man ihn zuvor an kleine Lebendbeute gewöhnt hat. Er ist dennoch schwer zu halten. Größe: 10–12 cm. ▽

Chelmon rostratus

Die verlängerte Schnauze des **Pinzettfisches** ist eine evolutionäre Anpassung an die Nahrungsaufnahme in kleinen Hohlräumen der Korallenriffe. Diese robuste Art bewegt sich langsam fort, außer wenn sie gestört wird, und ernährt sich von kleinem Lebendfutter, vor allem Krebstieren. Größe: 17 cm. ◁

Chaetodon semilarvatus

Der **Masken-Falterfisch** ist sehr lebhaft und sucht seine Beute in der Nähe vom Substrat oder in den Algen, schwimmt aber auch gerne mitten im Becken. Seine Haltung kann unter Umständen schwierig sein. Größe: 20–23 cm. ◁

Chaetodon quadrimaculatus

Der **Vierfleck-Falterfisch** ernährt sich in freier Natur von Korallen oder kleinen Anemonen. Er nimmt in Gefangenschaft Artemien und tiefgefrorene Lebendbeute an, was seine Haltung erleichtert. Größe: 15 cm. ▷

△ *Chaetodon zanzibariensis*

Der **Sansibar-Falterfisch** ist friedlich und ernährt sich von kleinem Lebend- und Tiefkühlfutter. Dabei toleriert er in großen Aquarien die Gesellschaft von Artgenossen. Größe: 12–15 cm.

DIE FÄRBUNG DER FALTERFISCHE

Die Farbe der adulten Fische weicht oft leicht von jener der Jungen (Größe kleiner als 5 cm) ab. Der schwarze Fleck auf der hinteren Partie der Rückenflosse verschwindet manchmal bei den Erwachsenen. Er dient als falsches Auge (das richtige Auge liegt fast unsichtbar in einem schwarzen Streifen oder Fleck), um Angreifer zu täuschen. Dieser soll dadurch verwirrt werden, daß der Chaetodon »rückwärts« flieht. Dies ist allerdings nur eine Hypothese. Bei den Erwachsenen verbleichen oder verschwinden die Streifen oft, bestimmte dunkle Flecken können sich dagegen auch vergrößern.

Chaetodon vagabundus

Die Farbe des jungen **Vagabund-Falterfischs** unterscheidet sich von der des ausgewachsenen. Dieser Fisch ist selten scheu und mit Lebendfutter und zusätzlicher Pflanzennahrung leicht zu ernähren. Er lebt sich recht gut ein. Größe: 18–22 cm. ▽

△ Chaetodon striatus

Der **Gestreifte Falterfisch** kommt wie *C. capistratus* und *C. ocellatus* aus dem tropischen Atlantik, während die anderen Arten aus der indo-pazifischen Zone stammen. Er ist unproblematisch, wenn er sich erst an kleine Nahrung (Krebstiere und Aiptasia-Anemonen) gewöhnt hat. Größe: 15 cm.

Forcipiger flavissimus

Diese Art lebt sich schnell ein, wenn sie nicht zu sehr unter dem Transport gelitten hat. Der **Röhrenmaul-Pinzettfisch** ist selten aggressiv (außer gegenüber seinen Artgenossen) und braucht viele kleine Versteckmöglichkeiten. Seine Nahrung besteht aus Muscheln, Tubifex oder Fischfleisch. Größe: 18–22 cm. ▷

◁ Heniochus diphreutes

Einige Stacheln der Rückenflosse sind je nach Art mehr oder weniger verlängert. Der **Schwarm-Wimpelfisch** ist friedlich und in einem großen Becken leicht zu halten. Er mag am liebsten kleines Lebendfutter. Größe: 20–25 cm.

Heniochus intermedius

Die Grundfarbe variiert beim **Rotmeer-Wimpelfisch** zwischen Weiß und Gelb, abgesehen von der oberen Hälfte des Körpers. Nachts erscheint er dunkler und schwimmt genauso aktiv wie tagsüber. Größe: 15–18 cm. ▽

△ Heniochus varius

Der **Braune Wimpelfisch** unterscheidet sich von den anderen Wimpelfischen durch einen Höcker zwischen Augen und Rückenflosse und durch kleine Tentakel über den Augen, die beim Männchen stärker ausgeprägt sind. Größe: 20 cm.

POMACANTHIDAE

Die Kaiserfische sind Riffbewohner, doch trifft man sie auch in felsigen, algenreichen Küstengebieten. Ihre Ernährung in Gefangenschaft stellt oftmals ein Problem dar, aber die jungen Fische passen sich zumeist bald an die vom Aquarianer gebotene Nahrung an. Zu den Pomacanthidae zählen die Kaiserfische und die Zwergkaiserfische.

KAISERFISCHE

Die Kaiserfische unterscheiden sich von den Falterfischen durch den vorstehenden Mund sowie einen kräftigen Dorn am Kiemendeckel.
Sie sind gute Schwimmer und leben in kleinen Gruppen oder als Einzelgänger in der Nähe von Unterschlupfmöglichkeiten: Grotten und Vorsprünge in Korallenriffen. Durch ihr starkes Territorialverhalten sind sie gegenüber Artgenossen extrem unverträglich. Die Färbung der Jungfische verändert sich, wenn sie 8 bis 10 cm groß sind, allerdings nicht bei allen Arten. Im Aquarium kann man Kaiserfische nur einzeln in Becken von 500 Litern halten; Jungtiere gewöhnen sich schneller an die Gefangenschaft.
Ihre Nahrung sollte aus Artemien, Garnelen, Muscheln und gekochten, zerkleinerten Salatblättern bestehen.

Chaetodontoplus mesoleucus
Der **Mond-Kaiserfisch** ähnelt dem *Chaetodon*; die Jungen unterscheiden sich kaum von den ausgewachsenen Fischen. Er ist relativ leicht zu akklimatisieren, wenn man ihm zunächst Lebendfutter verabreicht. Später akzeptiert er dann auch Ersatzfutter.
Größe: 17 cm. ▷

△ ***Chaetodontoplus melanosoma***
Der **Phantom-Engelfisch** ist gegenüber artfremden Fischen friedlich, verscheucht aber seine Artgenossen aus seinem Territorium. Er ist scheu, widerstandsfähig und ein guter Schwimmer. Er verschlingt große Beute, aber auch *Tubifex* oder *Artemia* sowie Algen. Leider ist er anfällig für Hautparasiten.
Größe: 18–20 cm.

Pomacanthus xanthometopon
Die Jungtiere des **Blaukopf-Kaiserfischs** gewöhnen sich schnell ein und legen oft gegenüber anderen Fischen ein Putzer-Verhalten an den Tag. Die Erwachsenen sind scheu und bevorzugen kleine Nahrung mit pflanzlicher Ergänzung.
Größe: 30–40 cm. ▷

◁ ***Holacanthus ciliaris***

Bereits im Jugendalter zeigen die **Diadem-Kaiserfische** ein ausgeprägtes Territorialverhalten, was in Gesellschaft zu Problemen führen kann. Sie sind zwar leicht zu akklimatisieren, stellen aber höchste Ansprüche an die Wasserqualität. Ihre Nahrung kann aus *Artemia*, Schwämmen, Algen und Muscheln bestehen. Größe: 30–45 cm.

Pomacanthus annularis

Der ausgewachsene **Blauringel-Kaiserfisch** kann bis zu 45 cm groß werden. Er lebt sich relativ gut ein; die Jungen gewöhnen sich am schnellsten an die Gefangenschaft, wenn sie kleiner als 7 oder 8 cm sind. Dieser Fisch frißt Algen, braucht aber auch Fleischnahrung; rote Nahrung scheint ihn am meisten anzusprechen, daher kann man ihm eine rote Paste zubereiten. ▽

Holacanthus tricolor

Der schwarze Fleck bei den **Kariben-Kaiserfischen**, die auch **Felsen-Schönheit** genannt werden, wird während der Wachstumsphase immer größer und bedeckt schließlich im Erwachsenenstadium fast den ganzen Körper. Der Fisch lebt sich nur schwer ein und ernährt sich von Algen, *Artemia* und kleinen Fischstücken. Größe: 20 cm. ▷

◁ ***Pomacanthus chrysurus***

Der **Gelbschwanz-Kaiserfisch** ist in der Aquaristik recht selten. Er braucht pflanzliche Zusätze zu seiner Nahrung. Als Jungfisch unterscheidet er sich vom Diadem-Kaiserfisch durch den orange-gelben Schwanz. Größe: 30 cm.

△ ***Pomacanthus navarchus***

Der **Traum-Kaiserfisch** versteckt sich gern und ist eher scheu. Er ist dennoch lebhaft, knabbert gerne Algen, frißt aber auch kleine Lebendbeute. Größe: 20 cm.

Die Färbung der jungen Kaiserfische: Nicht als Eindringling gelten!

Die Färbung junger Kaiserfische – normalerweise gestreift – unterscheidet sich stark von der Farbe der erwachsenen Exemplare. Dadurch werden sie von diesen nicht als Eindringlinge in ihrem Territorium angesehen. Denn die Erwachsenen vertreiben ihre Artgenossen oder nahe, ähnlich gefärbte Artverwandte und verteidigen so ihr Revier und ihre Ressourcen: Nahrung und Unterschlupf. Ob nun beim jungen oder beim erwachsenen Fisch – das Ziel ist das gleiche: überleben und die Art erhalten.

◁ *Diadem-Kaiserfisch. Jungtier.*

Erwachsener Diadem-Kaiserfisch. ▷

Pomacanthus imperator

Einer der schönsten Kaiserfische. Der **Imperator-Kaiserfisch** verhält sich territorial und kann gegen andere Aquarienbewohner aggressiv werden. Die Jungfische sind blau mit mehreren weißen Querbinden. Die Nahrung besteht aus rohen oder gekochten Muscheln, Ringelwürmern, Tubifex, Fischfleisch, Garnelen, Salat und viel Algen.
Größe: 20 cm. ▽

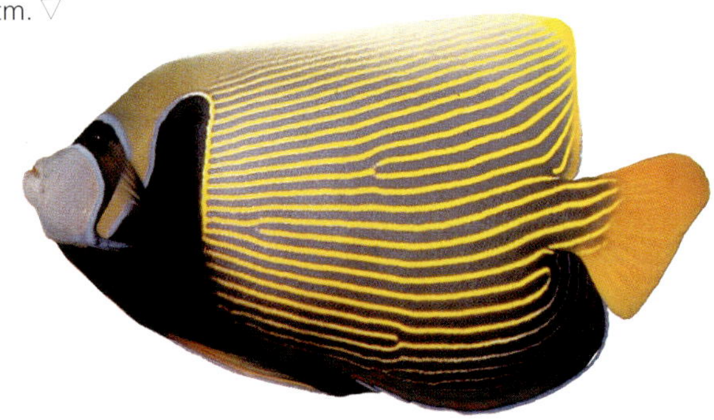

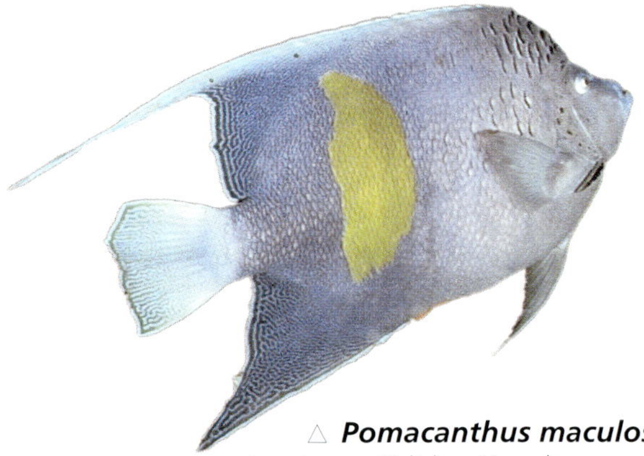

△ *Pomacanthus maculosus*

In seiner natürlichen Umgebung ernährt sich der **Arabische Kaiserfisch** von Schwämmen und Korallen. Man sollte diese also nicht als Dekor verwenden. Mit kleiner Lebendbeute gewöhnt man ihn an das Leben in Gefangenschaft, später kann man ihm handelsübliche Nahrung geben. Größe: 50 cm.

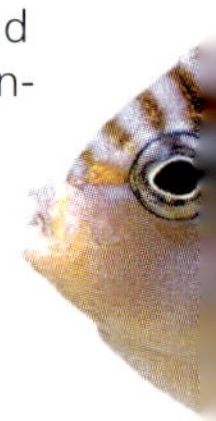

◁ ***Pomacanthus paru***
Fast ausgewachsen.

Pomacanthus paru
Jungtier. ▽

△ ▽ *Pomacanthus semicirculatus*

Jungfische sind dunkelblau mit feinen weißen, nach hinten gekrümmten Querbinden. Der **Koran-Kaiserfisch** verhält sich territorial und verläßt sein Versteck, um Ringelwürmer, rohe oder gekochte Muscheln, Garnelen, Fischstücke, Tubifex zu fressen, aber auch Algen und Salat.
Größe: 40 cm.

Pomacanthus paru

Der **Franzosen-Kaiserfisch** ist Tag und Nacht aktiv, akzeptiert als Futter Artemien und Muscheln und läßt sich manchmal sogar zähmen. Ausgewachsen ähnelt er *P. arcuatus* (Grauer Kaiserfisch), aber seine Schuppen sind leuchtend gelb eingefaßt. Die Jungen beider Arten sind ebenfalls leicht zu verwechseln. Sie unterscheiden sich stark von den ausgewachsenen Fischen: schwarze Grundfärbung mit gelben Querbinden.
Größe: 30 cm. ▷

Genicanthus caudovittatus
Er unterscheidet sich von *G. lamarcki* durch seine Querbinden. Er ist scheu, aber oft in Bewegung, und ernährt sich wie *G. lamarcki* von kleiner, mundgerechter Beute Größe: 20 cm. ▽

◁ **_Genicanthus lamarcki_**
Das Männchen hat einen gelben Fleck am Nacken, und seine Bauchflossen sind schwarz. Trotz seiner Schüchternheit ist der **Vierstreifen-Lyrakaiserfisch** gesellig, lebt in kleinen Gruppen und toleriert andere Kaiserfische. Größe: 20 cm.

▷ **_Apolemichthys trimaculatus_**
Der für die Familie charakteristische Dorn und der Mund sind blau und heben sich stark von der gelben Grundfarbe ab. Der schwarze Fleck auf der Schwanzflosse des Jungfisches verschwindet beim Erwachsenen. Der **Gelbe Dreipunkt-Kaiserfisch** schätzt pflanzliche Nahrungszusätze. Er ist ein guter Schwimmer und braucht ein großes Becken. Größe: 25 cm.

▽ **_Apolemichthys xanthurus_**
Der **Indische Kaiserfisch** ist pflegeleicht, frißt gerne Algen, nimmt aber auch Muscheln, Garnelen und Artemia an. Größe: 10–13 cm.

△ **_Pomacanthus asfur_**
Der **Halbmond-Kaiserfisch** ist ein lebhafter Schwimmer, versteckt sich aber auch gern hinter Felsen. Er ernährt sich von Muscheln, Salat und fleischhaltiger Nahrung. Er wird oft mit *Pomacanthus maculosus* verwechselt, unterscheidet sich von diesem jedoch durch seine gelbe Schwanzflosse. Der gelbe Seitenfleck liegt außerdem weiter vorne. Im Aquarium wächst er sehr langsam.
Größe: 40 cm.

Pygoplites diacanthus
Der **Pfauen-Kaiserfisch** hält sich gerne versteckt. In freier Natur lebt er von Schwämmen, im Aquarium muß man ihm kleine Lebendbeute füttern: Artemien, Muscheln und gehackte Garnelen. Größe: 25 cm. ▷

Zwergkaiserfische, Centropyge

Diese gehören ebenfalls zur Familie der Pomacanthidae und weisen auch den charakteristischen Dorn auf. Sie kommen hauptsächlich aus der indo-pazifischen Zone und leben dort in den Korallenriffen, wo sie sich in Grotten oder hinter Vorsprüngen verstecken. Sie sind territorial fixiert und können gegen Artgenossen oder ähnlich gefärbte Artverwandte aggressiv werden. Zwergkaiserfische sind jedoch anderen Fischen und Wirbellosen Tieren gegenüber friedlich. Sie werden selten größer als 12 cm und brauchen ein mindestens 200 Liter fassendes Aquarium mit Versteckmöglichkeiten. Ihre natürliche Nahrung besteht größtenteils aus Algen; in Gefangenschaft fressen sie Pflanzenfutter (Spinat, Salat) und zusätzlich kleine Lebendbeute, vor allem Krebstiere.

Centropyge ferrugatus
Der **Rotbraune Zwergkaiser** ist mittelgroß und leicht mit anderen Arten zu verwechseln. Man erkennt ihn aber an den feinen blauen Streifen auf der After- und Rückenflosse. Die Schwanzflosse ist nicht konvex.
Größe: 10 cm. ▷

◁ ***Centropyge bicolor***
In freier Natur lebt der **Blaugelbe Zwergkaiser** in der Gruppe; dies ist in Gefangenschaft nicht möglich, außer man besitzt ein sehr großes Aquarium. Er ist friedlich, aber in seiner Haltung sehr anspruchsvoll, vor allem was die Ernährung angeht. Er frißt hauptsächlich *Artemia, Tubifex* und gehackte Muscheln.
Größe: 15 cm.

◁ ***Centropyge acanthops***
Eine kleine, relativ leicht zu haltende Art, aber dennoch im Handel schwer erhältlich. Der **Orangerücken-Zwergkaiser** liebt Verstecke und ernährt sich von Algen und kleinen Wirbellosen. Bei manchen Exemplaren ist das Auge von einem blauen Kreis eingefaßt.
Größe: 7 cm.

Centropyge eibli
Der **Orangestreifen-Zwergkaiser** ist aggressiv gegen alle anderen Arten seiner Gattung, läßt sich aber gut im Aquarium halten. Er frißt pflanzliche Nahrung, aber auch kleine Wirbellose. Größe: 15 cm. ▽

◁ ***Centropyge loriculus***
Einer der schönsten seiner Gattung. Der **Feuer-Zwergkaiser** schätzt Verstecke, lebt von Algen und Artemien und frißt auch handelsübliche Nahrung. Größe: 10 cm.

▽ ***Centropyge heraldi***
Der **Goldene Zwergkaiser** ähnelt dem Zitronen-Zwergkaiser, hat aber keine blaue Farbe an Augen, Gaumendeckel und Flossen. Diese sensible Art wird nur selten importiert. Größe: 10 cm.

△ ***Centropyge potteri***
Potters Zwergkaiser ist ruhig und nimmt viele verschiedene Futtersorten an. Dennoch ist er im Aquarium oft schwierig zu halten. Größe: 10 cm.

△ ***Centropyge flavissimus***
Das Auge des **Zitronen-Zwergkaisers** ist blau umrahmt; der Jungfisch weist ein »Pfauenauge« an den Flanken auf. Er nimmt kleine Beute gut an, aber ist in Gefangenschaft schwer zu halten. Sehr sensibel und daher nur selten importiert.
Größe: 14 cm.

Centropyge vroliki
Der **Perlschuppen-Zwergkaiser** akklimatisiert sich schnell, läßt sich in Gefangenschaft gut aufziehen und akzeptiert lebende und tote Beute. Er ist aggressiv gegenüber anderen Zwergkaiserfischen, wenn er nicht genügend Platz hat.
Größe: 10 cm. ▷

POMACENTRIDAE

Die Riffbarsche gehören sicherlich zu den bekanntesten und beliebtesten Meerwasseraquarienfischen. Sie sind von mittlerer Größe, schön bunt, lebhaft und pflegeleicht. Die meisten Arten laichen ohne Schwierigkeiten ab. Diese Fische sind Anfängern zu empfehlen. Das Aquarium sollte mindestens 200 Liter fassen. Sie ernähren sich von kleinem Lebendfutter oder toter Fleischnahrung.

Anemonenfische, Amphiprion

Auch Clownfische genannt, verdanken die Anemonenfische ihren Namen der bunten Färbung. Viele Arten sind im Handel gängig, meistens werden sie zusammen mit ihrer Anemone verkauft: Das Leben dieses Fischs ist eng mit diesem wirbellosen Tier verbunden, das ihm Schutz bietet, während die Anemone von den Speiseresten des Anemonenfisches profitiert. Allerdings könnte sie ebensogut ohne ihren Gast leben. Die Anemonenfische schützen sich gegen das Gift der Anemonen, indem sie sich immer wieder an ihnen reiben, wodurch sie gleichsam immun werden. Ist der Anemonenfisch für längere Zeit von seiner Anemone getrennt, muß er sich erst wieder langsam an sie gewöhnen. Anemonen spielen wohl ebenfalls eine Rolle bei der Vermehrung der Riffbarsche, denn ohne sie pflanzen sie sich weniger oft fort. Die Fische grenzen ihr Territorium um die Anemone herum ab (ca. 0,25 m), legen ihre Eier darauf ab und verteidigen die Laichstelle gegen Eindringlinge. Das Pärchen ist treu (Männchen sind in der Regel monogam) und pflanzt sich alle 2 bis 4 Wochen fort. Die Anemonenfische kommen als Männchen zur Welt und entwickeln sich erst später zum – größeren – Weibchen. Ihre Ernährung stellt kein Problem dar; sie mögen kleines Lebendfutter und Tiefkühlfutter, zerkleinerte Muscheln und Garnelen, manchmal sogar Industriefutter.

△ ***Amphiprion akallopisos***
Der **Weißrücken-Anemonenfisch** ist pflegeleicht und kann in kleinen Gruppen gehalten werden. Manchmal wird er von anderen Arten dominiert. Das Ablaichen findet in der Nähe einer Anemone statt.
Größe: 10 cm.

Amphiprion bicinctus
Der **Rotmeer-Anemonenfisch** gehört zu den größten seiner Gattung. Er ist robust, aber manchmal aggressiv gegenüber anderen Amphiprions.
Größe: 13 cm. ▽

△ ***Amphiprion ephippium***
Das Verhalten des **Glühkohlen-Anemonenfisches** ist territorial und oft aggressiv. Er lebt als Einzelgänger oder paarweise. Er laicht gut ab und kann auch ohne Anemone leben. Größe: 12 cm.

Premnas biaculeatus

Von der Gattung *Amphiprion* unterscheidet sich der **Samtanemonenfisch** durch einen Dorn unter jedem Auge. Er ist recht aggressiv, sowohl gegen seine Artgenossen als auch gegen andere *Amphiprion*-Arten. Größe: 13–17 cm. ▽

Amphiprion frenatus

Jungfische haben auch eine Binde in der Körpermitte, die beim Erwachsenen verschwindet. Der **Weißbinden-Glühkohlen-Anemonenfisch** lebt im Pärchen; das Ablaichen geschieht im Aquarium ohne Probleme.
Größe: 12 cm. ▽

△ *Amphiprion perideraion*

Man sollte nur ein Pärchen dieser Art ohne die Gesellschaft anderer Anemonenfische halten. Die Rücken- und Afterflosse des **Rosa Anemonenfisches** weisen eine orangefarbene Binde auf; beim Weibchen ist diese weiß oder transparent.
Größe: 9 cm.

△ *Amphiprion sebae*

Das **Goldflösschen** läßt sich gut im Aquarium halten und ist eine der größten Arten, denn das Weibchen wird bis zu 16 cm groß. Eine Anemone beherbergt ein einzelnes Pärchen, manchmal mit den Jungen zusammen.

Amphiprion ocellaris ▽

Mehrere Pärchen können in derselben Anemone leben, wenn sie groß genug ist. Der **Orange Ringelfisch** ist am Anfang empfindlich, aber nach seiner Akklimatisation (1–3 Monate) einer der widerstandsfähigsten Anemonenfische. Er laicht problemlos ab und nimmt Ersatznahrung gut an. Man kann ihn leicht mit dem Clown-Anemonenfisch verwechseln, aber dessen weiße Querbinden sind schwarz eingefaßt.

◁ *Amphiprion clarki*

Der **Clarks-Anemonenfisch** lebt paarweise und ist nicht auf eine einzelne Anemone fixiert. Er gehört zu den am leichtesten zu akklimatisierenden Anemonenfischen. Der Fisch ist variabel. Es gibt Exemplare mit gelber und weißer Schwanzflosse. Größe: 17 cm.

Die Anemonenfische und ihre Anemonen

Selbst wenn einige Clownfische auch ohne Anemone auskommen können, sollte man ihnen im Aquarium immer eine Anemone bieten, allerdings nicht irgendeine. Es gibt verschiedene Anemonenarten, wobei hier Verwechslungsmöglichkeiten dadurch bestehen, daß vor einigen Jahren die Nomenklatur geändert wurde. Manche Anemonen können verschiedene Clownfischarten beherbergen, andere nur eine.

ANEMONE		ZUGEHÖRIGE ANEMONENFISCHE
Neue Bezeichnung	**Alte Bezeichnung**	**Neue Bezeichnung**
Cryptodendrum adhaesivum	–	*Amphiprion clarki*
Entacmaea quadricolor	*Physobrachia douglasi, Radianthus gelam*	*A. bicinctus, A. clarki, A. ephippium, A. frenatus, Premnas biaculeatus*
Heteractis aurora	*Radianthus simplex*	*A. akallopisos (1), A. bicinctus (1), A. clarki*
Heteractis crispa	*Radianthus malu*	*A. akallopisos (1), A. bicinctus (1), A. ephippium, Premnas biaculeatus (1)*
Heteractis magnifica	*Radianthus ritteri, R. paumotensis*	*A. akallopisos, A. ocellaris, A. percula, A. perideraion*
Stichodactyla gigantea	*Stoichactus kenti*	*A. bicinctus (1), A. clarki, A. ephippium, A. ocellaris, A. percula, A. perideraion (1), A. sebae*
Stichodactyla haddoni	*Stoichactus* sp.	*A. clarki, A. ephippium, A. ocellaris, A. sebae*
Stichodactyla mertensii	*Stoichactus giganteum*	*A. clarki, A. ephippium, A. ocellaris*
Actinia equina (2)	–	*A. clarki*
Condylactis gigantea (2)	–	*A. clarki*

(1) Verbindung möglich, wenn keine andere Anemone vorhanden.
(2) Anemonen aus dem Mittelmeer, nur ausnahmsweise verwenden.

Amphiprion percula in einer Anemone der Art *Stichodactyla*. ▽

DemoiselLEN

Einige dieser freundlichen und pflegeleichten Fische leben ebenfalls mit einer Anemone zusammen. Sie passen sich gut an die Lebensbedingungen im Aquarium an und akzeptieren häufig Ersatzfutter, wobei Lebendbeute, Muscheln und Garnelen natürlich immer willkommen sind. Diese Fische laichen auch willig ab. Deshalb und wegen des moderaten Handelspreises sind die Demoisellen besonders Anfängern in der Meeresaquaristik zu empfehlen.

△ ***Pomacentrus coelestis***
Die **Neon-Demoiselle** mit gelbem Bauch und gelbem Schwanz kann in einem großen Aquarium auch in der Gruppe leben. In kleineren Aquarien sollte man sie dennoch allein halten. Größe: 9 cm.

△ ***Chrysiptera cyanea***
Wie die anderen Demoisellen ist dieser Fisch einer der billigsten unter den Meeresfischen. Die **Saphir-Riffbarsch** verhält sich territorial, manchmal sogar aggressiv. Er nimmt handelsübliche Nahrung an.
Größe: 8 cm.

Abudefduf saxatilis
Der **Sergeant Major** ist aggressiver als die anderen Demoisellen; er wird in Gefangenschaft oft über 5 Jahre alt. Er mag *Artemia*, Muscheln und zerkleinerte Garnelen. Größe: 15 cm. ▽

Demoisellen für Anfänger

Diese gehören zur Gruppe der »Blauen Demoisellen«. *Chromis viridis* (die Blaugrüne Demoiselle) ist lebhaft und lebt im Verband, wo die Männchen oft dominieren. Sie nimmt Ersatzfutter gut an. *Chrysiptera parasema* (Goldschwanz- oder Gelbschwanz-Demoiselle) ist eine robuste Art, die auch in Gefangenschaft ablaicht. Das Weibchen legt bis zu 200 Eier, worauf das Männchen den Ablaichplatz beaufsichtigt. Die Jungen schlüpfen nach einer Woche. Dieser Fisch akzeptiert handelsübliches Futter.

◁ ***Chrysiptera parasema***

▽ ***Chromis viridis***

Verwechslungsgefahr

Die manchmal variablen Färbungen sowie Änderungen der Nomenklatur führen bei dieser Gruppe von Fischen häufig zu Verwechslungen, vor allem unter den blaufarbenen Arten.
Bei letzteren gibt es eine blaugrüne und mehrere blaue Demoisellen, die an Schwanz und Bauch aber individuell verschiedene Gelbfärbungen aufweisen. Alle sind jedoch leicht zu akklimatisieren und zu ernähren, und sie vermehren sich auch in Gefangenschaft. Daher werden sie von Anfängern sehr geschätzt.
Die zweite Gruppe besteht aus Demoisellen mit schwarzen Längsstreifen (Gattung *Dascyllus*); 6 oder 7 Arten werden häufig importiert.
Die dritte Gruppe ist die Gattung *Abudefduf* (deren Arten auch Feldwebelfische genannt werden). Diese sind jedoch keine sehr verbreiteten Aquarienfische.

Dascyllus trimaculatus

Die Jungen des **Dreifleck-Preußen-Fisches** leben in der Gruppe, die erwachsenen Fische isolieren sich schließlich. Die weißen Flecken verschwinden bei den älteren Fischen. Die Fortpflanzung ist unkompliziert, das Männchen bewacht die Eier. Größe: 14 cm. ▷

Dascyllus aruanus

Der **Dreibinden-Preußenfisch** wird nicht größer als 9 cm und lebt gern isoliert. Die Jungen schwimmen in der Gruppe. Die nah verwandte Art *D. melanurus* unterscheidet sich von ihm durch eine schwarze Querbinde am Ende der Schwanzflosse. ▽

LABRIDAE

Die Familie der Lippfische gehört zu den größten Fischfamilien (mehrere hundert Arten und 70 Gattungen). Diese bunten, torpedoförmigen Fische leben oft als Einzelgänger. Manche Arten graben sich nachts in den Sand ein. Deshalb sollte man bei der Einrichtung des Aquariums darauf achten, daß eine entsprechend hohe Sandschicht vorhanden ist. Dank ihrer kräftigen Zähne können sie wirbellose Tieren fressen, weshalb man diese auf keinen Fall gemeinsam mit ihnen halten sollte. Im Aquarium fressen sie Lebendfutter sowie Tiefkühl- und manchmal Ersatzfutter. Die Färbung der Jungfische weicht bisweilen stark von der der Erwachsenen ab.

Coris aygula

Der **Augenflecklippfisch** wird in freier Natur 1 m groß, im Aquarium jedoch höchstens 50 cm. Die Jungen besitzen große rote Flecken am Rücken, die ab einer Körperlänge von 10–15 cm verschwinden. Die Erwachsenen sind einfarbig schwarzbraun. Dieser Fisch ist aggressiv gegen Artverwandte und vergräbt sich nachts oder bei Gefahr. △ ▷

△ *Coris frerei*

Der ausgewachsene **Bijouteriefisch** ist braun mit dunklen Flecken; die Jungen sind heller und haben große weiße Flecken. Größe: 30–50 cm.

Gomphosus caeruleus

Der **Blaue Vogellippfisch** lebt manchmal paarweise, aber zwei Männchen vertragen sich nicht. Die Ernährung dieses pflegeleichten Fisches stellt kein Problem dar. Das ausgewachsene Männchen ist blaugrün, das Weibchen blauviolett. Größe: 30 cm (Männchen). 20 cm (Weibchen).

△ ***Labroides dimidiatus***
Dieser Lippfisch »putzt« einen *Acanthurus leucosternon*.

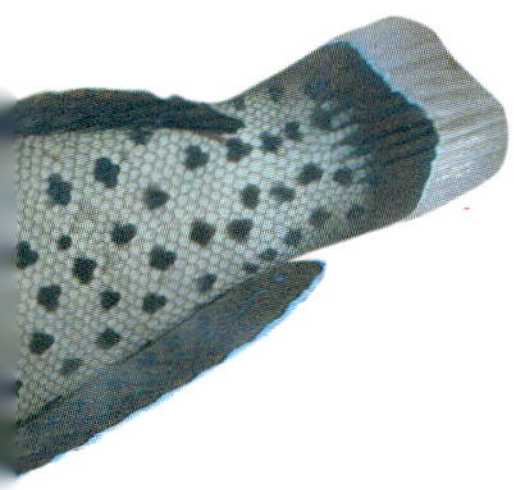

△ *Labroides dimidiatus*

Der **Putzerlippfisch**, eine schwer zu akklimatisierende Art, lebt als Erwachsener paarweise. Er ernährt sich von Lebendfutter. Sein Verhalten weist eine Besonderheit auf: Er »putzt« andere Fische. Diese lockt er durch optische Signale an und befreit sie schließlich von Parasiten oder toten Hautschuppen. Wenn kein Männchen vorhanden ist, kann das Weibchen das Geschlecht wechseln. Größe: 10 cm.

Der falsche Putzerfisch (*Aspidontus taeniatus*)

Er gehört nicht zu den *Labridae*, sondern zur Familie der *Blenniidae*, ähnelt aber stark dem echten Putzerfisch. Der einzige Unterschied besteht in der Lage seines Mundes. Diese Ähnlichkeit nutzt er aus, um durch Putzersignale andere Fische anzulocken, denen er dann mit seinen scharfen Zähnen Haut- und Flossenstücke abreißt. In einem Aquarium kann er sich auch von Krebstieren ernähren, und Fische aus der Familie der Labridae greift er nur selten an. Größe: 10–12 cm.

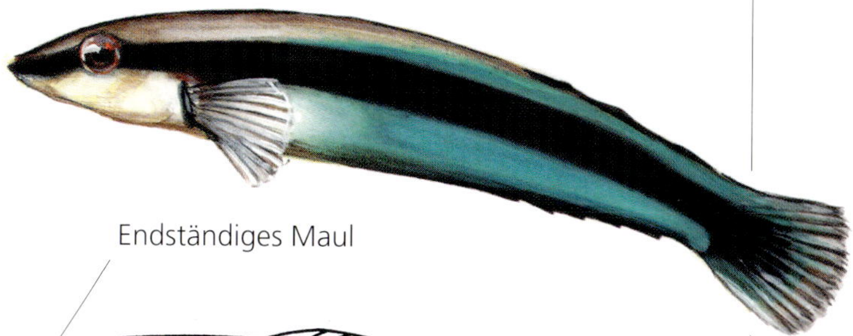

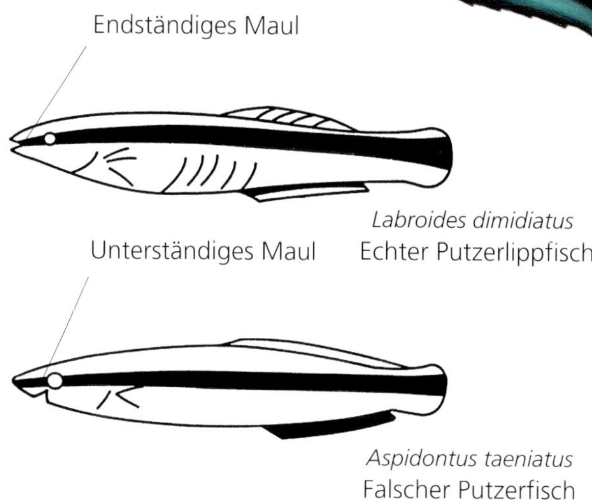

△ ◁ *Coris gaimard*

Der ausgewachsene **Clownjunker** hat leuchtendblaue Tupfen auf einer rotbraunen Grundfarbe; die Jungen sind rot, mit weißen Flecken am Rücken, die mit zunehmendem Alter verschwinden. Dieser Fisch gräbt sich gern im Sand ein, ist aber auch ein guter Schwimmer. Er frißt Muscheln, Garnelen, Würmer und Ersatzfutter.
Größe: 40 cm.

Bodianus mesothorax

Die Jungen sind schwarzbraun mit dunklen Flecken auf den Flossen, die beim zweifarbigen Erwachsenen verschwinden. Der **Tamarin** ist ständig in Bewegung, weshalb man ihm entsprechend viel Platz, aber auch Versteckmöglichkeiten zur Verfügung stellen sollte. Im Erwachsenenalter verträgt er sich nicht mit Artgenossen. Größe: 20 cm. ▷

△ *Bodianus rufus*

Zwischen Jungen und Erwachsenen gibt es kaum Unterschiede. Letztere sind allerdings aggressiver. Der **Spanische Schweinsfisch** liebt Fleischnahrung. Größe: 25 cm.

Choerodon fasciata

Der **Harlekinfisch** ist selbst gegenüber größeren Fischen aggressiv. Er frißt Weichtiere, Würmer und Krebstiere und braucht Verstecke. Größe: 40 cm. ▷

◁ *Anampses chrysocephalus*

Der **Rotschwanz-Lippfisch** ist aktiv und ständig auf Beutefang. Er vergräbt sich im Sand und braucht Verstecke. Die Färbung der Jungen ähnelt der Farbe dieses Weibchens auf dem Foto, die Männchen sehen allerdings anders aus. Größe: 15 cm.

△ *Thalassoma lunare*

Der **Mondsicheljunker** ist aggressiv gegenüber Artgenossen, aber leicht zu akklimatisieren. Er braucht viel Platz zum Schwimmen. Größe: 20 cm.

MURAENIDAE (MURÄNEN)

Diese nachtaktiven Fische jagen kleine Beute aus dem Hinterhalt. Sie verbergen sich in Felsen und Höhlen, aus denen nur der Kopf hervorsieht. Beim Umgang mit diesen Fischen ist Vorsicht geboten, denn der Biß einer Muräne kann auch für den Menschen gefährlich sein.

Echidna nebulosa

Die **Sternmuräne** ist eine recht ansehnliche Art, die sich manchmal auch tagsüber zeigt, vor allem zur Nahrungsaufnahme. Sie ist langlebig und kann sehr groß werden, weshalb man ein großes Aquarium braucht. Größe: 60–90 cm. ▷

SIGANIDAE

Kaninchenfische weisen spitze Stacheln an der Rückenflosse auf, die eine giftige Substanz absondern. Für den Menschen ist ein Stich schmerzhaft, aber nicht so schlimm wie der eines Feuerfisches. Dennoch sollte man einen Arzt aufsuchen, wenn man gestochen wird. Diese Fische haben einen kleinen Mund und ernähren sich vegetarisch.

△ ***Siganus vulpinus***
Das **Fuchsgesicht** ist robust, leicht zu akklimatisieren und ernährt sich von kleinem Lebendfutter und Pflanzen. Der Fisch gewöhnt sich an Muschelfleisch, aber seine Leibspeise ist gehackter Spinat. Er ist friedlich, aktiv und braucht viel Platz zum Schwimmen, aber auch Versteckmöglichkeiten. Größe: 25 cm.

Siganus corallinus
Der **Korallen-Kaninchenfisch** ist ein friedlicher Vertreter seiner Gattung. Wie die anderen Arten frißt er die Algen der Dekoration, aber auch Fleischnahrung in kleinen Stücken. Wenn er sich fürchtet, versteckt er sich, deshalb muß man ihm dazu genug Möglichkeiten bieten. Größe: 25 cm. ▷

ZANCLIDAE (HALFTERFISCHE)

Die Zanclidae haben einen kurzen Körper. Einer der Strahlen der Rückenflosse läuft in einen dünnen Faden aus. Diese fragilen und empfindlichen Fische leben von kleinem Lebendfutter und fressen manchmal auch wirbellose Tiere (Korallen, Würmer). Auch wenn ihre Form dies nicht vermuten läßt, sind sie nah verwandt mit den Acanthuridae, haben aber nicht den Dorn am Schwanzstiel. Diese Fische reagieren empfindlich auf chemische Stoffe und sterben oft plötzlich ohne erkennbaren Grund. In ihrem Herkunftsgebiet, der indo-pazifischen Zone, genießen sie bei den Fischern eine gewisse Verehrung und werden oft wieder freigelassen, wenn sie ins Netz gehen.

◁ ***Zanclus cornutus***
Der **Halfterfisch** ernährt sich für gewöhnlich von Algen und Schwämmen. In Gefangenschaft sollte man ihm verschiedenste Futterarten anbieten, um zu beobachten, was er annimmt. Sein Import ist, wie der der Doktorfische, verboten, da eine Haltung im Aquarium kaum möglich ist. Größe: 25 cm.

ACANTHURIDAE (DOKTORFISCHE)

Sie stammen aus den tropischen Gewässern des Indischen und Pazifischen Ozeans, seltener aus dem Atlantik. Ein teils aufklappbarer, skalpellförmiger Dorn am Schwanzstiel brachte ihnen den Namen Doktorfische ein. Er dient zur Verteidigung und kann für den Aquarianer eine Gefahr darstellen. Trotz ihres gedrungenen, platten Körpers sind Doktorfische gute Schwimmer. In freier Natur leben sie in der Gruppe. Sie ernähren sich von Algen und kleiner, mundgerechter Beute. Aufgrund ihrer Lebhaftigkeit sollte das Aquarium mindestens 300 Liter fassen, und es sollte jeweils nur ein Doktorfisch pro Becken gehalten werden. Denn diese Fische sind auf engem Raum unverträglich. Außerdem sollte man keine wirbellosen Tiere dazugeben. Man füttert am besten *Artemia* oder anderes Lebendfutter, aber immer mit pflanzlicher Ergänzung. Das Wasser muß gut gefiltert und bewegt sein, starkes Licht ist anzuraten, damit das Algenwachstum gefördert wird. Die Jungfische gewöhnen sich am leichtesten ein. Die Fortpflanzung ist, in natürlicher Umgebung an die Mondphasen gekoppelt, im Aquarium nicht möglich. Doktorfische dürfen nicht importiert werden.

Acanthurus achilles
Sehr schwierig zu haltender Fisch. Der **Rotschwanz-Doktorfisch** schätzt es, wenn regelmäßig frisches Wasser in kleinen Mengen nachgefüllt wird. Er nimmt pflanzliche Nahrung und kleines Lebendfutter an. Größe: 18–20 cm. ▽

△ ***Acanthurus japonicus***
Der **Philippinen-Doktorfisch** ist ein sehr guter Schwimmer. Er ist sehr aktiv, knabbert die Algen der Dekoration und frißt auch Lebendbeute. Er ist in Gefangenschaft nicht leicht zu halten. Größe: 18 cm.

Acanthurus lineatus
Der **Blaustreifen-Doktorfisch** ist ein relativ pflegeleichter Aquarienfisch, wenn man ihm Pflanzennahrung gibt. Er ist ein guter Schwimmer, aber auch extrem aggressiv gegen andere Doktorfische. Größe: 18–20 cm. ▽

Acanthurus leucosternon ▷
Der **Weißkehl-Seebader** mag Verstecke und Wasserwechsel. Er ist schwer zu akklimatisieren, kann aber dennoch auch Ersatzfutter auf Pflanzenbasis annehmen. Größe: 30 cm.

◁ ***Acanthurus sohal***

Der **Zebra-Doktorfisch** ist einer der schönsten Acanthuridae. Er nimmt pflanzliche Ersatznahrung an, bevorzugt aber *Artemia* und zerkleinerte Muscheln. Durch sein Territorialverhalten ist er oft aggressiv. Größe: 40 cm.

Naso brevirostris

Die jungen **Langnasen-Einhornfische** haben kein Horn. Eine nah verwandte Art, *N. unicornis*, weist als Erwachsener nur ein kurzes Horn auf der Stirn auf. Diese zwei Arten schwimmen lebhaft und ernähren sich hauptsächlich von Algen; die Erwachsenen fressen mehr Fleisch als die Jungen. Größe: 50–60 cm. ▽

△ ***Naso lituratus***

Der **Kuhkopffisch** ist relativ pflegeleicht. Die Tiere sind an sich friedlich und werden nur aggressiv, wenn man sie stört. Die erwachsenen Fische haben feine Verlängerungen am Ende der Schwanzflosse, die Jungen sind weiß gefleckt. Größe: 25 cm.

Paracanthurus hepatus △

Die blaue Farbe des jungen **Paletten-Doktorfischs** wird beim Adulten an Bauch und Rücken grau. Er ist eher ruhig und versteckt sich gerne. Größe: 30 cm.

△ ***Zebrasoma flavescens***

Die Zebrasomas haben stärker entwickelte After- und Rückenflossen als die übrigen Doktorfische. Diese scheue Art braucht viele Versteckmöglichkeiten. Die Farbe des **Gelben Segelbaders** variiert je nach seiner geographischen Herkunft. Größe: 18 cm.

Zebrasoma veliferum

Beim Schwimmen legen sich die schönen Flossen dieser Art an den Körper an. Sie werden aufgestellt, um Artgenossen zu imponieren und sie aus dem Revier zu vertreiben (der Gelbe Segelbader verhält sich genauso). Größe: 40 cm. ▷

SCORPAENIDAE (FEUERFISCHE ODER DRACHENKÖPFE)

Feuerfische sind nicht nur aufgrund ihrer gemächlichen Schwimmweise sehr eindrucksvoll. Sie können allerdings für den Aquarianer eine echte Gefahr darstellen: Einige ihrer Flossenstacheln sondern eine Substanz ab, die ähnlich giftig ist wie Schlangengift. Es sind dennoch ruhige und majestätische Fische, die in einem mindestens 300 Liter fassenden Aquarium leicht zu halten sind. Es müssen allerdings genügend Höhlen, Spalten und Winkel in der Dekoration vorhanden sein. Die Feuerfische bahnen sich schon ihren Weg. Der große Mund der Feuerfische entspricht durchaus ihrer Gefräßigkeit: Sie verschlingen Lebendbeute, manchmal auch kleine Fische – also Vorsicht bei der Wahl der Mitbewohner!

△ ***Pterois antennata***
Der **Antennenfeuerfisch** besitzt vier dunkle Binden auf dem Kopf. Die nah verwandte Art *P. sphex* ist weniger auffällig gefärbt. Dieser Fisch wird besonders in den USA häufig importiert, da er bei Hawaii vorkommt. Größe: 20 cm.

Was tun bei einem Stich?

In jedem Fall sofort ärztliche Hilfe suchen. Der heftige Schmerz erreicht nach 20 Minuten seinen Höhepunkt und läßt erst nach 4 bis 24 Stunden ganz nach. Man muß die Wunde bluten lassen und in möglichst heißes Wasser tauchen, was die Wirkung des Gifts etwas hemmt. Natürlich sollte man am besten Situationen vermeiden, in denen man gestochen werden kann. Daher sollte man extrem vorsichtig sein, wenn man in das Aquarium faßt.

Pterois volitans
Der **Rotfeuerfisch** ist der bekannteste Feuerfisch. Er gewöhnt sich auch an tote Nahrung. Die Brustflossenstachel sind durch Flossenhäute bis zur Spitze miteinander verbunden; bei den anderen *Pterois* sind die Spitzen frei. Größe: 35 cm. ▽

Pterois radiata
Der **Strahlenfeuerfisch** unterscheidet sich von den anderen Feuerfischen durch zwei weiße Längsstreifen am Schwanzstiel. Er ist pflegeleicht und gewöhnt sich an totes Futter. Größe: 25 cm. ▷

◁ ***Dendrochirus zebra***
Der **Gestreifte Zwergfeuerfisch** wird im Gegensatz zu den *Pterois* nicht größer als 17 cm. Außerdem hat er keine Flossenhäute zwischen den Brustflossenstacheln.

BALISTIDAE (DRÜCKERFISCHE)

Drückerfische leben in der Nähe von Riffen, wo das Wasser stark bewegt ist. Sie brauchen ein großes Aquarium (mindestens 400 Liter), und das Wasser muß gut bewegt und durchlüftet sein. Dank kräftiger Kiefer und Zähne können diese Fische Korallen, Garnelen und Weichtiere zerkauen. In Gefangenschaft akzeptieren sie Fleischnahrung. Man kann ihnen kleine Weichtiere verabreichen. Sie sind aggressiv und sollten allein gehalten werden, auf keinen Fall in Gesellschaft von kleinen Fischen oder wirbellosen Tieren. Eine Besonderheit dieser Familie ist, daß sie den ersten Stachel der Rückenflosse aufrichten und mit dem zweiten Stachel in dieser Position fixieren können (was ihnen den Namen »Drückerfische« eingetragen hat).

△ ***Balistoides conspicillum***
Der **Leopardendrückerfisch** ist gefräßig und besonders schnell, wenn es gilt, anderen Fischen die Beute wegzuschnappen. Oft gestaltet er die Dekoration um, wird aber schnell handzahm. Er akklimatisiert sich am besten, wenn er kleiner als 10 cm eingesetzt wird. Größe: 40–50 cm.

△ ***Balistapus undulatus***
Der **Orangestreifen-Drückerfisch** ist so widerstandsfähig, daß er mehr als 10 Jahre im Aquarium überdauern kann. Er gewöhnt sich schnell ein und ist pflegeleicht, vergreift sich aber gern an der Dekoration. Größe: 30 cm.

△ ***Rhinecanthus aculeatus***
Der Name **Picasso-Drückerfisch** rührt von seiner außergewöhnlichen Färbung her. Er verteidigt verbissen sein Territorium. Einige ähnliche Arten *(R. assasi, R. rectangulus, R. verrucosus)* werden, teils unter gleichem Namen, im Handel angeboten. Größe: 20 cm.

Balistes vetula
Der **Königindrückerfisch** stammt, anders als die übrigen Vertreter dieser Familie, aus dem tropischen Atlantik. Er ist einer der ruhigsten seiner Gattung, gewöhnt sich gut ein, wächst schnell und kann bis zu 60 cm groß werden. ▽

Odonus niger
Der **Rotzahn-Drückerfisch** kann leicht über zehn Jahre alt werden. Wenn man ein Pärchen in einem sehr großen Aquarium hält, kann es sich in einem in den Sand gegrabenen Nest sogar fortpflanzen.
Größe: 30–40 cm. ▷

Pseudobalistes fuscus
Die Farbe der Jungen (Foto) ist beim **Blaustreifen-Drückerfisch** heller als bei den Erwachsenen. Der Fisch ist aggressiv, läßt sich aber vom Aquarianer gut zähmen. Manchmal sucht er seine Nahrung im Sand, den er aufwühlt, indem er Wasser »spuckt«.
Größe: 50 cm. ▽

Xanthichthys auromarginatus △
Der **Blaukehl-Drückerfisch** braucht ein großes Becken mit Verstecken, in die er sich nachts zurückzieht. Er ist aggressiv gegenüber kleineren Fischen und Artgenossen.
Größe: 30 cm.

HAEMULIDAE – LUTJANIDAE

Die Haemulidae (Grunzer) geben Laute von sich, indem sie die Zähne aneinanderreiben. Die Schwimmblase spielt dabei die Rolle eines Verstärkers. Sie sind in der Aquaristik nicht sehr verbreitet, obwohl sie recht widerstandsfähig sind. Die Schnapper leben in der Nähe von Riffen und sind lebhafte Schwimmer. Sie ernähren sich von kleiner Beute, die sie entweder beim Schwimmen oder auf dem Grund finden.

◁ ***Anisotremus virginicus* (Haemulidae)**
Der **Schweinsgrunzer** lebt als Jungfisch im Rudel. Die adulten Fische entwickeln sich im Laufe ihres Wachstums zu Einsiedlern, ihre Färbung wird intensiver. In Gefangenschaft gibt man ihnen kleines Lebendfutter oder tote Fleischnahrung. Größe: 30 cm.

△ ***Symphorichthys spilurus (Lutjanidae)***
Der **Segelflossen-Schnapper** ist sehr groß und braucht viel Platz im Aquarium, damit er sich ungehindert fortbewegen kann. Er lebt am liebsten mit ruhigen Arten zusammen und nimmt eine große Nahrungspalette an. Trotz seiner schönen Färbung ist er selten im Handel. Größe: 40–60 cm.

OSTRACIIDAE (KOFFERFISCHE)

Durch ihre plumpe Körperform wirkt der Schwimmstil dieser Fische etwas ungeschickt. Dennoch sind sie sehr lebhaft. Ihre Haut ist empfindlich und sehr anfällig für Parasiten. Im Aquarium sollte man nur einen Kofferfisch halten. Oft läßt er sich zähmen und frißt sogar aus der Hand. Der kleine Mund erlaubt nur die Aufnahme von winziger Nahrung oder Algen. Bei Streß sondert der Kofferfisch ein für andere Fische tödliches Gift ab.

△ ***Lactoria cornuta***
Der **Kuhhornfisch** hat mit seinen »Hörnern« auf dem Kopf eine recht originelle Form. Er ist ruhig und mit totem Futter oder Lebendbeute leicht zu füttern.
Größe: 30–40 cm.

△ ***Ostracion meleagris***
Dieser wunderschöne Fisch ist robust und zeigt seine Aggressivität nur gegenüber Artgenossen. Der **Weißpunkt-Kofferfisch** braucht Fleisch- und Pflanzennahrung. Die Farbe ist je nach Alter und Geschlecht verschieden.

Ostracion cubicus
Der **Gelbe Kofferfisch** ist pflegeleicht, aber sehr aggressiv gegenüber anderen Kofferfischen. Er schwimmt langsam durch die Dekoration und versteckt sich, sobald er sich bedroht fühlt.
Größe: 30–40 cm. ▷

PLOTOSIDAE

Die einzige Korallenwels-Familie, die im Meer lebt. Ihre After- und Rückenflossen sind langgezogen, und die Brustflossen haben einen dornigen Stachel, der mit einer Giftdrüse verbunden ist. Die Barteln in der Gegend des Mundes sind Tastorgane und dienen dazu, das Futter aufzuspüren. Der schlanke, längliche Körper erlaubt es den Fischen, Hindernisse mühelos zu umschwimmen.

◁ ***Plotosus lineatus***
Die Jungfische leben im Schwarm und ballen sich, den Kopf nach außen gerichtet, zur Kugel zusammen, wenn Gefahr droht. Die ausgewachsenen Fische leben eher als Einzelgänger. Ihre Nahrung besteht aus fleischhaltigem Futter oder kleiner, mundgerechter Lebendbeute. Dieser Fisch ist schwer zu halten und braucht extrem viel Sauerstoff.

CANTHIGASTER (SPITZKOPF-KUGELFISCHE)

Diese kleine Gattung gehört zu den Tetraodontidae (Kugelfischen). Genau wie diese können sie ihren Körper aufblähen. Sie sind pflegeleicht und ernähren sich von Krebs- und Weichtieren. Sie sind zwar aggressiv gegen ihre Artgenossen, vertragen sich aber gut mit anderen Fischen.

◁ ***Canthigaster solandri***
Den **Pfauenaugen-Kugelfisch** erkennt man an seinem schwarzen, blau umrandeten Fleck. Er lebt sich im Aquarium schnell ein. Seine fleischhaltige Nahrung sollte durch pflanzliches Futter ergänzt werden.

Canthigaster valentini
Der **Sattelfleck-Spitzkugelfisch** ist im Handel weniger geläufig als der *C. solandri* und unterscheidet sich von diesem durch die zwei schwarzen Streifen. Wenn sie nicht genügend Futter bekommen, knabbern die *Canthigaster* manchmal die Flossen anderer Fische an. Größe: 10–12 cm. ▷

DIODONTIDAE (IGELFISCHE)

Die Haut der Igelfische ist mit Stacheln bedeckt, die sich bei Gefahr aufrichten, während der Fisch sich aufbläst, um den Feind abzuschrecken. Die Igelfische sind leicht zu akklimatisieren, vertragen sich aber nicht mit ihren Artgenossen. Sie ernähren sich von Muscheln, deren Schale sie mit ihren starken Zähnen aufknacken können.

◁ △ ***Diodon hystrix***
Wirbellose Tiere sollte man mit dem **Gepunkteten Igelfisch** nicht in einem Aquarium halten, denn sie könnten ihm leicht zum Opfer fallen. Er frißt aus der Hand (Vorsicht: scharfe Zähne!), und zwar Krabben, Garnelen und Muscheln. Dieser Fisch wird leider oft aufgeblasen und getrocknet als Dekorationsgegenstand verkauft. Kein Kommentar! Er kann in freier Natur 90 cm groß werden.

TETRAODONTIDAE (KUGELFISCHE)

Kugelfische haben keine Schuppen. Daher ist ihre Haut sehr empfindlich. Sie können sich bei Gefahr mit Luft und Wasser aufblähen. Die Zähne sind zu zwei harten Platten verwachsen und wirken wie ein Papageienschnabel. Damit können sie Korallen und Schalentiere knacken. Sie gewöhnen sich gut an die Gefangenschaft, sollten aber allein gehalten werden, da sie sich mit Artgenossen nicht vertragen. Auch Wirbellose sollte man natürlich von ihnen fernhalten.

Arothron nigropunctatus
Die graue Färbung des **Schwarzgefleckten Kugelfisches** wird mit zunehmendem Alter dunkler. Er gewöhnt sich manchmal so stark an den Aquarianer, daß er sich von ihm sogar den Rücken kraulen läßt! Andere Kugelfischarten wie *A. meleagris* (Weißgetüpfelter Kugelfisch) sind ebenfalls im Handel.
Größe: 20–30 cm. ▽

▽ ***Arothron nigropunctatus***
Der **Gelbe Kugelfisch** ist eine Farbform des Schwarzgefleckten Kugelfischs und leicht zu akklimatisieren. Er ist lebhaft und braucht viel Freiraum zum Schwimmen, aber auch Versteckmöglichkeiten. Er liebt fleischhaltige Nahrung mit pflanzlicher Ergänzung.
Größe: 20–25 cm.

Arothron hispidus
Der **Weißfleck-Kugelfisch** ist gegenüber anderen Kugelfischen aggressiv, manchmal sogar gegen andere, kleinere Arten, wenn das Aquarium zu klein ist. Er gewöhnt sich schnell ein und ist zähmbar. Größe: 50 cm. ▷

SYNGNATHIDAE

Diese Familie umfaßt die Seepferdchen der europäischen Küsten, aber auch tropische Arten. Sie sind schlechte Schwimmer und ernähren sich von kleinen planktonischen Krebstieren. Die nah verwandten Seenadeln gehören ebenfalls zu dieser Familie, sind aber seltener im Handel. Sie lassen sich in Gefangenschaft mit derselben Nahrung sehr gut halten und eignen sich besonders für ein Aquarium mit Wirbellosen.

◁ ***Hippocampus kuda***
Das **Große Krönchenseepferdchen** schwimmt in aufrechter Stellung, und mit seinem Schwanz hält es sich an der Dekoration fest, die auf keinen Fall aus Hohltieren bestehen darf. Die gelbe Farbe verdunkelt sich unter ungünstigen Lebensumständen. In Gefangenschaft ernährt sich das Seepferdchen von Artemien oder anderem kleinen Lebendfutter. Fortpflanzung ist im Aquarium möglich; das Männchen trägt die Eier in der Bruttasche auf der Bauchseite aus. Größe: 30 cm.

GRAMMIDAE

Die Grammidae, auch Feenbarsche genannt, sind wunderschön bunt und von kleinem Wuchs. Für Wirbellose sind sie die idealen Mitbewohner.

Gramma loreto
Der **Königs-Feenbarsch** hält sich gerne in Verstecken auf und steht dort manchmal auf dem Kopf. Die erwachsenen Fische leben als Einzelgänger und sind oft aggressiv gegenüber Artgenossen. Man füttert sie am besten mit Artemien, Muschelstücken oder kleinen Fischen. Größe: 8 cm. ▷

PSEUDOCHROMIDAE

Diese Zwergbarsche sind Einzelgänger, die sich sofort verstecken, wenn sie sich bedroht fühlen. Daher sollten sie nur mit gleich großen Arten zusammenleben, und die Dekoration muß Verstecke bieten.

◁ ***Pseudochromis diadema***
Der **Diadem-Zwergbarsch** ähnelt dem Feenbarsch, mit dem er sich im Gegensatz zu seinen Artgenossen gut verträgt. Er ist lila und orange-rosa gefärbt und ernährt sich von kleinem Lebendfutter und Muschelstücken. Gut geeignet für Aquarien mit Wirbellosen, wenn genügend Verstecke geboten sind. Größe: 7 cm.

PLESIOPIDAE

Die Mirakelbarsche sind eng verwandt mit den Pseudochromidae, haben aber große Rücken- und Bauchflossen. Diese Korallenfisch-Familie umfaßt nur wenige Arten, von denen nur eine im Handel ist. Sie leben in Riffen, in deren Höhlen sie sich verstecken. Daher gelten sie als selten, wobei sie dort wohl stärker verbreitet sind, als weithin angenommen wird.

Calloplesiops altivelis
Der **Echte Mirakelbarsch** bewegt sich majestätisch, in Harmonie mit seinem ruhigen, manchmal scheuen Charakter. Er lebt mit gleich großen Arten gut zusammen und ernährt sich von Lebendfutter, gehackten Muscheln und kleinen Fischen. Im Aquarium sucht er geschützte, dunkle Ecken. Er hat ein ausgezeichnetes Sehvermögen. Größe: 15–18 cm. ▷

EPHIPPIDAE (FLEDERMAUSFISCHE)

Junge Fledermausfische haben proportional viel zu große Rücken- und Afterflossen. Ihr Körper ist dadurch höher als lang. Die erwachsenen Exemplare nehmen eine eher kreisförmige Gestalt an. Sie sind langsam in ihren Bewegungen, leicht zu akklimatisieren, aber aggressiv gegenüber anderen Fledermausfischen. Die Fische wachsen schnell, und manche werden bis zu 75 cm hoch und 25 kg schwer.

◁ ***Platax pinnatus***
Der **Rotrand-Fledermausfisch** sollte nur mit ruhigen Arten zusammenleben, damit seine Flossen intakt bleiben. Seine Nahrung besteht aus kleinem Lebend- oder Tiefkühlfutter. Einige nah verwandte Arten sind ebenfalls im Handel. Größe: 30–45 cm.

APOGONIDAE

Die kleinen, bunten Kardinalbarsche sind dämmerungsaktiv, worauf auch die großen Augen hinweisen. Sie leben in Gruppen, schätzen aber die Gesellschaft lebhafter Fische nicht besonders. Das Männchen trägt die Eier im Mund aus, was bei Meeresfischen nur selten der Fall ist. Das Ablaichen ist in Gefangenschaft möglich, schwierig ist nur das Füttern der Fischbrut.

Sphaeramia nematoptera
Der **Pyjama-Kardinalbarsch** lebt in Gruppen und verträgt sich gut mit Wirbellosen. Er wird oft mit einer nah verwandten Art, *S. orbicularis*, verwechselt. Beide ernähren sich von zerkleinerter Fleischnahrung. Größe: 10 cm. ▷

CALLIONYMIDAE

Die Leierfische leben hauptsächlich auf dem Meeresgrund, wo sie ihre Nahrung aus Lebendbeute suchen. Zumeist trifft man sie in seichterem Wasser an. Callionymidae können sich aufrichten, indem sie sich auf ihre Bauchflossen stützen. Ihr zylindrischer Körper ist mit einer schuppenlosen Haut bedeckt.

◁ ***Synchiropus splendidus***
Der **Mandarinfisch** frißt kleine Fisch- oder Muschelfleischstücke, die er allerdings nur vom Boden nimmt. Er ist besonders unverträglich. Selbst wenn er paarweise aufgezogen wird, kämpft er mit seinem Artgenossen bis aufs Blut, vor allem wenn das Becken zu klein ist. Für ein Aquarium mit Wirbellosen ist er aber sehr gut geeignet. Größe: 10 cm.

MONACANTHIDAE (FEILENFISCHE)

Feilenfische sind friedlicher als die nah verwandten Drückerfische. Diese recht scheuen Fische ernähren sich von sehr kleiner Beute (Artemien, Muschelstücke).

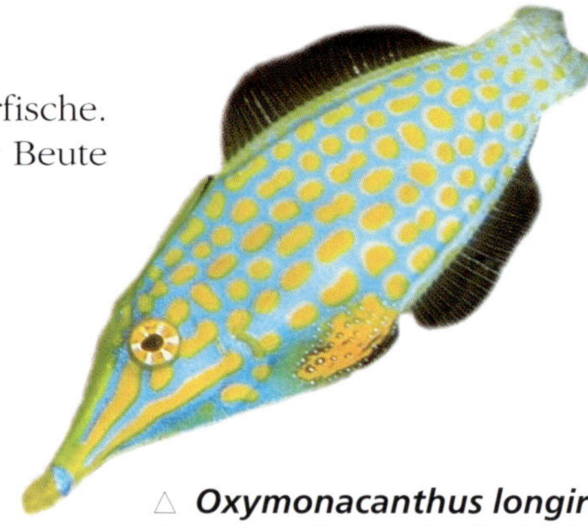

△ ***Oxymonacanthus longirostris***
Der **Orangefleck-Feilenfisch** liebt Verstecke, schwimmt aber auch gerne frei herum. Er kann in der Gruppe leben und ist für Aquarien mit Wirbellosen geeignet. Größe: 10 cm.

◁ ***Chaetoderma penicilligera***
Die Haut des **Fransen-Feilenfisches** weist merkwürdige Auswüchse auf. Neben lebender Beute mag er auch gerne Algen. Die erwachsenen Fische sind Einzelgänger und greifen manche Wirbellose an. Größe: 20–30 cm.

OPISTOGNATHIDAE

Diese Fische graben senkrechte Löcher in den Sand, die sie fast nie verlassen. Bei Gefahr verstecken sie sich ganz darin. Ihre kleinen Beutetiere spüren sie dank ihren großen, beweglichen Augen auf.

△ ***Opistognathus aurifrons***
Der **Brunnenbauer** ist pflegeleicht und für Aquarien mit Wirbellosen zu empfehlen. Der Bodenbelag sollte mindestens 15 cm hoch sein. Der Fisch ernährt sich von Muscheln, Garnelen oder Fischfleisch; die Nahrung muß vor allem gut zerkleinert sein. Fortpflanzung ist im Aquarium möglich, allerdings muß der Aquarianer über entsprechende Erfahrung verfügen. Größe: 10 cm.

CIRRHITIDAE

Korallenwächter leben normalerweise in flachen Küstengewässern. In Gefangenschaft ziehen sie die Gegenwart von friedlichen Fischen vor, die nicht in ihr gut abgegrenztes Revier vordringen.

Oxycirrhites typus
Der Langnasen-Korallenwächter ist schwer zu halten, aber für ein Aquarium mit Wirbellosen gut geeignet. Er mag Artemien und mundgerecht zerkleinerte Fleischnahrung. Wird nur selten gefangen und importiert. Größe: 10–12 cm. ▽

GOBIIDAE (GRUNDELN)

Die Grundeln leben in Küstengewässern. Außerhalb ihrer Verstecke halten sie der Wasserbewegung stand, indem sie sich mit ihren saugnapfartigen Bauchflossen an den Felsen festhalten (allerdings mit Ausnahmen). Die kleinen Exemplare sind pflegeleicht und ernähren sich von kleinem Lebendfutter.

Lythrypnus dalli
Die **Catalina-Grundel**, eine kleine Art aus Kalifornien, erkennt man an den blauen Querbinden. Sie lebt harmonisch mit Wirbellosen zusammen. Größe: 5 cm. ▷

◁ ***Nemateleotris magnifica***
Die **Pracht-Schwertgrundel** hat den lateinischen Namen *magnifica* wirklich verdient. Sie lebt sich schnell ein, bleibt allerdings recht scheu. Sie sollte daher zusammen mit ruhigen Arten oder Wirbellosen gehalten werden. Sie nimmt Ersatzfutter gut an. Mehrere Arten derselben Gattung sind im Handel, alle sind gleichermaßen prächtig gefärbt. Größe: 10 cm.

BLENNIIDAE (UNBESCHUPPTE SCHLEIMFISCHE)

Die Schleimfische leben in felsenreichen Küstengewässern oder in gut geschützten Korallenriffen. Diese kleinen, robusten Fische sind pflegeleicht und passen gut in ein Aquarium mit wirbellosen Meerestieren. Sie zeichnen sich durch starke Schleimabsonderung und kräftige Farben aus. Sie sind im Handel recht selten; dennoch findet man öfter einige Arten der Gattung *Ecsenius*.

◁ ***Ecsenius sp.***
Der **Schleimfisch** verteidigt sein Revier, daher sollte man ihn nicht mit anderen Fischen dieser Gattung zusammen halten. Er bewegt sich fort, bleibt aber auch oft unbeweglich und beobachtet nur seine Umgebung oder versteckt sich in der Dekoration. Seine Nahrung besteht aus Algen und kleinem Fleischfutter.
Größe: 8–10 cm.

Wirbellose Tiere

Bestimmte wirbellose Arten spielen eine nicht zu unterschätzende Rolle für das ökologische Gleichgewicht im Aquarium, indem sie Abfallprodukte verzehren. Die biologische und ökologische Vielfalt dieser Tiere ist sehr groß, weshalb sie für Aquarianer hochinteressant sind. Die meisten stellen höchste Ansprüche an die Wasserqualität, vor allem die Meerestiere unter ihnen. Daher sind sie oft nicht einfach zu pflegen. Es gibt aber einige robuste Arten, die selbst für unerfahrene Aquarianer gut geeignet sind.

DIE GROSSEN GRUPPEN DER WIRBELLOSEN

Wie ihr Name schon sagt, besitzen diese Tiere keine Wirbel. Ihr Körper ist weich, aber von außen geschützt: im Falle der Krebstiere durch einen Panzer, bei den Weichtieren durch ein Gehäuse, und Korallen haben ein Kalkskelett in ihrem Körperinneren.

Die Wirbellosen sind weniger hoch entwickelt als die Wirbeltiere, entwickeln aber teilweise erstaunliche Anpassungsmechanismen, um ihr Überleben zu sichern. Einige, wie zum Beispiel die Krebstiere, können laufen und schwimmen, um ihre Beute zu suchen oder vor einem Feind zu fliehen, während die Korallen und Anemonen sich strecken können, um Mikroorganismen wie Plankton aus dem Wasser zu fangen, und sich zusammenziehen, wenn sie ihren Freßfeinden entkommen wollen.

Die Schwämme

Noch im letzten Jahrhundert waren sich die Naturforscher keineswegs sicher, ob die Schwämme den Pflanzen oder den Tieren zuzuordnen seien. Sie hatten allerdings ein weites Experimentierfeld, denn es gibt ungefähr 100 000 verschiedene Arten von Schwämmen. Diese Tiere gehören zu den ersten Arten, die die Erde, oder besser das Meer bevölkert haben. Süßwasserexemplare sind selten und werden in der Aquaristik nicht verwendet. Manche Salzwasserarten können allerdings in Gefangenschaft leben.

Die Hohltiere

Diese Tiere sind kaum höher entwickelt als die Schwämme und wurden ebenfalls lange der Pflanzenwelt zugeordnet: Bisweilen wird auch die Bezeichnung »Blumentiere« für sie verwendet. Hohltiere sind zum einen die Medusen, die in der Aquaristik ausgesprochen selten sind – man sieht sie höchstens in öffentlichen Aquarien – und zum anderen die Anthozoen, zu denen Seeanemonen und Korallen gehören. Diese Arten sind im Aquarium häufiger anzutreffen.

Die Gliederwürmer

Würmer sind einfach strukturierte Tiere mit weichem Körper. In der Aquaristik verwendet man sie eher als Futter denn als Bewohner, und in Süßwasseraquarien kommen sie überhaupt nicht vor. Im Meerwasseraquarium lassen sich einige Arten durchaus halten. Sie leben in einer Röhre und sind dort seßhaft. Würmer können sehr verschieden gefärbt sein. Sie sind aber meistens blau oder lila, mitunter weiß gefleckt und fast immer zweifarbig.

Die Weichtiere oder Mollusken

Der weiche Körper dieser Tiere wird von einem Gehäuse geschützt, das entweder zweiteilig – wie bei den Muscheln oder Bivalvia – oder einteilig ist, wie bei den Schnecken oder Gastropoden.

Die Bivalvia öffnen ihre Schale, die aus zwei Klappen besteht, um das Wasser zu filtern. Sie absorbieren so den Sauerstoff und kleine Nahrungspartikel, vor allem Mikroplankton, was ihre Haltung im Aquarium recht schwierig macht.

Wie ihre an Land lebenden Verwandten besitzen die Gastropoden ein spiralenförmiges Gehäuse, das je nach Art unterschiedlich lang ist. Über ihre Zungenraspel, die Radula, können sie Mikroorganismen von der Dekoration, den Glaswänden oder den Pflanzen aufnehmen. Es ist eben diese »Putzerfunktion«, die sie für den Aquarianer so interessant macht. Man sollte indes nicht glauben, daß Gastropoden das Aquarium von allen unliebsamen Algen befreien könnten. Sie können allerdings einem übermäßigen Algenwachstum vorbeugen. Manche Arten fressen Pflanzenblätter oder Nahrungsreste von den Fischen, andere Arten sind Fleischfresser.

Die Krebstiere

Der Körper der Krebstiere ist durch einen Panzer mit Gelenken geschützt. Die Schale muß dem fortschreitenden Wachstum angepaßt werden und wird durch Häutung gewechselt. Während der Bildung eines neuen Panzers ist das Tier Freßfeinden nahezu ausgeliefert. Die für die Aquaristik interessanten Krebstiere gehören zur Gruppe der Dekapoden: Sie besitzen fünf Paar Beine, wobei das erste Paar zu mehr oder weniger starken Zangen ausgebildet ist. Die beiden Fühlerpaare, die bei den Garnelen sehr gut ausgeprägt sind, dienen als Tastorgane. Krebstiere sind Fleischfresser und ernähren sich von toter und lebender Beute; ihre Ernährung im Aquarium ist also kein Problem.

Die Stachelhäuter

Das Prinzip des Körperbaus dieser Tiere ist die fünfstrahlige Sternform, die in der Natur extrem selten vorkommt. Die meisten Tiere haben nämlich eine Doppelstruktur: Wenn man sie in der Mitte durchschneidet, erhält man zwei identische Teile. Bei den Stachelhäutern ist dies unmöglich. Man muß sie in fünf Stücke trennen, um gleiche Teile zu erhalten. Die stachlige Haut ist bei den Seeigeln besonders ausgeprägt, bei den Seesternen weniger. Im allgemeinen überleben die Stachelhäuter nur kurze Zeit außerhalb des Wassers. Man findet sie ausschließlich im Meer.

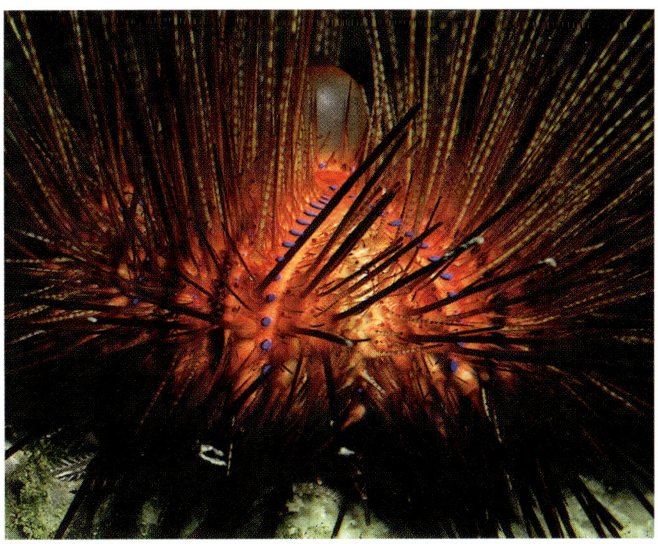

WIRBELLOSE DES SÜSSWASSERS

Obwohl die im Süßwasser lebenden Wirbellosen in der Natur eine nicht zu vernachlässigende ökologische Rolle spielen, sind sie in der Aquaristik nur wenig beliebt, was sehr bedauerlich ist. Es gibt zwei große Gruppen: die Weichtiere (Mollusken) und die Krebstiere (Crustacea).

WEICHTIERE

In tropischen Gewässern kommen Bivalvia vor, die gemeinhin Süßwassermuscheln genannt werden. Diese sind trotz unterschiedlicher Anatomie entfernt mit den Muscheln verwandt, die an den europäischen Küsten leben. Sie leben, ganz oder teilweise vergraben, im Bodensediment. Um sich zu ernähren, filtern sie Mikro-Algen oder Mikroplankton aus dem Wasser. Diese Fähigkeit kann im Aquarium von großem Nutzen sein, da so das ungehemmte Algenwachstum unterbunden wird. Ist hingegen nicht genügend Nahrung vorhanden, sterben die Muscheln. Wenn man es nicht bemerkt, können sie durch ihre Kadaver das Wasser verseuchen. So sind Süßwassermuscheln im Aquarium kaum von Interesse, zumal da es im Handel nur sehr wenige Arten gibt.

△ *Unter den Gastropoden ist die Apfelschnecke (hier die goldene Varietät) besonders wirksam gegen Algen.*

Von den Gastropoden werden einige Arten als ungünstig betrachtet, während sich andere, zum Beispiel Planorbidae, *Ampullaria* und die malaysische Schnecke, günstig auf das ökologische Gleichgewicht im Aquarium auswirken, indem sie unerwünschte Algen fressen. Unter günstigen Umständen vermehren sie sich schnell; man kann sie mit einem Salat- oder Spinatblatt herausholen. Wenn man abends ein Blatt ins Aquarium gibt, ist es am Morgen mit Schnecken übersät. Stirbt eine Gastropoden-Population aus, kann das Gleichgewicht im Becken schwer beeinträchtigt werden.

KREBSTIERE

Im Süßwasser sind diese meist durch verschiedene Garnelenarten vertreten, aber man kann sich im Fachhandel auch tropische Flußkrebse und selbst kleine Krabben besorgen. Der Panzer der Krebstiere besteht zum größten Teil aus Kalziumkarbonat ($CaCO_3$). Daher sollte man sie in hartem Wasser halten. Manche Krabben können sogar im Brackwasser leben. Die Gesellschaft fleischfressender Fische ist zu vermeiden. Kleine Fische laufen in Gegenwart von Krebstieren normalerweise keine Gefahr, gefressen zu werden. Kranke oder geschwächte Fische werden jedoch gefangen und verzehrt. Diese regulierende Funktion, die diese Wirbellosen in der Natur innehaben, üben sie normalerweise auch in Gefangenschaft aus.

△ *Die Garnelen der Gattung* Macrobrachium *sind in Süßwasseraquarien immer häufiger anzutreffen.*

Artenunabhängig fühlen sich Krebstiere am wohlsten, wenn sie Versteckmöglichkeiten haben, vor allem während der Häutungsphasen. Bei ausreichender und richtiger Ernährung häutet sich das Tier öfter und wird dadurch in der Zeit verwundbar, in der es einen neuen Panzer bildet. Gerade in dieser kritischen Phase greifen sich die Krebstiere oft gegenseitig an.

WIRBELLOSE MEERESTIERE

Wirbellose Meerestiere sind im Aquarium zum Teil sehr schwierig zu pflegen. Zum einen reagieren sie sehr sensibel auf die Wasserqualität, die deshalb so perfekt wie möglich sein sollte, und zum anderen ist ihre Ernährung problematisch. Das gilt vor allem für Schwämme und Hohltiere, Anemonen und Korallen. Darüber hinaus muß man auf die Verträglichkeit zwischen den Wirbellosen unter sich und zu den eingesetzten Aquarienfischen achten. Denn viele Fische sind Freßfeinde der Wirbellosen.

Aus den genannten Gründen ist die Haltung in einem eigenen Becken vorzuziehen. Der Eindruck wird nicht weniger faszinierend sein als bei einem mit Fischen besetzten Aquarium. Fische, die mit wirbellosen Tieren zusammenleben können, sind die logische Ergänzung. Robuste und leicht akklimatisierbare Arten von Wirbellosen können sich in Gefangenschaft fortpflanzen, vor allem bestimmte Anemonen. Um hier Erfolg zu haben, braucht der Aquarienfreund jedoch viel Erfahrung auf dem Gebiet der Meeresaquaristik.

Trotzdem zögern selbst die Kenner noch vielfach, von Fischen auf Wirbellose umzusteigen, da sie sowohl die Kosten als auch das Risiko scheuen. Man kann dennoch feststellen, daß die Begeisterung für diesen Aquarientyp steigt, aber man sollte realistisch bleiben: Es ist unmöglich, ein Korallenriff im Aquarium wiederherzustellen, auch wenn das Ergebnis für das Aquarium in ökologischer Hinsicht positiv ist und zudem ein faszinierendes Schauspiel darstellt.

ALLGEMEINE LEBENSBEDINGUNGEN

Das Aquarium

Je größer das Aquarium, desto schneller gewöhnen sich die Tiere ein. Für eine mittelgroße Anemone mit ihren Anemonenfischen darf das Becken auf keinen Fall kleiner als 300 Liter sein. Für ein Becken mit verschiedenen wirbellosen Arten sind 400 bis 500 Liter das absolute Minimum. Eine Beckenhöhe von höchstens 50 cm ist wünschenswert, damit genügend Licht zu den Tieren durchdringt. Zudem begünstigt eine niedrige Höhe die Eingriffe des Aquarianers.

Ein Becken, das fast ausschließlich aus Wirbellosen und wenigen Fischen besteht, verlangt gute Kenntnisse über die Lebensbedingungen dieser Tiere. ▽

Sinkender pH-Wert im Meerwasserbecken mit Wirbellosen

In Korallenbecken stellt man manchmal ein schwaches, aber kontinuierliches Absinken des pH-Wertes fest. Wenn er niedriger ist als 8,3, kann man ihn durch Zugabe von Natriumkarbonat wieder ansteigen lassen. Man löst 5 g in 1 l Wasser auf und gibt 1 ml dieser Lösung auf einen Liter Nettovolumen. Dies wiederholt man täglich, bis der pH-Wert wieder 8,3 erreicht hat. Im Fachhandel gibt es diese Lösung auch bereits fertig gemischt zu kaufen.

△ pH-Indikatoren sind einfach zu verwenden und dienen zur Kontrolle der Wasserqualität, die für Wirbellose extrem wichtig ist.

Das Wasser

Das Wasser muß sehr gut bewegt sein: Man muß also eine Pumpe verwenden, deren Mengenleistung mindestens das Fünf-, am besten das Zehnfache des Volumens des Aquariums beträgt. Man muß davon ausgehen, daß das Wasser in einem Becken mit Wirbellosen Tieren niemals so gut bewegt ist wie im natürlichen Milieu.

Das Wasser muß außerdem sehr klar sein, damit das Licht gut durchdringen kann. Daher muß man für eine gute mechanische Filterung sorgen, eventuell in Verbindung mit der Wasserumlaufpumpe. Die Wirbellosen sind ausgesprochen empfindlich gegen Nitrate (NO_3^-). Ein biologischer Filter ist also ebenso unerläßlich. Er sollte mindestens zehn Prozent des Beckenvolumens fassen.

Dennoch wird man feststellen, daß ein mit echten, riffbildenden Korallen bevölkertes Becken manchmal auch ohne eine chemische Filterung funktioniert. Zusätzlich zur richtigen Filterungstechnik ist es wichtig, regelmäßig Wasser auszutauschen, und zwar ungefähr zehn Prozent des Aquarienvolumens pro Woche.

Es ist empfehlenswert, diesen Wassertausch einen Tag nach der wöchentlichen Fütterung durchzuführen, da dies der Verschmutzung entgegenwirkt. Die Wasserdichte sollte ungefähr bei 1,024 g/cm^3 liegen, kann aber auch bis 1,026 g/cm^3 ansteigen.

Das Licht

Für das Gedeihen der Wirbellosen spielt das Licht eine wichtige Rolle, und zwar sowohl quantitativ als auch qualitativ. Neben dem ästhetischen Effekt begünstigt die Beleuchtung die Entwicklung der Zooxanthellen, der Mikro-Algen, die im Gewebe der Tiere leben und zu ihrem biologischen Gleichgewicht beitragen.

Wenn das Wasser nicht höher als 50 cm ist, verwendet man Tageslicht-Leuchtstoffröhren in Verbindung mit einer blauen Lichtröhre. Bei höherem Wasserspiegel sollten stärkere Lampen verwendet werden, jedoch muß immer eine blaue Komponente dabei sein. Die Beleuchtung muß stark sein (ungefähr 1 W pro l Wasser), und das Becken sollte 13 Stunden am Tag beleuchtet werden. Von UV-Lampen ist abzuraten.

Alle für die Beleuchtung wichtigen Daten sind im Kapitel Geräte und Zubehör, S. 226, beschrieben.

Das Substrat

Man sollte allzu feinkörnigen Bodenbelag vermeiden. Optimal ist eine mittlere Körnung von 2 bis 5 mm. Der Boden muß kalkhaltig sein, wie zum Beispiel Korallensand,

△ Der Bodenbelag der Meeresaquarien besteht aus relativ grobkörnigen Korallenteilen.

und kann mit Splittern von Austernschalen ergänzt werden, die für die Zufuhr von Kalziumkarbonat sorgen.

Die Dekoration

Da sich manche Tiere daran festhalten, sollte sie treppenförmig aufgebaut sein, damit sich die Arten je nach Lichtbedürfnis darauf niederlassen können. Mit künstlichem Material

Die Zooxanthellen

Diese grünen Mikro-Algen leben im Fleisch der Anthozoa (Blumentiere) und anderer Organismen wie Schwämme oder Bivalvia. Sie tauschen Substanzen mit den Zellen ihres Wirtes aus. Kohlendioxid (CO_2), das beim Stoffwechsel der Zellen, also bei der Verbrennung von Nährstoffen entsteht, wird von den Zooxanthellen aufgenommen. Sie nehmen auch stickstoff- und phosphorhaltige Stoffe auf, führen Photosynthese durch und produzieren organische Substanzen, die begünstigend auf ihr eigenes und das Wachstum ihres Wirtstieres wirken. Diese Art von Lebensgemeinschaft mit gegenseitigem Nutzen, die im Inneren eines Tieres stattfindet, wird Endosymbiose genannt. Die Zooxanthellen sind Teil des Nahrungskreislaufs der Anthozoa, die daher nur sehr wenig Futter von außen benötigen: Manche Organismen, wie die Seeanemonen, werden im Aquarium nur ungefähr einmal pro Woche gefüttert.

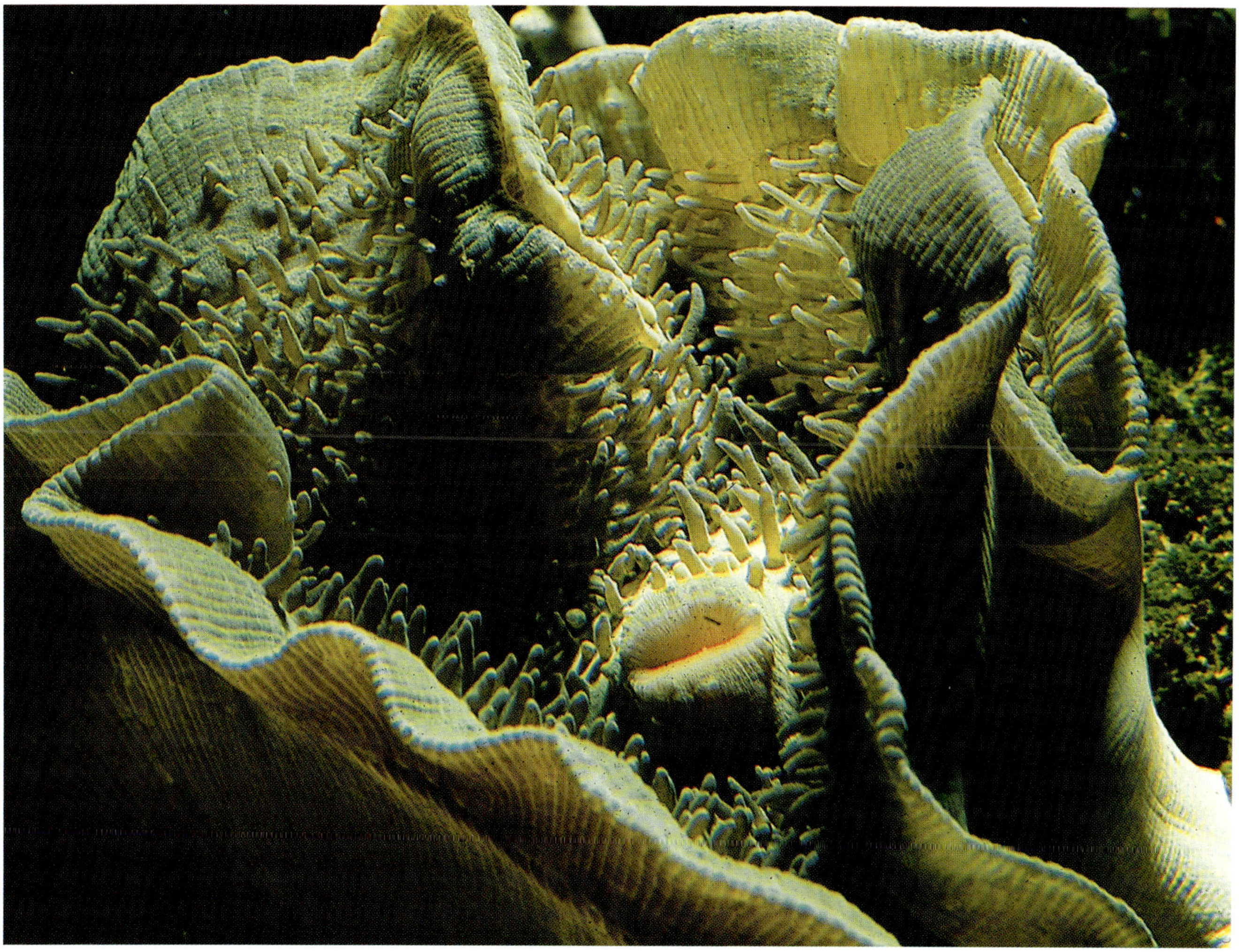

△ *Die grüne Farbe dieser Anthozoa weist auf eine große Zahl von Zooxanthellen hin; dieses Tier braucht also eine sehr intensive Beleuchtung.*

läßt sich eine Dekoration sehr leicht herstellen, man kann sie aber durch tote Korallenstöcke oder Felsen ergänzen.

Die Vegetation

Sie hat auf wirbellose Tiere eine positive Wirkung. Pflanzen setzen nämlich Substanzen frei, die für diese günstig sind, wenn auch die Wirkungsweise noch nicht erforscht ist. Man verwendet Algen der Gattung *Caulerpa*, sollte aber eine zu große Dichte vermeiden.

◁ Caulerpa prolifera *ist in Aquarien mit wirbellosen Meerestieren eine geläufige Algenart.*

△ *Wenn sie sich gut akklimatisiert haben, strecken die Hohltiere bald ihre Tentakel aus, was ein Zeichen von Wohlbefinden ist.*

Hingegen ist darauf zu achten, daß sich bestimmte Fadenalgen nicht zu sehr ausbreiten, da sie zum Ersticken mancher Schwämmme und empfindlicher Hohltiere führen können.

Die Akklimatisierung der Wirbellosen

Da das Wasser in der Heimat der Wirbellosen zwangsläufig sehr verschieden von dem im Aquarium ist, erfordert die Akklimatisierung Wirbelloser Tiere viel Sorge und Aufmerksamkeit. Der Transportbehälter, in dem man den neuen Bewohner erstanden hat, muß nach und nach mit Wasser aus dem Aquarium angefüllt werden, damit sich das Wirbellose Tier langsam daran gewöhnt, bevor es dann vorsichtig in seinen neuen Lebensraum gesetzt wird.

Man sollte unbedingt darauf achten, daß man beim Einsetzen nicht mit den nesselnden Partien (bei Anemonen oder Steinkorallen) in Berührung kommt. Der gesamte Umsetzvorgang dauert ungefähr 1 Stunde. Eine vierzigtägige Vorbereitung in einem Akklimatisierungsbecken ist ratsam.

Die Schwämme

Schwämme bevorzugen den Schatten oder das Dunkel, denn sie vertragen nur geringe Mengen von Licht. Sie mögen weder nitrathaltiges Wasser noch Fadenalgen, an denen sie ersticken. Sie vermehren sich entweder geschlechtlich, was im Aquarium nur selten erreicht wird, oder durch ungeschlechtliche Teilung, wobei ein Teil des Schwammes abgelöst wird und sich zu einem neuen Individuum entwickelt.

Ein Schwamm ähnelt gewissermaßen einem »Sack«, der verschiedene spezialisierte Organe enthält. Das Wasser gelangt über die Haut ins Innere, zirkuliert dort in Kanälen mit Hilfe der unzähligen Wimpern auf den Zelloberflächen, und wird schließlich durch eine Öffnung im oberen Teil des Körpers wieder ausgeschieden. Das Wasser liefert dem Schwamm lebenswichtigen Sauerstoff und die Nahrungspartikel, vor allem Mikro-Algen und Phytoplankton.

Das Tier darf nie aus dem Wasser genommen werden, denn dann dringen Luftblasen in die Kanäle, durch die das Wasser fließt, und der Schwamm stirbt. Man füttert ihn genauso wie die Hohltiere mit einer Futterzubereitung auf Muschelbasis oder speziellen Nährlösungen.

Die Hohltiere

Hohltiere stellen eine komplexe Gruppe dar (siehe Tafel S. 171). Man unterscheidet zwischen verschiedenen Anthozoa, nämlich den Hexacorallia, bei denen die Zahl der Tentakel immer durch sechs teilbar ist, und den Octocorallia, deren Tentakelzahl immer ein Vielfaches von acht beträgt.

Zu den Oktocorallia gehören u. a.:

- Actiniaria (echte Anemonen)
- Ceriantharia (Zylinderrosen)
- Zoantharia (Krustenanemonen)
- Corallimorpharia (Korallenanemonen)
- Gorgonaria (Rindenkorallen).

Diese Wirbellosen besitzen einen Tentakelkranz, der auf einem breiten Fuß steht. Das ganze wird als Polyp bezeichnet. Anemonen und Zylinderrosen sind Einzelpolypen. Die anderen Anthozoa sind Polypenkolonien, die miteinander an der Basis verbunden sind und sich über große Flächen hinweg ausbreiten können.

Nesselzellen zur Verteidigung

Hohltiere haben am ganzen Körper, vor allem auf den Tentakeln, mit einer tastempfindlichen Wimper versehene Nesselzellen. Wenn ein fremder Organismus das Hohltier streift, öffnen sich Tausende oder Millionen von Zellen und setzen Nesselfäden frei, an deren Ende ein Giftstachel sitzt. Damit kann auch ein Opfer betäubt werden, bevor es schließlich verschlungen wird.

Das Einsetzen von Hohltieren

Hohltiere müssen selbstverständlich alle Anzeichen guter Gesundheit aufweisen, bevor man sie in das Aquarium gibt, also entfaltet, aufgebläht und voller Wasser sein. In schlechtem Zustand sind sie verknittert und geschrumpft.

Die Anthozoa mögen klares und hell erleuchtetes Wasser, was für sie gleichermaßen zuträglich ist wie für die Zooxanthellen, die in ihnen leben. Sie sollten nahe an der Wasseroberfläche plaziert werden.

Das Korallenskelett besteht zum größten Teil aus Kalziumkarbonat. In natürlicher Umgebung ist der Kalziumanteil im Wasser sehr hoch, bis zu 500 mg/l, und im Korallenaquarium sollte er daher genauso hoch sein. Je nach Populationsdichte kann es vorkommen, daß der Gehalt unter 300 mg/l sinkt. Dann muß man Kalzium hinzugeben.

Was tun bei Hautkontakt mit einem Hohltier?

Manche Arten nesseln stärker als andere. Heftige Reaktionen wie Krämpfe oder Atemnot können von manchen Medusen hervorgerufen werden, doch sind solche Vorfälle in der Aquaristik selten. Dieses Phänomen wird Anaphylaxie genannt: Der Körper wird beim ersten Kontakt mit dem Gift sensibilisiert und reagiert dadurch empfindlicher. Bei einer Berührung muß man die Tentakel entfernen und darf sich auf keinen Fall die Augen reiben. Die Hautstelle muß sofort mit Ammoniaklösung behandelt werden. Am besten konsultiert man sofort einen Arzt.

Hohltiereinteilung

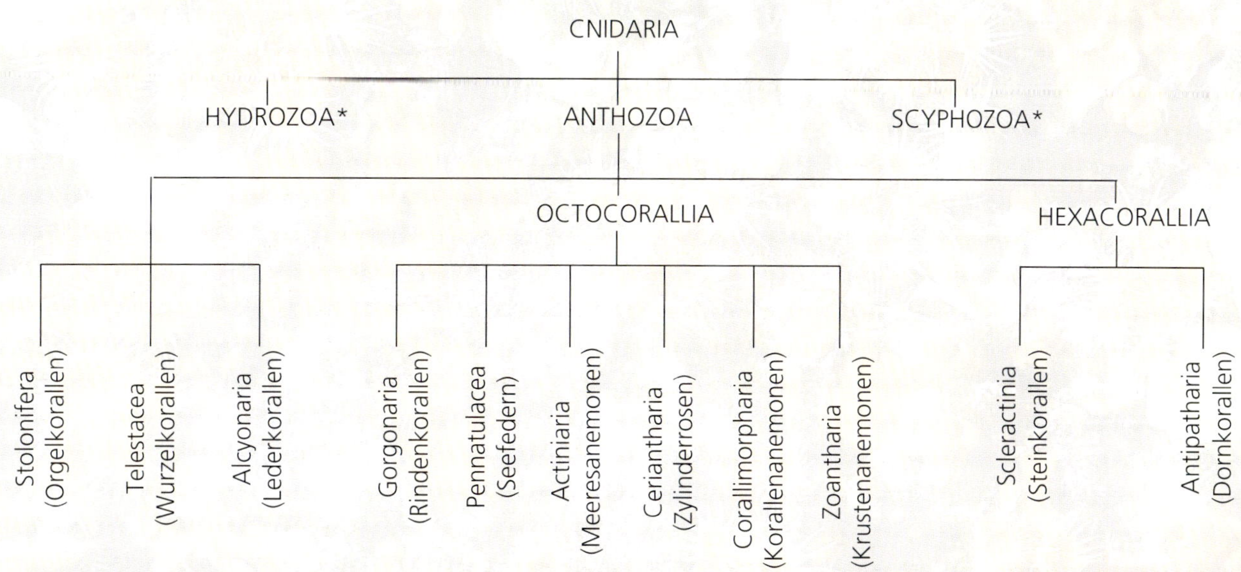

Vereinfachte Einteilung der Nesseltiere. Die mit einem Stern versehenen Gruppen kommen in der Aquaristik nicht vor.

Die Korallenriffe

Riffe entstehen durch Ansammlung von Kalkskeletten der Korallenpolypen. Zu den berühmtesten Riffen gehört das Great Barrier Reef, das sich 2000 Kilometer lang vor der Nordostküste Australiens erstreckt. Es handelt sich dabei um das größte von Tieren geschaffene Bauwerk der Welt. Dieses Ökosystem ist eines der reichsten und vielfältigsten überhaupt, ist aber in seinem äußerst fragilen Gleichgewicht ständig bedroht. Seit Jahren werden Korallenriffe von Menschen zerstört. Die Korallen werden beim Bau von Häusern, Straßen und sogar für Start- und Landebahnen von Flughäfen verwendet! Natürlich wurden auch schon die Aquarianer bezichtigt, zu dieser Zerstörung beizutragen, was aber sehr übertrieben ist. Gewiß werden für Aquarien Korallen abgetragen, aber in sehr geringen Mengen. Außerdem sind manche Arten geschützt und werden daher nie den Weg in ein Aquarium finden. Der Meeresaquarianer kann vielmehr zur Erforschung dieser Tiere beitragen. Im Aquarium des Ozeanographischen Museums in Monaco findet man ein 40 m^3 großes Becken, bevölkert mit mehreren Tonnen Korallen, die sich entwickeln und fortpflanzen. Bis vor ein paar Jahren noch war die Aufzucht von Korallen in Gefangenschaft unmöglich, vor allem wegen ihrer Empfindlichkeit gegen Nitrate (NO_3^-). Die Wissenschaftler haben das Problem gelöst, indem sie durch anaerobe Bakterien, die am Boden des Beckens in einer sauerstoffarmen Zone überleben können, die Nitrate in Stickstoffgas (N_2) umwandeln lassen. Der durch den Bakterienstoffwechsel entstehende Stickstoff steigt in die Atmosphäre auf. Diese Technik ist allerdings für Hobbyaquarianer unerreichbar.

Korallenriffs bieten einer Vielzahl von Fischen und wirbellosen Tieren einen idealen Lebensraum. ▽

WANN MUSS MAN KALZIUM HINZUFÜGEN?

Man gibt Kalzium in das Wasser, wenn der gemessene Anteil unter 400 mg/l liegt. Im Fachhandel gibt es Tests, um den Kalziumgehalt zu messen. Im Meerwasser gibt die Wasserhärte die Quantität von Karbonaten und Bikarbonaten an. Ist sie niedriger als 13 °dGH, kann man daraus schließen, daß ein Mangel an Kalziumkarbonat vorliegt, der ausgeglichen werden muß.

Zugabe von Kalzium in einem Korallenaquarium

1. Methode

Man muß von Anfang an, das heißt, schon wenn man die Korallen einsetzt, Salze zugeben, die mit Kalzium angereichert sind. Im Laufe der folgenden regelmäßigen Wassererneuerung, in der Größenordnung von 10 % pro Woche, werden dieselben Salze hinzugegeben.

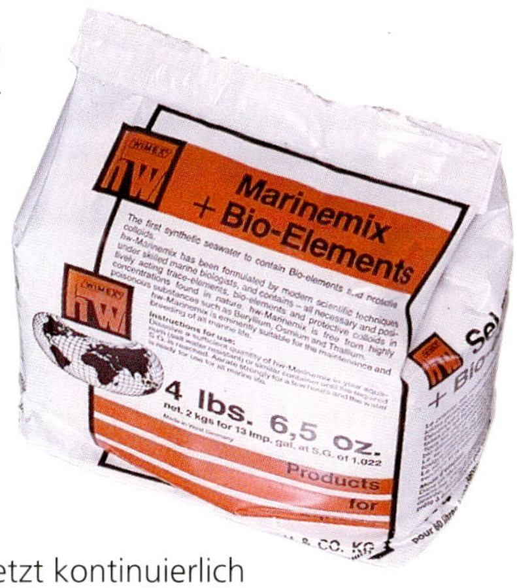

Einige handelsüblichen Salze wurden speziell für die Haltung von Wirbellosen Meerestieren entwickelt.

2. Methode

Man verwendet spezielle Produkte aus dem Fachhandel, die den Kalziumgehalt des Wassers erhöhen.

3. Methode

Ein kalkhaltiges Element wird in den Filter gegeben und setzt kontinuierlich Kalzium frei: Kalkstein, gebrochene und gewaschene Austernschalen. Diese Methode kann den Kalziumgehalt aber nur langsam und in bescheidenen Grenzen ansteigen lassen.

4. Methode

Man bereitet eine Lösung aus gelöschtem Kalk $Ca(OH)_2$, wie sie auch im Fachhandel in der Konzentration 1,5 g/l erhältlich ist. Man gibt 1 ml dieser Lösung auf 1 l Meerwasser und geht dabei schrittweise vor. Der pH-Wert darf nicht über 8,5 steigen.

5. Methode

Sie ist etwas aufwendiger, aber effektiver als die anderen.
Zwei Lösungen werden zubereitet:
– zum einen eine gechlorte Lösung aus dehydratisiertem Kalzium ($CaCl_2 \cdot 2H_2O$) im Verhältnis von 15g/Liter, die das Wasser mit Kalzium versorgt;
– zum anderen eine Lösung aus Natriumbikarbonat ($NaHCO_3$), 17 g/l, die dem Wasser Karbonat zufügt.
Dann rechnet man die Differenz zwischen der Karbonathärte von 13 °dGH und der im Aquarium gemessenen Härte aus. Diesen Wert multipliziert man mit dem Nettovolumen des Beckens. Man erhält so in Millilitern die Menge, die man von jeder Lösung hinzufügen muß.
Beispiel: Für ein Becken mit einem Nettovolumen von 500 Litern und einer Karbonathärte von 10 °dGH erhält man:
Menge jeder Lösung (in ml) = 500 x (13-10) = 1500 ml.
Die folgende Tabelle gibt einige Fallbeispiele an.

Bei der Zugabe von Kalzium darf der pH-Wert nicht über 8,5 steigen; man muß ihn regelmäßig kontrollieren. ▽

dGH in Grad / Gesamtvolumen in Litern	13	12,5	12	11,5	11	10,5	10
400	0	200	400	600	800	1 000	1 200
500	0	250	500	750	1 000	1 250	1 500
600	0	300	600	900	1 200	1 500	1 800
700	0	350	700	1 050	1 400	1 750	2 100
800	0	400	800	1 200	1 600	2 000	2 400
900	0	450	900	1 350	1 800	2 250	2 700
1000	0	500	1000	1 500	2 000	2 500	3 000

△ Die Lederkorallen der Gattung Sarcophyton dürfen nicht in der Nähe von stark nesselnden Hohltieren gehalten werden.

Die Ernährung der Hohltiere

Hohltiere filtern das Wasser und nehmen dabei kleine, darin schwebende Partikel wie Krebstiere des Zooplankton auf. Zooplankton zu gewinnen, zu konservieren und zu verfüttern ist aber keine leichte Aufgabe. Daher sollte man auf andere Methoden zurückgreifen.

Dennoch muß noch einmal betont werden, daß handelsübliche Ersatznahrung immer eine Verschlechterung darstellt.

Frisch geschlüpfte *Artemia*-Nauplien, wie sie auch zur Fütterung der Fischbrut verwendet werden, stellen eine mögliche Nahrung dar. Aber nicht jeder züchtet *Artemia*. Es gibt allerdings ein leicht zuzubereitendes, billiges und tiefkühlbares Futter, das alle Aquarienfreunde verwenden können: Muschelsuppe oder Muschelsud. Miesmuscheln sind preiswert, reich an Proteinen und Kohlenhydraten sowie an Mineralsalzen und Vitaminen. Man kann auch Eßmuscheln verwenden, mageres Fischfleisch oder Garnelen, die man, geschält und in Dosen verpackt, in Lebensmittelgeschäften kaufen kann. Diese Konserven werden in Asien in großen Mengen hergestellt und sind recht preisgünstig. Das Problem besteht darin, den besten Fütterungsrhythmus herauszufinden. Man darf nicht vergessen, daß die meisten der zu ernährenden Organismen Zooxanthellen beherbergen, die ihnen bereits einen Großteil ihrer Nahrung liefern. Eine wöchentliche Fütterung ist daher absolut ausreichend. Es sei nochmal daran erinnert, daß das Wasser am besten am Tag nach der Fütterung gewech-

In freier Natur ernähren sich die Hohltiere von tierischem Plankton; im Aquarium kann man ihnen diese Nahrung nur schwer bieten. ▷

Nahrungszubereitung für Schwämme und Hohltiere

Zutaten:

- Miesmuscheln oder andere Muscheln;
- weißer, magerer Fisch ohne Fett;
- eventuell geschälte Garnelen aus der Dose.

Muscheln und Fisch gar kochen. Die Garnelen für ein bis zwei Minuten in kochendes Wasser geben. Die Muscheln aus den Schalen herauslösen.

Alle Zutaten vermischen und zerkleinern. Sie können auch eine Vitaminlösung, Flocken- oder Granulatfutter für Fische, gekochten Spinat oder Wirbellosen-Spezialnahrung hinzugeben, die Sie im Fachhandel kaufen können. Wenn die Paste zu dickflüssig ist, mit Meerwasser verdünnen.

Passieren Sie die Paste durch ein feines Sieb. Was darin hängen bleibt, kann zur Fütterung von Anemonen oder kleinen Fischen verwendet werden. Man kann dieses Püree auch tiefgefrieren. Lassen Sie es ein paar Stunden im Kühlschrank stehen und gießen Sie dann das Wasser ab. Die so erhaltene feste Paste kann dann einfach im Tiefkühlfach gelagert werden.

Die Fütterung mit dieser Nahrung erfolgt am besten abends, ein bis zwei Stunden vor dem Löschen der Aquarienbeleuchtung. Stellen Sie Filter, Pumpen und Belüftung ab. Rechnen Sie einen Eßlöffel auf 200 l Wasser. Das vorher aufgetaute Futter wird mit einer Pipette oder einem dünnen, harten Schlauch über den Wirbellosen verteilt. Die Filter- und Wasserbewegungssysteme können einige Minuten nach der Fütterung wieder eingeschaltet werden.

◁ *Hohltiere können mit Algen und sogar mit kleinen Fischen zusammenleben.*

selt werden sollte, um die Verschmutzung so gering wie möglich zu halten.
Die größten Anemonen ernähren sich von adulten Artemien und kleinen Muschel-, Fisch- und Garnelenstücken.

Die Verträglichkeit unter den Hohltieren

Man sollte vermeiden, stark nesselnde Hohltiere in der Nähe von empfindlicheren Arten zu halten. Ein Sicherheitsabstand von 10 bis 15 cm ist oft notwendig. Steinkorallen und Anemonen gehören zu den giftigsten Arten und dürfen daher keinesfalls neben einer Lederkoralle der Gattung *Sarcophyton* stehen. In einem Hohltier-Aquarium können auch mehr oder weniger stark wuchernde Algen gedeihen, sogar *Caulerpa* oder Blattalgen. Ihr Wachstum muß aber gut kontrolliert werden, damit sie die Anthozoa nicht ersticken. Die Haltung mancher Fische ist möglich, aber es gibt hier klassische Unverträglichkeiten (*siehe* Tabelle auf S. 178).
Die künstliche Dekoration, die vor dem Besetzen des Aquariums auf die Besonderheiten der Hohltiere abgestimmt werden muß, wird schließlich je nach Wachstums- und Fortpflanzungsgeschwindigkeit der Organismen mehr oder weniger schnell überwuchert.

Die Gliederwürmer

In der Gruppe der Ringelwürmer oder Annelida gibt es einige Arten, die in selbstgebauten Röhren leben: Man nennt sie seßhafte Annelida. Ein lebhaft bunt gefärbter Tentakelkranz, der aus den Röhren herausragt, nimmt Sauerstoff sowie kleine Organismen aus dem Zooplankton auf. Bei Gefahr oder bei einer Erschütterung des Aquariums ziehen sich die Tentakel zurück. Die Ernährung von Annelida im Aquarium ist identisch mit der von Hohltieren. Beim Kauf muß man darauf achten, daß der Tentakelkranz schön aufgestellt und die Röhre intakt ist. Man sollte am besten einen Wurm kaufen, der in einer Steinkoralle seßhaft ist.

◁ *Man muß das Wachstum der Algen etwas bremsen, damit sie die Hohltiere (hier:* Cerianthus*) nicht ersticken.*

△ Diese Porzellanschnecke hat ihren Mantel in das Gehäuse zurückgezogen.

DIE WEICHTIERE

In der Meeresaquaristik gibt es nur wenige Weichtiere, und sie sind zudem äußerst schwierig zu bekommen. Von den Gastropoden können besonders die Porzellanschnecken, die auch Muschelsammlern bekannt sein dürften, gut im Aquarium gehalten werden. Manche Fische knabbern allerdings an dem »Mantel«, einem außen über das Gehäuse geschlagenen Körperteil.

Bei Gefahr zieht sich das Tier in sein Gehäuse zurück. Liebhaber dieser oft sehr prächtigen Tiere können ein Exemplar zusammen mit friedlichen Fischen wie Gobiidae, Blenniidae, Grammidae, Pseudochromidae halten. Zur Gruppe der Bivalvia gehören auch die Riesenmuscheln, die in freier Natur eine Größe von einem Meter erreichen können. Sie ernähren sich von pflanzlichem Plankton. Einige kleinere Arten können im Aquarium akklimatisiert werden. Man füttert sie mit derselben Nahrung wie die Hohltiere. Diese Tiere sind dennoch nur fortgeschrittenen Aquarianern zu empfehlen.

Garnelen spielen eine ökologisch wichtige Rolle, indem sie die Nahrungsreste der Fische verzehren. ▽

DIE KREBSTIERE

In Meerwasseraquarien kann man einige dieser aufgrund ihrer leuchtenden Farben recht beliebten Arten halten. Sie sind Fleischfresser. Im Aquarium ernährt man sie mit Muscheln, Fisch oder weißem Fleisch.

Die Garnelen

Sie schwimmen nur selten und bewegen sich lieber durch Laufen fort. Wenn sie sich bedroht fühlen, ziehen sie sich blitzschnell in ihre Gehäuse zurück. Garnelen können mit Artgenossen, aber nicht mit fleischfressenden Fischen gehalten werden.

△ Die Diogenidae oder Einsiedlerkrebse sind pittoreske Wirbellose, die auf ihrer Nahrungssuche kreuz und quer durch das Aquarium laufen. Wenn sie sich bedroht fühlen, ziehen sie sich in ihr Schneckengehäuse zurück.

Die Krabben

Das kurze Schwanzstück krümmt sich unter den Körper. Die Scheren sind besonders gut entwickelt. Größere Arten dürfen nicht in Meeresaquarien gehalten werden, da sie andere Wirbellose und manchmal sogar Fische angreifen können.

△ *Neben den Langusten ist* Enoplometopus daumi, *die Hummerkrabbe, ein interessanter und wenig aggressiver Gast im Aquarium.*

Die Diogenidae

Von den Einsiedlerkrebsen sind einige tropische Arten im Handel, und manche davon tragen eine kleine Anemone auf dem Gehäuse. Dieses wird verlassen, wenn es zu klein für das wachsende Tier geworden ist. Da das Schwanzstück der Diogenidae nicht durch einen Panzer geschützt ist, müssen größere Gehäuse bereitgestellt werden.

Die Stachelhäuter

Die Seeigel

Diese Arten sind nicht leicht zu akklimatisieren. Höchstens bei einem sehr kleinen Exemplar ist die Haltung im Aquarium möglich. Das Tier bleibt meistens an einem lichtgeschützten Ort. Seeigel sind Fleischfresser und suchen im Substrat nach Algen. Sie laufen auf beweglichen Stacheln und haben sogenannte Pedicellarien, die entweder in einer kleinen Zange enden, mit der sie die Nahrung aufnehmen, oder in einem Saugnapf auslaufen. Dank dieser Saugnäpfe finden Seeigel auf hartem Untergrund oder an den Scheiben des Aquariums Halt.

Die Seesterne

Sie sind für ein Becken mit wirbellosen Meerestieren nicht zu empfehlen, da sie z. B. Schwämme angreifen. Seesterne sind entweder Fleischfresser – mit ihren Armen können sie die Beute umklammern – oder Mikrophagen. In diesem Fall ernähren sie sich von kleinen Organismen am Boden.

Die Schlangensterne sind nahe Verwandte der Seesterne und besitzen bewegliche Arme, mit denen sie sich recht schnell fortbewegen können. Wie bei den Seesternen können abgebrochene Körperteile nachwachsen.

△ *Manche Seeigelarten mit mehr oder weniger spitzen Stacheln können in Meeresaquarien gehalten werden.*

Die lebenden Steine

Dies sind Felsenstücke oder Bruchstücke toter Steinkorallen (Scleractinia), in denen Kalkalgen oder verschiedene Ablagerungen von wirbellosen Tieren »eingeschweißt« sind. Sie werden direkt aus dem Meer geholt und sind manchmal im Fachhandel erhältlich. Lebende Steine beherbergen verschiedenste Organismen: Bakterien, Algen, Schwämme, kleine Hohltiere und manchmal sogar kleine Krebstiere, die sich in den Hohlräumen ver-

Lebende Steine werden von zahlreichen kleinen Organismen besiedelt (Gliederwürmern, Sedentaria), die auf anderem Wege kaum ins Aquarium zu bekommen sind. ▷

Verträglichkeit und Unverträglichkeit zwischen Fischen und Wirbellosen	
Völlige Unverträglichkeit mit allen Wirbellosen.	Drückerfische (Balistidae), Schnapper (Lutianidae), Muränen (Muraenidae), Sägebarsche außer *Anthias* (Serranidae), Igelfische (Diodontidae), Kugelfische (Tetraodontidae), Kofferfische (Ostraciontidae), Spitzkopfkugelfische *(Canthigaster)*, Feuerfische (Scorpaenidae), Süßlippen (Plectorhynchidae), andere lebhafte Fische mit einer Körpergröße von 10–15 cm oder darüber.
Unverträglichkeit mit Würmern, Krebstieren und Stachelhäutern.	Raubfische, die andere Gruppen jagen, wie zum Beispiel Riffhörnchenfische, Soldatenfische (*Holocentridae*) und Fledermausfische (*Ephippidae*).
Unverträglichkeit mit Schwämmen und Hohltieren.	Falterfische (Chaetodontidae), Kaiserfische (*Pomacanthidae*).
Verträglichkeit mit praktisch allen Wirbellosen.	*Anthias* (Serranidae), Seepferdchen (Syngnathidae), Korallenwächter (Cirrhitidae), Opistognathidae, Feilenfische (Monacanthidae), Mandarinfische (Callionymidae), Kardinalbarsche (Apogonidae), außer mit kleinen Garnelen, Kometenfische (Plesiopidae), außer mit Krebstieren, Grammidae und Pseudochromidae, Blenniidae, Pomacentridae, Doktorfische (Acanthuridae). Es gibt also zahlreiche Arten, im allgemeinen kleiner als 10 cm, die sich gut akklimatisieren lassen.
Ein Meerwasseraquarium stellt keinesfalls ein Biotop dar, da es Arten zusammenführt, die in natürlicher Umgebung nicht unbedingt gemeinsam leben. Bei der richtigen Auswahl der Bewohner kann allerdings ein gutes Ergebnis entstehen, so daß Fische und Wirbellose friedlich zusammenleben.	

steckt halten. Sie können also als eine Art belebte Dekoration betrachtet werden, die zum ökologischen Gleichgewicht im Aquarium beiträgt. Wenn Transport, Verpackung und Haltung vom Händler korrekt durchgeführt wurden, sollte man sie kaufen, auch wenn sie recht teuer sind, da sie dem Aquarium auf äußerst »natürliche« Weise eine Vielzahl interessanter Organismen zuführen.

Man kann auch daran denken, sich solche Felsstücke selber von den Mittelmeerküsten zu holen. Im Sommer, wenn das Wasser warm ist, entwickeln sich darin Organismen, die durchaus im Warmwasseraquarium überleben können. Dennoch besteht die Gefahr, daß man sich dabei auch unliebsame Gäste ins Aquarium holt. Man sollte den Stein daher zunächst in ein Quarantänebecken geben.

Verträglichkeit zwischen Fischen und Wirbellosen

Wirbellose Tiere können nicht mit allen Fischen zusammenleben, und dies aus mehreren Gründen. Zum ersten laufen sie Gefahr, den fleischfressenden Fischen zur Beute zu fallen. Zum Beispiel kann man Hohltiere auf keinen Fall mit Kaiserfischen *(Pomacanthidae)* halten.

Zweitens können lebhafte und aktive Fische, die größer als 10–15 cm sind, manche Wirbellosen »schubsen« und in ihrem Wohlbefinden empfindlich stören.

Außerdem gilt: Je größer und aktiver ein Fisch ist, desto mehr stickstoffhaltige Substanzen scheidet er aus, die zur Akkumulation von für Wirbellose schädlichen Nitraten (NO_3^-) führen. Die Haltung solcher Fische sollte also vermieden werden. Eine zu hohe Anzahl von Fischen im Aquarium hat denselben Effekt und ist genauso schädlich für die Wirbellosen.

Ein weiteres Problem entsteht, wenn man einen kranken Fisch behandeln muß, vor allem wenn das Medikament Metalle enthält, die für fast alle Wirbellosen giftig sind. Wir erinnern nochmals daran, daß es immer besser ist, einen Fisch in einem Kranken-Aquarium zu behandeln. Die Tabelle oben informiert über Verträglichkeiten und Unverträglichkeiten zwischen Wirbellosen und Fischen.

Die Wirbellosen Tiere

Gegenwärtig scheinen sich immer mehr Aquarienfreunde für diese Tiere zu interessieren. Vom ökologischen Standpunkt aus betrachtet, stellen sie eine natürliche Ergänzung zu den Fischen und Pflanzen dar. Unter ästhetischen Gesichtspunkten lassen sich mit ihnen als lebendiger Dekoration wundervolle Farbeffekte erzielen, vor allem in Meerwasseraquarien, z.B. mit Anemonen und Korallen, zu denen man kleine, lebendige oder ruhige, bunte Fische gesellen kann. Für Süßwasseraquarien gibt es ebenfalls einige, allerdings meist kaum bekannte Weich- oder Krebstiere, die in Gefangenschaft leicht zu pflegen sind.

GASTROPODEN

Schnecken gelangen oft auf unfreiwillige Weise ins Aqarium, meistens über Pflanzen, auf denen sich die Eier oder winzige Jungtiere befinden, die allerdings mit bloßem Auge kaum zu erkennen sind. Die Eier der Gastropoden bestehen aus einer durchsichtigen, gallertartigen Masse.

△ ***Ampullaria gigas***

Die Apfelschnecken

Manche Arten können in freier Natur bis zu 20 cm Körpergröße erreichen, doch die Apfelschnecken im Aquarium (der Gattung *Ampullaria*) werden nicht größer als 6 bis 7 cm. Sie sind Pflanzen- und Abfallfresser und wirken übermäßiger Ausbreitung von Algen entgegen.
Das Wasser sollte recht hart sein. Im Gegensatz zu vielen anderen Gastropoden vermehren sie sich geschlechtlich und legen ihre Eier außerhalb des Wassers.
Größe: 6–7 cm.

Die Posthornschnecken

Diese Wasserschnecken (auch *Planorbis* genannt) haben ein abgeflachtes Gehäuse. Ihr orangeroter Körper enthält viele rote Blutkörperchen, die den Zweck haben, soviel Sauerstoff wie möglich zu speichern. Sie leben nämlich in sauerstoffarmen Gebieten und atmen durch Lungen, weshalb sie manchmal an die Wasseroberfläche kommen. Sie fressen hauptsächlich Grünalgen (einzellige und Fadenalgen). Größe: 3–4 cm.

◁ ***Planorbis* sp.**

Die Turmdeckelschnecken

Sie sind Vorderkiemer und können sich vollständig in ihr hohes, spitzes Gehäuse zurückziehen, das dann mit einem Deckel aus horniger Substanz verschlossen wird. Sie weiden die kleinen Algen auf der Dekoration ab.
Wenn Nahrung im Überfluß vorhanden ist, vermehren sie sich schnell. Sie sind weniger effizient als die Posthornschnecken, aber indem sie sich eingraben, tragen sie zum ökologischen Gleichgewicht bei, weil sie den Boden umgraben und durchlüften. Will man sie loswerden, muß man nur einen Fisch der Gattung *Tetraodon* ins Aquarium einsetzen, der diese Weichtiere als Nahrung sehr schätzt. Mehrere Arten der Gattung *Melanoides* (darunter die Art *Melanoides tuberculata*), die aus Südostasien stammen, gelangen oft aus Versehen in unsere Aquarien, und zwar durch Pflanzen.
Größe: 1–2 cm.

◁ ***Melanoides* (Turmdeckelschnecke)**

Die Blasenschnecken

Das Gehäuse der Blasenschnecken oder Physidae ist kürzer als das der Turmdeckelschnecken, und sie sind etwas größer. Ihre Rolle bei der Algenvernichtung im Aquarium ist nicht sehr bedeutend. Da sie sich schnell vermehren, sollte man sie besser nicht in das Aquarium einsetzen.
Größe: 1–2 cm.

***Physa* sp. ▷**

DIE KREBSTIERE

Wenn man von Krebstieren spricht, denkt man meist nur an die im Meer vorkommenden Arten und vergißt, daß es auch Krebstiere gibt, die im Süßwasser leben. Sie sind weniger bunt als ihre Verwandten aus den Meeren, aber dennoch interessante Aquariengäste. Sie bevorzugen hartes Wasser.

△ ***Atyopsis moluccensis***

Die Garnelen

Nur wenige Arten sind im Handel, obwohl sie in manchen tropischen Gebieten sehr häufig vorkommen. Mehrere Individuen können zusammenleben, wenn es im Aquarium genügend Unterschlupfmöglichkeiten gibt.

Die Atyidae

Diese Garnelen findet man in verschiedenen tropischen Zonen in Amerika, Afrika und Asien, wo sie sich zum Teil in Brackwasser aufhalten. Sie leben am Boden, fressen Abfälle und die Nahrungsreste der Fische. Daher ist die Rolle, die sie für die Erhaltung des ökologischen Gleichgewichts im Aquarium spielen, nicht zu vernachlässigen. Diese Garnelen der Gattung *Atyopsis* (vor allem *Atyopsis moluccensis* aus Südostasien) sind im Handel nur gelegentlich erhältlich. Sie brauchen gut bewegtes und sauerstoffreiches Wasser und sind gesellig: Man kann sie also auch in kleinen Gruppen halten. Größe: 6–7 cm.

Die Palaemonidae

Zu dieser Gattung gehören die rosa Garnelen der europäischen Küsten, aber auch viele tropische Arten, die im Süßwasser leben, wie die Gattung *Macrobrachium* (mit ca. 200 Arten). Diese Garnelen mit großen Scheren werden häufig für den Verzehr gezüchtet, wie zum Beispiel *M. rosenbergii*, deren Rumpf 20 bis 25 cm groß werden kann. In der Aquaristik werden nur kleinere Arten verwendet; am häufigsten ist wohl *M. lanchesteri* im Handel. Sie stammt aus Südostasien und spielt eine wichtige Rolle im Aquarium, da sie sich von den Nahrungsresten der Fische ernährt und so das Becken sauber hält. Diese Garnele liebt sanfte Beleuchtung und braucht viele Versteckplätze, wohin sie sich bei Störungen zurückziehen kann. Wenn sie in Panik gerät, kann sie sogar aus dem Wasser springen, um der Gefahr zu entkommen. Sie vergreift sich unter Umständen an der Fischbrut, die sie dank ihres guten Geruchssinns schnell aufspürt.
Größe: 7–8 cm.

△ ***Macrobrachium* sp.**

Die Flußkrebse

Es gibt ungefähr 30 verschiedene Arten von Flußkrebsen auf der Welt, die teils in gemäßigten, teils in subtropischen Zonen anzutreffen sind. Wenngleich sich einige europäische Arten in tropischen Aquarien durchaus anpassen können, so ist es dennoch besser, sie in der freien Natur zu belassen – die gesetzlichen Beschränkungen für ihren Fang sind relativ streng.

△ ***Procamburus clarkii***

Einer dieser Flußkrebse, *Procambarus clarkii*, wurde aus dem Südosten der Vereinigten Staaten importiert und in viele Länder eingeführt. Er verursacht einigen Schaden, da er die Ufer vieler Flüsse umgräbt.
Sein Wachstum ist schnell (er pflanzt sich schon im Alter von 7 bis 8 Monaten fort), seine Anpassungsfähigkeit beachtlich: Er erträgt große Temperaturunterschiede und braucht nur wenig Sauerstoff. Die im Handel befindichen Arten kommen aus Südostasien, wo es eine rote und eine blaue Varietät gibt.
Der Flußkrebs ist Allesfresser und stürzt sich auf Pflanzen, Fische und sogar auf andere Krebstiere. Man sollte ihn daher im Aquarium allein halten. Auch das Zusammenleben mit Garnelen ist problematisch, selbst wenn das Aquarium groß genug ist und reichlich Verstecke bietet. Größe: 20 cm.

DIE SCHWÄMME

Formen und Farben der Schwämme können sehr verschiedenartig sein: kugelförmig, flach, röhrenförmig, rot, orange, gelb, braun, grau... Sie sind immer auf einem Haftgrund befestigt (Felsen, aber auch tote Korallenstöcke oder Muschelschalen) und mögen kein Licht. Schwämme scheinen in Meerwasseraquarien spontan zu entstehen, wobei sie aber immer, für das bloße Auge nicht erkennbar, über einen Träger wie zum Beispiel andere Wirbellose, das Wasser oder lebende Steine in das Becken gelangen. Die deutschen und lateinischen Namen sind weitgehend unbekannt, und es ist schwierig, die Arten zu bestimmen.

△ **Roter Meeresschwamm *(Crambe crambe)***

DIE HOHLTIERE

Hohltiere sind die Lieblingstiere jener Aquarianer, die sich auf Wirbellose spezialisieren. Ihr Preis und ihre Verfügbarkeit im Handel schwanken beträchtlich. Außerdem gibt es oft Verwechslungen bei ihren Benennungen; häufig ist auch der Name einer Art überhaupt nicht bekannt.

Die Octocorallia

Die Mehrzahl der Hohltiere, die in Meerwasseraquarien anzutreffen sind, gehört zu dieser Gruppe. Dabei sind vor allem die Anemonen und die Korallen zu nennen. Fast alle brauchen helles Licht, da sie Zooxanthellen beherbergen. Man kann sie mit kleiner Fleischnahrung füttern. Der Aquarianer sollte vorsichtig im Umgang mit ihnen sein, da einige Arten stark nesseln. Die meisten dieser Hohltiere werden aus dem Indischen und Pazifischen Ozean importiert. Sie sind im Handel oft nur phasenweise zu finden.

△ Blumentiere nehmen manchmal Garnelen auf, die so gegen Angreifer geschützt sind.

◁ ***Heteractis magnifica***

Die Meeresanemonen (Aktinien)

Meeresanemonen leben auf dem Substrat, an dem sie sich mit ihrer Fußscheibe wie mit einem Saugnapf festhalten. Sie können sich aber auch fortbewegen, um einen anderen Platz einzunehmen, manchmal sogar an der Scheibe des Aquariums. Manche seltenen Arten leben im Sand und können sich darin eingraben. Diese Tiere sind im Aquarium recht widerstandsfähig, wenn das Wasser gut bewegt und beleuchtet ist (manche Anemonen beherbergen Zooxanthellen). Man muß ihnen genügend Platz zur Verfügung stellen, denn die anderen Anthozoa vertragen die Berührung ihrer Tentakel nicht, außerdem sondern sie manchmal Schleimfäden ab, die das Wasser vergiften können. Nur Anemonenfische können sich an den Hautkontakt mit den Tentakeln gewöhnen. Anemonen fressen kleine Muschel-, Fisch- und Garnelenstückchen oder einen Futterbrei, der aus diesen Zutaten besteht. Die geschlechtliche Vermehrung ist bei einigen Arten möglich, manche Arten vermehren sich durch Teilung, wobei ein neues Individuum abgespalten wird. Beim Kauf sollte man darauf achten, daß die Anemonen gut aufgeblasen und die Tentakel geöffnet sind. Dies ist ein Zeichen guter Gesundheit.

***Heteractis* (früher: *Radianthus*)**

Sie hat viele lange (bis zu 10 cm) und recht steife Tentakel. Die Arten dieser Gattung können sehr groß werden; sie werden von zahlreichen Anemonenfischen sehr geschätzt. Durchmesser: 30–60 cm.

△ ***Stichodactyla mertensii***

***Stichodactyla* (früher: *Stoichactus*)**
In der freien Natur kann eine Art der Gattung *Stichodactyla* 1 m groß werden. Die Tentakel sind in engen Reihen angeordnet. Durchmesser: 20–150 cm.

Entacmaea
Diese Gattungsbezeichnung wird seit einigen Jahren verwendet und umfaßt einige Arten der früher *Radianthus* genannten Gattung. Die anderen sind der Gattung *Heteractis* zugeordnet worden.

△ ***Entacmaea quadricolor*** mit Anemonenfisch *Amphiprion bicinctus*.

Aiptasia
Die **Glasrosen** kommen oft über Felsstücke ins Aquarium. Sie vermehren sich durch Teilung und können sich im Becken recht schnell ausbreiten, zum Schaden der anderen Anthozoa. Hingegen sind sie in einem Aquarium mit Gauklerfischen (Chaetodontidae) von Vorteil, da manche von ihnen die Lieblingsnahrung dieser Fische darstellen. Durchmesser: 5–10 cm.

Die Zylinderrosen

Sie ähneln den Anemonen, können aber ihre Tentakel nicht zurückziehen. Außerdem haften sie nicht mit einer Fußplatte am Boden, sondern leben in einer Röhre, die sie aus ihren Ausscheidungen bilden.
Um dieser Röhre willen sollte der Sand feinkörnig und 15 bis 20 cm hoch sein. Die Zylinderrosen ernähren sich von einem feinen Brei aus Muscheln, Fischen, Garnelen oder Artemien. Manche Arten sind im Handel, wobei ihre Namen allerdings oft unbekannt oder falsch aufgeführt sind. Höhe: 20–30 cm.

△ ***Aiptasia* sp.**

◁ ***Cerianthus* sp.**

▽ ***Parazoanthus* sp.**

Die Zoantharia (Kolonienbildende Anemonen)

Zoantharia sind weder Anemonen, da sie in Kolonien leben, noch Korallen, da sie kein Kalkskelett besitzen. Diese Tiere bevölkern Felsen, Gehäuse von Weichtieren, manchmal auch Schwämme, Korallen und Gorgonaria. Sie können Zooxanthellen beinhalten und brauchen daher viel Licht.

***Parazoanthus* sp.**
Diese Kolonien-Anemone besteht aus kleinen Polypen, die bis zu 2 cm hoch werden, wobei die Tentakel nur 5 mm lang sind. Im Aquarium muß sie 10 oder 20 cm unter der Wasseroberfläche angesiedelt werden, damit sie soviel Licht wie möglich erhält, was wichtig für ihre Zooxanthellen ist. Man sollte sie nicht in der Nachbarschaft von nesselnden Anthozoa halten. Wie bei vielen anderen Tieren dieser Gruppe besteht ihre Nahrung aus einem feinen Brei auf Muschelbasis. Beim Kauf sollte man darauf achten, daß diese Anemone bereits auf einem Felsstück angesiedelt ist.

Die Corallimorpharia (Korallenanemonen)

Diese Wirbellosen Tiere sind keine Korallen (sie besitzen keine Skelette) und werden auch Diskus-Anemonen genannt. Sie befestigen sich am Untergrund mit einem Fuß, der aber nicht so kräftig ist wie bei den Meeresanemonen. Der Durchmesser des tellerförmigen Polypen ist von Art zu Art verschieden. Die Gegenwart von Zooxanthellen verlangt ein starkes Licht. Die Fortpflanzung durch Teilung ist auch in Gefangenschaft möglich. Größe: 10–30 cm.

Discosoma

Mehrere Arten dieser Gattung sind im Handel. Sie sind relativ leicht zu halten. Ihre Fütterung ist dieselbe wie bei den vorher beschriebenen Arten und sollte wöchentlich stattfinden. Die Zooxanthellen liefern nämlich bereits einen Großteil der für sie lebenswichtigen Stoffe, weshalb sie zusätzliches Futter auch manchmal verweigern.

△ ***Discosoma* sp.**

Die Scleractinia (Stein- oder Riffkorallen)

Die echten Korallen leben in einem Kalkskelett, in das sie sich zurückziehen können. Diese Skelette bilden die Korallenriffe in den tropischen Meeren. Korallen gehören zu den am schwersten zu pflegenden Wirbellosen im Meerwasseraquarium, da sie ein gut bewegtes Wasser von exzellenter Qualität benötigen: Es sollten sich keine schwebenden Teilchen darin befinden (es muß also kristallklar sein), und der Nitratgehalt muß extrem niedrig sein. Sie reagieren darauf nämlich sehr empfindlich; das Wasser muß also sehr regelmäßig in kleinen Mengen ausgetauscht werden. Die Tentakel sind tagsüber oft zurückgezogen und öffnen sich in der Nacht, um Nahrung zu fangen. Das heißt allerdings nicht, daß Korallen die Dunkelheit lieben: im Gegenteil muß man ihnen sehr viel Licht geben, und zwar aufgrund der enthaltenen Zooxanthellen. Korallen sind Fleischfresser und leben in freier Natur von tierischem Plankton; in Gefangenschaft fressen sie einen Brei aus Muschel- oder Fischfleisch, den man ihnen wöchentlich verabreichen sollte. Kalziumkarbonat sollte in ausreichender Menge zur Verfügung stehen.

△ ***Acropora* sp.**

△ ***Fungia* sp.**

***Acropora* (Acroporidae)**

Ihr Skelett wird oft für die Dekoration verwendet. Lebende Exemplare werden nur selten importiert. In natürlicher Umgebung wachsen sie schnell (mehrere Zentimeter im Jahr), und sie können über 1 m hoch werden.

***Fungia* (Fungiidae)**

Diese Korallen leben einzeln, also nicht in Kolonien, befinden sich meistens auf dem Bodensediment und bilden keine Riffe. Ihr Skelett ist aufgrund seiner eigenartigen Form ein schöner Dekorationsgegenstand. Durchmesser: 20 cm.

***Goniopora* (Poritidae)**

Die Arten dieser recht häufig importierten Gattung gehören zu den pflegeleichtesten Korallen im Aquarium. Sie mögen ein mäßig bewegtes Wasser. Größe: 20–30 cm.

***Favia, Platygira* (Favidae)**

Sie lassen sich gut in Gefangenschaft halten und fressen kleine Lebendbeute. Die bunten Tentakel werden am Tag eingezogen. Größe: 20 cm.

***Leptopsammia* (Dendrophylliidae)**

Eine französische Art aus dieser Gattung kann in tropischem Klima gedeihen: *Leptopsammia pruvoti*.

Aufgrund ihrer orange-gelben Farbe und der handlichen Größe ist sie sehr dekorativ. Man sollte sie auf jeden Fall auf einem Untergrund haftend ins Aquarium einsetzen. Größe: 5 cm.

***Plerogyra* (Caryophylliidae)**

Die Arten dieser Gattung, auch Blasenkorallen genannt, lassen sich im Aquarium recht gut halten. Die Blasen erscheinen nur tagsüber und weichen nachts den stark nesselnden Tentakeln, die bis zu 5 cm lang sein können. In freier Natur bieten die Blasen den Korallen einen gewissen Schutz, denn die Tentakel werden nicht von Fischen (z. B. Gauklerfischen) angegriffen. Die Farbe der Blasen hängt von der Zahl der enthaltenen Zooxanthellen ab, daher braucht diese Koralle viel Licht. Man sollte sie nachts (wenn die Tentakel geöffnet sind) mit recht großen Nahrungsstücken füttern. Tagsüber kann man sie daran gewöhnen, einen feinen Brei auf Meerestier-Basis aufzunehmen, den man zwischen den Blasen verteilt. Man sollte vermeiden, daß diese Koralle mit anderen Wirbellosen in Berührung kommt, da sie sehr stark nesselt. Größe: 20–30 cm.

▽ ***Goniopora* sp.**

Plerogyra sinuosa halbgeöffnet. Man kann einige Tentakel erkennen, die grüne Farbe kommt von den Zooxanthellen. ▽

△ ***Sinularia* sp.,** Lederkoralle aus dem Indo-Pazifik.

Die anderen Korallen

Viele leben in Kolonien in gemäßigten und tropischen Meereszonen. Sie können Skelette bilden, die aber stark von denen der Madreporaria abweichen. Ihre Tentakel, deren Anzahl stets durch acht teilbar ist, sind zwischen 1 und 5 cm lang. Sie vermehren sich geschlechtlich oder ungeschlechtlich durch Teilung. Wie die Hexacorallia können einige Arten Zooxanthellen aufnehmen.

Die Alcyonacea (Lederkorallen)

Mittels einer hornigen Substanz befestigen sie sich am Substrat, und die Polypen können sich einziehen. Die Gegenwart vieler Zooxanthellen verlangt ein helles Licht.

Sarcophyton (Alcyonaria)

Wenn sie das Wasser aus ihrem Körpergewebe pumpen, um frisches aufzunehmen, sehen sie aus wie Leder, daher auch die Bezeichnung Lederkorallen. In gut bewegtem Wasser halten sie sich gut und wachsen sehr schnell. Ihre Färbung ist je nach Menge der enthaltenen Zooxanthellen unterschiedlich. Die wöchentliche Fütterung besteht aus einem feinen Brei aus Muscheln und anderen Meerestieren. Ihr Platz im Aquarium sollte sorgfältig ausgewählt werden, damit sie nicht neben stark nesselnden Arten stehen. Zwei Lederkorallen sind im Handel regelmäßig erhältlich: *Sarcophytum glaucum* und *S. trocheliophorum*. Größe: 20–30 cm.

***Sarcophyton* sp.,** links geschlossen, rechts mit entfalteten Polypen. ▷

Die Gorgonaria (Rindenkorallen)

Diese Gruppe besteht aus mehreren Familien. Alle Arten sind fächerförmig aufgerichtet und können bis zu 2 m hoch werden. Ihr Skelett kann zu Dekorationszwecken verwendet werden. Diese Tiere leben am liebsten in relativ dunklen Bereichen und haften an einem Untergrund. Manchmal werden sie von anderen Organismen wie Schwämmen oder Fadenalgen besiedelt. Ihr Futter sollte von sehr feiner Konsistenz sein und täglich verabreicht werden. Größe: 15 cm.

EINE FALSCHE KORALLE, EINE ECHTE RINDENKORALLE

Die Rote Koralle *(Corallium rubrum)* ist in Wirklichkeit eine Rindenkoralle, die unter anderem an der französischen Mittelmeerküste in bis zu 200 m Tiefe zu finden ist. Man sieht inzwischen nur noch kleine Kolonien. Die größeren sind leider durch Abfischung verschwunden! Das rote Skelett wird nämlich zur Schmuckherstellung verwendet (besonders in Italien). Diese Korallen werden auch in Sardinien und Tunesien abgebaut.

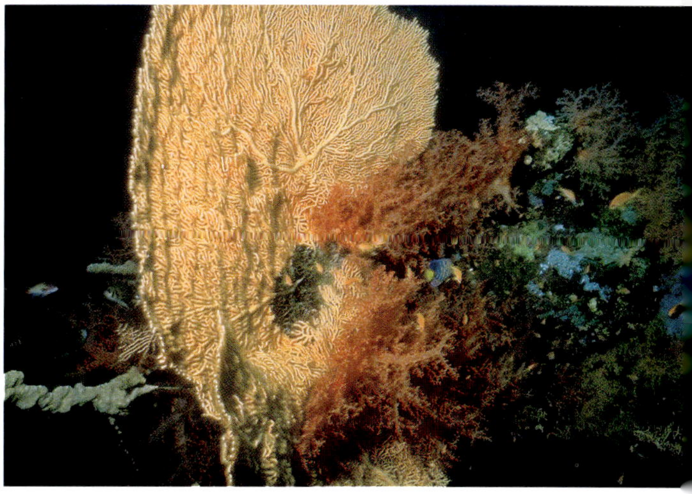

△ **Rinden- und Lederkorallen**

GLIEDERWÜRMER

Fächerwürmer der Gattung *Sabellastarte* werden manchmal importiert. Der Durchmesser der doppelten Tentakelkrone beträgt 15 cm. Man sollte die Nachbarschaft von nesselnden Anthozoa vermeiden. Ihre Nahrung ist dieselbe wie bei den Hohltieren.

◁ ***Sabellastarte magnifica***

DIE WEICHTIERE

△ *Cypraea tigris*

Manche Weichtierarten können mit Fischen gemeinsam gehalten werden, manchmal auch mit anderen Wirbellosen. Sie sind allerdings in Aquarien noch sehr selten vertreten.

Die Gastropoden (Schnecken)

Die in der Aquaristik verwendeten Arten sind zumeist Fleischfresser und ernähren sich von Muschel- oder Fischfleisch. Die anderen fressen die Algen von der Dekoration.

Cypraeida

Das reich verzierte Gehäuse der Porzellanschnecken ist bei Sammlern sehr beliebt. Im Aquarium sieht man es nur, wenn die Schnecke sich in der Ruhephase befindet: Wenn sie aktiv ist, ist das Gehäuse vom Mantel bedeckt, in dem sich die Sinnesorgane befinden. Zwei fleischfressende Arten befinden sich üblicherweise im Handel: die Tigerschnecke (*Cypraea tigris*), die über 10 cm lang wird, und die Geographische Porzellanschnecke *(C. mappa)*, die bis zu 7 cm groß wird. Sie sind vorwiegend nachtaktiv.

Andere Arten

Kleine Gastropoden werden manchmal mittels Lebender Steine ins Aquarium transportiert; ihre Haltung stellt kein Problem dar, denn sie sind Pflanzenfresser. Hingegen ernähren sich die Arten aus der Gattung *Murex* von Weichtieren, deren Schale sie öffnen. Man füttert sie mit kleinen, geschälten oder ungeschälten Muscheln.

◁ *Tridacna* sp.

Bivalvia (Muscheln)

Manchmal bekommt man kleine Exemplare von Riesenmuscheln (Gattung *Tridacna*), die man mit Muschelsaft füttern kann. Die meisten Arten sind auf der äußeren Seite ihres Mantels von Zooxanthellen bewachsen, daher muß man sie in der Nähe einer guten Lichtquelle plazieren. Riesenmuscheln sind hinsichtlich der Wasserqualität sehr anspruchsvoll. Die Arten sind geschützt und werden normalerweise nicht zum Kauf angeboten.
Größe: 5–25 cm.

Stenopus hispidus ▷

DIE KREBSTIERE

Die in der Meeresaquaristik geläufigsten Arten sind die bisweilen bunten, bisweilen etwas dezenter gefärbten Garnelen. Sie werden regelmäßig importiert, ganz im Gegensatz zu anderen, weniger bekannten Krebstieren. Diese Tiere ernähren sich von Futterresten der Fische und tragen so zum ökologischen Gleichgewicht im Aquarium bei.

Die Garnelen

Diese Tiere sind vor allem aufgrund ihrer bunten Farben bei Aquarienfreunden sehr beliebt. Sie sind schön zu beobachten, und ihre Haltung ist relativ problemlos, wenn das Wasser von guter Qualität ist und genügend Versteckplätze im Aquarium vorhanden sind. Es tauchen immer wieder neue Arten in den Fachgeschäften auf.

Stenopus hispidus

Eine der am häufigsten gehandelten Arten. In ihrer natürlichen Umgebung (verschiedene tropische Meere) leben diese Garnelen im Pärchen und betätigen sich als »Putzer«, vor allem bei Kaiserfischen *(Pomacanthidae)*. Sie stellen dieses Verhalten im Aquarium ganz oder fast ein, wenn sie gut gefüttert werden. Wie viele andere Garnelenarten fressen sie die Nahrungsabfälle der Fische. Das Männchen sucht die Nahrung für das Weibchen. Im Aquarium sollte man am besten ein Pärchen halten und zudem für genügend Versteckplätze sorgen. Dorthin ziehen sie sich tagsüber zurück, denn diese Tiere sind vorwiegend im Dunkeln aktiv. Unter guten Bedingungen und bei richtiger Ernährung häutet sich diese Garnele mehrmals im Jahr. Größe: 7–8 cm.

Lysmata amboinensis (früher: *L. grabhami*)

Die **Putzergarnele** ist sehr gesellig. Sie kann mit anderen Garnelen zusammenleben und läßt sich auch in der Gruppe halten. Sie putzt die Haut bestimmter Fische mit ihren Fühlern, mit denen sie auch die Fische anlockt. Es sieht manchmal so aus, als würde diese Garnele neben der üblichen Nahrung auch Fadenalgen fressen. Tatsächlich aber sucht sie darin nur nach Mikroorganismen. Größe: 7–8 cm.

◁ *Lysmata amboinensis*

Lysmata debelius

Diese scheue Art lebt paarweise. Die **Rote Garnele** ist, wie auch andere Arten derselben Gattung, zum Beispiel *Lysmata wurdemanni*, noch recht selten im Handel. Letztere ähnelt *L. seticaudata* (Mittelmeergarnele), die im Mittelmeer und in tropischen Meereszonen lebt. Man sollte dieses Krebstier besser in der freien Natur belassen. Es zieht gemäßigte Gewässer den tropischen vor. Größe: 7–8 cm.

◁ ***Lysmata debelius***

Die Krebse

Von den kleineren Arten sind nur manchmal wenige Exemplare im Fachhandel erhältlich, da sie selten importiert werden. Man sollte nur Einzelexemplare halten. In Gefangenschaft ernährt man sie mit *Artemia*-Nauplien oder sehr fein geschnittenen Muschelstückchen. Die Arten der Gattung *Neopetrolisthes* (Porzellankrebse) leben in Symbiose mit Anemonen (zum Beispiel *Stychodactyla gigantea*) und ernähren sich von kleinen Nahrungspartikeln, die sie mit ihrem bewimperten Fußpaar herbeistrudeln. Größe: 4–5 cm.

△ ***Neopetrolisthes oshimai*** kann nicht ohne Anemone, zum Beispiel der Gattung *Stichodactyla*, leben.

Die Einsiedlerkrebse (Diogenidae)

Man könnte sie auch als »Müllabfuhr« des Aquariums bezeichnen, da sie sich von verschiedensten Abfällen ernähren. Man sollte sie nicht in einem Becken mit Wirbellosen (außer vielleicht mit kleineren Arten) halten. In einem Aquarium mit Fischen laufen sie keine Gefahr, gefressen zu werden, da sie sich in ihren Panzer zurückziehen können. Größe: 4–10 cm.

Andere Krebstiere

Odontodactylus scyllarus

Der **Fangschreckenkrebs** ähnelt eher der Meeresheuschrecke der europäischen Küsten als den Garnelen. Dieses aggressive Krebstier läuft und schwimmt ständig auf der Suche nach Nahrung, braucht aber Versteckplätze. Es kann sich auch im Sand vergraben. Aufgrund seines Verhaltens und seiner Ernährungsgewohnheiten (kleine Fische und Krebstiere) darf der Fangschreckenkrebs nicht in ein Wirbellosen-Aquarium gesetzt werden. Er kann aber wegen seiner Größe und Beweglichkeit mit Fischen zusammen gehalten werden. Größe: 10–15 cm.

Enoplometopus occidentalis

Die mit den Langusten nah verwandte **Hummerkrabbe** ist kaum aggressiv. Tagsüber bleibt dieser Dekapode in seinem Versteck. Er kommt erst nachts hervor, um auf dem Grund des Aquariums nach Nahrung zu suchen, die aus Überresten der Fischnahrung, vor allem Muschelfleisch, manchmal aus Fadenalgen besteht. Dieses Krebstier eignet sich gut für ein Aquarium mit wirbellosen Tieren. Größe: 10–15 cm.

DIE STACHELHÄUTER

Unter allen Wirbellosen findet man sie am seltensten im Handel, obwohl sie recht widerstandsfähig sind und im allgemeinen gut im Aquarium gehalten werden können.

△ ***Linckia laevigata,*** ein planktonfressender Seestern, kann mit anderen wirbellosen Tieren zusammenleben.

Die Seeigel

Diese Tiere kriechen auf der Dekoration umher, um die Algen abzufressen, die ihre Hauptnahrung darstellen. Vorsicht ist geboten, da sie von Drückerfischen, Kugelfischen und Lippfischen gerne gefressen werden. Diese Fische besitzen nämlich genügend starke Zähne, um das innere Kalkskelett der Seeigel zu durchbeißen, und die Stacheln scheinen sie nicht abzuschrecken.
Größe: 10 cm.

◁ ***Eucidaris tribuloides*** stammt aus der Karibik.

Die Seesterne

Seesterne lassen sich im Aquarium gut halten. Unter den Fleischfressern wären die Gattungen *Protoreaster*, *Oreaster* zu nennen, die sich von anderen Wirbellosen, vor allem Bivalvia ernähren. Sie dürfen nicht mit anderen Wirbellosen zusammen gehalten werden. Man füttert sie mit rohen oder gekochten Muscheln. Andere Arten *(Echinaster, Linckia, Fromia)* sind Planktonfresser und leben von verschiedenen Abfällen, die sie am Boden des Aquariums finden. Sie sind für das Aquarium günstiger als die fleischfressenden Seesterne. Schlangensterne sind interessant für ein Becken mit wirbellosen Meerestieren. Sie gelangen oft auch über Lebende Steine unfreiwillig ins Aquarium. Größe: 10–15 cm.

Die Pflanzen

Normalerweise bezeichnet der Begriff »Pflanze« ein im Boden verwurzeltes Gewächs. Man findet aber in der Natur auch schwimmende Pflanzen, nämlich verschiedene Moose und Farnpflanzen. Daher paßt die Bezeichnung »Pflanze« durchaus für die lebendige Dekoration unser Aquarien.

URSPRUNG UND VIELFALT DER PFLANZEN

Die große Masse der im Handel angebotenen Wasserpflanzen stammt nicht aus der natürlichen Umgebung, sondern wird von spezialisierten Unternehmen gezüchtet. Pflanzen dienen einerseits zur Dekoration, andererseits ist es ihre Aufgabe, zum ökologischen Gleichgewicht beizutragen, vor allem, indem sie unter Lichteinfluß Sauerstoff produzieren.

Die Herkunft der Aquarienpflanzen

Alle Aquarienpflanzen können sich in unseren Becken vermehren. Es ist daher überflüssig, sie aus ihrer natürlichen Umgebung zu holen. Dies wird nur noch bei neuen Arten praktiziert, oder wenn man eine reinrassige Art wünscht. Denn viele Pflanzen, die man in Fachgeschäften finden kann, sind Hybriden, die nur den Namen eines Elternteils tragen, was zu Verwirrung führen kann. Aquarienpflanzen werden von spezialisierten Unternehmen gezüchtet, zum Teil in Südostasien, aber auch in Europa. Man verwendet Treibhäuser wie in der Landwirtschaft, die zum Teil durch Sonnenenergie, zum Teil aber auch durch Erdwärme in Form von Wasser aus Tiefenbohrungen geheizt werden. Das Sonnenlicht wird manchmal durch künstliches Licht ergänzt.

Die meisten Arten werden ganz oder teilweise außerhalb des Wassers gezüchtet, allerdings in einem sehr feuchten Milieu. Sie passen sich im Aquarium an und können dort die Form ihrer Blätter verändern.

Eine Vielfalt von Pflanzen kann im Treibhaus in einer warmen, sehr feuchten Atmosphäre gezüchtet werden. ▽

△ *Die meisten Aquarienpflanzen werden außerhalb des Wassers gezüchtet.*

Die verschiedenen Pflanzenarten

Anders als man vermuten möchte, sind die meisten im Aquarium verwendeten Pflanzen eigentlich gar keine »echten« Wasserpflanzen. Sie leben im allgemeinen außerhalb des Wassers, nur ihr unterer Teil ist ständig umspült. Die Blätter sind robust und groß. Aufgrund der in tropischen Gegenden oft sintflutartigen Regenfälle steigt der Wasserspiegel der Flüsse oder Tümpel, und so stehen die Pflanzen zeitweilig ganz oder zum Teil unter Wasser. Daher haben sie spezielle Blätter für das Leben unter Wasser entwickelt. Diese Blätter sind feiner und empfindlicher. Am Ende der Regenzeit sinkt der Wasserspiegel wieder, und die Pflanze nimmt ihre ursprüngliche Form an.

Andere Pflanzen wiederum sind richtige Unterwasserpflanzen. Ihr oberer Teil ragt nur selten aus dem Wasser, und wenn, dann bildet er meist eine Blüte.

Es gibt auch verschiedene amphibische oder gänzlich im Wasser lebende Moose, die in

Die verschiedenen Pflanzenarten im Süsswasseraquarium

Typen	Charakteristika	Beobachtungen
Pflanzen mit Stengel	Die Blätter sind mehr oder weniger fein und entspringen zu beiden Seiten des Stengels.	Recht schnelles Wachstum, einfache Vermehrung durch Stecklinge. Sind meist echte Wasserpflanzen, können aber auch aus dem Wasser ragen.
Pflanzen ohne sichtbaren Stengel, mit Wurzeln oder auch mit Knolle	Der Blattstengel entspringt direkt aus dem Fuß der Pflanze. Die Blätter sind oft breit und robust.	Langsames Wachstum. Fortpflanzung durch Ausläufer oder Luftwurzeln. Amphibische Pflanzen passen sich an das Leben unter Wasser an.
Schwimmpflanzen	Die Blätter entfalten sich an der Wasseroberfläche, die Wurzeln unter Wasser sind mehr oder weniger sichtbar.	Bei intensivem Licht schnelles Wachstum. Bietet der Fischbrut Unterschlupf. Pflanzen werden von der Wasserbewegung fortgetragen.
Pflanzen ohne Wurzeln	Das Rhizom (Luftwurzel) entsteht auf einem Untergrund, woraus sich dann die Blätter entwickeln.	Langsames Wachstum. Leben befestigt auf verschiedenem Untergrund (Felsen, Holz, künstliche Dekoration).
Moose	Kein sichtbarer Stengel, dicht und buschig. Die Pflanze sitzt fest am Untergrund.	Nützlich für das Ablaichen bestimmter Fischarten.

Manche Farnarten können sich an das Leben im Süßwasseraquarium anpassen. ▽

Schwimmpflanzen sind nützlich, weil sie Schatten spenden und der Fischbrut Unterschlupf bieten. ▽

△ *Feinblättrige Pflanzen dienen den Fischen als Versteck und manchmal auch als Laichplatz.*

der Aquaristik sehr nützlich sind, weil sie manchen Fischen als Ablaichplatz dienen. In feuchten Zonen Europas gibt es Schwimmfarne, während tropische Farnpflanzen oft völlig im Wasser leben können.

Die Kunststoffpflanzen

In manchen Geschäften findet man exzellente Imitate natürlicher Pflanzen. Aber nachdem ein Aquarium eigentlich ein Stück Natur darstellen soll, ist es nur zu verständlich, daß die meisten Aquarienfreunde auf Plastikpflanzen zugunsten lebender Exemplare nur allzu gerne verzichten. Dennoch können einige künstliche Pflanzen in einem Zuchtaquarium denjenigen Fischen als Ablaichplatz dienen, die ihre Eier an einen Untergrund anheften.

Plastikpflanzen sind nicht gerade ein Zeichen guten Geschmacks! ▷

Pflanzen im Seewasseraquarium

Es gibt viel weniger Meerespflanzen, die im Aquarium überleben, als dies bei Süßwasser der Fall ist. Die bekanntesten Arten sind die Algen der Gattung *Caulerpa*, die sich schnell ausbreiten, wenn sie unter guten Bedingungen gehalten werden. Diese Algen verankern sich mit einem Ausläufer am Boden oder an der Dekoration. Es wird dringend empfohlen, sie in ein Meeresaquarium einzusetzen, da sie sich günstig auf das ökologische Gleichgewicht auswirken. Eine übermäßige Ausbreitung kann sich aber für bestimmte wirbellose Meerestiere wie zum Beispiel Korallen und Anemonen negativ auswirken.

Die Rolle der Pflanzen im Aquarium

Entgegen landläufiger Einschätzung dienen die Pflanzen nicht nur zu Dekorationszwecken, sondern tragen sehr viel zum ökologischen Gleichgewicht im Aquarium bei (*siehe* Photosynthese, S. 196): Am Tag nehmen sie das von den Fischen abgegebene Kohlendioxid (CO_2) auf und produzieren Sauerstoff (O_2). Außerdem verbrauchen sie Nitrate, auch Endprodukte des Stickstoff-Kreislaufs (*siehe* S. 19), und verringern so deren Konzentration im Wasser.

Die Pflanzen sind auch für die Fische nützlich. Manche Arten *(Ancistrus, Gyrinocheilus)* ernähren sich von Algen, die auf der Dekoration wachsen, oder sogar von feinblättrigen Pflanzen (einige Salmler, z. B. aus der Gattung *Astyanax*), was allerdings deren Aussehen schadet. Andere legen ihre Eier in den Blättern ab, was diese vor den Blicken der Räuber verbirgt (Südamerikanische *Characidae*). Auf den breiten Blättern können die Eltern ihre Brut beaufsichtigen und mit Sauerstoff versorgen (Barschartige). Nach dem Schlüpfen verstecken sich die Jungen in der Vegetation, vor allem unter Schwimmpflanzen, und finden dort ihre Nahrung, denn die Pflanzen begünstigen die Ausbreitung von Mikroorganismen.

Schließlich verwenden auch die adulten Fische die Pflanzen als Versteck, wenn sie ausreichend dicht stehen.

UNERWÜNSCHTE ALGEN IM AQUARIUM

Fast alle Aquarianer kennen die Probleme, die entstehen, wenn sich unerwünschte Algen übermäßig vermehren. Es ist nicht immer einfach, dagegen anzukämpfen. Im allgemeinen sollte man übermäßige Algenvermehrung von vornherein verhindern, anstatt sie später, mehr oder weniger effektiv, zu bekämpfen.

Die Ausbreitung von Algen

Algen lassen sich an ihren bräunlichen, gelblichbraunen, grünen oder grünlichen Farben erkennen. Für weißliche, schmutzig-weiße oder graue Fadenansammlungen zeichnen im allgemeinen Bakterien und Pilze verantwortlich, wenngleich auch hier Algen darunter sein können. Algen bilden mehr oder weniger dicke Schichten auf den Scheiben, dem Boden und der Dekoration; sie sehen aus wie Fadenknäuel oder, bei manchen Grünalgenarten, wie ein Teppich.
Mäßiges Auftreten von Algen gilt oft als Zeichen ökologischen Gleichgewichts, während eine übermäßige Ausbreitung auf eine Störung hinweist. Außerdem gelten Algen als biologische Indikatoren. Man sollte mit solchen Schlüssen vorsichtig sein, denn jedes Aquarium ist ein Einzelfall.

Die Nachteile

Algen wachsen auf den Scheiben, behindern so die Sicht und wirken unästhetisch. Sie setzen sich auf den Pflanzen fest und vermehren sich dort, was zum Ersticken der Pflanze führen kann, denn die Algen verhindern den Gasaustausch. Auch kann die Pflanze die im Wasser gelösten Nährstoffe nicht mehr aufnehmen. Schließlich nisten sich die Algen auch in den kleinsten Nischen der Dekoration ein, was häßlich aussieht.

Die Vorteile

Sie sind durchaus nicht unerheblich. Algen nehmen stickstoffhaltige Schadstoffe auf, vor allem Nitrate, manchmal auch Ammonium. Im Süßwasser ist dies gewöhnlich die Aufgabe der Pflanzen, aber Algen können hier ergänzend wirken, während sie schaden, wenn sie den Pflanzen Nährsalze entziehen. In der Meeresaquaristik sind Pflanzen oft weniger zahlreich vorhanden. Die Algen, vor allem grüne Fadenalgen, können sich hier also oft günstig auswirken.
Algen dienen außerdem verschiedenen Fischen als Nahrung. Im Süßwasser ist dies bei den Poeciliidae und verschiedenen Arten von Fischen mit Saugmaul *(Gyrinocheilus, Ancistrus, Hypostromus, Otoclincus, Epalzeorhynchus)* der Fall. Im Meerwasser gibt es ebenfalls einige Fischfamilien, die Algen als Nahrungsergänzung schätzen *(manche Chaetodontidae, alle Centropyge und die Acanthuridae)*. Die Algen erleichtern ihnen die Eingewöhnung.

△ Wenn man nichts dagegen unternimmt, breiten sich die Mikroalgen schnell auf der Dekoration und den Scheiben des Aquariums aus. Für die Fische muß dies nicht unbedingt schädlich sein, aber die Ästhetik leidet sehr darunter.

Unerwünschte Algen bekämpfen

Mechanische Methode

Man befreit die Pflanzen von Algen, indem man diese mit Daumen und Zeigefinger von den Blättern abstreift. Fadenalgen kann man mit einem Holzstäbchen aufwickeln. Schließlich kann man auch verschiedene Geräte zur Algenentfernung kaufen oder selber basteln, z. B. einen Schaber mit einer Rasierklinge oder einem Stück Schmirgelschwämmchen

Die verschiedenen Gruppen unerwünschter Algen

Rotalgen (Rhodophyceae)
Sie breiten sich im Aquarium nur selten übermäßig aus.

Braunalgen (Pheophyceae)
Im Aquarium sind sie meistens durch die *Diatomeae* (Kieselalgen) vertreten, mikroskopisch kleine einzellige Algen. Diese vermehren sich und bilden einen dünnen Belag auf der Dekoration und den Scheiben des Aquariums. Unter ungünstigen ökologischen Bedingungen folgen sie bestimmten Grünalgen nach.

Grünalgen (Chlorophyceae)
Generell geht man davon aus, daß deren Auftreten in kleinen, verstreuten Ansammlungen eher ein gutes Zeichen ist (vor allem in basischem Milieu), das auf ein intaktes ökologisches Gleichgewicht im Aquarium hindeutet. Trotzdem kann ihre starke Vermehrung einige Nachteile mit sich bringen. Man unterscheidet zwischen:
– grünen Fadenalgen: Diese Algen treten wohl am häufigsten im Übermaß auf. Sie sind sehr dünn und können einige Zentimeter lang werden, in ausgedehntem Zustand sogar mehrere Dezimeter. Sie vermehren sich durch einfache Zellteilung. Ein kleines, für uns unsichtbares Filament genügt bereits, um unter günstigen Bedingungen recht schnell ein ganzes Becken zu bevölkern;
– die Wasserblüte: Diese Grünfärbung des Wassers entsteht durch die Vermehrung mikroskopisch kleiner, in der Regel einzelliger Grün- oder Geißelalgen. Im natürlichen Milieu bilden sie das Phytoplankton. Ihre übermäßige Vermehrung liegt meist an einer zu hohen Konzentration von Mineralsalzen, vor allem Stickstoff, und starker Beleuchtung.

Blaualgen (Cyanophycea)
Diese ebenfalls mikroskopisch kleinen Algen gehören zu den ersten Lebewesen, die auf der Erde entstanden sind. Trotz ihres Namens bilden sie samtige Teppiche, deren Farbe ein Blaugrün ist, das manchmal sogar ins Bräunliche spielt. Sie vermehren sich exzessiv, wenn die Beleuchtung im Aquarium sehr stark ist.

am Ende. Wenn sich Algen auf Felsen, Sand, Korallenskeletten, Zweigen und Wurzeln angeheftet haben, kann man die verschmutzten Teile in eine Lösung aus Wasser (10 Teile) und einem chlorhaltigen Reinigungsmittel (1 Teil) geben, die stark gegen Algen wirkt. Von Algen bewucherte aquarientechnische Geräte (Heizung, Schläuche, Pumpen und Filter) können genauso behandelt werden. Gut abspülen, ehe man die Teile wieder ins Aquarium einsetzt. Manchmal ist ein Aquarium so mit Algen verschmutzt, daß man es komplett erneuern muß.

Ökologische Methode

Man versucht, die Faktoren zu beeinflussen, die das Algenwachstum begünstigen, verringert also zum Beispiel das Licht, um gegen Blau- und Grünalgen vorzugehen. Auch durch das Versetzen der Schläuche oder die Verwendung von Abdeckplatten, um die

Eine Rasierklinge ist ein nützliches Instrument, um die Glasscheiben des Aquariums von Algen zu befreien. ▷

Besiedelung der Scheiben zu verhindern, können gute Ergebnisse erzielt werden. Im Süßwasseraquarium kann man regelmäßig einen Teil des Wassers austauschen und weiches, mineralsalzarmes Wasser nachfüllen.

Man muß allerdings darauf achten, daß man die Wasserqualität nicht zu stark verändert, wenn sie auf eine bestimmte Pflanzen- und Fischbevölkerung abgestimmt ist.

Im Meerwasseraquarium tauscht man das Wasser und ersetzt es durch selbstgemischtes Wasser mit gleichem Salzgehalt.

Biologische Methode

Hierbei werden pflanzenfressende Tiere eingesetzt, zum Beispiel die oben genannten Fische oder manche Gastropoden (selten im Meerwasser), die sich auf bestimmte Algen spezialisiert haben.

Die biologische Bekämpfung kann teilweise auch ohne das Zutun des Aquarianers einsetzen. Höhere Pflanzen setzen nämlich Substanzen frei, die das Algenwachstum hemmen. Dieses Phänomen bleibt allerdings für uns unsichtbar.

Chemische Methode

Im Fachhandel gibt es chemische Produkte, die Algen abtöten sollen. Ihre Wirkungsweise ist nicht immer genau bekannt, daher muß man bei der Dosierung extrem vorsichtig sein, da sich die Chemikalien immer auch auf andere Lebewesen im Aquarium negativ auswirken können. Aus demselben Grund ist auch die Verwendung von Kupfersulfat nicht zu empfehlen, da es für Wirbellose schädlich ist.

Es gibt also leider kein Wundermittel. Die gleichzeitige Verwendung mehrerer Methoden bringt oft gute Ergebnisse, aber nur allzuoft erscheinen die Algen nach einer gewissen Zeit wieder. Man sollte sich also besser daran gewöhnen, sie regelmäßig auf schonende Weise zu bekämpfen.

Einige Fische können im biologischen Kampf gegen Algen im Süßwasseraquarium gute Dienste leisten: Epalzeorhynchus siamesis *(rechts) und* Gyrinocheilus aymonieri *(links).* ▽ ▷

PFLANZENPFLEGE

Für ihre Entwicklung benötigen Pflanzen Licht, Mineralsalze (Dünger) und Kohlendioxid (CO_2). Wenn diese Elemente im richtigen Verhältnis vorhanden sind, können sie gedeihen und sich vermehren. Der Aquarienfreund sollte sich also immer auch als Gärtner verstehen und einen grünen Daumen besitzen, um seine lebendige Dekoration gut zu pflegen.

Um das Wachstum und die Vermehrung der Pflanzen richtig zu fördern, muß man auf ihre Bedürfnisse eingehen. ▷

Bedürfnisse der Pflanzen

Das Wasser

Wasserpflanzen reagieren sehr empfindlich auf die Wasserqualität. Manche Pflanzen, wie z.B. Schwimmfarne, sind pflegeleicht und stellen keine großen Ansprüche an die Qualität des Wassers, andere wiederum benötigen saures Süßwasser, manche brauchen basisches, hartes Wasser. Eine gute Entwicklung ist nur in einem Wasser möglich, das den jeweiligen Bedürfnissen angepaßt ist.

Pflanzen brauchen unbedingt natürliches oder künstliches Licht, um sich zu entwickeln und Kohlendioxid in Sauerstoff umzuwandeln. ▽

Das Licht

Aquarienpflanzen brauchen im allgemeinen ein recht starkes Licht, das man ihnen 12 bis 13 Stunden am Tag durch Leuchtstoffröhren zuführen sollte.

Alle für die Beleuchtung der Pflanzen wichtigen Aspekte sind in den Kapiteln über Aquarientechnik zu finden. Wenn die Lichtverhältnisse qualitativ oder quantitativ ungenügend sind, werden die Pflanzen gelb und gehen schließlich zugrunde.

Kohlendioxid (CO_2), Sauerstoff (O_2) und Photosynthese

Wie alle Lebewesen atmen auch die Pflanzen. Sie verbrauchen Sauerstoff und geben Kohlendioxid ab. In natürlicher Umgebung wie auch im Aquarium tragen sie aber zur Versorgung des Wassers mit Sauerstoff bei. Unter Lichteinfluß nämlich, also ausschließlich am Tag, nehmen sie das von den Fischen ausgeatmete Kohlendioxid auf und produzieren daraus Sauerstoff. Dieser Vorgang wird Photosynthese genannt und ist für das Pflanzenwachstum nötig. Dieses Phänomen ist aber auch für das Gleichgewicht im Aquarium notwendig, denn es wird mehr Sauerstoff freigesetzt, als die Pflanze selbst für ihre Atmung benötigt.

Die Sauerstoffkonzentration kann am Tag anders sein als nachts und ist im letzen Drittel der Nacht am geringsten. Ein – gut ausgeruhter – Aquarianer kann dies prüfen, indem er den pH-Wert jede Stunde in einem

Magnesium, Chlorophyll und Eisen

Magnesium ist ein wichtiges Element, denn es ist ein Bestandteil des Chlorophylls, des grünen Pigments, das das Licht absorbiert. Eisen spielt eine herausragende Rolle bei den chemischen Reaktionen der Photosynthese. Wenn die Pflanzen unter Eisenmangel leiden, verlangsamt sich ihr Wachstum und sie werden gelb. Fachleute sprechen dabei von Chlorose, die auch in der Landwirtschaft bekannt ist.

Zeitraum von 24 Stunden mißt (*siehe* Schema S. 14). So läßt eine höhere Sauerstoffkonzentration den pH-Wert ansteigen. Nachts wird das Wasser durch den Ausstoß von CO_2 saurer, der pH-Wert sinkt. Dieses Phänomen, das aber nur in dicht bepflanzten und bevölkerten Aquarien wirklich sichtbar ist, bringt für die Fische manchmal Probleme mit sich.

Die Düngemittel

Wenn man ein Aquarium neu einrichtet, enthalten Bodensubstrat und Wasser noch viele Mineralsalze. Diese werden aber nach und nach weniger, und die Pflanzen laufen Gefahr, an Mangelerscheinungen zu leiden. Aquarianer haben für dieses Problem drei verschiedene Lösungen:

– Regelmäßiger Austausch des Wassers (im allgemeinen zehn Prozent des Volumens pro Woche. Das frische Wasser enthält Salze.

– Zugabe von flüssigen Düngemitteln, die speziell für Wasserpflanzen entwickelt sind.

– Zugabe von festem Düngemittel in Tablettenform, die am Fuß der Pflanze plaziert werden; die Mineralsalze werden auf diese Weise langsam freigesetzt.

Man kann einen festen Dünger für Pflanzen auch selbst herstellen. Dafür verwendet man Ton, den man zu kleinen Kugeln knetet, mit flüssigem Dünger tränkt und am Fuß der Pflanze auslegt. Dort setzen die Kügelchen langsam die Nährstoffe frei.

Die Mineralsalze

So nennt man die für das Pflanzenwachstum nötigen Substanzen, wie sie auch in Kunstdüngern enthalten sind. Die Bedürfnisse der Pflanzen im Hinblick auf die einzelnen Substanzen sind verschieden; von einigen Stoffen, zum Beispiel Metallen, werden nur minimale Mengen benötigt, die aber permanent verfügbar sein müssen. Mineralsalze werden von den echten Wasserpflanzen über Wurzeln und Blätter, von den amphibischen Pflanzen nur über die Wurzeln aufgenommen.

In der freien Natur gibt es besonders fruchtbare Zonen, in denen die Erneuerung des Wassers und das Gleichgewicht der natürlichen Zyklen genügend Mineralsalze für das Gedeihen der Pflanzen liefern. In Gebieten, wo diese günstigen Bedingungen nicht vorhanden sind, ist die Vegetation nur dünn oder garnicht vorhanden.

Im Aquarium, das ja ein abgeschlossenes Milieu darstellt, sind Mineralsalze im Wasser

Einige Regeln für unerfahrene Wassergärtner

1. Wählen Sie Pflanzen, die an das Wasser im Aquarium angepaßt sind.
2. Wählen Sie robuste Arten, manche mit schnellem, manche mit langsamem Wachstum.
3. Respektieren Sie deren Bedürfnisse, vor allem in Hinblick auf richtige Beleuchtung.
4. Achten Sie auf ausreichende Zufuhr an Nährstoffen.
5. Zögern Sie nicht, bei Verkäufern und Vereinen um Rat zu fragen.

CO_2-Mangel

Im allgemeinen enthält das Wasser genügend Kohlendioxid, doch selbst in einem gut bepflanzten und beleuchteten Aquarium kann es manchmal zu einem Mangel kommen. In diesem Fall verbindet sich das Kohlendioxid mit Bikarbonaten, und der pH-Wert im Süßwasser steigt dadurch oft auf 7,5, manchmal sogar 8. Kalk legt sich in einer dünnen Schicht über die Pflanzenblätter und erstickt die Pflanzen. Man erkennt auch Ablagerungen an den Scheiben in Höhe der Wasseroberfläche.

Im Fachhandel gibt es aber CO_2-Dosiergeräte, die dieses Problem beheben können. Man sollte außerdem daran denken, daß Belüftung und Wasserumwälzung, die ein Becken mit Sauerstoff versorgen sollen, auch bewirken können, daß zuviel des im Wasser gelösten CO_2 in die Atmosphäre entweicht. Dies kann schädlich für die Pflanzen sein, also nicht übertreiben.

Im Fachhandel sind Präparate erhältlich, mit denen der Aquarienfreund seine Pflanzen leicht mit dem nötigen CO_2 versorgen kann. ▷

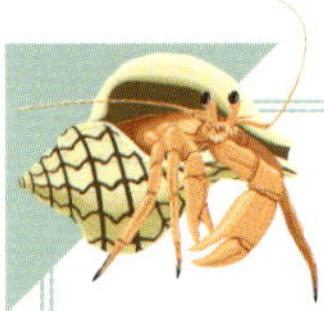

Für das Pflanzenwachstum erforderliche Mineralsalze

– Stickstoff, enthalten in Nitraten.
– Phosphor, enthalten in Phosphaten.
– Kalzium, in anderen Salzen enthalten.

Auch andere Substanzen sind nötig, wenn auch teils in sehr kleinen Mengen:

– Metalle, darunter Eisen und Magnesium (siehe S. 196);
– Vitamine.

und im Boden vorhanden. Diese Salze werden aber – je nach Dichte der Bepflanzung mehr oder weniger schnell – aufgebraucht. Daher muß man für regelmäßigen Nachschub sorgen. Manche Aquarianer entscheiden sich bereits bei der Einrichtung des Aquariums für einen angereicherten Boden, der nach und nach Mineralsalze freisetzt. Dies ist zu empfehlen, wenn man ein sehr üppig bepflanztes Aquarium anstrebt.

Voraussetzungen für Wasserpflanzen

Viele Aquarianer betrachten Pflanzen ausschließlich als Dekorationselemente. Andere aber kümmern sich um sie ebenso, wie sie sich um die Aufzucht der Fische kümmern: Sie sorgen für ihr Wachstum und manchmal sogar für ihre Fortpflanzung. Man trifft bisweilen auf richtige »Wassergärtner«.

Woher weiß man, ob die Pflanzen Wachstumsstörungen haben?

Eine Pflanze, die nicht alle für sie lebenswichtigen Stoffe erhält, wird geschwächt, verfärbt sich braun oder gelb und geht bald ein. Ihre Blätter werden mit einer dünnen Schicht von Fadenalgen bedeckt und fallen schließlich ab. Dennoch ist die Verlangsamung des Wachstums bei manchen Arten nicht einfach zu erkennen.

Die harmonische Entwicklung der Vegetation im Aquarium ist möglich, wenn für das richtige Licht und ausreichende Zufuhr an Mineralsalzen gesorgt ist. ▽

VERMEHRUNG DER PFLANZEN

In freier Natur vermehren sich die Pflanzen normalerweise geschlechtlich, durch Blüten und Samen. Dennoch kann die geschlechtliche Fortpflanzung durch ungeschlechtliche ersetzt werden, wenn die Bedingungen des Milieus ungünstig sind. Man nennt dies »vegetative Vermehrung«. Fragmente der Pflanze, die abbrechen oder ausgerissen sind, werden von der Wasserbewegung fortgetragen, sinken zu Boden und schlagen dort neue Wurzeln. Diese Art der Fortpflanzung wird im Aquarium eingesetzt. Die Techniken sind von Pflanze zu Pflanze verschieden und gleichen denen im Gartenbau.

Vermehrung durch Stecklinge

Diese Art der Vermehrung wird bei Pflanzen mit Stengel angewandt. Dabei wird ein Stück davon abgeschnitten und wieder eingepflanzt, so daß ungefähr zwei Drittel des Pflanzenstengels aus dem Boden ragen. Einige raten dazu, die Blätter des unteren, eingegrabenen Drittels zu entfernen, andere wiederum belassen sie am Stengel, da sie dem Boden Mineralsalze zuführen. Wurzeln werden gebildet, und normalerweise wächst die »neue« Pflanze recht schnell. Der untere Teil der Mutterpflanze bildet Seitentriebe, die man später auch wieder als Stecklinge verwenden kann. Fast alle Pflanzen mit Stengel haben Adventivwurzeln und lassen sich auf diese Weise besonders gut vermehren.

Wenn man einige Regeln beachtet, lassen sich Pflanzen leicht durch Stecklinge vermehren. ▽

◁ Um eine Stengelpflanze zu vermehren, schneidet man den oberen Teil ab (oben) und pflanzt ihn ein (Mitte). Die Mutterpflanze bildet schließlich neue Seitentriebe (unten).

Was ist zu beachten?

Die obere Partie einer Pflanze mit Stengel setzt Substanzen frei, die das Wachstum von Seitentrieben hemmt. Wenn man sie abschneidet oder abklemmt, gelangen diese Substanzen nicht mehr in den unteren Teil der Pflanze, und es entwickeln sich Seitentriebe, die man als Stecklinge ver-

Um einen Steckling zu erhalten, sollte man den Stengel gerade durchtrennen. ▽

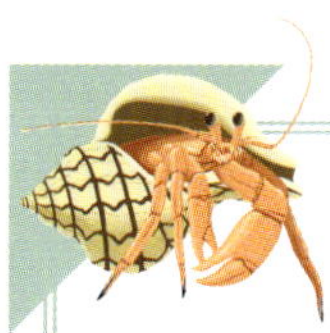

Einige Kniffe zur Stecklingsvermehrung

Wenn der untere Teil der Stengelpflanze Blätter verliert, ist das ein Zeichen dafür, daß nicht genügend Licht an den Grund des Aquariums dringt. Man schneidet die Pflanze einige Zentimeter über dem Boden ab und pflanzt den oberen, gesunden Teil wieder ein. Der untere Teil wird entfernt.

Wenn man kleine Zuchtbecken besitzt, kann man sie auch als »Treibhaus« für Wasserpflanzen verwenden. Man sollte flüssigen Dünger oder Tonkügelchen verwenden. Einige Fische sind nötig, damit die Pflanzen mit CO_2 versorgt werden. Belüftung ist nicht unbedingt notwendig, und es sollte nur mäßig gefiltert werden.

VERMEHRUNG DURCH AUSLÄUFER

Pflanzen ohne Stengel verbreitern sich am Fuß und bilden dort manchmal kleinere Ausläufer mit eigenen Wurzeln. Diese trennt man vorsichtig mit einer Rasierklinge ab und pflanzt sie neu ein.

◁ *Vermehrung durch Ausläufer ist bei mehreren Pflanzen möglich, zum Beispiel bei den Cryptocorynen.*

wenden kann. Diese Technik bietet sich an, wenn die Pflanzen bereits die Wasseroberfläche erreicht haben.

▽ *Vallisnerie und Sagittarie vermehren sich spontan über Luftwurzeln (oben), die Tochterpflanze muß verwurzelt sein (Mitte), bevor man die Luftwurzel durchtrennt (unten).*

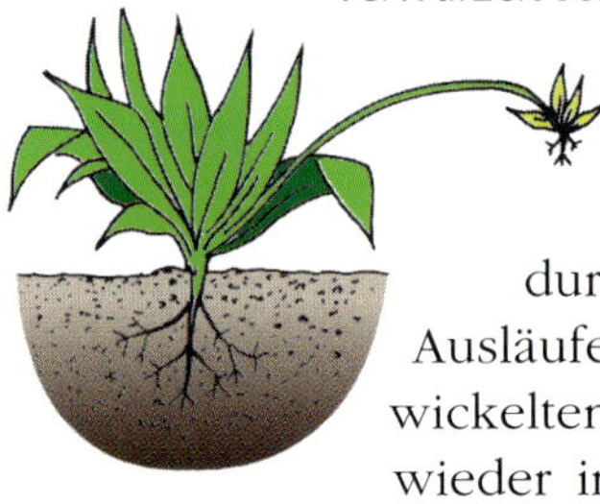

VERMEHRUNG DURCH ABLEGER

Manche Pflanzen, wie zum Beispiel *Echinodorus* oder Meeresalgen der Gattung *Caulerpa*, entwickeln eine Art horizontalen Stengel, die Luftwurzel. An ihrem Ende befindet sich eine neue Pflanze, die Wurzeln bildet und sich schließlich, entweder zufällig oder durch den Eingriff des Aquarianers, im Boden verankert. Nach ungefähr einer Woche sind die Wurzeln genügend weit entwickelt, daß man die Luftwurzel durchtrennen kann. Der Kongofarn hingegen entwickelt ein langsam wachsendes Rhizom, an dem neue Blätter erscheinen. Trennt man das Rhizom zwischen zwei Blättern, erhält man zwei unabhängige Pflanzen.

△ *Die Algen der Gattung* Caulerpa *vermehren sich, indem sie eine lange Luftwurzel bilden, an der schließlich junge Blätter wachsen.*

EIN ZUCHTBECKEN FÜR WASSERPFLANZEN

Warum nicht? Manchen Aquarianern gelingt es ab und zu, Pflanzen auf geschlechtlichem Wege durch Blütenbildung zu vermehren. Dafür verwenden sie ein oder mehrere Zuchtbecken, in denen sie regelmäßig die Vermehrung durch Stecklinge, Ableger oder Ausläufer vornehmen. Die voll entwickelten Pflanzen werden schließlich wieder in das Gemeinschaftsaquarium eingesetzt. Ein Zuchtbecken für Pflanzen muß mit einer starken Beleuchtung ausgestattet sein. Der Wasserspiegel sollte nicht zu hoch stehen, damit Licht durchdringt, und der Boden muß mit Nährstoffen angereichert sein. Man kann darin natürlich auch Mini-Gärtnereien einrichten, zum Beispiel in Joghurtbechern. Das Becken sollte nur schwach gefiltert und nicht belüftet werden. So wird verhindert, daß das im Wasser gelöste CO_2 in die Atmosphäre entweicht. Ist nicht genug CO_2 vorhanden, so kann man Produkte kaufen, die eine ausreichende Versorgung sicherstellen. Das ökologische Gleichgewicht wird durch Einsetzen einiger Fische hergestellt. Man kann artgleiche Fische nehmen, die sich dann eventuell auch fortpflanzen. Derzeit beschäftigen sich viele Aquarianer mit der Züchtung von Fischen, aber nur wenige mit der Vermehrung von Pflanzen, obwohl dies sehr spannend sein kann.

Die Pflanzen im Aquarium

Von den Tausenden von echten Wasserpflanzen und amphibischen Pflanzen sind nur einige hundert im Fachhandel erhältlich. Die meisten dieser Pflanzen stammen aus tropischen Süßwassergebieten, nur sehr wenige wachsen in unseren Breiten. Diese sind für Kaltwasseraquarien und Gartenteiche geeignet. Die geläufigsten Pflanzen sind im allgemeinen auch die widerstandsfähigsten. Sie sind also für Anfänger am besten geeignet. Andere wiederum sind nur fortgeschrittenen Aquarianern zu empfehlen, die einen richtigen Wassergarten heranzüchten wollen. Ausgefallenere Pflanzen wie Schwimmfarne oder schwimmende Moose sind in einem eigenen Kapitel beschrieben, da sie aufgrund ihrer besonderen Lebensgewohnheiten für alle Aquarienfreunde gleichermaßen interessant sind.

DIE GELÄUFIGSTEN WASSERPFLANZEN

Man könnte sie als die »Klassiker« unter den Aquarienpflanzen bezeichnen, da sie seit Generationen sowohl fortgeschrittenen als auch unerfahrenen Aquarianern viel Freude bereiten. Letztere interessieren sich naturgemäß am meisten für die pflegeleichteren und weniger kostspieligen Arten.
Es sind dies hauptsächlich Pflanzen mit Stengel, die also durch Stecklinge leicht vermehrt werden können und mit der richtigen Beleuchtung schnell wachsen. Darunter findet man leicht die richtigen Arten für die verschiedenen Wassertypen und sogar Pflanzen für ein Heimataquarium.

Acorus (Araceae, Asien)

Diese Sumpfpflanzen stammen aus gemäßigten und kalten Gewässern und sind inzwischen auch außerhalb ihres Ursprungsgebietes weit verbreitet. Im Aquarium darf es nicht wärmer als 22 °C sein, sie sind also Kaltwasserbecken vorbehalten. In bezug auf Wasserhärte und pH-Wert sind sie tolerant. Die Fortpflanzung erfolgt über Abspaltung eines frischen Triebes vom Wurzelstock. Diese Pflanzen sind für Paludarien und Gartenteiche geeignet, können aber auch gänzlich unter Wasser leben.

Acorus gramineus

Es gibt 2 Varietäten dieser Art. Der größere **Graskalmus** wird 30 cm groß, während der kleinere **Zwergkalmus** ungefähr 10 cm mißt und sich gut für den Vordergrund des Aquariums eignet.

Acorus calamus

Der **Gewöhnliche Kalmus** ist eine europäische Art und kann über 1 m groß werden. Er bleibt also heimatlichen Gartenteichen vorbehalten.

△ ***Acorus gramineus***

Bacopa monnieri ▷

▽ ***Bacopa caroliniana***

Bacopa (*Scrophulariaceae*, Süden der Vereinigten Staaten, Mittelamerika)

Diese Stengelpflanzen mit ovalen, einander gegenüberstehenden Blättern können im Aquarium zum Blühen gebracht werden, aber die Vermehrung durch Stecklinge bleibt die beste Möglichkeit. Sie ziehen ein wenig saures oder neutrales Wasser mit geringer Härte vor, sind widerstandsfähig und werden am besten in Gruppen mit etwas Abstand zwischen den Stengeln gepflanzt.

Bacopa caroliniana

Diese *Bacopa*-Art ist robust und toleriert Temperaturen zwischen 20 °C und 25 °C. Größe: 30 cm.

Bacopa monnieri

Der Abstand zwischen den Blättern ist größer als bei der oben beschriebenen *Bacopa*. Diese Pflanze ist sehr pflegeleicht und wächst relativ langsam. Sie braucht viel Licht. Größe: 30 cm.

△ ***Cabomba aquatica***

Cabomba (Nymphaeaceae, Süden der Vereinigten Staaten, Mittelamerika)

Auf den feinen Blättern der Cabombas legen manche Fische, zum Beispiel die südamerikanischen Characidae, gerne ihre Eier ab. Andere, ganz oder zum Teil pflanzenfressende Fische verzehren ihre Blätter. Die Cabombas brauchen sehr gute Beleuchtung und relativ weiches Wasser mit einem fast neutralen pH-Wert. Die Vermehrung erfolgt durch Stecklinge, indem entweder ein Seitensproß oder der obere Pflanzenteil abgetrennt wird.

Cabomba aquatica

Ist das Licht zu schwach, streckt sich die **Buschige Haarnixe** bis zur Wasseroberfläche empor. Sie wächst schnell, außer bei Kohlendioxidmangel. Man sollte also starke Wasserumwälzung vermeiden. Größe: 30–40 cm.

Cabomba caroliniana

Die **Karolinische Haarnixe** ist widerstandsfähiger als die buschige, erträgt 20 °C kaltes Wasser, braucht aber einen nährstoffreichen Boden. Die Blattform ist unterschiedlich. Größe: 30–40 cm.

△ ***Cabomba caroliniana***

Ceratophyllum (Ceratophyllaceae, Kosmopoliten)

Ceratophylla oder Geweihblätter sind fast über die ganze Erde verbreitet, aber nur eine Art ist in der Aquaristik geläufig.

Ceratophyllum demersum

Das **Gemeine Hornkraut** findet sich in Europa und in Mittelamerika. Diese Pflanze stammt aus gemäßigten Gewässern, kann sich aber auch an tropische Aquarien anpassen. Sie ist ideal für Aquarien mit roten Fischen oder Gartenteiche, in denen sie manchmal sehr groß wird. Sie ist pflegeleicht, wenn auch ihr Stengel sehr zerbrechlich ist. Sie hat keine richtigen Wurzeln und verankert sich nur schwach im Bodengrund, daher sollte man sie an Felsen anlehnen oder an der Oberfläche schwimmen lassen. Vermehrung durch Stecklinge ist einfach. Die Pflanze ist tolerant in bezug auf Wasserhärte und pH-Wert, braucht aber viel Licht. Größe: 30–40 cm.

▽ ***Ceratophyllum demersum***

Elodea und *Egeria* (Hydrocharitaceae, Kosmopoliten)

Aufgrund ihres starken Wachstums werden diese Pflanzen **Wasserpest** genannt. In intensivem Licht produzieren sie viel Sauerstoff. Sie können Wurzeln schlagen, aber auch auf dem Wasser schwimmen, das hart und basisch sein sollte.

Elodea canadensis

Die **Kanadische Wasserpest** stammt aus Nordamerika und ist heute in den gemäßigten Zonen auf der ganzen Erde anzutreffen. Nur die weibliche Pflanze ist in Europa seit Mitte des 19. Jahrhunderts anzutreffen; sie läßt sich also nur durch Stecklinge vermehren. Die optimale Temperatur liegt zwischen 15 bis 20 °C, die Pflanze eignet sich also für ein Kaltwasseraquarium.

Egeria densa (früher: ***Elodea densa***)

Die **Dichtblättrige Wasserpest** gibt es in Europa in beiden Geschlechtern, aber die Vermehrung durch Blüten gelingt im Aquarium nur selten. Sie ist geeignet für Kaltwasseraquarien, kann aber Temperaturen bis zu 25 °C ertragen. Größe: 30–40 cm.

◁ ***Egeria densa***

△ ***Eleocharis vivapara,*** nah verwandt mit *Eleocharis minima.*

Eleocharis (Cyperaceae, tropische Gebiete)

Diese Pflanzen leben in Sumpfgebieten und erinnern in ihrer Gestalt an Grasbüschel. Sie sind für Paludarien geeignet, können bei starker Beleuchtung aber auch im Aquarium gehalten werden, wenn das Wasser genügend hart und alkalisch ist.

Eleocharis minima

Wenn ihre Stiele die Wasseroberfläche erreichen, legen sie sich dort ab, ohne aufzutauchen. Die Vermehrung erfolgt über Luftwurzeln oder durch Teilung. Größe: 20–30 cm.

Heteranthera (Pontederiaceae, Süd- und Mittelamerika)

Diese echten Wasserpflanzen verlangen starkes Licht und einen nährstoffreichen Boden. Sie vertragen keinen Eisenmangel. Das Wasser muß leicht basisch und von mittlerer Härte sein.

Heteranthera dubia

Das **Gelbblühende Trugkölbchen** läßt sich durch Stecklinge vermehren, was dank ihrer Adventivwurzeln recht einfach ist. Der Stengel ist dünn und kann auf der Wasseroberfläche schwimmen. Größe: 40 cm.

Heteranthera zosterifolia

Das **Seegrasblättrige Trugkölbchen** kann gänzlich unter Wasser leben. Man vermehrt die Pflanze durch Stecklinge, indem man die Seitentriebe einpflanzt. Es gibt auch eine Kriechform. Größe: 30 cm.

▷ ***Hygrophila stricta***

△ ***Hygrophila difformis***

◁ ***Hygrophila corymbosa***

Hygrophila (Acanthaceae, Südostasien)

Über 10 Arten sind in der Aquaristik bekannt; es kommt vielfach zu Verwechslungen, da es verschiedene Variationen gibt und die Namen geändert wurden. Sie leben nur halb unter Wasser, können aber auch ganz untergetaucht leben, wenn das Wasser sauer oder neutral und von mittlerer Härte ist. Für ihr Wachstum ist intensives Licht vonnöten; man sollte sie also in Gruppen mit entsprechendem Abstand zwischen den einzelnen Stengeln pflanzen. Sie lassen sich einfach vermehren, indem man den oberen Teil des Stengels abschneidet, sobald er die Wasseroberfläche erreicht, und ihn einpflanzt.

***Hygrophila corymbosa* (früher: *Nomaphila*)**

Der **Indische Riesenwasserfreund** erträgt Tiefsttemperaturen von 15 °C. Durch seine Adventivwurzeln läßt er sich leicht vermehren. Größe: 30 cm.

***Hygrophila stricta* (früher: *H. guianensis*)**

Die *Hygrophila* aus Südostasien besitzt einen fast quadratischen Stengel. Sie verträgt Eisenmangel und zu hartes Wasser schlecht. Wenn nicht genügend Licht vorhanden ist, fallen die unteren Blätter ab. Größe: 30 cm.

***Hygrophila difformis* (früher: *Synnema triflorum*)**

Der **Indische Wasserfreund** gilt in seinem Ursprungsland als Unkraut, ist aber in der Aquaristik aufgrund seiner hellen Farbe und seiner hübschen Blattform sehr beliebt. Die aus dem Wasser ragenden Blätter sind etwas gröber. Die Pflanze stellt keine großen Ansprüche an Wasserhärte und pH-Wert. Wenn die Blätter vom Stengel getrennt werden, bilden sich an den Bruchstellen neue kleine Pflänzchen. Größe: 30 cm.

△ ***Limnophila heterophylla***

Limnophila (Scrophulariaceae, Südostasien)

Die feinen Blätter dieser Pflanze werden von vielen Fischen sehr geschätzt, die sie entweder als Nahrung verzehren oder als Ablaichplatz verwenden. Diese amphibischen Pflanzen können auch ganz unter Wasser leben. Wenn sie die Oberfläche erreichen, legen sie sich dort flach; man muß also ein Stück abschneiden, das man als Steckling verwenden kann. Gute Beleuchtung ist notwendig; Eisenmangel sollte vermieden werden, weil die Blätter sonst schnell gelb werden.

Limnophila aquatica

Der **Wasserfreund** entwickelt sich gut in leicht hartem und saurem Süßwasser, wenn genügend Nährsalze vorhanden sind. Kleine Triebe an der Basis dienen als Stecklinge. Man kann aber auch ein Stück vom Stengel verwenden. Diese Pflanze braucht viel Licht und sollte daher nicht zu eng gepflanzt werden. Größe: 30 cm.

Limnophila heterophylla

Sie ist nicht ganz so buschig wie der Wasserfreund, man sollte aber regelmäßig ein Stück abschneiden. Größe: 30 cm.

Ludwigia (Onagraceae, tropische Gebiete)

Die *Ludwigia*-Arten brauchen Licht, Eisen und nährstoffreichen Boden. Man vermehrt sie durch Stecklinge, die man unterhalb ihrer Adventivwurzeln abschneidet, man kann aber auch den oberen Pflanzenteil verwenden, was den Vorteil hat, daß sie ihre unteren Blätter behält. Größe: 30 cm.

Ludwigia ascendens

Die **Großblättrige Ludwigie** ist eine echte Wasserpflanze, kann aber auch teilweise außerhalb des Wassers leben. Sie verträgt verschiedene Härtegrade, der pH-Wert sollte ungefähr bei 7 liegen. Für Anfänger zu empfehlen.

Ludwigia alternifolia

Wie ihr Name schon sagt, sind die Blätter der **Wechselblättrigen Ludwigie** wechselständig angeordnet, stehen sich also nicht gegenüber. Sie braucht saures Süßwasser. Größe: 30 cm.

Ludwigia brevipes

Diese amphibische Pflanze ist recht widerstandsfähig, erträgt hartes und basisches Wasser und Temperaturen leicht unter 20 °C. Man kann sie also in Kaltwasseraquarien halten. Größe: 30 cm.

Ludwigia repens

Es gibt eine grüne und eine rötliche Varietät. Beide brauchen viel Licht und sind widerstandsfähig. Größe: 30 cm.

△ ***Ludwigia* sp.**

▽ ***Ludwigia repens***

Myriophyllum (Haloragaceae, Amerikanischer Kontinent)

Über zehn Arten dieser Gattung, teils amphibisch, teils als echte Wasserpflanzen, gehören zu den beliebtesten Aquarienpflanzen. Ihre fein gefiederten Blätter werden von pflanzenfressenden Fischen sehr geschätzt, und andere legen ihre Eier darauf ab. Die **Tausendblätter** mögen viel Licht und mittelhartes, aber klares Wasser, da sich im Wasser schwebende Partikel vielfach auf ihren Blättern absetzen. Die Vermehrung erfolgt in der Regel durch Stecklinge.

Myriophyllum aquaticum

Im Gegensatz zu den anderen Arten braucht das **Brasilianische Tausendblatt** saures Süßwasser. Als Stecklinge nimmt man den oberen Teil der Pflanze oder Seitentriebe. Diese Tausendblätter wirken sehr dekorativ, wenn man sie in Gruppen dicht nebeneinander pflanzt. Größe: 40 cm.

Myriophyllum spicatum

Das **Ährenblütige Tausendblatt** ist robust und wächst schnell. Das Wasser sollte mittelhart und leicht alkalisch sein. Man sollte regelmäßig den oberen Teil abschneiden, damit die Pflanze ihre Festigkeit bewahrt. Mehrere Arten sind im Handel, manche rötlich gefärbt; alle brauchen viel Eisen und Licht. Größe: 40 cm.

Myriophyllum aquaticum ▷

Rotala (Lythraceae, Südostasien)

Die Blätter dieser Arten sind je nach Umgebung unterschiedlich. Sie weisen eine rötliche Färbung auf, vor allem an der Unterseite. In saurem Süßwasser entwickeln sie sich gut, wenn sie genügend Licht und Eisen bekommen. Sie lassen sich dank ihrer Adventivwurzeln einfach vermehren. In Gruppen dicht gepflanzt sind sie sehr dekorativ, weil sie sich gut von den Grünpflanzen abheben.

Rotala macrandra

Die Farbe der **Großblättrigen Wasserminze** ist je nach Lichtintensität verschieden, aber meistens von Rottönen dominiert. Das Wachstum ist recht langsam, aber wenn man den Stengel oben abschneidet, bilden sich Seitentriebe, die auch gut als Stecklinge zu verwenden sind. Größe: 30 cm.

Rotala rotundifolia

Die Oberseite der **Rundblättrigen Wasserminze** ist grün, die Unterseite rötlich. Blätter, die aus dem Wasser ragen, werden vollständig grün. Die Pflanze wirkt in Gruppen sehr dekorativ; die Stengel sollten aber nicht zu eng nebeneinander stehen. Größe: 30 cm.

△ ***Rotala rotundifolia***

▽ ***Sagittaria sagittifolia***

◁ ***Rotala macranda***

Sagittaria graminea ▷

Sagittaria (Alismataceae, Amerikanischer Kontinent und Europa)

Die emersen Blätter dieser Sumpfpflanzen sind pfeilförmig, die submersen Blätter bandförmig. Man muß darauf achten, daß der Wurzelstock nicht zu tief im Bodengrund steckt. Es ist ratsam, die Pflanze mit einem Stück Draht zu stützen. Die Vermehrung erfolgt über Luftwurzeln, die sich entweder spontan oder mit menschlicher Hilfe im Boden verwurzeln. Die Luftwurzel kann durchtrennt werden, sobald die Tochterpflanze eingewurzelt ist.

Sagittaria graminea

Es gibt verschiedene Varietäten des **Grasartigen Pfeilkrauts**, die sich durch Blattlänge und -breite unterscheiden. Alle brauchen mittelstarkes Licht, leicht hartes Süßwasser und einen ungefähr neutralen pH-Wert. Größe: 40 cm.

Sagittaria sagittifolia

Das **Gewöhnliche Pfeilkraut** ist amphibisch und kommt in stehenden Gewässern Europas häufig vor. Die Pflanze kann für Gartenteiche verwendet werden. Sie kann dort auch überwintern, zieht aber sonnige Gebiete vor. Größe: 40–50 cm.

Wie unterscheidet man *Sagittaria* und *Vallisneria*?

Sagittaria und *Vallisneria* kann man an ihren Blattspitzen identifizieren.

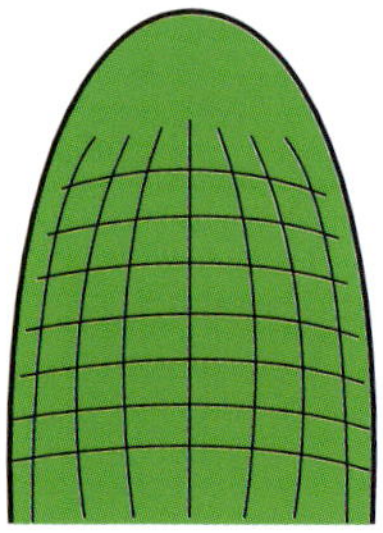

Sagittaria

Längsaderung erreicht nicht den äußeren Blattrand. Zahlreiche parallele Queradern.

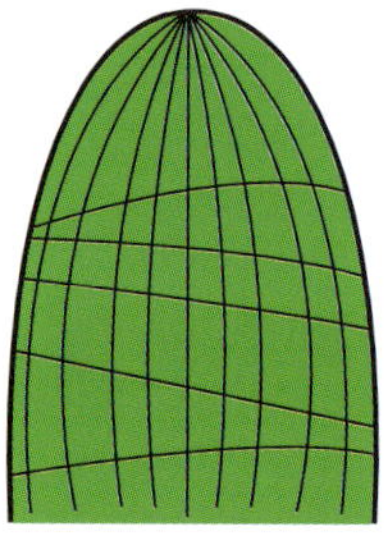

Vallisneria

Längsadern gehen bis zum Blattrand. Wenige, teils leicht schräg stehende Queradern.

Vallisneria (Hydrocharitaceae, Asien)

Die **Sumpfschrauben** lassen sich leicht mit den Sagittaria verwechseln. Wie letztere pflanzen sie sich durch Luftwurzeln fort, brauchen viel Licht und nicht zu hartes Wasser mit saurem pH-Wert.

Vallisneria asiatica
Die **Asiatische Sumpfschraube** hat spiralförmige Blätter, es gibt verschiedene Varietäten. Sie kann über 40 cm groß werden und ist daher ideal für die Seiten oder den Hintergrund eines Aquariums. Größe: 40–50 cm.

Vallisneria spiralis
Die Bezeichnung *spiralis* bezieht sich auf die Blüten, nicht auf die Blätter. Die **Gemeine Sumpfschraube** vermehrt sich unter guten Bedingungen aktiv und ist eine beliebte Aquarienpflanze.

Vallisneria gigantea
Die Blätter, die über 1 m lang und 3 cm breit werden können, legen sich auf die Wasseroberfläche. Die **Riesensumpfschraube** braucht intensive Beleuchtung und einen nährstoffreichen Boden. Sie kommt selbstverständlich nur für große Aquarien in Frage. Größe: 1 m.

◁ ***Vallisneria gigantea***

Vallisneria spiralis ▷

PFLANZEN FÜR FORTGESCHRITTENE

Wenn man erst einmal mit den vorher beschriebenen Arten etwas Erfahrung gesammelt hat, kann man sich auch anderen, teils weniger geläufigen Arten zuwenden. Die buschigen unter ihnen wachsen recht langsam, was ungeduldige Aquarianer enttäuschen wird. Sie sind dennoch sehr schön anzusehen, wenn man auf ihre Bedürfnisse eingeht, vor allem in Hinblick auf Wasserqualität und Lichtquantität.

Alternanthera (Amaranthaceae, Südamerika)

Diese Pflanzen brauchen saures Süßwasser und vermehren sich durch Stecklinge. Durch ihre rötliche Farbe heben sie sich recht dekorativ von den anderen Aquarienpflanzen ab.

Alternanthera sessilis
Es gibt zwei Varietäten dieser Art. Die erste hat vollständig rote Blätter und kann nur einige Monate ganz unter Wasser leben. Die zweite erkennt man an der braungrünen Färbung der Blattoberseiten. Sie scheint an ein Leben unter Wasser besser angepaßt zu sein. Größe: 30–40 cm.

Alternanthera reineckii
Das **Kleine Papageienblatt** ist widerstandsfähiger als die oben beschriebene Art, aber auch nicht so hübsch, weil es weniger Rotfärbung aufweist. Bei intensiver Beleuchtung bildet es Seitentriebe, die man leicht als Stecklinge verwenden kann. Größe: 30–40 cm.

◁ ***Alternanthera reineckii***

△ ***Alternanthera sessilis***

Anubias (Araceae, Westafrika)

Diese Pflanzen wachsen langsam, brauchen wenig Licht und saures Süßwasser. Die Vermehrung erfolgt durch Teilung des Wurzelstocks, der freilich nie im Boden eingegraben sein darf.

Anubias barteri

Es gibt 2 Varietäten: Die kleinere eignet sich für den Vordergrund des Aquariums, die größere besitzt lanzenförmige Blätter und kann etwas weiter nach hinten gesetzt werden. Größe: 30 cm.

Anubias heterophylla

Diese kongolesische *Anubias*-Art kann über 35 cm groß werden und ist also nur für große Aquarien geeignet. Die Blattformen können sehr verschieden sein, also mehr oder weniger oval oder lanzenförmig. Größe: 30–40 cm.

△ ***Anubias barteri***

◁ ***Anubias heterophylla***

Cryptocoryne wendtii ▷

Cryptocoryne (Araceae, Südostasien)

Viele Arten dieser Gattung werden in der Aquaristik verwendet, weshalb es immer wieder zu Verwechslungen kommt. Manche von ihnen sind echte Wasserpflanzen, andere sind amphibisch. Die Arten stellen verschiedene Ansprüche an die Wasserqualität. Süß bis mittelhart, leicht sauer bis basisch. Der Boden sollte nährstoffreich sein. Geschlechtliche Fortpflanzung durch Blüten ist selten, vegetative Vermehrung erfolgt über Luftwurzeln oder durch Teilung.

Cryptocoryne balansae

Der **Genoppte Wasserkelch** braucht starkes Licht und eine Temperatur über 25 °C. Man sollte nur ein Exemplar im Aquarium halten, um die Pflanze besonders zur Geltung zu bringen. Größe: 40 cm.

Cryptocoryne beckettii

Becketts Wasserkelch ist eigentlich eine Sumpfpflanze, kann aber auch gänzlich unter Wasser leben. Größe: 40 cm.

Cryptocoryne ciliata

Der **Gewimperte Wasserkelch** ist eine der Cryptocoryne-Arten, die in hartem Wasser leben kann. Der Boden sollte nährstoffreich sein. Im natürlichen Milieu ist die Pflanze amphibisch. Größe: 40 cm.

Cryptocoryne wendtii

Es gibt verschiedene Varietäten des **Herzblättrigen Wasserkelchs**, die sich durch die Form der Blätter unterscheiden. Er paßt sich in hartem Wasser gut an. Größe: 15–30 cm.

Cryptocoryne crispatulata

Robust und starkwüchsig, kommt der **Grasblättrige Wasserkelch** in großen Aquarien gut zur Geltung. Das Wasser darf nicht zu hart sein. Größe: 50–70 cm.

▽ ***Cryptocoryne beckettii***

◁ ***Cryptocoryne crispatula***

Hottonia palustris (im Vordergrund) ▷

Echinodorus (Alismataceae, Südamerika)

Die meisten *Echinodorus*-Arten oder **Schwertpflanzen** sind Sumpfgewächse, leben aber auch gänzlich unter Wasser. Die Form ihrer Blätter ist je nach Umweltbedingungen verschieden: leicht saures bis neutrales Wasser, schwache bis mittlere Wasserhärte. Die Pflanzen werden bei Eisenmangel gelb. Es sollte also immer genügend Eisen vorhanden sein. Die Vermehrung erfolgt durch Teilung des Wurzelstocks, an dem neue Pflänzchen gebildet werden.

Echinodorus amazonicus

Die **Schmalblättrige Amazonasschwertpflanze** wird unter günstigen Verhältnissen bis zu 40 cm groß. Ist das Wasser zu hart, bleibt sie viel kleiner und kümmert. Größe: 30–40 cm.

Echinodorus maior

Der **Gewelltblättrige Froschlöffel** wird genauso groß wie seine oben genannte Verwandte und kommt in einem großen Aquarium am besten zur Geltung, wenn er der einzige Vertreter seiner Art ist. Größe: 30–40 cm.

Echinodorus quadricostatus

Die **Zwerg-Amazonasschwertpflanze** eignet sich für den Vordergrund des Aquariums. Sie braucht nährstoffreichen Boden und erträgt Temperaturen unter 20 °C. Die Blattform variiert je nach Lichtverhältnissen. Größe: 10–15 cm.

Echinodorus tenellus

Die **Grasartige Schwertpflanze** ist die kleinste Art der Gattung und lebt bevorzugt in basischem Wasser. Sie bildet schnell einen großen Teppich, da sie sich über Ausläufer fortpflanzt. Der Bodengrund sollte nicht zu feinkörnig oder schlammig sein. Größe: 10 cm.

△ ***Echinodorus tenellus***

◁ ***Echinodorus amazonicus***

◁ ***Echinodorus* sp.**

Hippurus (Hippuridaceae, Kosmopoliten)

Diese Pflanzen trifft man in gemäßigten Zonen der nördlichen Hemisphäre an. Sie gehören zu den bestgeeigneten Pflanzen für Gartenteiche.

Hippurus vulgaris

Die Luftblätter des **Tannenwedels** sehen anders aus als die Wasserblätter. Man kann ihn im tropischen Aquarium kultivieren. Größe: unter Wasser kleiner als 50 cm, außerhalb 10–15 cm.

Lobelia (Lobeliaceae, Nordamerika)

Die Pflanzen dieser Gattung sind in subtropischen Zonen anzutreffen. Sie leben in Sümpfen oder auf dem Trockenen. Von den Erdpflanzen kann sich eine Art in tropischen Aquarien anpassen, wächst dort aber nur langsam.

Lobelia cardinalis

Die **Kardinals-Lobelie** ist amphibisch und erträgt Temperaturen zwischen 10 und 20 °C in mittelhartem, fast neutralem Wasser. Sie ist für Kaltwasser- oder tropische Aquarien geeignet; in letzteren braucht sie starke Beleuchtung. Vermehrung erfolgt durch Stecklinge. Größe: 30–80 cm.

▽ ***Lobelia cardinalis***

Hottonia (Primulaceae, Mittelamerika)

Die wenigen Arten der Gattung stammen aus der nördlichen Hemisphäre, können also in bis zu 15 °C kaltem Wasser überleben.

Hottonia palustris

Eine meist echte Wasserpflanze mit zarten, hübsch geschnittenen Blättern, die in saurem Süßwasser gut gedeiht. Ihre Vermehrung durch Stecklinge ist einfach, da sie Adventivwurzeln an den Stengelknoten besitzt. Sie wirkt besonders in Gruppen sehr dekorativ. Größe: 20–30 cm.

BESONDERE PFLANZEN

Pflanzen wie die folgenden ergänzen die klassische Vegetation in ästhetischer und ökologischer Hinsicht. Schwimmpflanzen schaffen schattige Plätze und bieten der Fischbrut Unterschlupf. Moose dienen manchen Fischen als Ablaichplatz, langsam wachsende Farne bieten ebenfalls einen festen Untergrund. Allen diesen Pflanzen ist gemeinsam, daß sie nicht im Substrat verwurzelt sind. Die Schwimmpflanzen haben den Vorteil, daß sie schnell wachsen.

Bolbitis (Lomariopsidaceae, Afrika und Asien)

Diese Farne können ganz oder teilweise unter Wasser leben. Eine Art ist in der Aquaristik besonders beliebt.

Bolbitis heudelotii

Der **Kongofarn** ist der erste seiner Gattung, der kommerzialisiert wurde; ein echter Farn, dessen Wurzelstock nie eingepflanzt werden darf. Er befestigt sich von selbst auf seinem Untergrund (Felsen, Wurzeln, künstliche Dekoration). Um die Anheftung zu erleichtern, kann man ihn für kurze Zeit mit Synthetikgarn festbinden oder ihn mit kleinen Steinen stützen. Sein Wachstum ist langsam. Er braucht normale Beleuchtung, mäßig weiches Wasser sowie einen pH-Wert von ungefähr 7. Die Vermehrung erfolgt durch Teilung des Wurzelstocks, wenn neue Triebe erscheinen. Größe: 20–30 cm.

Ceratopteris cornuta (Parkeriaceae, Kosmopoliten)

Dieser Schwimmfarn ist ein idealer Unterschlupf für die frisch geschlüpfte Fischbrut und dient der Familie der *Belontiidae* für den Schaumnestbau. Er entwickelt sich schnell, wenn das Licht stark ist. Wurzelt er fest, was durchaus vorkommt, wird seine Farbe heller, und die Blattform verändert sich.

Ceratopteris thalictroides

Der **Sumatrafarn** lebt lieber verwurzelt, existiert aber auch als Schwimmform mit dickeren Blättern. Diese Art ist widerstandsfähig und wächst schnell. Größe: 50–60 cm.

◁ ***Ceratopteris thalictroides***

Lemna (Lemnaceae, Kosmopoliten)

Die **Wasserlinsen** schwimmen an der Oberfläche und wachsen sehr schnell. Gelangen sie – freiwillig oder unfreiwillig – ins Aquarium, können sie schnell die gesamte Oberfläche bedecken. Man muß sie also regelmäßig ausdünnen.

Lemna minor

Diese Art wird häufig mit *L. gibba* verwechselt, aber ihre Blätter werden nicht länger als 1 cm. Man kann sie als Schattenspender oder als Unterschlupf für die Fischbrut verwenden. Größe: ca. 1 cm.

◁ ***Lemna minor***

▽ ***Microsorium pteropus***

Microsorium (Polypodiaceae, Südostasien)

Diese Gattung umfaßt Farne, die in feuchtem Milieu gut gedeihen. Eine einzige Art ist in der Aquaristik von Bedeutung.

Microsorium pteropus

Der äußerst widerstandsfähige **Javafarn** wächst nur langsam und braucht mittelstarkes bis starkes Licht. Wie bei allen Farnen ist geschlechtliche Vermehrung durch Sporen möglich, aber die vegetative Fortpflanzung ist im Aquarium die bessere Alternative. Hierzu werden die jungen Triebe vom Wurzelstock abgetrennt. Der Farn befestigt sich mit kleinen Wurzeln am Untergrund. Man kann dies unterstützen, indem man ihn mit Synthetikgarn befestigt oder ihn zwischen Steine setzt (ohne ihn dabei zu zerdrücken). Größe: 15–20 cm.

△ *Riccia fluitans*

Echte Erdpflanzen und falsche Aquarienpflanzen

Einige Arten von Zimmerpflanzen *(Aglaonema, Dracaena, Chlorophytum)*, die viel Feuchtigkeit brauchen, werden manchmal auch als Aquarienpflanzen verkauft. Sie können aber nur kurze Zeit gänzlich unter Wasser überleben und sind allenfalls für ein Paludarium auf dessen trockenem Teil geeignet. Sie sind in der Regel zweifarbig: Ihre Blätter sind grün und rot oder grün und weiß. Wir raten den Aquarianern dringend vom Kauf dieser Pflanzen ab.

Riccia (Ricciaceae, Europa, Amerika und Asien)

Diese weitverbreiteten Pflanzen sind einzeln nur 1 bis 2 mm groß und bilden einen schwimmenden Teppich. Sie entwickeln sich schnell, vor allem bei starken Licht. Daher muß man sie regelmäßig etwas ausdünnen.

Riccia fluitans

Das **Teichlebermoos** bietet der Fischbrut Schutz und fördert die Bildung von Aufgußtierchen, die oft ihre Erstnahrung darstellen. Diese Pflanze braucht ein mittelhartes Wasser mit einem pH-Wert um die 7.

△ *Salvinia auriculata*

Pistia (Araceae, tropische Gebiete)

Die Gattung *Pistia* scheint nur aus einer einzigen Art zu bestehen. Sie ist eine langsam wachsende Schwimmpflanze, aber für die Aquaristik von nicht geringer Bedeutung.

Pistia stratoites

Die **Muschelblume** besitzt samtige Blätter. Sie entwickelt sich in starkem Licht und pflanzt sich durch Luftwurzeln fort. Sie sorgt im Aquarium für Schatten und bietet der Fischbrut Unterschlupf. Schädlich für sie ist, wenn sich innen am Deckel des Aquariums Kondenswasser bildet, das auf sie herabtropft.

Durchmesser: 5–15 cm.

Pistia stratoites ▷

△ *Vesicularia dubyana*

Salvinia (Salviniaceae, Südamerika)

Trotz ihres ungewöhnlichen Aussehens sind Salvinien schwimmende Wasserfarne. Die etwas rauhen Blätter sind gegenständig um eine horizontale, schwimmende Achse angeordnet. Fortpflanzung erfolgt durch Luftwurzeln. Diese Pflanzen breiten sich recht schnell aus, sind aber empfindlich gegen herabfallende Kondenswassertropfen.

Salvinia auriculata

Die Schwimmblätter des **Kleinohrigen Büschelfarns** werden über 1 cm lang, was sie von der nah verwandten Art *S. minima* unterscheidet, die ansonsten identisch ist. Bei guter Beleuchtung und in neutralem, wenig hartem Wasser vermehrt sich die Pflanze schnell. Sie ist für Zuchtbecken gut geeignet, da sie der Fischbrut Schutz bietet. Größe eines Schwimmblatts: 2 cm.

Vesicularia (Hypnaceae, Südostasien)

Diese Gattung umfaßt mehrere Moosarten, die aus tropischen Gebieten stammen. Die meisten leben auf dem Land, manche sind amphibisch, manche Wasserpflanzen.

Vesicularia dubyana

Das **Javamoos** ist in der Aquaristik verbreitet und sehr geschätzt, da es sich an der künstlichen oder natürlichen Dekoration (Holz, Felsen) befestigt. Wenn man es neu ins Aquarium einführt, sollte man es zunächst mit kleinen Steinen oder Holzstückchen stützen. Es mag saures Süßwasser und mittlere Beleuchtung. Javamoos ist ein hervorragender Ablaichplatz für Fische und ein nicht minder guter Schutz für die Fischbrut. Manchmal wird es von Fadenalgen bewachsen. Eine ähnliche Art *(Glossadelphus zollingeri)* ist ebenfalls im Handel.

Saururus (Saururaceae, nordamerikanischer Kontinent)

Die vegetative Vermehrung dieser Pflanzen erfolgt entweder durch Stecklinge oder durch Teilung des Wurzelstocks. Sie leben in Sumpfgebieten, also oft nur zum Teil unter Wasser.

Saururus cernuus

Diese Sumpfpflanze kann sich ans Leben im Aquarium anpassen. Der **Eidechsenschwanz** stellt wenig Ansprüche an die Wasserqualität, braucht aber viel Licht. Er ist widerstandsfähig und wächst langsam. Man kann ihn durch Stecklinge vermehren. Größe: 40–50 cm.

△ ***Saururus cernuus***

△ ***Spathiphyllum wallisii***

Spathiphyllum (Araceae, Südamerika)

Diese Pflanzen sind Amphibien und lassen sich auch als Topfpflanzen kultivieren. Ihre Blätter sind robust, ihr Wachstum verläuft langsam, aber regelmäßig.

Spathiphyllum wallisii

Meistens geht das **Amerikanische Speerblatt** nach einigen Monaten ein, wenn es gänzlich untergetaucht ist. Manche Aquarianer behaupten aus ungeklärten Gründen allerdings das Gegenteil. Am besten sollte man es aber wenigstes für ein paar Monate außerhalb des Wassers kultivieren, wenn man es zuvor unter Wasser gehalten hat. Das Wasser sollte weich und leicht sauer sein. Größe: 40 cm.

PFLANZEN FÜR DEN WASSERGÄRTNER

Diese Arten sind oft nur unter Schwierigkeiten im Handel erhältlich (und oftmals auch recht teuer), und man muß genau auf ihre Bedürfnisse eingehen. Sie haben zum Teil recht ausgefallene Lebensbedingungen. So brauchen manche eine jährliche Ruhezeit. Man sollte als Aquarianer also mit Pflanzen bereits einige Erfahrungen gesammelt haben, wenn man nicht enttäuscht werden will. Wenn man sie gut pflegt, können diese Pflanzen schnell zum Blickfang im Aquarium werden, vor allen in Becken im holländischen Stil.

Aponogeton (Aponogetonaceae, Afrika, Madagaskar, Sri Lanka)

Diese wunderschönen Pflanzen sind im Aquarium nicht unbedingt leicht zu pflegen. Sie brauchen nämlich einmal im Jahr eine Ruhezeit von einigen Monaten bei einer Temperatur von ungefähr 15 °C. Ihr knolliger Wurzelstock muß dafür in ein anderes Becken mit niedrigem Wasserstand gegeben werden. Nach der Ruhephase erwärmt man das Wasser. Die **Wasserähren** mögen viel Licht und mittelhartes Wasser. Die geschlechtliche Fortpflanzung über Blüten ist im Aquarium möglich, man kann sie aber auch vegetativ durch Teilung des Wurzelstocks vermehren: Wenn Blatt und Blüten erscheinen, kann man den jungen Trieb einpflanzen.

Aponogeton crispus

Das Wachstum der **Krausen Wasserähre** ist recht schnell. Wie die anderen Arten kommt sie am besten als Einzelexemplar zur Geltung. Größe: 40–50 cm.

△ ***Aponogeton ulvaceus***

Aponogeton ulvaceus

Die **Salat-Wasserähre** hat gewellte, leicht transparente Blätter und gilt als eine der schönsten Aquarienpflanzen überhaupt. Größe: 40–50 cm.

Aponogeton madagascariensis

Die Blätter der **Gitterpflanze** bestehen nur aus den Adern, was ihr ein besonderes Aussehen verleiht, sie aber auch empfindlich auf Algenbefall reagieren läßt. Die Gitterpflanze wird auch unter dem Namen *Aponogeton fenestralis* oder *Aponogeton henkelianus* verkauft und gilt als schwierig zu kultivierende Pflanze. Größe: 40–50 cm.

▽ ***Aponogeton madagascariensis***

◁ ***Aponogeton crispus***

△ ***Crinum natans***

Barclaya (Nymphaeaceae, Südostasien)

Die Gattung *Barclaya* umfaßt nur drei Arten, die alle aus Südostasien stammen. Auch wenn dies nicht unbedingt zu erkennen ist, sind die Barclayas eng verwandt mit den Teichrosen und gehören zur selben Familie.

Barclaya longifolia

Die **Langblättrige Barclaya** ist die einzige in der Aquaristik verwendete Art und braucht starkes Licht, sonst bleiben ihre Blätter klein. Das Wasser sollte neutral oder leicht sauer und kaum mineralisiert sein. Das Wachstum verlangsamt sich während der Ruhephase, aber danach entstehen wieder neue Blätter. Die Vermehrung durch Teilung des Wurzelstocks ist nicht ganz einfach. Man sollte auf jeden Fall warten, bis ein junger Trieb mit Blättern entstanden ist. Aufgrund seiner Farbe sollte man die Langblättrige Barclaya als Einzelexemplar halten, damit sie bestmöglich zur Geltung kommt. Größe: 40 cm.

Crinum (Amaryllidaceae, Asien, Afrika und Südamerika)

Es gibt mehrere Crinum-Arten, die in tropischen Zonen auf der ganzen Erde verteilt sind und alle eine Knolle besitzen. Nur eine, aus Westafrika stammende Art ist für die Aquaristik von Bedeutung.

Crinum natans

Die **Wasserlilie** ist widerstandsfähig und kann bis zu 1 m hoch werden, wenn genügend Licht und saures, basisches Wasser vorhanden ist. Größe: 50 cm.

Eichhornia (Pontederiaceae, Südamerika)

Diese Gattung umfaßt immerse oder schwimmende Sumpfpflanzen. Sie sind in der Aquaristik kaum geläufig, eignen sich aber gut für Gartenteiche.

Eichhornia azurea

Wenn die **Azurblaue Wasserhyazinthe** untergetaucht ist, werden ihre zarten Blätter an den Spitzen rund. Sie braucht Süßwasser und sehr gute Beleuchtung. Ihre Vermehrung erfolgt durch Stecklinge. Größe: 40 cm.

Eichhornia crassipes

Die wunderschöne, schwimmende **Wasserhyazinthe** wurde in verschiedenen tropischen Zonen eingeführt, um das Wasser zu reinigen, denn sie nimmt viel Nitrat auf. Sie hat sich so ausgebreitet, daß sie sogar die Schiffahrt behindert hat. Daher erwägt man jetzt, sie zur Produktion von Methan durch Gärung zu verwenden. Größe: 10–15 cm.

△ ***Eichhornia crassipes***

△ ***Eichhornia azurea***

Nymphaea (Nymphaeaceae, Südostasien, Afrika)

Die *Nymphaea*-Arten, besser bekannt unter dem Namen **Teichrosen**, sind eigentlich Teichpflanzen. Eine Pflanze kann bis zu 1 Quadratmeter bedecken. Zwei Arten können gänzlich unter Wasser im Aquarium leben. Größe: bis zu 50 cm unter Wasser.

Nymphaea lotus

Es gibt 2 verschieden gefärbte Varietäten, eine ist rot, die andere grün. Man sollte den **Tigerlotos** in recht weichem Wasser halten, in dem genügend Schwimmpflanzen vorhanden sind, die für Schatten sorgen. Die Blätter an der Wasseroberfläche müssen ab und zu geschnitten werden, damit die Wasserblätter sich besser entwickeln. Bei der Vermehrung erscheinen junge Pflänzchen am Wurzelstock, die man einpflanzen kann. Durchmesser: 50 cm.

Nymphaea lotus* var. *rubra

Diese Art ist mit der oben genannten biologisch und im Hinblick auf ihre Haltung identisch, aber ihre Farbe ist purpurrot. Der **Rote Tigerlotos** sieht besonders gut aus, wenn er zwischen Grünpflanzen steht. Größe: bis zu 50 cm unter Wasser.

◁ ***Nymphaea lotus***

Einordnung der Pflanzen nach Aquarientypen	
Aquarientyp	**Geeignete Pflanzen**
Nord- und Mittelamerika (mittelhartes und basisches Wasser)	*Bacopa, Cabomba, Heteranthera, Hottonia, Ludwigia, Myriophyllum, Sagittaria, Saururus*
Südamerika (saures Süßwasser)	*Alternanthera, Cabomba, Echinodorus, Eichhornia, Heteranthera, Myriophyllum, Salvinia*
Westafrika (verschiedene Wasserarten)	*Anubias, Bolbitis, Crinum, Nymphaea*
Asien und Südostasien (leicht saures Süßwasser)	*Acorus, Barclaya, Cryptocoryne* (manche für hartes, basisches Wasser), *Hygrophila, Limnophila, Microsorium, Nymphaea, Rotala, Vallisneria, Vesicularia*
Madagaskar (mittlere Wasserhärte)	*Aponogeton*
Kosmopoliten, die keine bestimmten Ansprüche an das Wasser stellen	*Acorus, Ceratophyllum, Ceratopteris, Elodea, Egeria, Eleocharis, Lemna, Ludwigia, Pistia, Riccia*
Pflanzen für Kaltwasseraquarien	*Acorus, Ceratophyllum, Elodea, Egeria, Hippurus, Lemna, Riccia*
Pflanzen für Gartenteiche	*Eichhornia, Elodea, Egeria, Hippurus, Lemna, Sagittaria sagittifolia*
Pflanzen für Paludarien	*Acorus*, manche *Cryptocoryne, Eleocharis, Hippurus, Lemna, Microsorium, Nymphaea, Pistia, Riccia, Salvinia, Vesicularia*

MEERESPFLANZEN IM AQUARIUM

Man findet keine höheren Pflanzen (oder Blütenpflanzen) in Meerwasseraquarien. Nur einige Algen können dort kultiviert werden, allerdings mit oft recht zufriedenstellenden Ergebnissen. Im Unterschied zu den unerwünschten Algen, zum Beispiel den Fadenalgen, sind diese Algen größer und schaffen keine Probleme im Aquarium. Sie sind widerstandsfähig und nehmen ihre Nährstoffe fast mit der gesamten Körperoberfläche auf.

△ ***Halimeda tuna*** (im Vordergrund)

Die Mittelmeer-Algen

Manche Algen von der Mittelmeerküste können sich in tropischen Aquarien anpassen. Wenn man sie aus der freien Natur holt, sollte man die Alge stets mit ihrer Unterlage, meistens einem Felsstück, aus dem Wasser nehmen.

Codium bursa **(Codiaceae)**
Diese Alge ist kugelförmig, und ihr Durchmesser kann bisweilen 25 cm übersteigen. Sie wächst sehr langsam, und die größeren Exemplare werden mit der Zeit flach. Diese Art braucht sehr viel Licht.

Codium vermilara **(Codiaceae)**
Man erkennt sie an ihrer filzartigen Oberflächenstruktur und der flaschengrünen Färbung. Diese Art lebt am liebsten in hell erleuchteten Zonen. Größe: 20 cm.

Halimeda tuna **(Halimedaceae)**
Sie bevorzugt weniger helle Gebiete und entwickelt sich am schnellsten, wenn die Temperatur hoch ist. Diese darf allerdings 25–26 °C nicht überschreiten. Größe: 1–10 cm.

Udotea petiolata **(Halimedaceae)**
Wie die vorher beschriebene Art braucht sie wenig Licht und wächst auf dem Sand oder auf Felsen. Größe: 3–10 cm.

Die Ulven und die Enteromorphen (Ulvaceae)

Diese Algen leben hauptsächlich an den französischen Küsten, überdauern jedoch nicht lange im Aquarium. Sie können aber den pflanzenfressenden Meeresfischen als Nahrung dienen.
Die Ulven (es gibt mehrere Arten der Gattung *Ulva*) ähneln durchsichtigen Salatblättern. Größe eines Blattes: 25–30 cm.
Die Enteromorphen sind fadenartig, ebenfalls durchsichtig und hellgrün (Gattung *Enteromorpha*, mehrere Arten). Größe: 40–50 cm. Bemerkenswert ist, daß die Ulvaceae sich in freier Natur am besten in nitratreichen Zonen entwickeln.

△ ***Ulva* und *Enteromorpha***

Die *Caulerpa* oder Blattalgen (Caulerpaceae)

Caulerpa ist eine Grünalge (Chlorophyta), die in tropischen Zonen gedeiht. Es gibt verschiedene Arten, von denen einige in der Aquaristik verwendet werden. Die Blattalge besteht aus einer fadenähnlichen Längsachse, die mittels Rhizoiden (oder Haftfäden) am Untergrund haftet. Hohe, blattähnliche Gebilde streben davon ausgehend nach oben, ihre Form ist von Art zu Art verschieden. Die *Caulerpa*-Algen entwickeln sich im Aquarium schnell, die Längsachse kann teilweise sogar einige Zentimeter in der Woche wachsen.

△ ***Caulerpa sertularioides***

Die Blattalgen mögen mittleres Licht und klares, gut bewegtes Wasser. Die vegetative Vermehrung erfolgt über die Teilung der Längsachse, an der junge Triebe entstehen. Auch aus einem Algenfragment kann eine neue Pflanze entstehen. Die geschlechtliche Fortpflanzung ist im Aquarium selten.

Caulerpa prolifera

Diese Mittelmeer-Alge lebt in europäischen Küstengewässern, ist aber auch in einigen anderen Erdteilen anzutreffen. Ihre Auswüchse sind blattförmig, schmal und länglich. Sie ist tolerant und verträgt eine Temperatur von 14–30 °C; kann also in gemäßigten Meerwasseraquarien gehalten werden. Größe: 10 cm.

Caulerpa sertularoides

Das Wachstum dieser Alge ist ebenfalls sehr schnell. Die Gestalt hängt von der Umgebung, vor allem von den Lichtverhältnissen ab. Größe: 15 cm.

Caulerpa prolifera* (ganze Blätter) und *C. sertularioides* mit einem *Hippocampus kuda

Wie kommt die tropische *Caulerpa* in gemässigte Gewässer?

Man glaubte stets, daß die tropischen Blattalgen nicht lange bei gemäßigten Temperaturen (zwischen 10 und 22–23 °C) überleben können. Dennoch wurde im Jahre 1984 in den Gewässern von Monaco die Art *Caulerpa taxifolia* entdeckt, deren Population einige Quadratmeter bedeckte. Sie muß sich dort wohl gefühlt haben, da sie sich extrem ausgebreitet hat: 1991 30 ha, und 1994 mehr als 1300 ha! Heute findet man sie von Marseille bis zur italienischen Grenze und im Roussillon, wo ihre Dichte teilweise schon der in tropischem Milieu gemessenen entspricht!
Die Form der *C. taxifolia* ähnelt der von *C. sertularioides*; das Wachstum ist schnell. Sie entwickelt sich oft zum Schaden anderer Pflanzen, besonders der Posidonie *(Posidonia oceanica)*, einer echten Blütenpflanze, deren Bestand inzwischen stark zurückgeht. *C. taxifolia* enthält Giftstoffe, die zu Lebensmittelvergiftungen führen können; allerdings wurde bis jetzt noch kein Fall bekannt. Das erklärt sich auch daraus, daß diese Alge nur von wenigen Fischarten gefressen wird, die nicht zu den Speisefischen gehören. Um die Algenausbreitung zu begrenzen – es ist momentan unmöglich, sie ganz zu stoppen –, kann man sie manuell durch Taucher entfernen lassen. Dies ist aber teuer (ungefähr 100 DM/m^2). Die Entfernung sämtlicher Algen würde also ungefähr 3 Milliarden DM kosten! Derzeit werden andere Techniken getestet, die auf der Freisetzung von für die Algen giftigen Kupferionen basieren. Ein großangelegtes Forschungsprojekt beschäftigt sich mit der Verbreitung und Verteilung dieser Algenart sowie mit ihrem Einfluß auf das Meerwasser. Woher kommt sie? Man vermutete, daß Aquarienfreunde beteiligt waren, die sie zufällig ins Meer gebracht haben. Auch über Schiffsanker und -rümpfe könnte sie ins Mittelmeer geraten sein, was auch bei anderen Arten schon der Fall war. Dieses Beispiel zeigt, daß manche, vor allem tropische, Arten in Gewässern unserer Breiten überleben können. Aquarianer sollten also vorsichtig sein und ihre Becken nicht in der Natur entleeren, und am besten sollte man diese Alge überhaupt nicht verwenden, sondern sich auf die beiden anderen Arten beschränken.

Technische Grundlagen

Man muß kein Experte sein, um ein Aquarium zu gestalten und in Betrieb zu nehmen. Heute gibt es zahlreiche Systeme, die für jeden, also auch für Anfänger, geeignet sind. Die meiste Freude wird einem dieses Hobby bereiten, wenn man seine Geräte sorgfältig auswählt und einige Grundregeln beherzigt.

La qualità dell' acqua
Tetra Test

DAS BECKEN

Hat man unter den im Handel erhältlichen Modellen nicht das passende gefunden, gibt es immer noch die Möglichkeit, sein eigenes Becken zu bauen. Mit Sorgfalt und Genauigkeit ist das machbar, vorausgesetzt, man hält sich strikt an die angegebene Reihenfolge der Montageschritte. So kann sich jeder das Becken gestalten, das seinen Vorstellungen entspricht und am besten in die Umgebung paßt, in der es stehen soll.

△ *Ein Aquarium kommt besser zur Geltung, wenn es in seine Umgebung einbezogen ist.*

Das Aquarium

Die verschiedenen Modelle

Aquarien sind in unterschiedlichen Formen erhältlich, die zu vielen Inneneinrichtungen passen.

Traditionell haben die meisten von ihnen die Form eines mehr oder weniger länglichen Quaders. Inzwischen gibt es auch Aquarien im Hochformat und in Würfelform oder Panoramabecken, die für besondere Standorte geeignet sind.

Das preisgünstigste Grundmodell besteht aus einem Becken mit Deckscheibe, das mit einem Beleuchtungskasten ergänzt werden kann. Dann gibt es Modelle mit Lampenkasten und einem Minimum an Außendekoration, bestehend aus einer mehr oder weniger breiten oberen und unteren Sichtblende, die den Wasserspiegel verdeckt. Dieser Beckentyp wird alleine oder zusammen mit einem Unterschrank verkauft, manchmal auch mit einem gesonderten Filterabteil.

Dann gibt es die höherwertigen Ausführungen als Schrankeinbaumodelle. Das Becken hat auch hier ein Filterabteil und einen Lampenkasten, im Schrank ist außerdem Platz für Pumpen und sonstiges Zubehör. Das Ganze ist so mit Blenden umbaut, daß nur drei Seiten des Aquariums sichtbar sind.

Das Material

Im Handel angebotene Aquarien sind fast alle aus geklebten Glasplatten mit Silikonabdichtung. Diese Materialien können bis zu einem Beckenvolumen von etwa 2000 Litern benutzt werden – eine Größe, die bei industriell gefertigten Becken allerdings nur selten überschritten wird.

Das Material ist leicht erhältlich und kann relativ einfach zusammengeklebt werden, so daß sich der Aquarienfreund mit etwas Sorgfalt sein Becken auch selbst bauen kann.

Für größere Aquarien wird Polyesterharz verwendet, nur die Vorderfront des Beckens ist aus Glas. Auch aus Beton werden Aquarienbecken gefertigt, wobei man die beiden letztgenannten Bauarten hauptsächlich in öffentlichen Aquarien antrifft. Plexiglas ist zwar leicht, aber kratzempfindlich und wird vor allem für die selteneren abgerundeten Formen benutzt.

Es gibt außerdem kleinere, würfel- oder quaderförmige Becken aus Kunststoff, die als Aufzucht- oder Quarantänebecken Verwendung finden.

Die Abmessungen

Besonders harmonisch wirken die Proportionen, wenn die Länge das 1,5 bis 2,5fache der Höhe beträgt. Außerdem sollte das Becken etwas höher als tief sein. Dies gilt nicht bei Einbauaquarien, bei denen die Tiefe größer ist als die Höhe. Diese Angaben gelten nur bis zu einer Länge von 1,50 m, da die Höhe 0,50 m nicht überschreiten sollte.

◁ *Becken in Form eines Diamanten, wodurch die ästhetische Wirkung auf originelle Weise erhöht wird (Aquarium von La Rochelle).*

Zu eng bemessene Aquarien sollten vermieden werden, da ein wassergefülltes Becken durch einen optischen Effekt um ein Drittel weniger tief erscheint, was auf den Betrachter unästhetisch wirkt. Der Effekt kann aber durchaus wünschenswert sein, wenn das Becken auf einem schmalen Unterbau wie einem Kaminsims steht.

Das Gewicht ist ein wichtiger Aspekt. In jedem Fall muß der Unterbau stabil, der Fußboden tragfähig genug sein. Denn ein fertiges Aquarium wird schwer: Zum Gewicht des Beckens addieren sich das Gewicht des Wassers und der Dekoration.

Der Standort

Der Standort für das Becken muß gut geplant und sorgfältig ausgewählt werden. Denn wenn das Becken erst einmal mit Wasser gefüllt ist, läßt es sich nicht mehr verschieben. Hierbei sind ästhetische, praktische und ökologische Aspekte zu berücksichtigen.

- *Ästhetischer Aspekt*

Natürlich wird man ein größeres Becken in einen großen Raum, ein kleineres in einen kleinen Raum stellen. Damit das Aquarium richtig wirkt, sollte der Standort eher dunkel sein. Auf keinen Fall plaziert man es direkt

Abmessungen, Volumen und Gewicht

Zu beachten sind das Bruttovolumen, also das des leeren Aquariums, das Nettovolumen, das heißt abzüglich des Volumens von Sand und Dekorationsgegenständen, sowie das endgültige Gewicht des in Betrieb befindlichen Aquariums. Letzteres hängt vom Sand und der Dekoration ab, die sehr unterschiedlich ausfallen können, weshalb das Gewicht nur als Anhaltspunkt dienen soll.

Länge (Meter)	Größe (Meter)	Höhe (Meter)	Bruttovolumen (Liter)	Nettovolumen (Liter)	Gewicht (Kilogramm)
0,80	0,30	0,40	96	77	125
0,80	0,40	0,45	144	115	194
1	0,40	0,50	200	160	280
1,20	0,45	0,50	270	216	400
1,50	0,50	0,50	375	300	550
2	0,50	0,50	500	400	700

△ *Es gibt zahllose Möglichkeiten, ein Aquarium gut zur Geltung zu bringen. Dabei sind der Phantasie keine Grenzen gesetzt.*

neben einem Fernsehgerät, damit die Aufmerksamkeit des Betrachters nicht abgelenkt wird.
Normalerweise stellt man das Aquarium mit der Längsseite an die Wand. Man kann es aber auch auf andere Weise schön zur Geltung bringen. So kann es über Eck oder auch senkrecht zur Wand als Raumteiler aufgestellt oder in die Wand eingelassen werden.

• *Praktischer Aspekt*
Natürlich sollte eine Steckdose in der Nähe sein, möglichst auch ein Wasseranschluß oder zumindest ein Schlauch zum Befüllen und Absaugen. Wenn das Aquarium an der Wand steht, sollte ein kleiner Zwischenraum für Kabel und Schläuche freigelassen werden. Auch die Position in der Höhe ist von Bedeutung, ideal ist die Augenhöhe des Betrachters. Wenn das Becken in einem Wohnraum steht, sollte die Unterkante etwa einen Meter vom Boden entfernt sein, damit auch Kinder gut hineinsehen können.

• *Ökologischer Aspekt*
Es gehört zu den Grundregeln, das Becken so aufzustellen, daß das Sonnenlicht, vor allem durch Südfenster, nicht direkt ins Aquarium einfällt. Sonst sind eine Veralgung durch Grünalgen und ein starker Anstieg der Wassertemperatur im Sommer zu befürchten. Das Becken sollte besser nach Norden oder Osten ausgerichtet sein. Es empfiehlt sich, mit dem leeren Becken mehrere Standorte auszuprobieren, bevor man sich endgültig für einen Platz entscheidet.

Der Unterbau

Wie bereits erwähnt, kann das Becken ein beträchtliches Gewicht erreichen, so daß das Untergestell stabil ausgeführt sein und absolut waagerecht stehen muß, was mit einer Wasserwaage überprüft werden sollte. Im Handel sind entsprechende Schränke erhältlich, man kann sie sich aber auch selbst bauen, wobei wichtig ist, daß das Gewicht auf mehrere Zwischenstützen verteilt wird. Der Unterbau kann genauso groß sein wie das Becken oder größer, keinesfalls jedoch kleiner. Das Becken darf weder in der Länge noch in der Tiefe überstehen. Auf die Unterlage kommt eine wasserfeste Sperrholzplatte von 10 bis 15 mm Stärke – je nach Abmessungen und Gewicht des Aquariums –, auf die wiederum eine Polystyrolplatte von 15 mm Stärke gelegt wird, die eventuelle

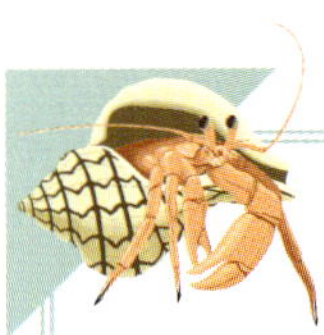

Die Deckscheibe

Die Deckscheibe wird unmittelbar auf das Becken aufgesetzt und hat folgende Funktionen:
- Sie verhindert, daß der Beleuchtungskasten angespritzt wird;
- es kann kein Staub ins Becken gelangen;
- die Fische können nicht aus dem Becken springen;
- es kann weniger Wasser verdunsten.

Die Deckscheibe muß aus Glas sein, damit genügend Licht ins Becken gelangt, und regelmäßig gereinigt werden. Um das Anheben der Deckscheibe zu erleichtern, klebt man außen kleine Glasrechtecke an. Die Kanten müssen sorgfältig gebrochen werden. Für Schläuche und Stromkabel muß manche Ecke abgeschnitten werden. Insbesondere bei größeren Aquarien ist es praktischer, wenn die Deckscheibe aus mehreren kleinen, dicht schließenden Scheiben besteht.

Man sollte niemals...

- Ziergegenstände auf das Aquarium stellen, weil die Deckscheibe sonst schlecht zugänglich ist;
- elektrische Geräte unterhalb des Aquariums aufstellen, da die Gefahr elektrischer Schläge durch Spritzwasser besteht;
- das Aquarium in der Nähe einer Heizung aufstellen.

Unebenheiten des Untergrunds ausgleicht. Geduldige Heimwerker können das Becken samt Unterbau mit Holz verblenden, so daß nur die vordere Scheibe sichtbar ist. In dieser Hinsicht werden dem Ehrgeiz nur durch das eigene handwerkliche Können oder den Geldbeutel Grenzen gesetzt.

Der Bau eines Beckens aus geklebtem Glas

Ein Aquarienbecken aus Glasscheiben zusammenzukleben, ist heute nicht mehr nur Profis vorbehalten. Auch der Heimwerker kann eine solche Aufgabe ohne weiteres in Angriff nehmen. Entscheidend für den Erfolg ist, daß man sorgfältig vorgeht, sich die Arbeit gut organisiert und unbedingt die richtige Reihenfolge der Schritte einhält. Am besten übt man zuerst an einem kleineren Aufzucht- oder Quarantänebecken, bevor man ein größeres in Angriff nimmt. Anregungen und Hilfestellung kann man sich außerdem bei erfahrenen Aquarianern in den Vereinen holen.

Material und Werkzeug

• *Glas*

Das beste Material für den Bau eines Aquariums ist und bleibt Glas. In Spezialgeschäften – Glasereien – und in manchen Baumärkten kann man es sich in den gewünschten Abmessungen zuschneiden lassen. Hier ist höchste Genauigkeit erforderlich, denn kleinste Abweichungen können schwerwiegende Folgen haben. Besonders die Ecken müssen absolut rechtwinklig sein. Die Abmessungen der Scheiben müssen vor der Bestellung sorgfältig berechnet werden, wobei die Stärke des Glases und der Klebeschicht mit ca. 0,5 cm pro Scheibe berücksichtigt werden muß.

△ *Seewasserbecken mit Verschalung aus Nut- und Federbrettern. Eigenanfertigung eines Aquarianers.*

◁ *3,70 m langes Becken, in dem das Biotop des Malawi-Sees nachempfunden wurde.*

Bemassung der Glasscheiben für zwei unterschiedlich grosse Becken

Als Beispiele sollen ein Becken mit 96 Litern und eines mit 200 Litern dienen (jeweils Bruttovolumen), die von zwei Personen leicht zusammenzubauen sind.

Bemaßung der Bauteile	Becken von 80 cm Länge	Becken von 1 m Länge
Abmessungen (L x T x H in cm)	80 x 30 x 40	100 x 40 x 50
Bruttovolumen (l)	96	200
Glasstärke (mm)	6	8
Boden (cm)	1 x (80 x 30)	1 x (100 x 40)
Seitenscheiben (cm)	2 x (28,7 x 40)	2 x (38,3 x 50)
Front- und Rückscheibe (cm)	2 x (80 x 40)	2 x (100 x 50)
Längsstreben (cm)	2 x (78,7 x 2)	2 x (98,3 x 2)
Querstreben (cm)	–	1 x (38,3 x 2)
Deckscheiben (Stärke 2 bzw. 3 mm, die anderen Angaben in cm)	2 x (39,2 x 28,5)	2 x (49 x 38)

Von beiden Teilen der Deckscheibe muß eine Ecke abgeschnitten werden. Zur besseren Handhabung bekommen beide einen Griff aus Glas (ca. 2 x 5 cm).

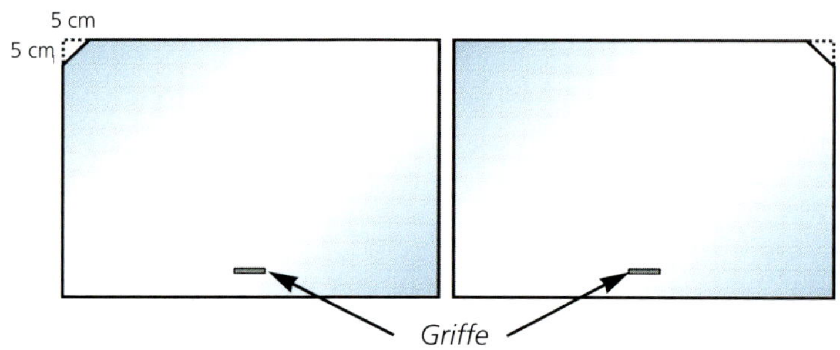

Das Auftragen von Silikonkautschuk auf eine Glasscheibe. ▽

Im obenstehenden Kasten findet man die genaue Bemaßung für zwei Becken mit unterschiedlichem Fassungsvermögen. Sie bestehen jeweils aus dem Boden, zwei kleineren Seitenscheiben sowie der Front- und der Rückscheibe. Damit sich das Glas unter dem Druck des Wassers nicht durchbiegt und die zweiteilige Deckscheibe gut aufliegt, werden außerdem Längsstreben angebracht. Für größere Becken von einem Meter Länge und mehr sind außerdem eine oder mehrere Querstreben zur Stabilisierung erforderlich.

Aus Glasabfällen kann man kleine Rechtecke schneiden, die als Griffe für die Deckscheiben dienen können. Man sollte alle Scheiben mit gerade angeschliffenen Kanten bestellen, um das Verletzungsrisiko zu mindern.

• *Der Klebstoff*

Damit die Glasscheiben richtig zusammenhalten, ist ein guter Klebstoff erforderlich. Für Glas nimmt man farblosen Silikonkautschuk, der im Zoofachhandel oder im Baumarkt erhältlich ist. Er härtet beim Kontakt mit der Luft aus und bildet so eine wasserdichte Fuge. Je höher die Temperatur, desto schneller erfolgt die Aushärtung – im Sommer ist also Vorsicht geboten. Bei einer Temperatur von 19 bis 20 °C bleibt der Klebstoff etwa 30 Minuten lang weich und somit formbar. Nach 1 bis 2 Stunden ist die Aushärtung fühlbar, nach 48 Stunden ist sie abgeschlossen. Vorsicht beim Umgang mit Silikon: Getrocknete Reste auf einer glatten Fläche können mit einem Teppichmesser abgelöst werden, bei Kleidungsstücken ist die Entfernung bedeutend schwieriger. Vor allem darf man sich während der Arbeit nicht die Augen reiben. Sollte das dennoch geschehen, ist sofort ein Arzt zu konsultieren. Silikonkautschuk riecht leicht säuerlich, was sich aber nach einiger Zeit wieder verliert. Klebstoffreste können in der Tube mit dem Originalverschluß aufbewahrt werden.

• *Sonstiges Werkzeug*

Für die Verklebung ist außerdem folgendes Werkzeug erforderlich:

– Brennspiritus oder Azeton zum Reinigen der Scheiben vor dem Verkleben;
– saubere Lappen oder saugfähiges Papier;
– Teppichmesser mit feiner Klinge;
– Klebeband;
– kleines Wassergefäß mit Seifenlauge;
– Winkeleisen und Maßband.

Wenn das Werkzeug bereitgelegt ist, kann der Klebevorgang vorbereitet werden. Dazu braucht man eine große, leicht zugängliche Arbeitsfläche. Zum Festhalten der Scheiben sollte man sich von einer zweiten Person helfen lassen.

△ Man erleichtert sich die Arbeit, wenn man das Material auf einer ausreichend großen Arbeitsfläche bereit legt.

Einrichtung der Innenfilterkammer

Die Innenfilterkammer kann vor dem Verkleben oder hinterher eingebaut werden. Die Kammer befindet sich an der linken oder rechten Seite und wird später z. B. mit einer zum Aquarium und zum Unterbau passenden Holzplatte verdeckt. Für größtmögliche Effizienz muß das Volumen der Filterkammer mindestens $^1/_{10}$ des Beckenvolumens betragen. An der Innenseite werden folgende, aus 3 mm starkem Glas zugeschnittene Elemente angebracht:

– eine Glastrennscheibe, die die Filterkammer vom übrigen Becken abtrennt, mit einer Öffnung für den Wassereintritt.

Bei unseren Bemaßungsbeispielen hätte diese Scheibe folgende Abmessungen:

• 28,7 mal 38 cm für das 96-Liter-Becken;
• 38,3 mal 48 cm für das 200-Liter-Becken;

– vier Glasstreifen zum Fixieren der Filtermasse (3 cm breit und 38 cm lang für das 96-Liter-Becken; 48 cm lang für das 200-Liter-Becken).

Die einzelnen Teile werden nach dem unten abgebildeten Schema zusammengefügt (wenn der Filter links plaziert wird), wobei sich die Glasstreifen in Zweierpaaren gegenüberstehen. Sie dürfen höchstens 8 cm voneinander entfernt sein. Der Abstand zwischen der Trennscheibe mit Öffnung und der nächsten Seitenscheibe beträgt beim 96-Liter-Becken 8 cm und beim 200-Liter-Becken 10 cm.

Die Filterkammer endet knapp unterhalb des oberen Randes der übrigen Scheiben, damit das Wasser leichter zurückströmen kann.

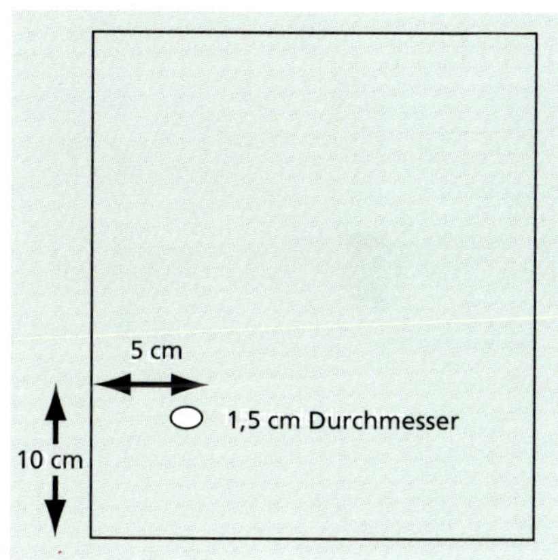

△ Trennscheibe der Innenfilterkammer.

Vorderansicht eines Aquariums. ▽

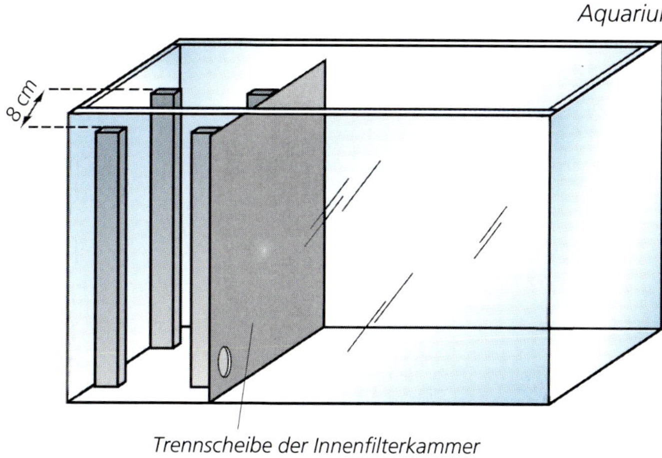

DAS VERKLEBEN DER EINZELTEILE

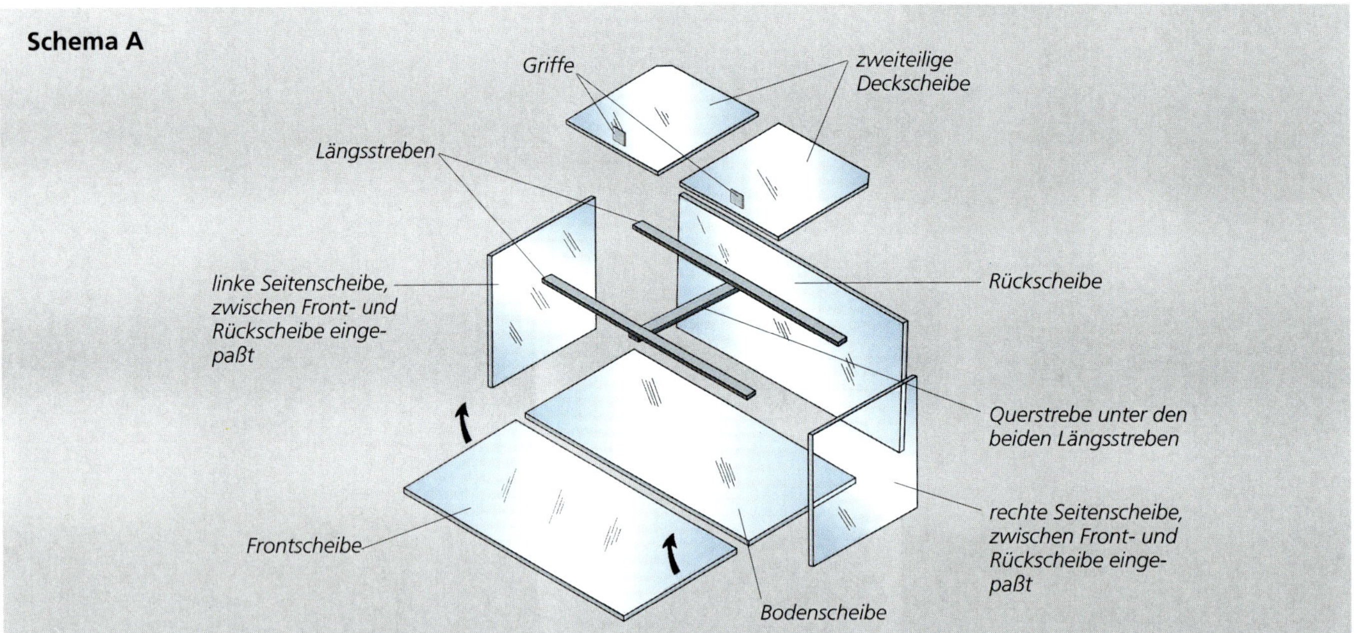

Das Prinzip ist einfach: Die Seitenscheiben werden mit dem Boden und dann miteinander verklebt (Schema A).

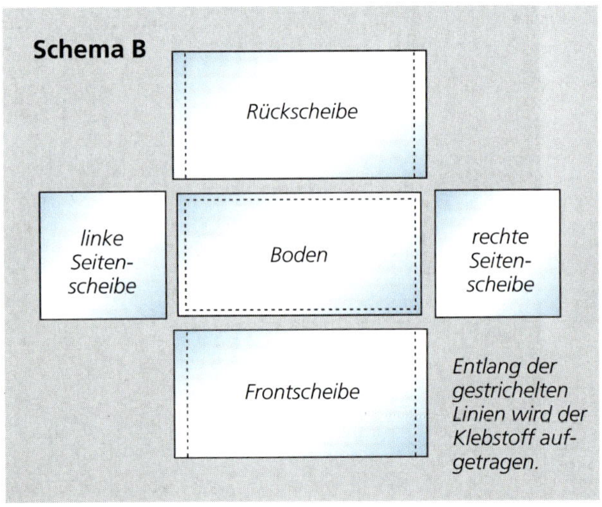

Arbeitsschritte:

1. Auch wenn die Scheiben beim Zuschneiden angeschliffen wurden, sollte man nochmals mit feinem Sandpapier über die Kanten schleifen und diese dann säubern.

2. Die Scheiben werden nach Schema **B** flach aufgelegt.

3. Die Stellen, an denen der Klebstoff aufgetragen werden soll, werden mit Azeton oder Alkohol gereinigt, damit sie absolut fettfrei sind. Sie dürfen danach nicht mehr mit den Fingern berührt werden, sondern werden an ihrer zukünftigen Oberkante gehalten. Verklebung gut trocknen lassen.

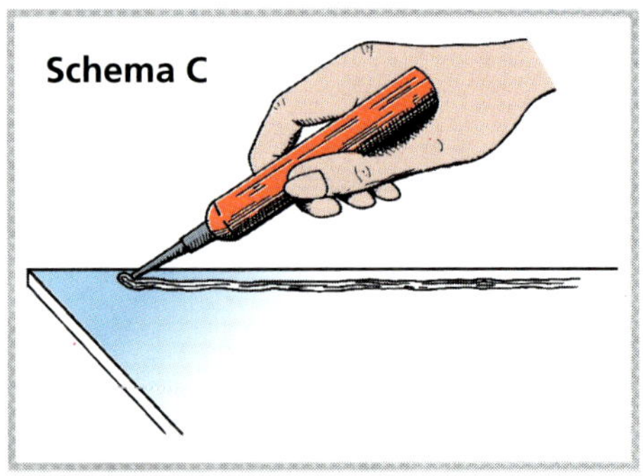

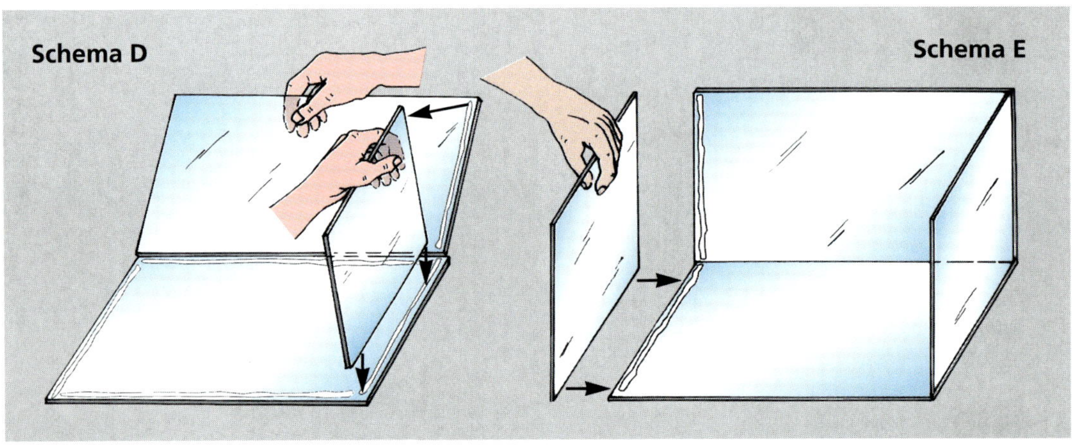

4. Den Klebstoff parallel zur Seitenkante der Scheiben auftragen (Schema **C**).

5. Erst eine der großen Scheiben, dann die beiden kleineren an ihren Platz setzen (Schema **D** und **E**) und bündig ausrichten.

Schema F

Schema G

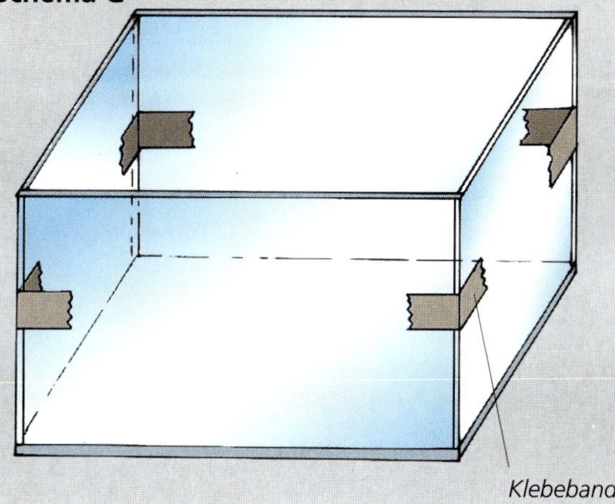

6. Abschließend wird die zweite große Scheibe eingesetzt (Schema **F**). Falls das Becken eine Dekoration aus synthetischen Materialien bekommen soll, läßt man die Frontscheibe weg, damit die Dekoration leichter angeordnet werden kann. Erst danach wird das Aquarium fertiggeklebt.
7. Wichtig ist, daß aus den Klebestellen sämtliche Luftbläschen herausgedrückt werden.
8. Mit Hilfe von ausreichend großen Stücken des Klebebands werden die Scheiben von außen in aufrechter Position fixiert (Schema **G**).

Schema H (Blick auf die Seite)

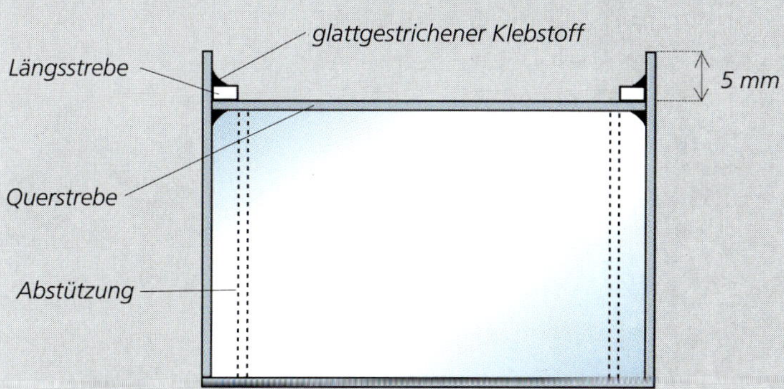

Nach dem Verkleben muß das Aquarium von oben so aussehen. Die vier Seitenscheiben des Beckens sind schraffiert, die Streben grau gezeichnet.

Schema I

9. Nun taucht man einen Finger in das Gefäß mit Seifenlauge und streicht den Silikonkautschuk an der Beckeninnenseite glatt, wodurch sich ein konkaves Profil ergibt.
10. Die Streben festkleben und von unten abstützen, damit sie nicht herunterfallen (Schema **H**).
11. Die Griffe an die Deckscheiben kleben.
12. 48 Stunden aushärten lassen. Überschüssigen Klebstoff an der Außenseite und eventuelle Klebstoffreste an der Innenseite vorsichtig entfernen, ohne die Klebefugen zu beschädigen.
13. Nach dem Aushärten (48 Stunden) das Aquarium auf einen ebenen Untergrund stellen und mit Wasser füllen, um eventuell undichte Stellen ausfindig zu machen.
Der Klebevorgang muß nach 30 Minuten abgeschlossen sein, Sorgfalt ist aber in jedem Fall oberstes Gebot.
Mögliche Probleme:
– eine Scheibe zerbricht;
– die kleineren Seitenscheiben werden falsch eingeklebt, besonders wenn Länge und Tiefe fast identisch sind;
– die Teile sind nicht rechtwinklig ausgerichtet.
In den beiden letzten Fällen sollte man sich nicht aus der Ruhe bringen lassen. Man läßt zunächst den Klebstoff aushärten, nimmt die Teile wieder auseinander, entfernt den Klebstoff mit dem Teppichmesser, reinigt die Flächen erneut und fängt von vorne an.
Bei Undichtigkeiten markiert man die Stelle und läßt das Becken austrocknen. Dann wird die Stelle gereinigt und an der Innenseite großzügig mit Klebstoff eingestrichen.

GERÄTE UND ZUBEHÖR

Ein Aquarium kann nur mit zuverlässiger Technik richtig funktionieren. Diese muß leicht zu installieren und zu benutzen sein und angesichts der Gefahren, die die Kombination von Wasser und Strom birgt, elektrisch sicher sein. In den Zoofachhandlungen ist die Auswahl so groß, daß jeder Aquarienfreund das Material findet, das seinem Bedarf und seinem Geldbeutel entspricht. Größer (und teurer!) ist nicht immer gleichzusetzen mit besser. Oftmals ist das einfachste Gerät gleichzeitig das zweckmäßigste.

BELEUCHTUNG

Die Beleuchtung hat nicht nur eine ästhetische Funktion oder den Zweck, das Aquarium schöner zur Geltung zu bringen, sondern ist auch für die Erhaltung des ökologischen Gleichgewichts von Bedeutung. Wie die meisten Lebewesen brauchen auch Fische einen Hell-Dunkel-Rhythmus, der ihnen als »innere Uhr« dient. Auch die Pflanzen brauchen Licht zur Photosynthese und somit für ihr Wachstum. Marine Wirbellose, die mit Algen in Symbiose leben, brauchen ihrerseits ebenfalls eine intensive Beleuchtung (*siehe* S. 168).
Ein Aquarium muß also mit einer Lichtquelle ausgestattet sein, die dem natürlichen Licht sowohl in der Menge als auch in der Farbe so nahe wie möglich kommt.

Die Qualität der Beleuchtung

Logischerweise wäre Sonnenlicht am besten. Es ermöglicht schließlich das Leben auf unserem Planeten und steuert alle biologischen Abläufe in optimaler Weise. Aber leider kann es aus verschiedenen Gründen nicht ausschließlich genutzt werden.
Zum einen ist es in der Menge nicht dosierbar. Denn durch zuviel Sonnenlicht wird oft die Algenbildung begünstigt. Aus diesem Grund darf das Becken niemals unmittelbar dem Sonnenlicht ausgesetzt sein, vor allem, wenn es nach Süden ausgerichtet ist. Ohne den direkten Einfluß des Lichts jedoch bekommt das Aquarium nicht genügend Licht für das Wachstum der Pflanzen.
Andererseits kommen durch Sonnenlicht allein das Aquarium und die Fische nicht ausreichend zur Geltung.
Es muß also oberhalb des Beckens eine künstliche Lichtquelle angebracht werden, meistens in einem gesonderten Beleuchtungskasten. Diese künstliche Beleuchtung muß bestimmten Bedingungen genügen, und zwar:
– hinsichtlich der verwendeten Lampenart und der Qualität des erzeugten Lichts;
– hinsichtlich der ans Aquarium abgegebenen Lichtleistung;
– hinsichtlich der Beleuchtungsdauer.

Man darf sich allerdings nichts vormachen: Keine künstliche Beleuchtung kommt dem natürlichen Sonnenlicht vollkommen gleich. Es kann bestenfalls durch eine Kombination aus unterschiedlichen Lichtquellen, die sich gegenseitig ergänzen, simuliert werden.

Beleuchtungsstärke

Die Gesamtlichtleistung, die die Lampen abgeben, ist von großer Bedeutung.
Die Pflanzen brauchen eine bestimmte Menge Licht für ihr Wachstum. Es ist jedoch unvermeidlich, daß ein Teil verlorengeht, besonders wenn die Lichtstrahlen einen weiten Weg zurücklegen müssen. Die Bedeutung der Lichtmenge – der Einfachheit halber in Watt – wird häufig unterschätzt, und zahlreiche Aquarien werden deshalb nicht ausreichend beleuchtet. Eher selten ist es, daß ein Becken zu viel Licht bekommt.

Die Tabellen auf den folgenden Seiten liefern wichtige Anhaltspunkte, anhand derer die optimale Beleuchtungsintensität ermittelt werden kann. Im allgemeinen werden für eine Wasserhöhe bis 0,50 Meter Leuchtstoffröhren verwendet.

Lichtverluste

Je weiter die Lichtquelle entfernt ist, desto mehr Licht geht verloren:
- im Lampenkasten;
- durch die Deckscheibe des Aquariums;
- im Wasser.

Ein Teil des Lichts wird von der Wasseroberfläche reflektiert, ein anderer Teil absorbiert, ein weiterer von den Schwebestoffen im Wasser gestreut. Nur 20 bis 30 Prozent der gesamten Lichtmenge kommt am Boden an, was für das Wachstum kleinerer Pflanzen hinderlich sein kann.

◁ *Die Beleuchtung ist sehr wichtig; nicht nur für die Pflanzen, sondern auch für die marinen Wirbellosen. Das Licht muß ausreichend stark sein, um bis an den Boden des Aquariums zu gelangen.*

Die Verluste können folgendermaßen in Grenzen gehalten werden:
– Einbau von Reflektoren in den Lampenkasten, die die Lichtausbeute erhöhen;
– perfekte Sauberkeit der Deckscheibe;
– transparentes Wasser;
– keine Überschreitung der Wasserhöhe von 0,50 Meter bei Leuchtstoffröhren.

Lichtquellen

Dem Aquarianer bieten sich zahlreiche Möglichkeiten mit jeweils speziellen Eigenschaften.

• *Glühlampen*
Die normalen Haushaltsglühlampen dürfen auf keinen Fall zur Beleuchtung von Aquarien verwendet werden, da ihre Lichtqualität schlecht und ihre Wärmeentwicklung zu groß ist.

• *Leuchtstoffröhren*
Diese Röhren, fälschlicherweise auch Neonröhren genannt, enthalten ein Gas, das durch elektrische Entladung zum Leuchten angeregt wird. Sie erwärmen sich nur wenig und sind in verschiedenen Längen und Lichtstärken erhältlich. Ihre Brenndauer beträgt 3000 bis 4000 Stunden, also etwa ein Jahr. Allerdings nimmt die Lichtqualität mit der Zeit ab, was man leicht feststellen kann, wenn man eine alte Röhre durch eine neue ersetzt. Deshalb darf man niemals alle Leuchten in einem Aquarium gleichzeitig auswechseln – die Pflanzen würden durch die plötzliche Änderung der Lichtintensität aus dem Gleichgewicht geraten. Eine alte Leuchte erkennt man daran, daß ihre Enden dunkel bis schwarz verfärbt sind. Leuchtstoffröhren sind in unterschiedlichen Farben erhältlich, zum einen in Hell- oder Universalweiß, wovon abzuraten ist, zum anderen in Tageslicht (Daylight). Letztere kommen dem natürlichen Sonnenlicht am nächsten und liefern ein recht ausgewogenes Lichtspektrum. Es gibt auch sogenannte Effektröhren mit unterschiedlichen Farbanteilen. Leuchten mit starkem Violettanteil, wie sie in Gärtnereien verwendet werden, sind besonders förderlich für den Pflanzenwuchs. Sie haben hohe Rot- und Blauanteile, die die Pflanzen absorbieren und für die Photosynthese nutzen. Manchen Aquarianern ist ihre Farbe, die Blau- und Rottöne bei den Fischen hervorhebt, jedoch zu unnatürlich. Leuchten mit hohem Blauanteil werden manchmal auch mit Weißlicht kombiniert, um Lichtverhältnisse wie beim Tauchen nachzuempfinden. Manche Leuchten haben sogar eine positive Wirkung auf Korallen und andere Wirbellose, man spricht dann von aktinischen Leuchten.
Auch andere Farben sind erhältlich, wenn auch seltener. Es finden sich z. B. Leuchten mit hohem Gelbanteil, die zum Ausgleich mit blauem Licht kombiniert werden.
Eine Leuchtstoffröhre wird nicht direkt an das Stromnetz angeschlossen, sondern erst über einen Transformator, die Drosselspule, und einen Starter geleitet, der die erforderliche elektrische Entladung auslöst. Neuere Aquarien mit Lampenkasten oder umkleidete Becken haben eine Aussparung für die Leuchten. Die Lichtausbeute der mitgelieferten Leuchten läßt zuweilen zu wünschen übrig.

Bestimmte blaue Leuchtstoffröhren kompensieren das dominante Gelb der HQI-Lampen und ermöglichen eine ausgewogene Beleuchtung, die ausreichend ist für die Bewohner des Aquariums und angenehm für das menschliche Auge. ▽

• *Halogenlampen*
Der Wolframdraht der Glühlampen wurde hier durch ein anderes Metall ersetzt, das die Schwarzfärbung verhindert. Diese Lampen können mit einem Regelwiderstand gekoppelt werden.

• *Gasentladungslampen*
Durch elektrische Entladung zwischen zwei Elektroden verdampft ein Gas – Quecksilber, Natrium o.a. –, was eine gute Lichtstärke ergibt. Diese Leuchten haben einen leicht erhöhten Gelbanteil, der durch eine Leuchtstoffröhre mit Blauanteil ausgeglichen werden kann. Sie entwickeln mehr Wärme und

Geeignete Leuchtstoffröhren

Hersteller	Typ, Modell	Lichtfarbe	Verwendung	Bemerkung
Philips 	TLD18	Blau	– Wird mit Tageslichtlampen kombiniert; – schafft Lichtverhältnisse wie beim Tauchen (Meerwasser, ostafrikanische Seen); – gleicht den hohen Gelbanteil von HQI-Leuchten aus.	– Die dunkleren TL03-Leuchten haben eine positive Wirkung auf Blumentiere (aktinische Leuchten). Sie sind mit Tageslicht- oder HQI-Lampen zu kombinieren; – Bluemoon (Interpet) entspricht in etwa der TLD18.
Pennplax 	Ultratrilux	Tageslicht	– Süß- oder Seewasser; – kann bei dichter Bepflanzung mit violetten Leuchten kombiniert werden.	– Seltener als die übrigen Tageslicht-Leuchten; – ein anderes Modell, Trilux, hat einen leicht erhöhten Violettanteil und entspricht in etwa Aquastar, hat eine längere Brenndauer, ist aber teurer.
Sylvania 	Daylight	Tageslicht	– Wie oben.	– Eine der beliebtesten und interessantesten Leuchten. Sie ist vielseitig und empfiehlt sich besonders für Anfänger.
Interpet 	Beauty light	Violett	– Pflanzenwuchs; – kann mit Tageslicht-Leuchten kombiniert werden.	– Eher selten.
Sylvania 	Aquastar	Tageslicht mit leichtem Violett-Anteil	– Süßwasser; – kann mit Violett-Leuchten kombiniert werden; – nach Ansicht mancher Aquarianer für Meerwasser etwas weniger geeignet.	– Eine der Leuchten mit den besten Ergebnissen in puncto natürliche Wirkung und Pflanzenwuchs.
General Electric 	Triton	Tageslicht	– Süß- und Meerwasser; – kann mit Leuchten mit hohem Violett-Anteil kombiniert werden.	– Weniger verbreitet als Aquastar, ansonsten nach Ansicht vieler Aquarianer gleichwertig.
Osram 	Fluora	Violett	– Pflanzenwuchs; – mit Tageslicht-Leuchten zu kombinieren, um einen natürlichen Effekt zu erzielen.	– Etwas weniger Violett-Anteil als Grolux, gleiche Wirkung auf Pflanzen.
Sylvania 	Grolux	Violett	– Pflanzenwuchs; – der hohe Violett-Anteil kann durch Tageslicht-Leuchten kompensiert werden.	– Eine der ältesten und bekanntesten Leuchten, die viele Aquarianer in ihrer Anfangszeit verwendet haben; gilt mitunter als zu violettlastig, weshalb Fluora in den meisten Fällen bevorzugt wird.

Die Leuchtstoffröhre

Aufbau und Funktion

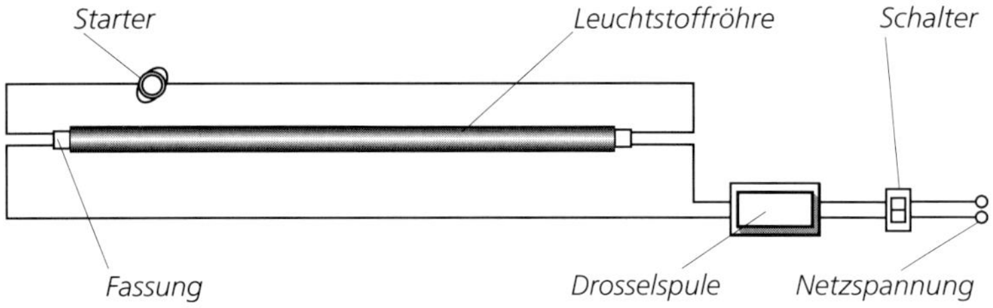

Aufbau einer Leuchte für Leuchtstoffröhren

Zum Schutz vor Stromschlägen sind die Aufnahmestücke für die Endkontakte der Leuchtstoffröhren in den Leuchten so versenkt, daß eine Berührung unmöglich ist.
Die Drosselspule entwickelt Wärme und sollte somit besser nicht innerhalb des Beleuchtungskastens liegen, wie es leider bei manchen handelsüblichen Modellen der Fall ist.
Leuchtstoffröhren sind in unterschiedlichen Längen mit entsprechender Leistung erhältlich.

Länge und Leistung von Leuchtstoffröhren

Länge (cm)	Leistung (W)
36	13
44	14
60	18
75	23
90	27
120	36

verbrauchen mehr Energie als Leuchtstoffröhren. Die sogenannten HQI-Tageslicht-Leuchten sind bei Aquarianern beliebt, obgleich sie teurer und für klassische Becken nicht unbedingt praktisch sind. Sie werden hauptsächlich für Seewasseraquarien mit einer Höhe von mehr als 0,50 Meter verwendet, da sich bei Verwendung dieser Leuchten Blumentiere (Anthozoa), die mit Zooxanthellen in Symbiose leben (*siehe* S. 169), leichter eingewöhnen.

Der Beleuchtungskasten

Jede Art von Lichtquelle muß befestigt werden, z. B. in einem Beleuchtungskasten. Leuchtstoffröhren müssen spritzwassergeschützt in einen Lampenkasten eingebaut werden, der außerdem oft eine Schutzscheibe hat. Andernfalls dient die Deckscheibe des Aquariums als Schutz. Für eine optimale Lichtausbeute muß jede Trennvorrichtung zwischen Beleuchtung und Wasser absolut hitzebeständig, durchsichtig und vor allem sauber sein. Glas ist somit das ideale Material. Innerhalb des Beleuchtungskastens gehen manchmal bis zu 20 bis 30 Prozent des Lichts verloren, was durch ein paar einfache Tricks verhindert werden kann. Das Prinzip ist, möglichst viel Licht ins Wasser zu reflektieren. So kann man das Innere des Lampenkastens beispielsweise mit möglichst glatter Alufolie ausschlagen und halbrunde Reflektoren aus Metall um die Leuchten herum anbringen. Manche der im Handel erhältlichen Beleuchtungskästen sind nach einem dieser Prinzipien aufgebaut. Da die Lichtintensität mit zunehmender Entfernung von der Lichtquelle abnimmt, muß der Abstand zum Wasser so gering wie möglich sein. Aus Sicherheitsgründen sollte er aber nicht weniger als 5 bis 8 cm betragen, was auch für eine gute Lichtausbeute ausreicht.

Die Beleuchtungsdauer

Die beste Beleuchtung nützt nichts, wenn sie jeden Tag nur ein paar Stunden eingeschaltet wird. Umgekehrt ist es ebenso sinnlos, das Becken 15 Stunden täglich zu beleuchten, wenn die Qualität der Lampen nicht den Erfordernissen entspricht. Das eine kann das andere nicht ausgleichen. Wurde in qualitativer und quantitativer Hinsicht die richtige Beleuchtung gefunden, muß die passende Dauer ermittelt werden.
In tropischen Regionen dauert der Tag etwa 11 bis 13 Stunden. Daran sind freilebende Fische und Pflanzen gewöhnt. Dies gilt jedoch nicht für Pflanzen und Tiere in Gefangenschaft; diese gewöhnen sich – in gewissem Rahmen – ohne weiteres an andere

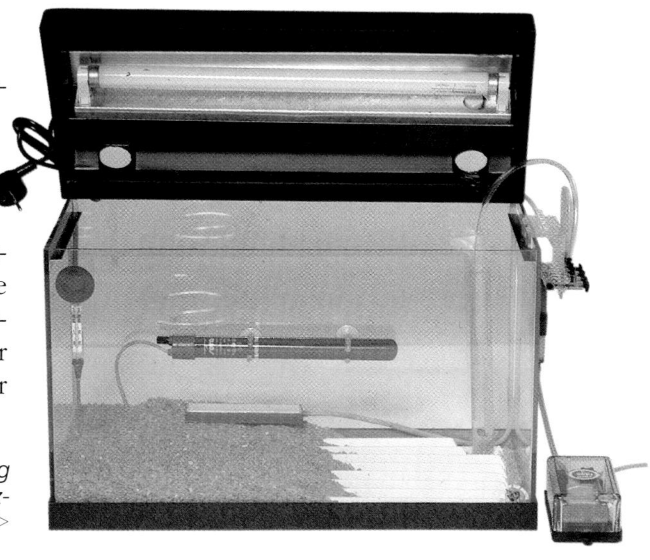

Einige, meist kleinere Aquarien werden komplett mit Grundausstattung geliefert. Die Beleuchtung ist in einen Kasten eingebaut und muß vor Spritzwasser geschützt sein. ▷

◁ *Eine Leuchtstoffröhre mit hohem Blauanteil kann zusammen mit Tageslicht-Leuchten verwendet werden, um die Lichtverhältnisse in Riffgebieten zu imitieren.*

Welche Leuchte für welchen Aquarientyp?

In den Beispielen wird von einer maximalen Wasserhöhe von 0,50 m und mindestens drei Leuchten ausgegangen.

Art des Aquariums	Art und Kombination der Beleuchtung	Bemerkung
Klassisches Süßwasserbecken, normal oder wenig bepflanzt	Eine violette Leuchte zusammen mit Tageslicht-Leuchten	Das Farbgleichgewicht wird eingehalten, Violett fördert den Pflanzenwuchs. Intensität: normal bis gering.
Süßwasserbecken mit reichlich Vegetation	Mindestens 50 Prozent violette Leuchten zusammen mit Tageslicht-Leuchten	Dem Pflanzenwuchs wird Vorrang vor natürlich wirkendem Licht eingeräumt. Intensität: stark.
Ostafrikanisches Biotopbecken	Eine blaue Leuchte (z. B. TLD18 oder Bluemoon) zusammen mit Tageslicht-Leuchten	Die natürlichen Lichtverhältnisse dieser Gewässer sollen imitiert werden. Intensität: normal bis stark.
Meerwasserbecken ohne Pflanzen und Wirbellose	Tageslicht-Leuchten, evtl. mit einer blauen Leuchte	Die natürliche Farbe der klaren Riffgewässer soll imitiert werden. Intensität: normal bis gering.
Meerwasserbecken mit Pflanzen, ohne Wirbellose	Eine Violettleuchte zusammen mit Tageslicht-Leuchten	Gleichgewicht zwischen natürlich wirkendem und den Pflanzenwuchs förderndem Licht. Intensität: normal.
Meerwasserbecken mit Wirbellosen (v.a. Anthozoa)	Eine aktinische Blauleuchte (z. B. TL03) zusammen mit Tageslicht-Leuchten	Fördert Pflege und Wachstum von Wirbellosen, die mit Zooxanthellen in Symbiose leben. Intensität: stark.

Die richtige Anordnung ist die halbe Miete

Die Anordnung der Leuchten im Lampenkasten

Die Leuchtstoffröhren müssen 8 bis 10 cm Abstand zueinander haben (Schema **1**). Bei handelsüblichen Komplettaquarien ist die Lampenlänge an die Länge des Aquariums angepaßt, wobei die kürzeren Seiten des Beckens etwas weniger Licht bekommen als die Mitte oder die langen Seiten. Probleme treten auf, wenn die Leuchten deutlich kürzer sind als das Becken, was bei Becken aus dem Fachhandel mit ungewöhnlichen Abmessungen oder bei selbstgebauten Aquarien häufig der Fall ist. Wenn die Leuchten mittig angeordnet sind, bleibt auf beiden Seiten ein Stück frei, was den Pflanzen an den kurzen Seiten schadet. Besser ist, die Lampen in solchen Problemfällen versetzt anzuordnen (Schema **2**).

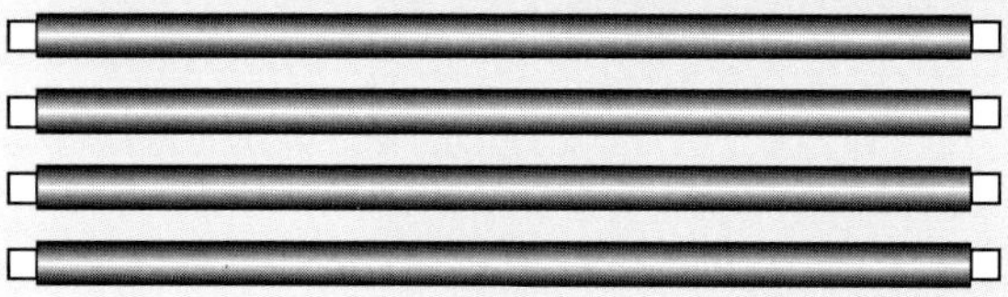

Schema 1

Man kann auch Leuchten unterschiedlicher Länge verwenden, wenn durch ihre Anordnung die gesamte Fläche abgedeckt und ihre Gesamtleistung ausreichend ist.

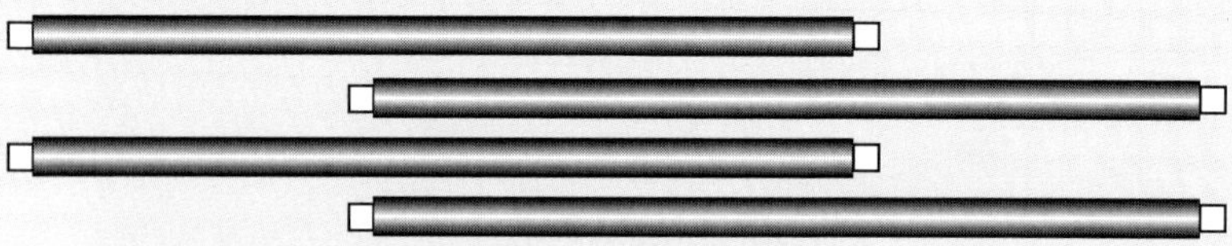

Schema 2

Wie viele Leuchtstoffröhren sind für eine ausreichende Beleuchtung nötig?

- Das hängt von ihrer Leistung und der Beckengröße ab. Die folgenden Angaben beziehen sich auf eine maximale Wasserhöhe von 0,50 m.

Normal bepflanztes Süßwasserbecken, Seewasserb. mit Pflanzen.	1 W/2 l Wasser/normale Intensität
Dicht bepflanztes Süßwasserbecken (z.B. Holländisches Aquarium), ostafrikanisches Biotopbecken	1 W/l Wasser/starke Intensität
Wenig bepflanztes Süßwasserbecken, Seewasserbecken ohne Wirbellose oder Pflanzen	1 W/3 l Wasser/eher geringe Intensität
Seewasserbecken mit Blumentieren und Pflanzen	1 W/l Wasser/starke Intensität

- Folgende Angaben gelten für ein normal bepflanztes Becken mit Standardmaßen:

Abmessungen des Beckens (L x T x H in cm)	Volumen (in l)	Länge der Leuchte (in cm)	Leistung (in W)	Anzahl der Leuchten
80 x 30 x 40	96	60	18	2
100 x 40 x 50	200	60	27	3
120 x 45 x 50	270	90	27	4
150 x 50 x 50	375	120	36	4 oder 5

Beleuchtungszeiten. Man kann ein Aquarium bis zu 13 Stunden täglich beleuchten – ein Zeitraum, der aber von einigen Aquarienfreunden überschritten wird, die ihre Lampen beim Aufstehen ein- und erst spät abends wieder ausschalten. So werden Beleuchtungszeiten von 16 bis 17 Stunden erreicht, was deutlich zu lange ist. Nicht daß es den Fischen unbedingt schaden würde, aber es verändert auf jeden Fall das Gleichgewicht im Aquarium und begünstigt das Algenwachstum. Daher wird empfohlen, die Beleuchtung gegen 10 Uhr ein- und gegen 22 bis 23 Uhr auszuschalten.

◁ *Die richtige Beleuchtung muß den Bedürfnissen der Pflanzen gerecht werden und das Auge des Betrachters erfreuen.*

Zeitschaltuhren erleichtern die Angelegenheit und verhindern insbesondere einen zu abrupten und unnatürlichen Wechsel von Dunkel zu Hell, der einigen Fischen schaden kann. Zuerst sollte das Aquarium das natürliche Morgenlicht erhalten und dann künstlich beleuchtet werden. Am Abend, wenn die Lampen ausgeschaltet werden, gelangt noch das Licht der Raumbeleuchtung ins Becken.
Mittels mehrerer Zeitschaltuhren kann man die Leuchtstoffröhren auch nacheinander ein- und ausschalten und so den Sonnenauf- bzw. -untergang simulieren.
Idealerweise fällt am Morgen zunächst das Morgenlicht oder die Raumbeleuchtung ins Becken. Die erste Leuchte wird etwa eine Stunde später und die übrige Beleuchtung kurz darauf eingeschaltet. Am Abend werden zunächst alle Röhren bis auf eine ausgeschaltet, die dann nach einer gewissen Zeit ebenfalls erlischt, bis schließlich die Raumbeleuchtung ausgeschaltet wird.
Ein letzter wichtiger Punkt: Ein solcher Tag-Nacht-Rhythmus darf nicht unterbrochen werden, da schon wenige Stunden partieller oder vollkommener Dunkelheit das Wachstum der Pflanzen und das Verhalten der Fische merklich stören.

AQUARIENHEIZUNG

Nach der überaus wichtigen Beleuchtungsfrage gibt es bei der technischen Ausstattung des Aquariums einen zweiten, nicht minder bedeutenden Faktor zu beachten: die Heizung. Zum Prinzip der Heizung sei gesagt, daß Tiere und Pflanzen aus tropischen Regionen in warmen Gewässern leben, deren Temperatur im Jahresverlauf kaum irgendwelchen Schwankungen unterworfen ist. Das Becken muß also geheizt werden und ständig eine Temperatur von 23 bis 26 °C, für Meerwasser sogar 27 °C, beibehalten. Diese Temperatur kann mit Hilfe eines wasserdichten elektrischen Heizers gehalten werden, der an einen regelbaren Thermostaten gekoppelt ist. Wenn die gewünschte Temperatur erreicht ist, stoppt der Thermostat die Aufheizung. Sinkt die Temperatur um 1 °C oder weniger, schließt er den Stromkreis wieder, und der Widerstand beginnt von neuem zu heizen. Mit einem klassischen Thermostaten kann die Temperatur auf 0,5 °C genau geregelt werden.
Es gibt auch elektronische Thermostate mit einer Genauigkeit von 0,1 °C, die allerdings entsprechend teurer sind.

AQUARIENHEIZUNG FÜR ANFÄNGER

Für Anfänger ist ein Stabheizer besonders einfach zu verwenden. Modelle mit gut sichtbarer Temperaturanzeige sollten bevorzugt werden. Oft gibt es eine Betriebsanzeige in Form einer Leuchtdiode, die leuchtet, wenn der Widerstand heizt. Die Heizleistung hängt von der Beckengröße ab, man rechnet etwa 1 W/l. Für ein Aquarium von 100 Litern ist demzufolge ein Stabheizer von 100 W erforderlich.

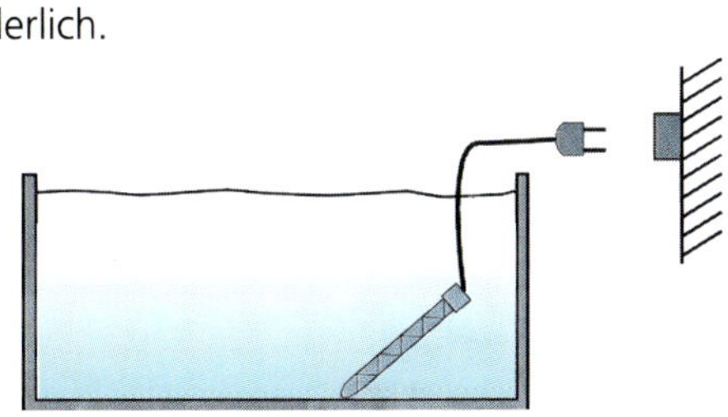

Ein Stabheizer muß sich immer komplett unter der Wasseroberfläche befinden. ▷

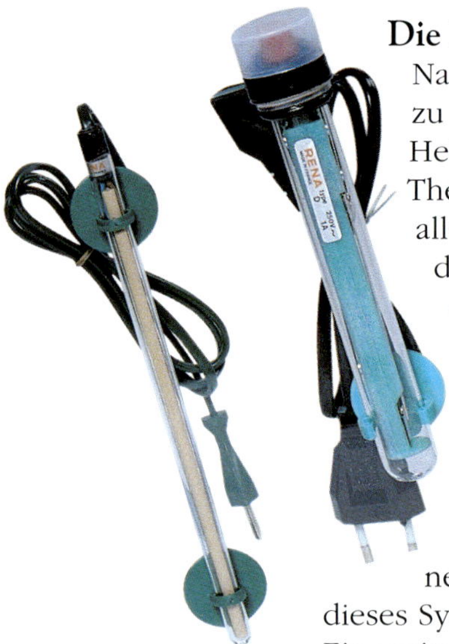

△ Thermostat und Heizer als Einzelgeräte: praktisch, wenn man die Heizleistung verändern möchte, ansonsten wegen der vielen Kabel eher unpraktisch.

Dieser Stabheizer ist Thermostat und Heizung in einem und kann leichter verdeckt montiert werden als zwei einzelne Geräte. ▽

Die Heizsysteme

Nachdem das Prinzip geklärt ist, nun zu den Heizsystemen. Es gibt einzelne Heizgeräte, die mit einem externen Thermostaten verbunden werden, was allerdings den Nachteil hat, daß man dadurch noch mehr Stromkabel hat, die man möglichst unsichtbar verlegen muß.

Man kann auch vollkommen wasserdichte Stabheizer für den Einsatz im Becken verwenden, die Thermostat und Heizstab in einem Gehäuse unterbringen. Wegen seiner einfachen Handhabung findet dieses System immer mehr Verbreitung.

Ein weiteres, allerdings weniger verbreitetes System besteht aus einem Heizkabel, das in einer flexiblen Isolierung im Bodengrund verlegt wird. Manche Aquarianer sind der Ansicht, daß die Wärmezufuhr von unten für die Wurzeln der Pflanzen schädlich ist; außerdem kann das Kabel von wühlenden Tieren ausgegraben werden.

Die Heizleistung

In einem bewohnten Raum wie Wohn- oder Schlafzimmer sinkt die Temperatur selten unter 17 °C. Soll dort ein Aquarium stehen, muß die Heizleistung ausreichen, um diese Temperatur, die der eines ungeheizten Beckens entspricht, auf etwa 23 bis 26 °C zu erhöhen. Eine Heizleistung von etwa 1 W/l reicht für diese Temperaturerhöhung vollkommen aus. Für ein Aquarium von 100 Litern ist somit eine Heizleistung von 100 Watt erforderlich, was selbst für 150 Liter noch ausreichen wird.

In unbewohnten Räumen, die im allgemeinen nicht beheizt werden, wie Garage, Abstellraum, Keller oder Speicher, muß man bis zu 2 W/Liter rechnen, selten mehr. Es gibt eine große Auswahl an Heizern und Reglern (25, 50, 75, 100, 150, 200, 500 W Heizleistung sind üblich), so daß bis zu einem Inhalt von 500 Litern jeder etwas finden sollte. Bei größeren Becken

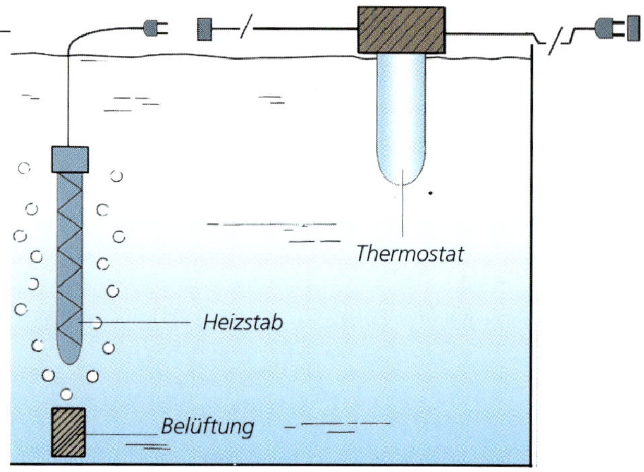

△ Die Temperaturanzeige ist genauer, wenn zwischen Thermostat und Heizer ein gewisser Abstand eingehalten wird.

▽ Ein zuverlässiges Thermometer ist für die Überwachung der Temperatur unerläßlich.

(z.B. in Vereinen und öffentlichen Aquarien) ist es meistens billiger und einfacher, den ganzen Raum zu beheizen.

Anordnung der Heizelemente im Aquarium

Die vom Heizer abgestrahlte Wärme muß sich im ganzen Becken ausbreiten können, damit die Temperatur möglichst gleichmäßig verteilt wird. Der Stabheizer wird somit am besten an einer Stelle angebracht, von der aus sich die Wärme durch die Bewegung des Wassers gleichmäßig über das gesamte Becken ausbreitet. Eine andere Möglichkeit ist, die gesamte Heizleistung durch zwei zu teilen und z. B. statt einer Heizquelle von 200 W zwei Heizquellen von je 100 W zu verwenden. Das erhöht allerdings die Anzahl der Stromkabel, die man innerhalb und außerhalb des Beckens verstecken muß. Das Thermometer muß einen gewissen Abstand zur Heizung haben, damit es nicht direkt beeinflußt wird.

SCHALTBILD FÜR DIE HEIZWIDERSTÄNDE

Ein Thermostat + ein Heizer

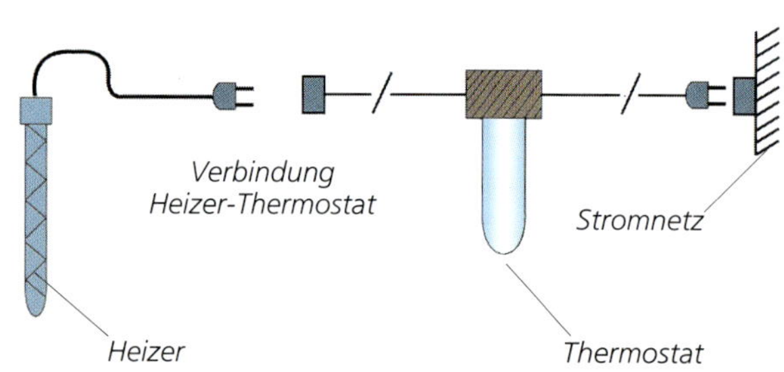

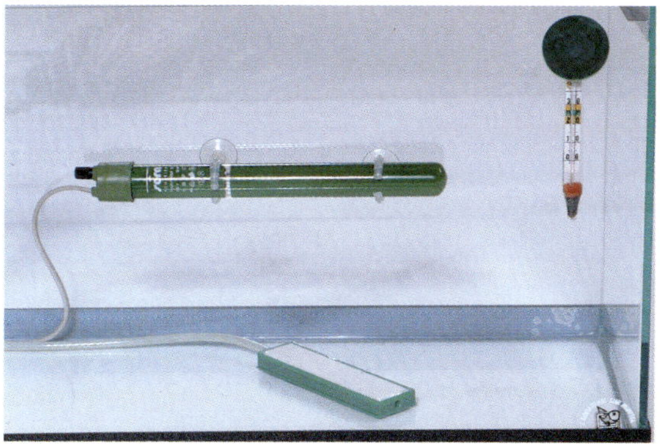

△ *Ist der Stabheizer oberhalb des Luftaustritts plaziert, kann sich die Wärme im Becken verteilen.*

Mögliche Probleme

Bei der Beckenpflege kann es vorkommen, daß das Schutzglas eines Heizelements zu Bruch geht und ausgewechselt werden muß. Bevor man ins Wasser faßt, muß jedoch unbedingt der Netzstecker des Heizsystems gezogen werden, sonst riskiert man einen Stromschlag. Wasser, insbesondere Meerwasser, ist ein vorzüglicher Leiter!

Der Heizdraht des Heizgeräts kann brechen, so daß das Wasser nicht mehr aufgeheizt wird und langsam abkühlt. In diesem Fall erscheinen schwarze Ablagerungen auf dem Heizer selbst oder dem Teil des Heizreglers, der den Heizwiderstand enthält.

Ein weiteres mögliches Problem ist, daß der Thermostat in Heizstellung blockiert und einen Dauerbetrieb auslöst. Die Wassertemperatur kann dann innerhalb weniger Stunden auf über 30 °C steigen – mit dementsprechenden Folgen für Fauna und Flora. Dieser Defekt tritt manchmal bei älteren Thermostaten auf. Eine Vorsichtsmaßnahme besteht darin, zwischen den ersten Thermostaten und das Stromnetz einen zweiten Thermostaten zu schalten.

BEI GETRENNTEM THERMOSTATEN

Ein Thermostat + mehrere Heizer

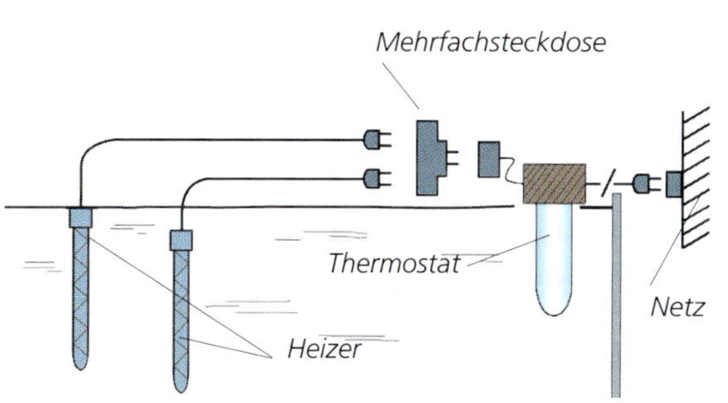

Die Durchlüftung

Sollte man besser von Durchlüftung oder von Sauerstoffanreicherung sprechen? Beides ist mißverständlich, denn man könnte meinen, dem Wasser würde bei der Durchlüftung Sauerstoff zugeführt. In Wirklichkeit können lediglich durch die Umwälzung des Wassers und die damit verbundene Bewegung der Wasseroberfläche der Sauerstoff aus der Luft leichter ins Wasser gelangen und das im Wasser gelöste Kohlendioxid leichter abgegeben werden. Die Sauerstoffanreicherung erfolgt somit nicht direkt durch die entstehenden Bläschen, sondern durch die Bewegung, die sie hervorrufen. Dank der Durchlüftung wird auch die vom Heizsystem erzeugte Wärme besser verteilt, das Beckenwasser wird insgesamt homogener.

Das aus dem Filter wieder zurückströmende Wasser trägt ebenfalls zur Umwälzung bei.

Ein ausgewogenes Aquarium braucht logischerweise nicht unbedingt eine zusätzliche Durchlüftung. Dies betrifft kleinere Becken mit durchschnittlicher Bepflanzung und vernünftiger Besatzdichte. Leichte Belüftung ist aber ein zusätzlicher Sicherheitsfaktor. Größere Becken sollten allerdings immer durchlüftet werden, besonders wenn sie Fische mit hohem Sauerstoffbedarf wie Süßwasser-Cichliden beherbergen. Auch Meerwasseraquarien brauchen grundsätzlich eine starke Durchlüftung in Form einer intensiven Wasserumwälzung, um die Verhältnisse in der Natur zu imitieren.

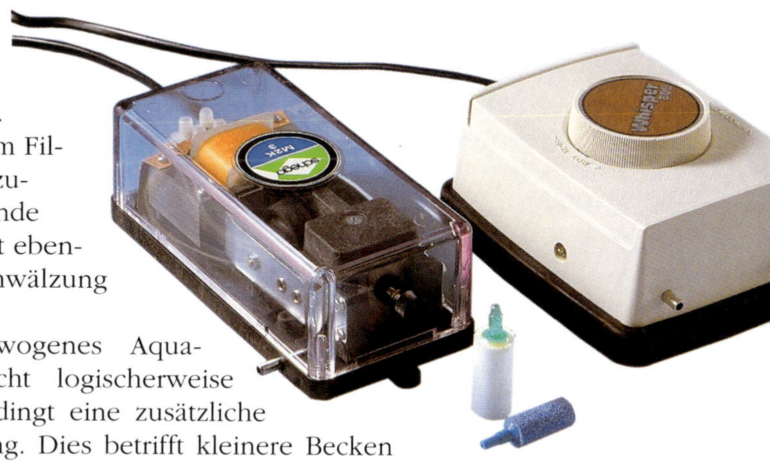

△ *Es gibt mehrere Arten von Membranpumpen. Bei manchen läßt sich die Leistung einstellen.*

Durchlüftungssysteme

• *Die Membranpumpe*

Eine kleine Pumpe mit Netzbetrieb saugt die Raumluft an und gibt sie über einen dünnen Schlauch an einen Luftausströmer weiter. Dieser formt Bläschen, die im Wasser aufsteigen. Es gibt unterschiedliche Pumpenmodelle, die je nach gewünschter Luftmenge verschiedene Pumpleistungen erbringen.

△ Mit einer Pumpe kann man über Verzweigungen und einen Bodenfilter mehrere Ausströmer betreiben.

Die kleinsten reichen für ein Becken von maximal 100 bis 150 Litern aus.
Alle Membranpumpen laufen mehr oder weniger geräuschvoll, was mitunter als unangenehm empfunden wird, da ein Aquarium generell wegen der Ruhe und Gelassenheit geschätzt wird, die es ausströmt. Bei manchen Pumpen läßt sich die Leistung regeln.

- *Der Luftschlauch*

Für die Luftleitungen gibt es mehrere Arten von Schläuchen, starr oder flexibel, mit Durchmessern von 4 bis 6 mm. Starre Schläuche sind allgemein zu bevorzugen, denn selbst wenn sie einmal eingeklemmt werden, lassen sie noch etwas Luft durch. Bei der Länge der Leitung muß immer eine gewisse Reserve eingerechnet werden, damit man vor bösen Überraschungen sicher ist.

- *Der Luftausströmer*

Es gibt Ausströmer in unterschiedlichen Ausführungen: rechteckige oder zylindrische,

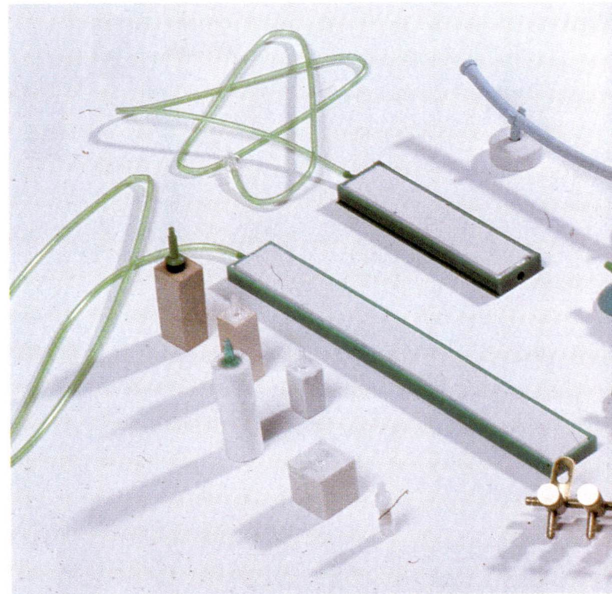

△ Die Auswahl an Zubehör für die Durchlüftung ist so groß, daß sicherlich jeder Aquarianer das Passende findet.

aus natürlichen oder künstlichen Materialien. Am besten sind Ausströmer aus feinporigem Kunststoffmaterial oder aus Keramik. Sie produzieren feinste Wasserbläschen und können bei Verschmutzung leicht gereinigt werden.
Man darf nicht vergessen, daß sämtliche Ausströmer nach einiger Betriebszeit von Kalk- bzw. Salzablagerungen oder Algen gründlich befreit und sorgfältig gereinigt werden müssen.
In der Meerwasseraquaristik sind Ausströmer aus Holz gebräuchlich, die sehr feine Wasserbläschen produzieren. Sie haben den Nachteil, daß sie im Wasser oben schwimmen, so daß man sie am Grund fixieren muß. Das kann mit einem Stein, aber auch mit einem Nylonfaden geschehen.

Geräuschdämmung bei der Membranpumpe

Einige Pumpen machen mehr Lärm als andere, was manchmal störend ist, z. B. wenn sich das Aquarium in einem Schlafzimmer oder einem anderen bewohnten Raum befindet. Zur Geräuschdämmung bieten sich mehrere Möglichkeiten:
- Man kann aus einer kleinen Holzplatte mit einer Lage Schaumstoff eine Unterlage für die Pumpe basteln;
- man kann die Pumpe z. B. in einem Schrank verstecken;
- man kann die Pumpe in einer gewissen Entfernung installieren, wobei die Luftleitung lang genug sein muß. In der Küche fällt das Pumpengeräusch wegen der Haushaltsgeräte oft kaum auf;
- läßt sich die Pumpleistung nicht regeln, kann man eine Verzweigung schaffen, an deren Ende über einen kleinen Hahn etwas Luft abgelassen werden kann (das funktioniert jedoch nicht bei allen Pumpen).

Wie viele Ausströmer?

Das hängt von der Größe und der Art des Aquariums ab.
- Für ein Becken von 100–150 Litern reicht ein Ausströmer mit mäßiger Leistung aus;
- bei größeren Süßwasserbecken rechnet man einen Ausströmer pro 100–150 Liter Wasser (pro 100 Liter, wenn das Becken wenig oder nicht bepflanzt ist);
- bei Seewasseraquarien ist ein Ausströmer pro 75–100 Liter Wasser bei hoher Leistung erforderlich.

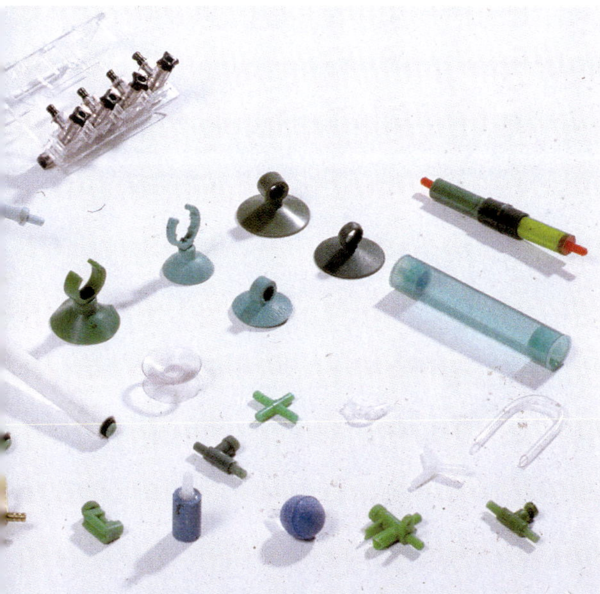

• *Sonstiges Zubehör*

Unterschiedliches Zubehör ergänzt dieses Material. Über T-, Y- oder X-förmige Verbindungsstücke können mehrere Ausströmer im gleichen oder in verschiedenen Becken mit einer Pumpe betrieben werden. Regelventile steuern die Durchflußmenge in den einzelnen Leitungen. Diese Verbindungsstücke gibt es aus Kunststoff oder aus Metall sowie einzeln oder gruppiert für größere Anlagen.

• *Anordnung des Durchlüftungssystems*

Die Pumpe sollte oberhalb des Wasserspiegels installiert werden, damit bei einem Stromausfall kein Wasser durch den Luftschlauch zur Pumpe gelangen kann.

Wenn sie unterhalb des Wasserspiegels eingebaut werden muß, was vor allem bei Einbauaquarien der Fall sein kann, dann ist ein Rückschlagventil einzubauen. Perfektionisten installieren die Pumpe sogar außerhalb des Raumes, in dem sich das Aquarium befindet, damit keine toxischen Substanzen wie Aerosole oder Tabakrauch ins Wasser geleitet werden können.

Man kann die eingeleitete Luft auch über kleine Filter reinigen, hauptsächlich Aktivkohlefilter, die Gerüche und Rauch absorbieren und unmittelbar nach dem Pumpenausgang auf die Luftleitung gesetzt werden.

Zahlreiche Aquarienfreunde stören sich an den aufsteigenden Luftblasen und verstecken deshalb Ausströmer und Luftschläuche in der Dekoration, so daß man die Bläschen erst sieht, wenn sie an der Wasseroberfläche zerplatzen.

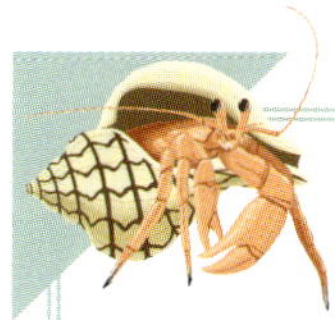

Belüftung für Anfänger

Eine kleine Membranpumpe mit einigen Metern Schlauch und einem Ausströmer aus Kunststoff reicht aus. Wird die Pumpe unterhalb des Wasserspiegels des Aquariums installiert, muß ein Rückschlagventil eingebaut werden.

Aus den erwähnten Gründen sollte der Diffusor am besten in der Nähe einer Heizquelle plaziert werden. Dabei darf kein Schlauch direkten Kontakt mit dem Heizer haben. Da das Wasser durch den Ausströmer oft sogar intensiv umgewälzt wird, können Schmutzstoffe wie Ausscheidungen, Futterreste oder Pflanzenteile aufgewirbelt werden.

Das ist nicht weiter schlimm, wenn sich der Filtereingang in der Nähe befindet; sonst können sich diese Stoffe allerdings im Aquarium verteilen, was unschön aussieht. Um dies zu verhindern, sollte der Ausströmer nicht auf dem Boden, sondern etwa auf halber Höhe angebracht sein. Der Deckel muß dort, wo die Luftblasen an die Oberfläche gelangen, dicht schließen, damit kein Wasser in den Lampenkasten spritzt. Selbstverständlich müssen sich die Luftmengenregler außerhalb des Aquariums befinden.

Bei gut bepflanzten Aquarien wird vielfach auf eine Durchlüftung verzichtet, da die Pflanzen genügend Sauerstoff produzieren.

▽ *Nicht die Luftbläschen aus dem Ausströmer reichern das Wasser mit Sauerstoff an, sondern die Bewegung, die sie hervorrufen.*

Montage eines Durchlüftungssystems

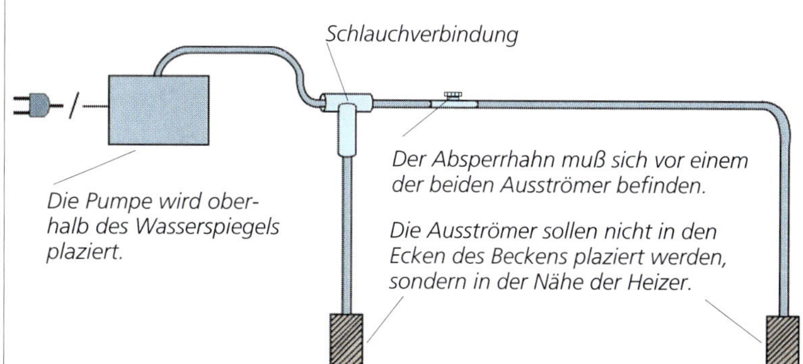

FILTERTECHNIK

◁ *Außenfilter mit mehreren Filterkammern.*

Warum das Aquarienwasser gefiltert werden muß

Nach Inbetriebnahme des Beckens verändern sich die Eigenschaften des Wassers mehr oder weniger schnell. Diese Veränderung ist auf die biologischen Prozesse bei den Lebewesen – Pflanzen, Fische und Wirbellose – sowie auf diverse chemische Reaktionen zurückzuführen, die im Wasser und im Sediment ablaufen. So enthält das Wasser mit der Zeit immer mehr Schwebstoffe – Ausscheidungen der Tiere, Pflanzenabfälle, Futterreste, mitunter sogar Kadaver – und lösliche Stoffe aus den biologischen Prozessen der Lebewesen. Letztere umfassen hauptsächlich die Stickstoffverbindungen aus den flüssigen Ausscheidungen der Tiere. Wie bereits erläutert, sind diese Substanzen schon in geringer Menge überaus toxisch, sie dürfen sich daher auf keinen Fall im Wasser anhäufen.

Die Schwebstoffe schweben im Wasser oder sinken irgendwann zu Boden, sind jedoch in beiden Fällen sichtbar. Die löslichen Stoffe hingegen sind nicht sichtbar, und darin besteht die Gefahr, denn man vergißt sie oft. Man wird dann jedoch eine langsame, stetige Farbveränderung des Wassers feststellen, bis es schließlich gelblich wird. Dies wird schnell erkennbar, wenn man einen weißen Gegenstand ins Aquarienwasser taucht.

Die Filterung hat den Zweck, die Schwebstoffe zu entfernen, damit das Wasser klar wird und die Lichtstrahlen leichter hindurchdringen können. Die gröbsten Verunreinigungen müssen dabei abgesaugt werden. Durch die Filterung werden außerdem die löslichen Stoffe umgewandelt bzw. herausgefiltert, wodurch das Wasser kristallklar wird und die Beckenbewohner nicht Gefahr laufen, vergiftet zu werden. Wie bereits erwähnt, trägt die Filterung durch die dabei entstehende Wasserbewegung auch zur Sauerstoffanreicherung bei.

AUSSENFILTER

Das Prinzip der Filterung

Bei der mechanischen Filterung werden die Schwebstoffe über diverse Filter erfaßt. Die Filtermassen verschlammen mit der Zeit und müssen dann gereinigt oder ausgewechselt werden. Um die Umwandlung der Stickstoffverbindungen und gleichzeitig den Stickstoffzyklus (*siehe* S. 19) zu fördern, sind Sauerstoff und entsprechende Bakterien erforderlich. Hier spricht man von biologischer bzw. bakterieller Filterung. Ein biologischer Filter enthält ein Filtersubstrat, das die Bakterien besiedeln und dem über eine Wasserleitung Sauerstoff zugeführt wird. Im Aquarium ist es üblich, daß auch die mechanische Filtermasse von Bakterien besiedelt wird und so als Biofilter wirkt.

Die unterschiedlichen Filtersysteme

- *Bodenfilter (Unterbodenfilter)*

Das Wasser wird von oben nach unten durch das Bodensubstrat geleitet und unter der Platte aufgefangen, die etwas erhöht über der Bodenscheibe liegt. Das Wasser wird

Der Bodenfilter

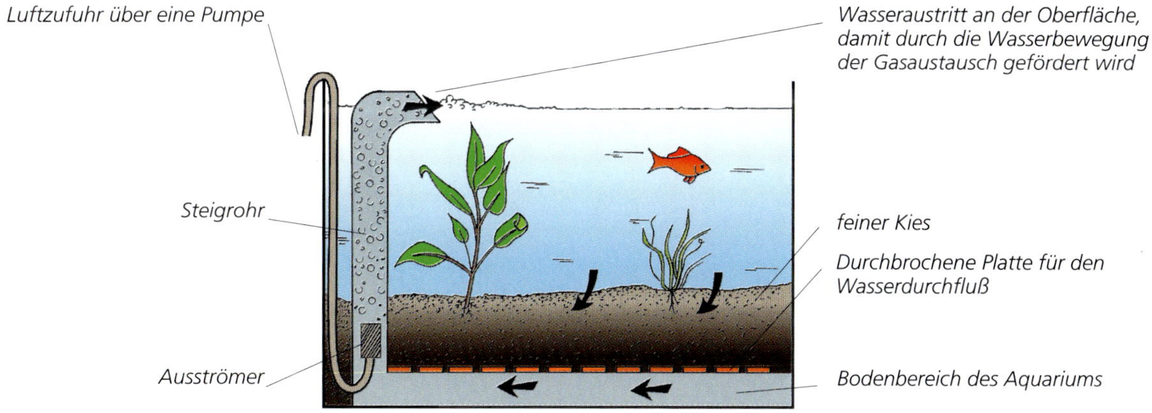

Vorteile:
- Geringe Kosten;
- einfach zu installieren;
- praktisch wartungsfrei;
- leicht zu verdecken;
- Betrieb mit einer einzigen Pumpe – oft die gleiche wie für den Ausströmer;
- schafft sehr schnell klares Wasser.

Nachteile:
- Muß bereits vor Einfüllen des Bodengrunds installiert werden;
- kann nur wieder entfernt werden, wenn man die gesamte Dekoration, Vegetation und den Bodengrund herausnimmt;
- je nach Körnung setzt sich der Kies mehr oder weniger schnell zu und muß gereinigt werden (bedeutet Neuaufbau der Dekoration);
- die Drainage des Bodens wirkt sich auf Pflanzen mit Wurzeln negativ aus;
- die Sohle des Steigrohrs kann verstopfen, wenn ihr Durchmesser zu klein ist (kleiner als 1 cm), so daß man mit dem Mund durchblasen oder einen langen, dünnen Stab zur Reinigung benutzen muß;
- ist der Bodenfilter eine Zeitlang außer Betrieb, entsteht im Sediment ein Sauerstoffdefizit, und es können toxische Substanzen entstehen.

Das Steigrohr (oder Air-Lift)

Mit diesem genialen System wird das Wasser auf eine bestimmte Höhe hochgeleitet und umgewälzt und so mit Sauerstoff angereichert. Ein pumpenbetriebenes Steigrohr mit 3 cm Durchmesser wälzt z.B. bei einer Wasserhöhe von 40 cm einige hundert Liter Wasser pro Stunde um.

Mit dem Steigrohr kann ein Boden- oder Rinnenfilter betrieben oder das Wasser aus einer Innenfilterkammer ins Aquarium zurückgeleitet werden. Es kann an der Oberfläche um 90° abgeknickt sein, um das Geräusch der Luftblasen zu mindern und die Wasserströmung zu verstärken.

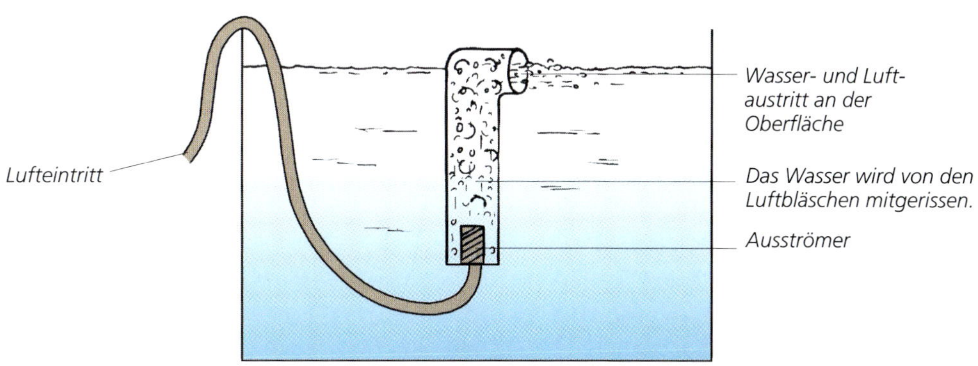

Dieses Steigrohrsystem wird im Fachhandel vertrieben. Mittels eines Schlauches und eines Winkelrohres aus PVC (Durchmesser 2–3 cm) kann man es aber auch selbst herstellen und mit Saugern am Becken befestigen.

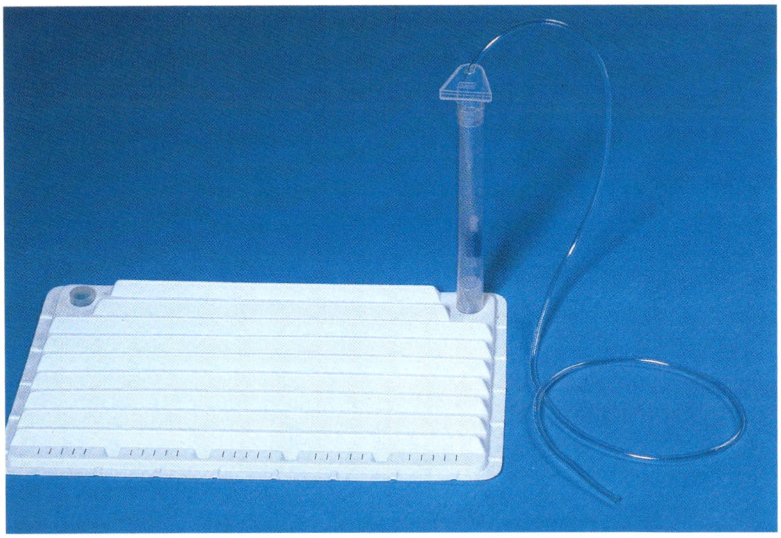

△ *Dieser Bodenfilter wird mit einem groben Bodengrund betrieben, der als Filtermasse dient.*

dann über ein Steigrohr (*siehe* Kasten S. 239) ins Becken zurückgepumpt.

Hier wirkt der Feinkies als Filtermasse, und zwar zweifach: einmal mechanisch, indem er die Schwebestoffe herausfiltert, und zum zweiten biologisch, da mit Hilfe von Bakterien und dem durch die Wasserbewegung gewonnenen Sauerstoff der Stickstoffzyklus in Gang kommt. Wie im Kapitel über den Bodengrund ausführlich beschrieben, ist also dessen Körnung wichtig. Denn das Wasser muß hindurchströmen, die Partikel jedoch sollen zurückgehalten werden. Aus diesem Grund sollte das Sediment weder zu fein- noch zu grobkörnig sein.

Der Bodenfilter war früher weit verbreitet, wird aber heute mehr und mehr durch andere Systeme abgelöst. Er kann aber in kleineren Übergangsbecken oder einem Gesellschaftsbecken immer noch Verwendung finden, vorausgesetzt, der Wasserdurchfluß ist langsam und kontinuierlich und der Bodenfilter dient nur als Ergänzung zu einem anderen Filtersystem.

- *Kleine Innenfilter*

Auch sie werden von einer Membranpumpe betrieben, haben aber anstelle des feinen Kieses eine andere Filtermasse, oft aus Schaumstoff. Ihre Leistung reicht nur für kleinere Aquarien bis ca. 50 Liter aus.

Einen solcher Filter kann man auch selbst herstellen. Ideal ist eine Plastikflasche von 1,5 bis 2 Litern. Durch den Schaumstoff würde das System schwimmen. Deshalb muß es beschwert werden. Auf den Schaumstoff kann man ein gröberes, schwereres Material legen (z. B. Kies oder grober Sand), das als Ballast, aber auch als Vorfilter dient (*siehe* Kasten unten).

- *Kleine motorbetriebene Innenfilter*

Mit Hilfe der Motorpumpe wird das Wasser durch ein grobes Sieb angesaugt, in dem die größeren Teilchen bereits hängen bleiben. Dann wird das Wasser über ein Filtersubstrat, häufig Schaumstoff oder Filterwatte (*siehe* S. 248), ins Aquarium zurückgeleitet. Die Leistung dieses Systems reicht für Aquarien bis 100 Liter aus, es gibt allerdings auch modular erweiterbare Modelle für weitaus größere Volumina.

Bauanleitung für einen kleinen Innenfilter

1. Ausströmer
2. PVC-Schlauch, mit einer Säge auf seiner ganzen Länge eingekerbt; wird in den Schaumstoffblock eingebaut.
3. Schaumstoffblock mit einer Aussparung in der Mitte für das Steigrohr.
4. Feiner Kies (Vorfilterung und Ballast)
→ Strömungsrichtung

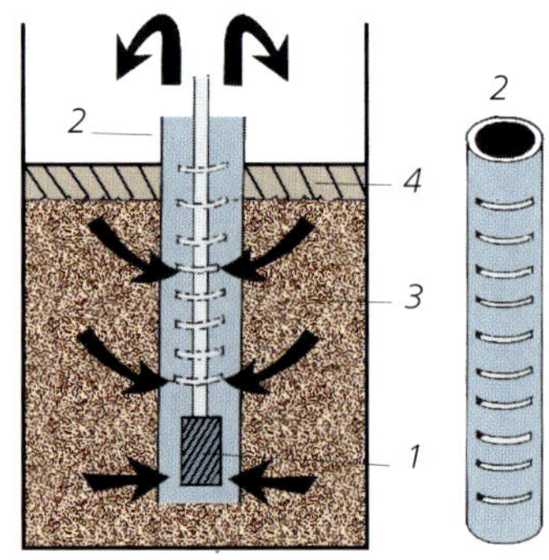

1. Ausströmer
2. Steigrohr
3. Schaumstoffblock
4. Auffangbecken
5. PVC-Flasche
6. Feiner Kies (Vorfilterung und Ballast)
→ Strömungsrichtung

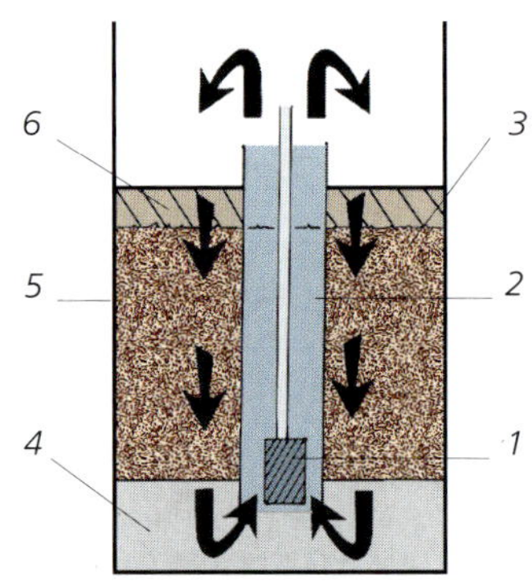

- *Außenfilter*

Das aus dem Aquarium abgesaugte Wasser läuft durch eine Filterkammer mit mehreren

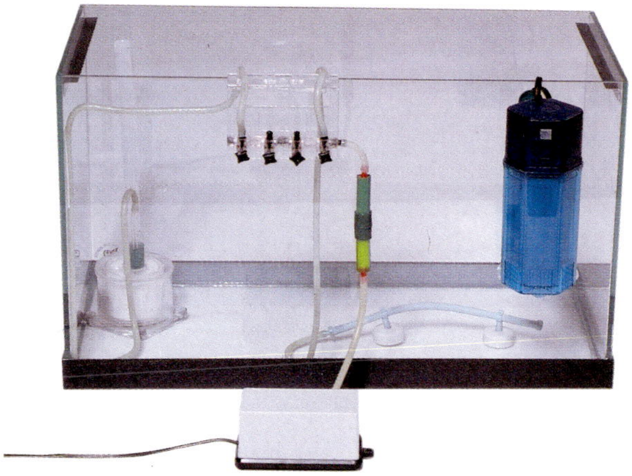

△ *Für ein Aquarium mit geringem Volumen reicht ein kleiner luft- (links) oder motorbetriebener (rechts) Innenfilter aus.*

Filtermassen und wird mit Hilfe einer elektrischen Pumpe ins Becken zurückgeleitet. Je nach Pumpenleistung und Beckenvolumen sind unterschiedliche Modelle erhältlich, darunter sehr leistungsfähige, die selbst zur Filterung von Gartenteichen ausreichen. Außenfilter sind sehr leistungsfähig, brauchen aber leider viel Platz. Filterpumpe und

KLEINER MOTORBETRIEBENER INNENFILTER

Die Motorleistung ist manchmal für das Volumen der Filtermasse zu groß. Die Filtermasse muß regelmäßig von Verschlammung gereinigt werden. Durch das PVC der Filterkammer ist mehr oder weniger gut zu erkennen, wann eine Reinigung ansteht.

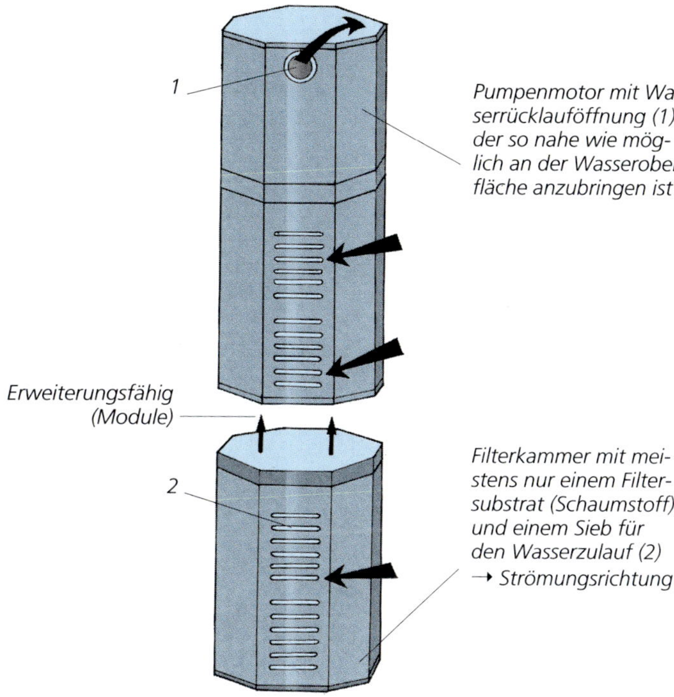

MOTORBETRIEBENER AUSSENFILTER

Diese Filter sind für größere Aquarien geeignet (manche haben eine Kapazität von mehr als 1 m^3/h) und haben in der Filterkammer mehrere Filtermassen von unterschiedlicher Körnung. Sie müssen unterhalb des Beckens plaziert werden, um eine Unterbrechung zu verhindern.

Diese Filter, die teurer sind als die vorstehend genannten, sind mechanisch sehr wirksam, biologisch jedoch weniger. Die unterschiedliche Körnung der Filtersubstrate verhindert ein zu rasches Verschlammen des Systems. Die Reinigung ist einfach, wenn man Absperrhähne mit einbaut.

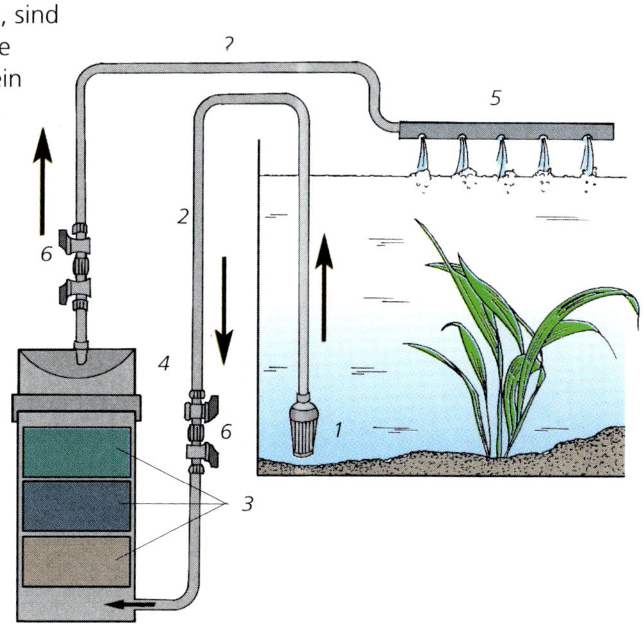

1. Sieb, damit keine kleinen Fische oder Schmutzteilchen eingesaugt werden, die die Leitungen verstopfen könnten.
2. Halbstarre Leitungen.
3. Filtermassen mit in Richtung des Wasserdurchflusses zunehmend feinerer Körnung.
4. Pumpenmotor.
5. Starre, durchbrochene Leitung für den Wasserrücklauf an oder oberhalb der Wasseroberfläche, um den Gasaustausch zu fördern.
6. Absperrhähne.
→ Strömungsrichtung.

◁ △ *Pumpen für Innenfilterkammern.*

△ *Kammer eines ins Aquarium integrierten Innenfilters.*

-kammer befinden sich außerhalb, Wasserzu- und -ableitung innerhalb des Beckens. So ergeben sich optisch befriedigende Lösungen.

• *Innenfilterkammer*
Diese Filtersysteme sind bei manchen im Fachhandel vertriebenen Modellen bereits integriert. Sie können aber auch nachträglich eingebaut werden. Dann muß der Filter mit der Außendekoration verdeckt werden. Diese Filterart ist auf dem Vormarsch, da sie leicht zu betreiben und zu warten ist.
In großen Aquarien ist ihre mechanische Filterleistung (Ausfiltern von Schmutzteilchen) jedoch manchmal unzureichend. Dann sollte man zusätzlich Außenfilter verwenden.

Die Innenfilterkammer

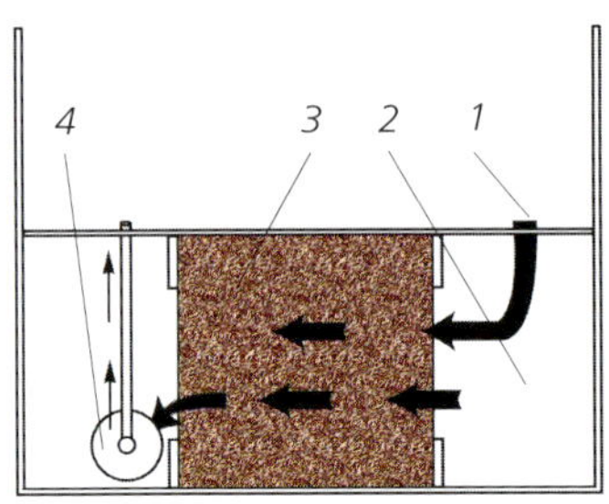

Aufsicht auf das Aquarium

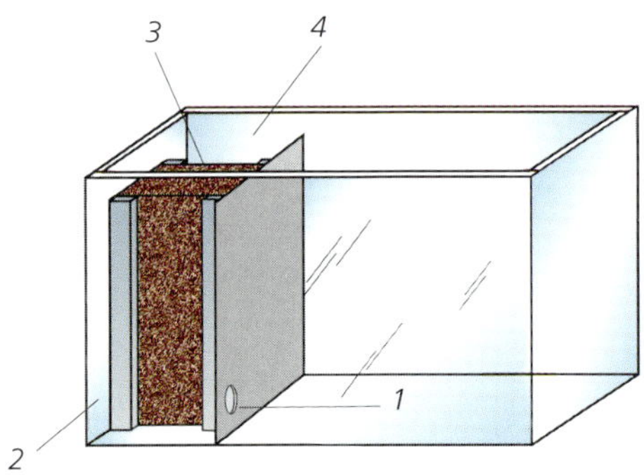

Vorderansicht des Aquariums

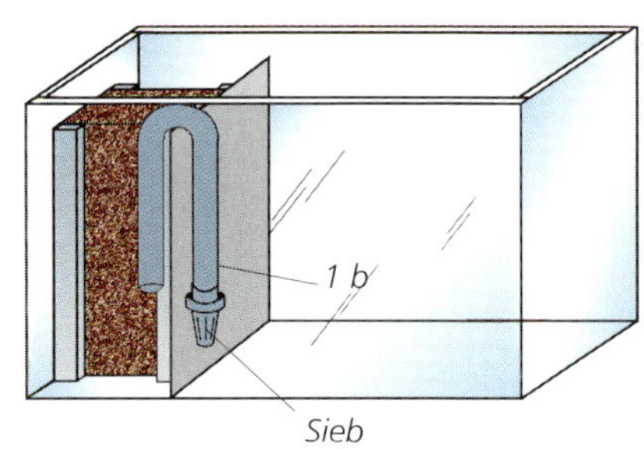

1. Wassereintritt durch eine Öffnung in der Scheibe, durch einen Rost geschützt. Man kann auch eine kommunizierende Röhre verwenden (1 b), die in einem Sieb endet. Durch den Rost bzw. das Sieb können keine Fische in den Filter geraten, mit Ausnahme kleinster Jungfische, die man manchmal aus der Kammer 2 entfernen muß. Rost und Sieb müssen regelmäßig von Schmutzteilchen, insbesondere Pflanzenabfällen, gereinigt werden, die den Wasserdurchfluß behindern oder gar stoppen können.
2. Vorkammer, evtl. mit einem Substrat wie Filterwatte (S. 248) zur Vorfilterung. Bei Meerwasserbecken kann an dieser Stelle gut der Abschäumer (S. 250) installiert werden.
3. Filterschaumstoff (S. 248), der die feinen Partikel zurückhält und in dem die biologische Filterung stattfindet. Die Reinigung fällt leichter, wenn er in zwei ungefähr gleich große Teile geteilt wird.
4. Klarwasserkammer für das Wasser, das ins Aquarium zurückgeleitet wird, mit einer Kreiselpumpe oder einem Steigrohr. In diesem Teil der Innenfilterkammer können Heizung und Durchlüftung angebracht sein. Eine Variation ist die doppelte Innenfilterkammer.

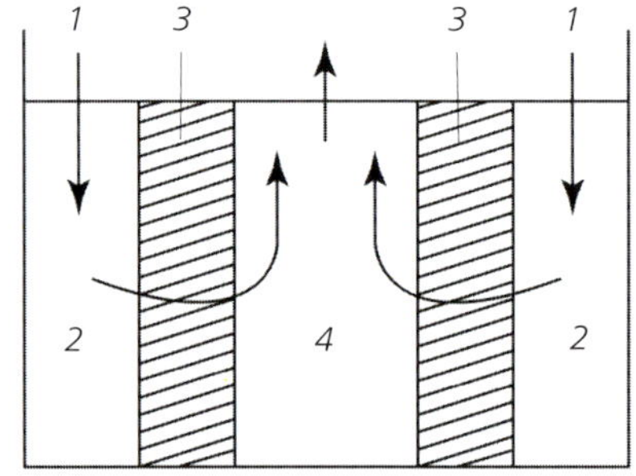

Doppelte Innenfilterkammer

◁ *Zwei Innenfilterkammern in den rückwärtigen Ecken.*

Zentral angeordnete Innenfilterkammer, die in eine Steilküste oder einen Felsabsturz als künstliche Dekoration integriert werden kann. ▷

Die Innenfilterkammer wird meistens an einer der Seiten des Aquariums eingebaut. Wichtig ist, daß das Filtervolumen mindestens zehn Prozent des Beckenvolumens beträgt. Die obigen Beispiele zeigen eine Aufsicht, die Frontscheibe befindet sich in der Darstellung jeweils unten. Der Schaumstoff ist schraffiert wiedergegeben; die Dekoration kann sowohl natürlich als auch künstlich sein.

• *Rieselfilter*

Hier befinden sich die Filtermassen nicht unter Wasser, sondern werden mit Wasser beträufelt. Sie haben also ständig Luftkontakt, wodurch sich das Wasser gut mit Sauerstoff anreichern kann und der Stickstoffzyklus gefördert wird. Diese Technik ist vor allem bei etwas erfahreneren Hobbyaquarianern im Kommen, die größere Süß- oder Seewasserbecken haben.

Es gibt zwei Systeme: den Rinnenfilter, der traditionell aufgebaut und leicht in Betrieb zu nehmen ist, und den moderneren Rieselfilter, der unterhalb des Beckens steht und mehr Platz benötigt. In beiden Fällen ist eine grobe Vorfilterung nötig.

– Rinnenfilter: Das Wasser wird über eine elektrische Pumpe oder ein Steigrohr (Membranpumpe) aus dem Aquarium in eine waagerecht angebrachte Rinne mit einem Filtersubstrat hochgepumpt. Es läuft dann durch die Rinne und regnet ins Becken zurück, das so mit Sauerstoff angereichert wird. Hindernisse erhöhen die Durchlaufzeit und verbessern somit die Sauerstoffanreicherung.

– Rieselfilter unterhalb des Aquariums: Manche Aquarianer halten diese Lösung für das Nonplusultra der Filtertechnik. Die Hauptschwierigkeit bei der Einrichtung besteht darin, daß an einer Seitenwand oder der Rückseite des Beckens ein Überlauf geschaffen werden muß. Das Wasser läuft anschließend von dort über die Filtermasse

Rinnenfilter mit grobem (links) und feinerem (rechts) Filtersubstrat. ▽

Der Rinnenfilter

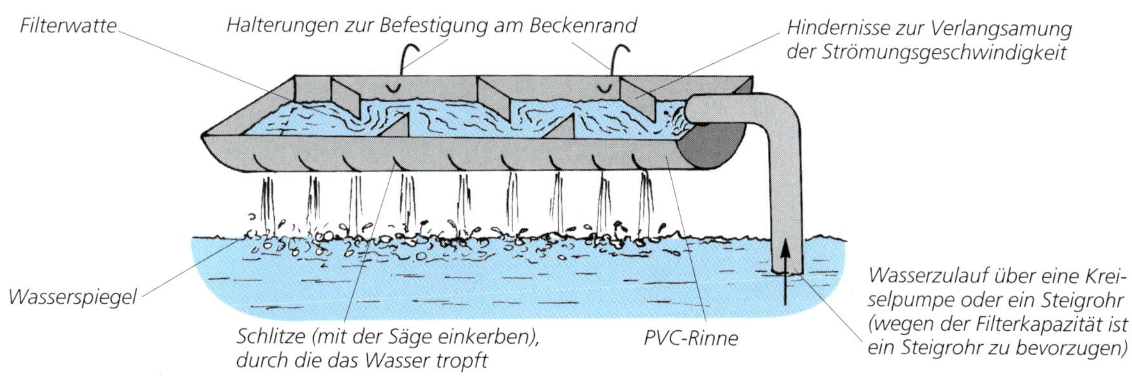

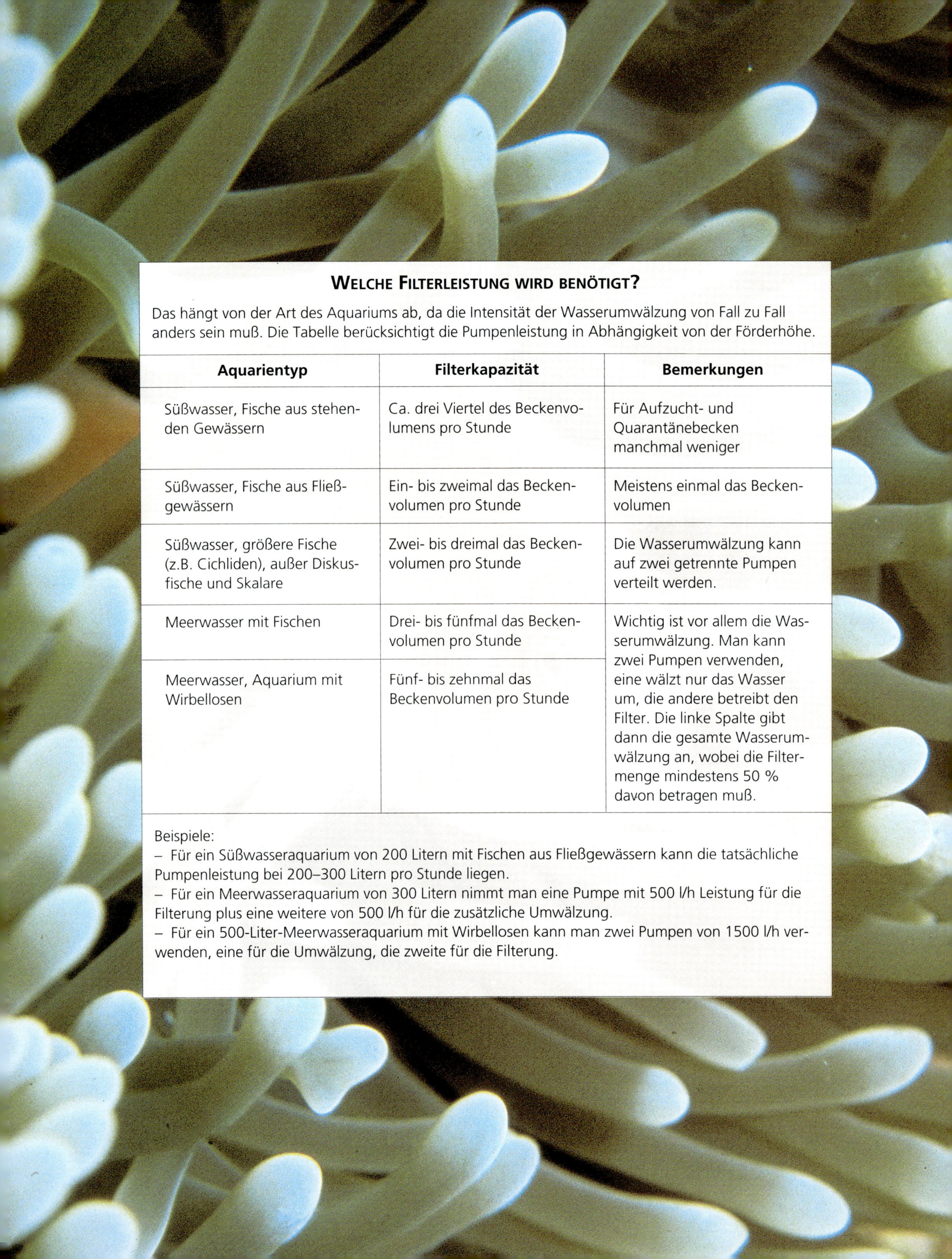

Welche Filterleistung wird benötigt?

Das hängt von der Art des Aquariums ab, da die Intensität der Wasserumwälzung von Fall zu Fall anders sein muß. Die Tabelle berücksichtigt die Pumpenleistung in Abhängigkeit von der Förderhöhe.

Aquarientyp	Filterkapazität	Bemerkungen
Süßwasser, Fische aus stehenden Gewässern	Ca. drei Viertel des Beckenvolumens pro Stunde	Für Aufzucht- und Quarantänebecken manchmal weniger
Süßwasser, Fische aus Fließgewässern	Ein- bis zweimal das Beckenvolumen pro Stunde	Meistens einmal das Beckenvolumen
Süßwasser, größere Fische (z.B. Cichliden), außer Diskusfische und Skalare	Zwei- bis dreimal das Beckenvolumen pro Stunde	Die Wasserumwälzung kann auf zwei getrennte Pumpen verteilt werden.
Meerwasser mit Fischen	Drei- bis fünfmal das Beckenvolumen pro Stunde	Wichtig ist vor allem die Wasserumwälzung. Man kann zwei Pumpen verwenden, eine wälzt nur das Wasser um, die andere betreibt den Filter. Die linke Spalte gibt dann die gesamte Wasserumwälzung an, wobei die Filtermenge mindestens 50 % davon betragen muß.
Meerwasser, Aquarium mit Wirbellosen	Fünf- bis zehnmal das Beckenvolumen pro Stunde	

Beispiele:
- Für ein Süßwasseraquarium von 200 Litern mit Fischen aus Fließgewässern kann die tatsächliche Pumpenleistung bei 200–300 Litern pro Stunde liegen.
- Für ein Meerwasseraquarium von 300 Litern nimmt man eine Pumpe mit 500 l/h Leistung für die Filterung plus eine weitere von 500 l/h für die zusätzliche Umwälzung.
- Für ein 500-Liter-Meerwasseraquarium mit Wirbellosen kann man zwei Pumpen von 1500 l/h verwenden, eine für die Umwälzung, die zweite für die Filterung.

PRINZIP EINES RIESELFILTERS UNTERHALB DES BECKENS

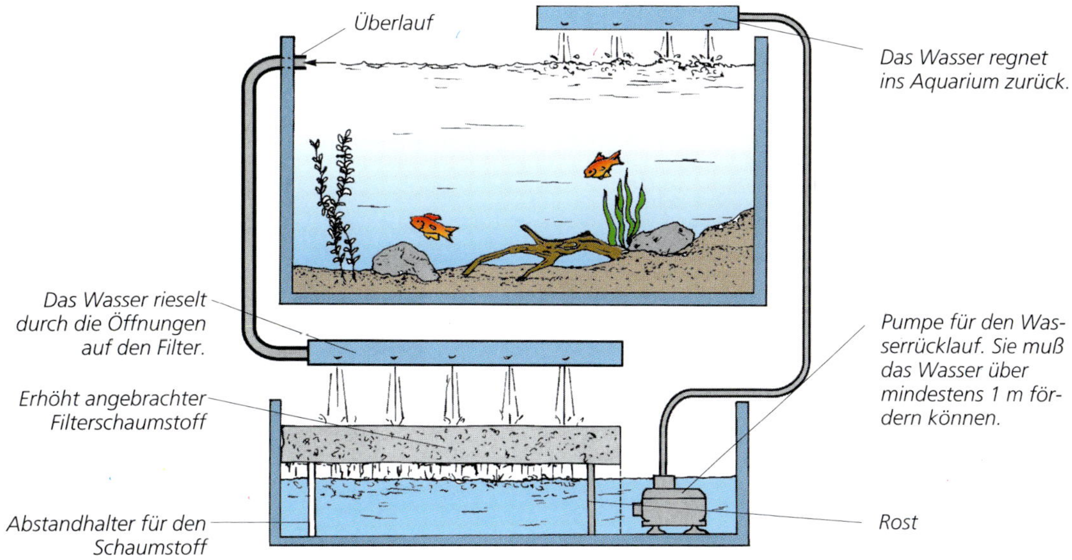

in ein darunterliegendes Auffangbecken und wird dann mit einer Pumpe ins Becken zurückgepumpt.
Von manchen Herstellern werden für Becken bis maximal 200 Liter auch kleine Innenrieselfilter angeboten.

DIE TATSÄCHLICHE PUMPENLEISTUNG

Dieses Beispiel bezieht sich auf eine Pumpe mit einer Nennkapazität von 1000 l/h und einer Förderhöhe von 1 m:

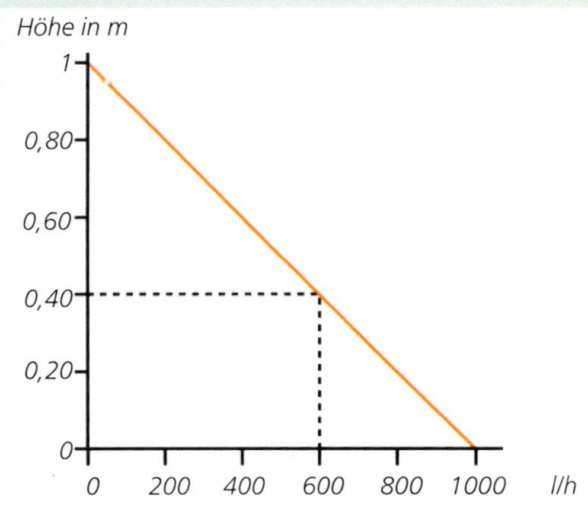

Eigentlich würde man eine leichte Kurve erhalten. Die Genauigkeit in diesem Beispiel reicht jedoch aus, um zu sehen, daß die Leistung der Pumpe bei einer Förderhöhe von 40 cm auf 600 l/h sinkt.

DIE PUMPEN

Innenfilterkammern und Rieselfilter werden mit geigneten Pumpen kombiniert. In Meerwasseraquarien werden sie auch nur zur Wasserumwälzung verwendet oder einfach mit einem Schaumstoffblock ummantelt.

- *Die Pumpenleistung*

Es gibt mehrere Marken und unterschiedliche Pumpenleistungen. Die Leistung wird für einen Betrieb der Pumpe ohne Höhendifferenz berechnet, so daß das Wasser nur angesaugt und auf der gleichen Höhe wieder eingeleitet wird. Bei Überwindung einer Förderhöhe verringert sich die Pumpenleistung entsprechend.
Der Hersteller liefert für ein Modell jeweils zwei Angaben:
– die maximale Kapazität bei einem Höhenunterschied von Null;

Die tatsächliche Pumpenleistung hängt von der zu überwindenden Höhe ab. ▷

△ *Das Material für die Vorfilterung ist oft recht grob, um die größten Schmutzteilchen zu entfernen.*

– die maximale Förderhöhe, wobei die Kapazität gegen Null tendiert.
In seltenen Fällen beinhaltet die Betriebsanleitung eine Kurve, der die tatsächliche Pumpenleistung entsprechend der jeweiligen Förderhöhe entnommen werden kann. Meistens muß man sie jedoch selbst berechnen.

Verwendung, Vor- und Nachteile der unterschiedlichen Filtermassen

Die Filtermasse kann natürlichen – Kies, Sand, Ton, Aktivkohle, Torf, Muschelgrit, Gestein – oder künstlichen Ursprungs sein – PVC, Schaumstoff, Filterwatte und andere synthetische Stoffe. Für besondere Anforderungen gibt es geeignete Materialien.
Für die Grobfilterung verwendet man Kies, Gestein, Sand, Ton oder grobe PVC-Stücke. Für die Feinfilterung wird feiner Sand, Schaumstoff oder Filterwatte benutzt. Biologische Filterung erreicht man über Grobsand, Schaumstoff, Filterwatte oder Torf. Torf, Aktivkohle, Muschelgrit und Kalkstein sind gute Materialien, um chemische Reaktionen hervorzurufen.
Mit Ausnahme der letzten Kategorie muß eine Filtermasse chemisch neutral sein, das heißt sie darf die wichtigsten Eigenschaften des Wassers, pH-Wert, Härte bzw. Salzdichte, nicht verändern. Sämtliche Filtersubstrate mit variablem Volumen (Kies, Sand, Erde, Ton) sind leichter zu handhaben, wenn man sie in ein feinmaschiges Netz aus Vorhangstoff oder Feinstrumpfhose legt.

- *Kies und grober Sand*

Diese Materialien werden zur Vorfilterung benutzt, um vor allem bei Außenfiltern die gröbsten Partikel zu entfernen. Sie werden immer mehr von künstlichen Substraten verdrängt, aber feiner Kies mit einer Körnung von 2 bis 3 mm ist für Bodenfilter in Süßwasserbecken durch nichts zu ersetzen.

- *Vulkangestein*

Vulkanisches Felsgestein in mehr oder weniger großen Stücken hat zweierlei Funktion: zum einen die mechanische Filterung der Schwebstoffe, zum anderen die biologische Filterung.
Form und Oberfläche der Bruchstücke fördern die Ansiedlung von Bakterien und eine schnelle Wasserzirkulation und somit eine gute Sauerstoffversorgung.

WELCHER FILTER FÜR WELCHES AQUARIUM?

Die Art des Filters hängt von der Art des Aquariums, aber auch vom Geldbeutel des Aquarianers ab; man sollte also das beste Preis-Leistungs-Verhältnis anstreben.
Die Verwendung zweier sich ergänzender Systeme ergibt eine optimale Wirkung bei der biologischen Filterung. Außerdem hält sich so bei technischen oder biologischen Problemen in einem der Filter das Risiko in Grenzen.

Aquariumstyp	Volumen	Filtersystem	Bemerkungen
Aufzucht-, Quarantänebecken	unter 100 Liter	Bodenfilter, kleiner luft- oder elektrisch betriebener Innenfilter	Ein Bodenfilter ist nicht unbedingt die praktischste Lösung.
Süßwasser	100–200 Liter	Innenfilterkammer oder Außenfilter	Wenn das Becken nicht von vornherein eine Innenfilterkammer hat, sollte man sich für den Außenfilter entscheiden.
Süßwasser	über 200 Liter	Innenfilterkammer oder Außenfilter	Man kann beide Systeme kombinieren.
Meerwasser	über 300 Liter	Innenfilterkammer, Außen- oder Rieselfilter	Man kann zwei dieser drei Systeme kombinieren.

△ *Vulkanisches Gestein ist ein gutes Bakteriensubstrat.*

△ *Blähtonkügelchen können zur Vorfilterung verwendet werden.*

• *Muschelgrit und Kalkgestein*

Diese Materialien erfüllen die gleiche Funktion, setzen jedoch auch eine gewisse Menge Kalziumkarbonat im Wasser frei. Sie werden in einigen Becken zur Beibehaltung einer relativ hohen Wasserhärte benutzt, z. B. in ostafrikanischen Biotopaquarien.
Sie müssen zerkleinert, zermahlen und anschließend sorgfältig saubergespült werden, um die feinsten Partikel zu entfernen.

• *Blähton*

Blähton wird in kleinen Kügelchen von einigen Millimetern bis 1 cm Durchmesser angeboten und ist ein gutes Substrat für Bakterien. Er wird selten alleine verwendet, sondern zusammen mit einem anderen Material zur Vorfilterung.

• *Torf*

Torf (*siehe* S. 16) wird in einem Filter verwendet, um das durchströmende Wasser sauerer zu machen. Seine Hauptaufgabe ist somit nicht die Filterung, obwohl er auch Filtereigenschaften besitzt. Torf wird im Süßwasser eingesetzt, um einen relativ niedrigen pH-Wert zu erreichen, der für die Pflege und Zucht einiger Arten (Fische Südamerikas und Killies) notwendig ist. Zu beachten ist, daß Torf das Wasser bräunlichgelb färbt. Gärtnertorf sollte nicht verwendet werden, da er für die Aquaristik gefährliche Substanzen enthalten kann. Geeigneten Torf findet man in Zoofachhandlungen. Es werden einige Versuche nötig sein, bevor man die richtige Menge bestimmt hat, durch die ein bestimmter pH-Wert beibehalten werden kann.

Die einfach zu verwendende Filterwatte bindet feinste Partikel. ▷

• *Aktivkohle*

Aktivkohle entsteht durch starkes Erhitzen organischen Materials unter bestimmten Bedingungen. Es ist ein sehr poröses Material mit interessanten Eigenschaften. Aktivkohle bindet organische Farbstoffe, wodurch das Wasser kristallklar wird. Sie bindet außerdem bestimmte Medikamente, vor allem solche auf Farbstoffbasis. In diesem Fall wird sie erst in den Filter gegeben, wenn das Medikament nach der Behandlung wieder aus dem Wasser entfernt werden soll. Außerdem bindet Aktivkohle Gerüche. Der Hauptnachteil besteht darin, daß sie diese Eigenschaften relativ schnell verliert. Trotzdem ist Aktivkohle ein gutes Bakteriensubstrat. Das sind andere, einfacher zu verwendende Filtermassen aber auch. So ist Aktivkohle ein Substrat ausschließlich für die Süßwasseraquaristik mit ganz bestimmten Einsatzmöglich-

△ Die Auswahl an Filtersubstraten ist groß, und oft entscheidet man sich für die Lösung, die den Bakterien die größte Besiedelungsfläche bietet.

keiten. Vor Gebrauch muß sie mit lauwarmem Wasser durchgespült werden.

• *Filterwatte*
Dieses künstliche Filtersubstrat besteht aus verwundenen Fäden. Es ist nicht mit Glaswolle zu verwechseln, die in der Aquaristik nicht verwendet werden darf, da sie im Wasser kleinste Teilchen freisetzen kann.
Filterwatte wird in der Regel zusammen mit Schaumstoff oder als Vorfilter in diversen Filtersystemen, insbesondere Außenfiltern, manchmal auch Innenkammer- oder Rieselfiltern, verwendet.

• *Schaumstoff*
Hierbei handelt es sich um einen besonderen, offenporigen Polyesterschaumstoff, wie er auch in Matratzen oder Kissen Verwendung findet. Dieses Material ist derzeit bei Aquarianern überaus beliebt, denn es scheint nur Vorteile zu haben: Es ist neutral und leicht, einfach zu verwenden, zuzuschneiden und zu reinigen und nicht teuer. Außerdem ist es ein gutes Bakteriensubstrat und hervorragend für die mechanische Vorfilterung geeignet. Der meistverwendete Schaumstoff hat eine Dichte von 20 kg/m³ und eine ideale Porigkeit für die Entfernung von Schwebestoffen und die Entwicklung von Bakterien. Die Erfahrung vieler Aquarianer und der öffentlichen Aquarien hat gezeigt, daß ein in zwei gleich große Teile geschnittener Schaumstoffblock mit einer Dicke von 8 cm vollkommen ausreicht. Einige handelsübliche oder selbstgebaute Filter, ob kleine Innen-, Außen-, Innenkammer- oder Rieselfilter, die nur mit Schaumstoff arbeiten, funktionieren zur vollen Zufriedenheit der Benutzer.

▷ Polyesterschaumstoff gibt es in unterschiedlichen Porengrößen; ideal ist eine Dichte von 20 kg/m³.

• *Die unterschiedlichen Materialien auf Kunststoffbasis*
Für die Herstellung von Filtermassen oder Vorfiltern werden verschiedene Kunststoffe, wie z. B. PVC, verwendet: kleine Schlauchstücke von ca. 1 cm Durchmesser, Kügelchen, gelochte Würfel u.v.m. Es können im Aquarienfachhandel erhältliche oder Recyclingstoffe sein.

• *Die Kombination mehrerer Filtermassen*
Wenn in einem Filter mehrere Filtermassen kombiniert werden sollen, muß das Wasser von den gröberen durch immer feiner werdende Materialien geleitet werden.
Die gröbsten fungieren als Vorfilter für die größeren Verunreinigungen, die anderen binden die feineren Partikel. Alle diese Filtermassen fördern die Ansiedlung von Bakterien, die Stickstoffverbindungen umwandeln, wobei sich Schaumstoff und Tonkügelchen am besten eignen.

Bauanleitung für einen Notfilter

Der Ansaugstutzen einer elektrischen Pumpe wird mit einem Stück Schlauch (PVC oder halbstarrer Kunststoff) verlängert, der auf seiner gesamten Länge eingekerbt wird. Diesen steckt man in einen Schaumstoffblock, der innen mit einem Messer ausgehöhlt wurde. Das Wasser muß durch den Schaumstoff und durch das eingekerbte Schlauchstück fließen, bevor es ins Becken zurückgeleitet wird. Dieser einfach und schnell zu fertigende Filter leistet gute Dienste, wenn improvisiert werden muß.

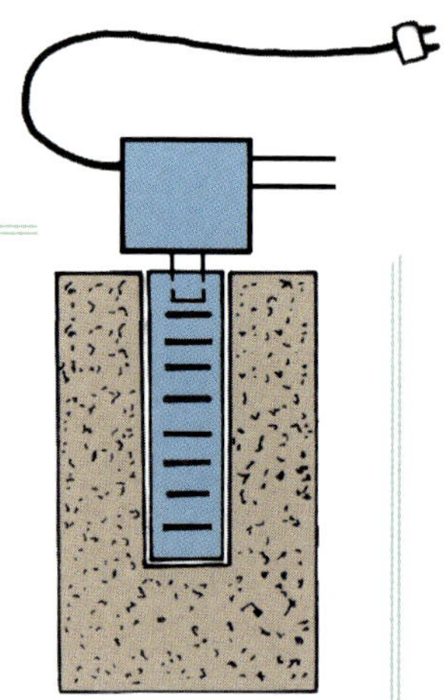

△ *Eine Pumpe, ein eingekerbter PVC-Schlauch und ein Schaumstoffblock bilden einen Behelfsfilter, der schnell in Betrieb genommen werden kann.*

• *Die Reinigung der Filtermassen*

Sämtliche Filtersubstrate setzen sich in Abhängigkeit von ihrer Körnung, der Durchflußgeschwindigkeit des Wassers und vom Gehalt an Schwebestoffen mehr oder weniger schnell mit Schmutzteilchen zu.

Wenn sie zugesetzt sind, werden sie unter lauwarmem Leitungswasser ohne Seife oder andere Reinigungsmittel ausgewaschen, bis das Wasser klar bleibt.

Aquarianer mit mehreren Becken waschen die Schaumstoffsubstrate zusammen in der Waschmaschine, natürlich ohne Waschmittel. Leider werden durch die Reinigung die meisten, zuweilen sämtliche nützlichen Bakterienkulturen zerstört. Der Filter entfernt dann zwar noch die Schmutzteilchen, seine biologische Wirkung ist aber gleich Null.

Um diesen Nachteil auszugleichen, sollte man immer nur die Hälfte der Filtermassen reinigen; die Bakterien im nicht gereinigten Teil reichen für die Säuberung des Wassers aus und werden schon bald auch die andere Hälfte wieder besiedeln. Wenn man zwei Filter verwendet, reinigt man sie selbstverständlich abwechselnd. Sollte das Aquarium aus irgendeinem Grund einmal eine Zeitlang leer stehen, kann man die Filtermassen solange in ein anderes Aquarium geben, so daß die Bakterienkulturen erhalten bleiben und sofort wieder einsatzfähig sind. Der Stickstoffzyklus in einem Biofilter darf niemals unterbrochen werden, sonst können sich für die Tiere toxische Verbindungen bilden.

Filtertechnik für die Meerwasseraquaristik

Eigenschaften der Filtertechnik für Meerwasseraquarien

Im folgenden werden einige Begriffe der Filtertechnik für Meerwasser erläutert. Ideal sind zwei Filter, einer mit mäßiger Kapazität für die Umwandlung der Stickstoffverbindungen (Innenfilterkammer oder Rieselfilter), der andere, mit höherer Kapazität, vor allem für die mechanische Filterung.

Man kann als Ergänzung auch einen Bodenfilter für die Förderung der Wasserzirkulation im Bodengrund verwenden, der im allgemeinen recht grob sein sollte.

Eine interessante Alternative bildet ein Bodenfilter mit umgekehrter Strömungsrichtung, der mit einem Außenfilter ergänzt werden muß (*siehe* Kasten).

Die Filterleistung muß bei Fischbesatz das Drei- bis Fünffache des Beckenvolumens betragen, bei der Pflege von marinen Wirbellosen, besonders Blumentieren, das Zehnfache. Auch hier ist Schaumstoff das ideale Material, wenn er nicht dicker als 6 bis 8 cm ist. Bei Verwendung von gröberem Sub-

Bodenfilter mit umgekehrter Strömungsrichtung

Das Wasser läuft von unten nach oben durch das Substrat, damit sich dieses eher mit Sauerstoff anreichert, als daß es gefiltert wird. Die Partikel sedimentieren somit nicht mehr, sondern schweben frei im Wasser. Dieses wird über ein Außenfiltersystem gereinigt.

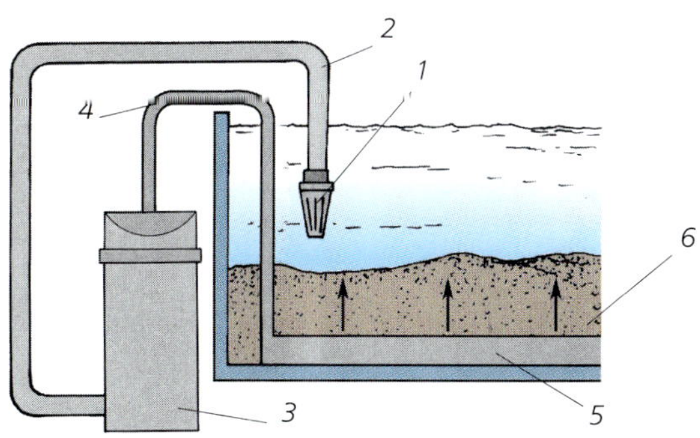

1. *Sieb*
2. *Wasseransaugung*
3. *Motorbetriebener Außenfilter*
4. *Wasserrücklauf unter den Bodenfilter*
5. *Bodenfilter*
6. *Wasserströmung von unten nach oben*

Diese Filterart wird manchmal in großen Meerwasserbecken mit Fischbesatz eingesetzt; sie verhindert Probleme durch Sauerstoffmangel im Boden.

strat wie Muschelgrit oder PVC-Teilchen kann er auch dicker sein. Weder Torf noch Aktivkohle dürfen verwendet werden.

Besonderes Zubehör für die Meerwasseraquaristik

Meeresfische reagieren auf Veränderungen der Wasserqualität sensibler als Süßwasserarten. Zusätzlich zur Filterung sollte man also spezielles Zubehör verwenden, um optimale Bedingungen zu schaffen.

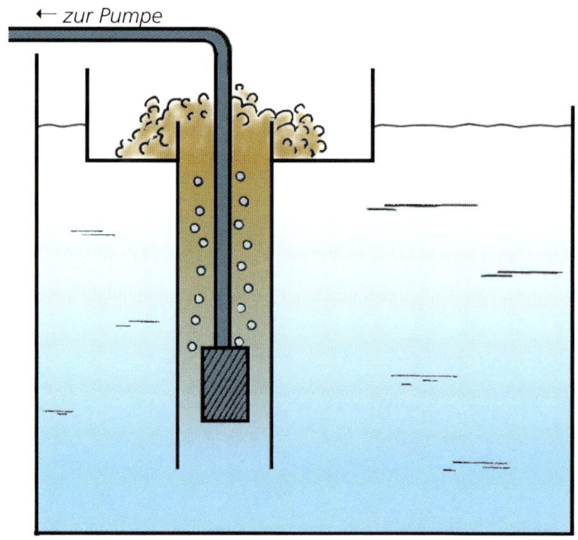

Durch die Bewegung des Wassers im Abschäumer wird ein Schaum abgeschieden, der die zu entfernenden Substanzen enthält. ▷

- *Der Abschäumer*

Durch dieses System wird das Wasser zum Teil chemisch gereinigt, indem gelöste Stoffe wie Eiweiß entfernt werden.
Das Prinzip ist einfach: Das Wasser wird auf relativ engem Raum stark bewegt, wodurch bestimmte Stoffe ausgefällt werden. Es bildet sich ein feiner, oft gelblicher Schaum, der über den Überlauf abgezogen wird.
Der Abschäumer ist ein unabhängiges Gerät, das an einer beliebigen Stelle im Becken angebracht werden kann. Da er den Filtervorgang ergänzt, kann er im vorderen Teil einer Innenfilterkammer installiert werden; die Filterung wird dadurch einfacher.

Der Abschäumer, ein Spezialgerät für die Meerwasseraquaristik, entfernt gelöste Stoffe und trägt zur Reinigung des Wassers bei. ▽

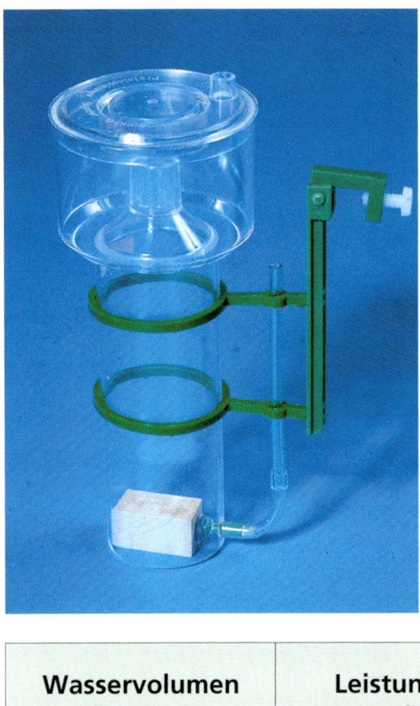

Abschäumer werden in Becken mit Fischbesatz häufig vorbeugend verwendet. Ist das Becken nicht überbesetzt und ist bereits ein biologischer Filter erfolgreich im Einsatz, wird der Abschäumer in den meisten Fällen nicht gebraucht.
Ein Abschäumer empfiehlt sich bei Aquarien mit Wirbellosen, vor allem mit Korallen und Anemonen, obwohl er genau die Stoffe abscheidet, die die Wirbellosen absorbieren.
Für Aquarien bis 300 Liter kommt ein Abschäumer zum Einsatz, der von einem feinperligen Ausströmer und somit einer Pumpe gespeist wird. Bei noch größeren Becken sind zwei bzw. ein von einer elektrischen Pumpe betriebener Abschäumer erforderlich.

Wasservolumen (in Liter)	Leistung der Lampe (in Watt)	Wasserdurchfluß (in Liter/Stunde)
bis 100	8	50
100–500	15	200
500–1000	30	500

- *Die reinigende Wirkung der UV-Strahlung*

Ultraviolette Strahlen sind Lichtstrahlen, die für das menschliche Auge unsichtbar sind. Manche bewirken die Bräunung der Haut (UV A und B), andere, kurzwelligere (UV C), haben eine keimtötende Wirkung und vernichten zahlreiche Bakterien und Viren.
Diese UV-Strahlen werden für die bakteriologische Reinigung des Wassers verwendet, zumal sie selektiv arbeiten und die nützlichen Bakterien des Stickstoffzyklus nicht zerstören.
Der Wirkungsbereich dieser Strahlung beträgt nur wenige Zentimeter. Deshalb muß das Wasser so langsam dicht an der Strahlenquelle vorbeigeleitet werden, daß es genügend Strahlung abbekommt. Für einen hohen Wirkungsgrad muß das Wasser klar, also gut gefiltert sein.
Im Handel sind UV-Sterilisatoren erhältlich, die nach einem einfachen Prinzip arbeiten. Eine Lampe, in der Regel eine Leuchtröhre, gibt Strahlung ab, und das Wasser zirkuliert mit Hilfe einer elektrischen Pumpe um die Lichtquelle. Die Leistung eines UV-Systems und die Wassermenge, die um die Lampe zirkuliert, sind vom Gesamtvolumen des aufzubereitenden Wassers abhängig. Eine Hülle aus UV-durchlässigem Quarzglas garantiert die Dichtigkeit der Leuchte. Das blauviolette Licht, das die Lampe ausstrahlt, zeigt lediglich an, daß sie in Betrieb ist.
Da die UV-Strahlung für die Augen gefährlich

ist, darf man nicht in die Strahlenquelle hineinschauen. Meistens ist der Sterilisator aus diesem Grund mit einer undurchsichtigen Hülle verkleidet.
Die Betriebsdauer einer rund um die Uhr brennenden UV-Lampe beträgt fünf bis sechs Monate. Die Strahlungsqualität nimmt aber meistens nach vier Monaten ab. Man muß sie also dreimal pro Jahr auswechseln.

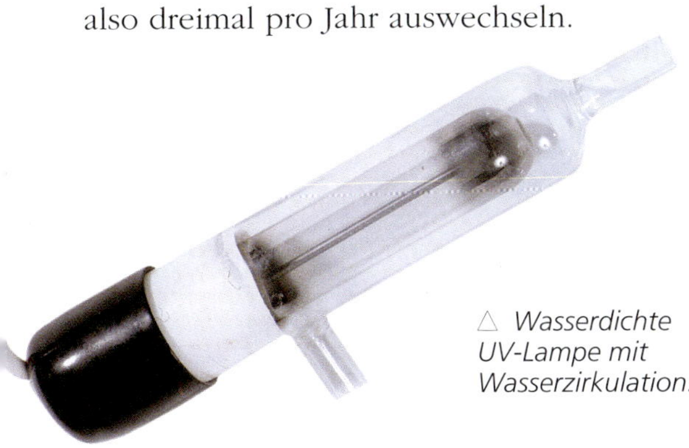

△ *Wasserdichte UV-Lampe mit Wasserzirkulation.*

Sonstiges Zubehör

Der Aquarianer benötigt gewisse nützliche, ja sogar unverzichtbare Accessoires, die ständig für die täglichen Handgriffe und die Wartung des Aquariums verfügbar sein müssen. Sie bilden seinen »Werkzeugkasten«.

Thermometer

Ein unersetzliches Utensil. Ein Modell auf Alkoholbasis mit roter oder blauer Färbung reicht in puncto Genauigkeit aus, obwohl man zwischen manchen Thermometern zuweilen Unterschiede von mehr als 1 °C feststellt.

Thermometer sind in verschiedenen Ausführungen erhältlich, manche kombiniert mit einem Aräometer. Die Präzision ist allerdings unterschiedlich. ▷

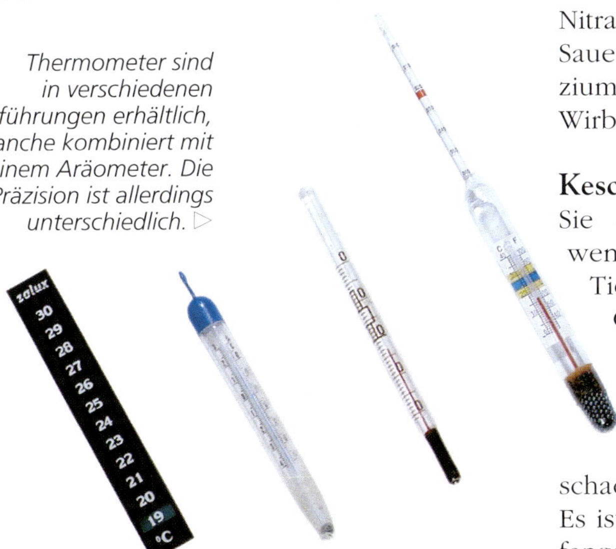

Quecksilberthermometer sind genauer, sollten aber nicht mehr benutzt werden. Alle Modelle werden unter Wasser in ausreichendem Abstand zur Heizquelle plaziert, damit sie keine Wärmestrahlung abbekommen. Man kann das Thermometer beschweren, mit Steinen festklemmen oder mit Saugern an der Scheibe befestigen. Flüssigkristall-Außenthermometer scheinen die Mehrheit der Aquarianer nicht zufriedenzustellen, da ihre Genauigkeit schwankt.

Aräometer

Dieses Gerät ist bereits auf S. 25 beschrieben worden. Es handelt sich auf jeden Fall um ein wichtiges Meßinstrument für die Meerwasseraquaristik, um die Dichte, d. h. den Salzgehalt, zu überprüfen.

Wasseranalyse

Einfach zu bedienende Tests zur Wasseranalyse werden von verschiedenen Herstellern angeboten. Die meisten beruhen auf dem Prinzip der Farbänderung, die man mit einer auf der Packung aufgedruckten Farbskala vergleicht. Sie werden einzeln oder im Set verkauft; die Testsubstanz kann nachgekauft werden, ohne daß man das ganze Set ersetzen muß.
In der Süßwasseraquaristik sind folgende Tests unumgänglich: Wasserhärte, Karbonathärte, Nitritgehalt und pH-Wert. Die drei letztgenannten sind auch in der Meerwasseraquaristik wichtig.
Auch andere Wasserparameter können mit Hilfe solcher Testsets gemessen werden: Nitrate, Ammoniumverbindungen, Sauerstoff, Kohlendioxid, Eisen und Kalzium (für Seewasseraquarien mit Wirbellosen).

Die Größe eines Keschers richtet sich nach der Größe des einzufangenden Fisches, aber auch danach, wieviel Bewegungsfreiheit man im Aquarium hat. ▽

Kescher

Sie sind unersetzlich, wenn man bewegliche Tiere aus dem Wasser fischen will. Ihre Größe ist abhängig von der Größe der Fische und der Bewegungsfreiheit im Aquarium. Ein kleineres Netz empfiehlt sich für kleine Fische oder für Becken mit besonders verschachtelter Dekoration.
Es ist allerdings nicht einfach, die Fische zu fangen. Hier sind sich die Aquarianer einig:

Magnet-Scheibenreiniger und Sauggeräte zum Anschluß an eine Pumpe sind gängige Hilfsmittel zur Pflege des Beckens. ▽ ▷

Die Fische scheinen es zu merken, wenn man einen von ihnen herausholen will. Sobald man das Fangnetz ins Becken hält, beginnt die wilde Jagd. Manchmal geht sie alles andere als glimpflich ab, Tiere werden verletzt und die lebendige und leblose Dekoration beschädigt.

Ein einfacher Trick besteht darin, den Kescher bereits am Vorabend ins Bekken zu legen, bevor die Beleuchtung abgeschaltet wird. So gewöhnen sich die Fische daran und lassen sich am nächsten Morgen nach dem Einschalten der Beleuchtung leichter einfangen.

Man kann auch zwei Netze nehmen und mit dem einen die Fische in das zweite hineintreiben, das ruhig gehalten wird. Alle Fanggeräte müssen regelmäßig desinfiziert und mehrfach nachgespült werden, insbesondere, wenn sie mit kranken Fischen in Kontakt waren.

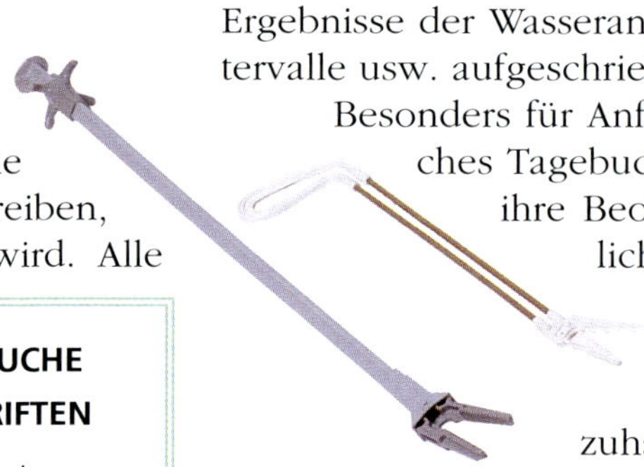

▷ Pflanzenzangen sind besonders in tieferen Becken sehr praktisch.

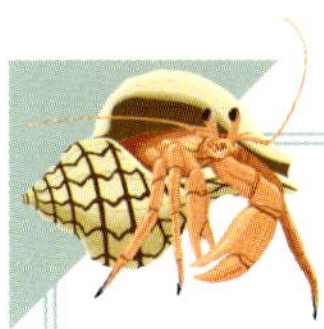

Kabel und Schläuche sollte man beschriften

In einem eingerichteten Aquarium neigen Kabel und Luft- und Wasserleitungen manchmal dazu, durcheinanderzugeraten, so daß es problematisch werden kann, die richtige Steckdose oder den Schlauch zu finden, der abgeklemmt werden soll. Hilfreich ist es, an beiden Enden eines Stromkabels oder Schlauches ein selbstklebendes Etikett mit entsprechender Beschriftung anzubringen. Bei der Durchlüftung z. B. gibt ein Etikett in der Nähe des Pumpenausgangs an, welche Ausströmer gespeist werden, ein zweites Etikett dort, wo die Leitungen ins Aquarium führen, erleichtert die Suche nach den entsprechenden Ausströmern.

Sonstiges Material

Folgendes Zubehör hat sich ebenfalls als praktisch erwiesen:
– Ein langer Schlauch, um das Becken zu befüllen und Wasser abzusaugen;
– mehrere Kanister aus lebensmittelechtem Kunststoff für die Aufbewahrung von Aquarienwasser;
– eine Pflanzenzange zum Bepflanzen, obwohl viele das lieber mit der Hand tun;
– ein Scheibenreiniger mit Rasierklinge oder Reinigungsschwamm, um die Algen von den Scheiben zu kratzen;
– ein Mini-Sauger, der an eine Pumpe angeschlossen wird, zum Absaugen von Verunreinigungen;
– im Zoofachhandel erhältliche Sauger, Absperrhähne und Verbindungsstücke für die Luft- und Wasserleitungen;
– ein elektronischer Timer für die Steuerung der Aquarienbeleuchtung;
– ein Heft oder ein Notizblock, in dem bestimmte Ereignisse wie Kauf der Fische, Ergebnisse der Wasseranalysen, Wartungsintervalle usw. aufgeschrieben werden.

Besonders für Anfänger kann ein solches Tagebuch nützlich sein, um ihre Beobachtungen bezüglich des Verhaltens der Fische, der Fortpflanzung und Krankheiten festzuhalten.

△ Kleine Plastikbecken können bei Wartungsarbeiten oder der Neueinrichtung eines Beckens sehr nützlich sein, wenn Pflanzen und Fische vorübergehend ausgelagert werden müssen.

DAS GLEICHGEWICHT IM AQUARIUM

Obwohl ein Aquarium ein begrenzter Lebensraum ist, entwickelt es sich weiter: Die Fische wachsen und pflanzen sich fort, die Pflanzen werden größer. Auch das Wasser erfährt unsichtbare Veränderungen: Nitrate häufen sich an, Mineralsalze werden weniger. Deshalb muß die Wasserqualität regelmäßig überprüft werden. Der Bodengrund reichert sich mit zahlreichen organischen Substanzen an (Ausscheidungen von Tieren, Futterreste), die normalerweise in Mineralstoffe umgewandelt werden.

Die Pflege

Das Gleichgewicht im Aquarium ist empfindlich und kann schnell gestört werden, wenn man sich nicht an einige einfache Regeln hält. Die erste Regel lautet, das Becken und seine Bewohner täglich zu beobachten, z. B. bei der Fütterung. So lassen sich Krankheiten, ein beunruhigendes Verhalten eines Fisches oder eine Farbänderung des Wassers rasch erkennen.
Die zweite Regel ist, das Aquarium zu pflegen. Das ist nicht besonders mühsam, wenn man es regelmäßig tut, und nimmt nur 1 bis 2 Stunden pro Woche in Anspruch. Manche Arbeiten sind täglich, andere in größeren Abständen auszuführen.

Die Wasseranalyse

Für Probleme, die für das Auge oft nicht sichtbar sind, kann schlechte Wasserqualität verantwortlich sein. Das Wasser muß deshalb regelmäßig kontrolliert werden. Im Süß- wie im Meerwasser sind hauptsächlich drei Parameter zu überwachen: Temperatur, pH-Wert und Nitritgehalt. Im Meerwasser muß außerdem die Salzdichte, im Süßwasser die Wasserhärte überprüft werden.

△ *Bestimmte Parameter wie der pH-Wert müssen einmal oder mehrmals pro Woche überprüft werden.*

Die Überprüfung der Geräte

Beleuchtungs-, Heiz-, Durchlüftungs- und Filtersysteme verdienen ebenfalls die Aufmerksamkeit des Aquarienfreundes.
Bei der Beleuchtung ist zu überprüfen, ob die Stromkontakte nicht oxidiert sind (vor allem im Salzwasser). In der Membranpumpe muß zweimal jährlich die kleine Luftansaugpatrone ausgetauscht werden. Ausströmer setzen sich mit der Zeit mit Algen oder Kalk zu. Am besten ist es natürlich, man tauscht sie aus, aber sie lassen sich auch reinigen. Die Filtermassen müssen regelmäßig gesäubert werden. Eine Fehlfunktion des Heizsystems wirkt sich rasch durch ein Absinken oder eine Erhöhung der Wassertemperatur aus. In diesem Falle muß das Gerät erneuert werden.

Die Reinigung der Scheiben

Oft bedecken Grün- oder Braunalgen (S. 194), Kalk oder biologische Ablagerungen (Bakterien und Mikroorganismen, die keine

◁ *Je öfter das Aquarium gesäubert wird, desto weniger Arbeit macht es.*

△ *Mit Hilfe eines Scheibenreinigers kommt man bis an die Unterseite der Scheiben und kann unerwünschte Algen entfernen.*

Krankheitserreger sind) die Scheiben des Aquariums. Das ist von Becken zu Becken verschieden und im allgemeinen für die Fische auch nicht gefährlich. Es sieht aber einfach nicht schön aus, wenn die Frontscheibe verschmutzt ist. Man muß sie dann mit einer Rasierklinge oder einem im Fachhandel erhältlichen Scheibenreiniger säubern.

Ein Scheuerschwamm hat sich ebenfalls als wirksam erwiesen, kann die Scheiben jedoch auf Dauer verkratzen. Auch die Deckscheibe des Aquariums darf nicht vergessen werden, denn mit der Zeit lagern sich innen Kalk (bzw. Salz bei Meerwasser) und Algen und außen Staub ab. Dadurch gelangt nicht mehr genügend Licht zu den Pflanzen.

Die Pflege des Bodensubstrats

Am Boden lagern sich diverse Abfälle ab: Ausscheidungen der Fische, Pflanzenteile, Futterreste, ja sogar manchmal Kadaver von Fischen, die unbemerkt verendet sind.

Darunter leiden die Optik und auch das Gleichgewicht im Aquarium; außerdem ist für die Zersetzung dieser Abfälle Sauerstoff nötig. Das sind bereits zwei gute Gründe, um diese Verunreinigungen abzusaugen (*siehe* Kasten S. 255). Im Fachhandel gibt es hierfür spezielle Sauger. Man kann aber auch einen flexiblen Schlauch benutzen, der das Wasser in eine Plastikschüssel, ein Waschbecken oder in die Toilette ableitet.

Der Wasserwechsel

Regelmäßiger Teilwasserwechsel ist in der Aquaristik einer der Schlüssel zum Erfolg. Wenn man den Wasserwechsel mit dem Absaugen kombiniert, werden diverse Abfallstoffe und ein Teil der Nitrate entfernt, die sich mit der Zeit anhäufen.

Das klare Frischwasser führt dem Becken Mineralien zu; es fördert das Wachstum der Fische und Pflanzen und kann den Ablaichvorgang auslösen.

Im Vergleich zu einem Becken, dessen Wasser nicht erneuert wird, kann man nach etwa zwei Monaten einen deutlichen Unterschied feststellen. Es wird empfohlen, pro Woche fünf bis zehn Prozent des Wasservolumens auszuwechseln. Natürlich sollte man immer Wasser auf Vorrat haben, das nach pH-Wert

Die Kontrolle der Wasserwerte

Parameter	Intervall	Bemerkungen
Temperatur	Täglich	Sie darf höchstens um 1 °C schwanken.
Nitrite	Ein- bis zweimal pro Woche	Idealerweise sind keine Nitrite vorhanden.
pH-Wert	Ein- bis zweimal pro Woche	Schwankungen im Tagesverlauf entstehen durch die Photosynthese und die Atemvorgänge der Lebewesen.
Salzdichte	Einmal pro Woche	Nur bei Meerwasser. Sie darf maximal um ein bis zwei Einheiten schwanken.
Wasserhärte	Einmal pro Woche	In der Süßwasseraquaristik. Leichte Schwankungen sind normal.
Kohlendioxid	Alle 14 Tage (manchmal auch seltener)	Hauptsächlich in relativ dicht bepflanzten Aquarien.
Kalzium	Einmal pro Woche	In der Meeresaquaristik für Aquarien mit Korallen.

Bei gravierenden Problemen muß man sofort ein Drittel des Wassers austauschen, dann an den darauffolgenden fünf Tagen jeweils 10 Prozent. Das Nachfüllwasser muß in jedem Fall die normalen Werte des auszutauschenden Wassers aufweisen (insbesondere pH-Wert, Härte bzw. Dichte).

Ein Trick für das Absaugen von Verunreinigungen

Den Ehefrauen (bzw. -männern) von Aquarianern ist das Absaugen meistens ein Graus, denn es verursacht nicht selten eine Überschwemmung... Die Schläuche sind in der Tat häufig zu flexibel und springen von selbst aus dem Behälter, in den das Aquarienwasser eigentlich eingeleitet werden sollte.
Hiergegen hilft, einen alten Ablaufschlauch der Waschmaschine oder einen ausgedienten Schnorchel zu verwenden, den man mit dem Absaugschlauch verbindet. Dadurch kann der Schlauch am Rand eines Gefäßes oder Beckens eingehängt werden. Mit einem starren, gekrümmten Schlauch kommt man außerdem in schwer zugängliche Ecken des Aquariums, z.B. in Höhlen.

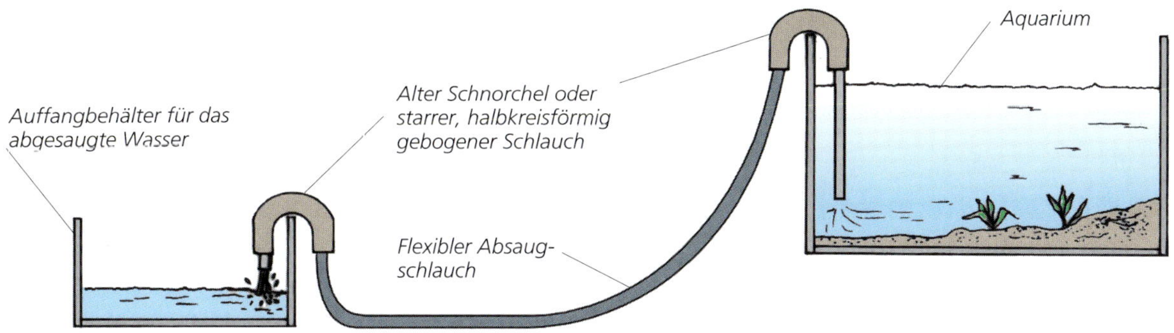

und Härte bzw. Salzgehalt die gleichen Eigenschaften aufweist wie das Aquarienwasser. Ideal ist, jeden Tag eine geringe Menge auszutauschen, z. B. tröpfchenweise (*siehe* Kasten S. 256).
Erfahrene Hobbyaquarianer greifen immer häufiger zu dieser Technik. Sie erfordert allerdings bestimmte Vorrichtungen, darunter einen Überlauf im Aquarium, den nicht jedes Modell aufzuweisen hat.
Für viele Aquarienfreunde ist dieses System die ideale Lösung:
– Die Pflege wird weniger aufwendig, denn das Wasser muß seltener ausgetauscht werden;
– das Milieu verändert sich nicht schlagartig;
– unterschiedliche Substanzen, z. B. Nitrate, werden regelmäßig entfernt und können sich so nicht anhäufen;
– verschiedene Inhaltsstoffe des Wassers (Mineralsalze, Spurenelemente) werden dem Becken kontinuierlich zugeführt;
– der pH-Wert stabilisiert sich.
Es scheint auch, als würde diese Methode das Wachstum einiger unästhetischer Algenarten hemmen.
Das aus einem Süßwasseraquarium entfernte Wasser ist zum Wegschütten viel zu schade. Es eignet sich ideal zum Gießen von Zimmerpflanzen!

Verdunstung und Wasserstand

Das Wasser eines Aquariums verdunstet mit der Zeit, was zwar keine ökologischen Folgen hat, aber im oberen Teil der Scheiben unschöne Ränder zurückläßt. Der Wasserstand muß also regelmäßig angepaßt werden, im allgemeinen bei einem Teilwasserwechsel.
Man wird feststellen, daß die Härte von Süßwasser (bzw. der Salzgehalt von Seewasser) langsam, aber stetig ansteigt. Denn das verdunstende Wasser ist Süßwasser, das keinerlei Salze enthält. Die Salzkonzentration im Becken wächst somit kontinuierlich.
Als Gegenmittel empfiehlt es sich, die steigende Härte bzw. Dichte durch die Zugabe von sehr weichem oder entmineralisiertem Wasser auszugleichen. Das kann beim Wasserwechsel geschehen, wobei das nachzufüllende Wasser mit weichem Wasser leicht verdünnt wird. Das Auffüllen von Wasser ist nicht nötig, wenn man ein automatisches Nachfüllsystem benutzt.

◁ *Wenn Pflanzen übermäßig wachsen, sollte man an die Gewinnung von Stecklingen denken.*

Eine einfache Technik: die automatische Nachfüllung

Zwei Punkte sind wichtig, zum einen die Zuleitung von Frischwasser, zum anderen die Ableitung von Aquarienwasser. Wer handwerklich geschickt ist, kann die Leitungen mit dem Wassersystem der Wohnung verbinden, es gibt aber eine einfachere Lösung. Man verwendet ein PVC-Gefäß (z.B. Kanister) mit einem Absperrhahn, das oberhalb des Wasserspiegels des Aquariums aufgestellt wird. Aus Gründen der Ästhetik kann man den Behälter z.B. in einem Schrank verstecken. Ein flexibler PVC-Schlauch wird vom Absperrhahn des Behälters zum Aquarium geleitet.

Das Beckenwasser leitet man in ein zweites Gefäß, das größer ist als das erste, um ein Überlaufen zu verhindern (Schema **1**).

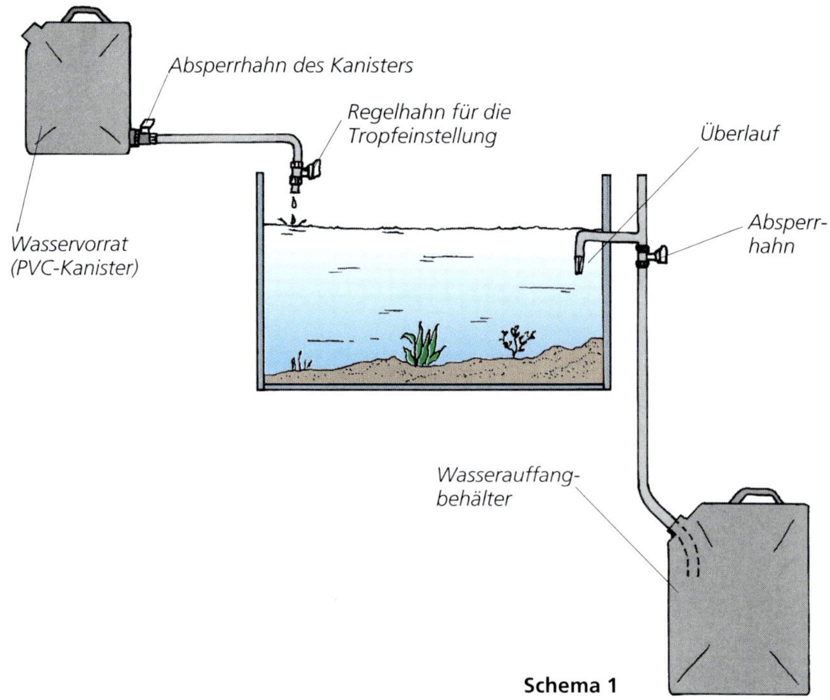

Schema 1

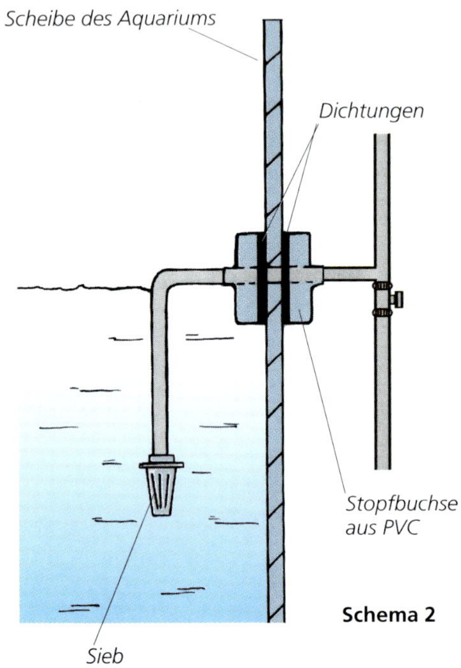

Schema 2

Bleibt das Problem des Überlaufs. In der Glaserei kann man ein Loch in eine Seitenscheibe oder die Rückscheibe schneiden lassen, wenn man das Aquarium selbst zusammenbaut oder es gerade gekauft hat. Daran bringt man eine Stopfbuchse an, an die ein Ablaufschlauch angeschlossen wird; auch für Luftzufuhr muß gesorgt werden (Schema **2**).

Es gibt noch eine weitere Möglichkeit: ein Siphon, der praktisch ununterbrochen funktioniert (Schema **3**). Die Wasserhöhe wird über ein Anheben oder Absenken der Schleife A geregelt, ein geringer Durchmesser (1 cm) garantiert einen kontinuierlichen Betrieb.

Die Vorrichtung kann mit Saugern leicht an der Innen- und Außenseite des Aquariums befestigt werden. Der Siphoneingang sollte sich nicht in der Nähe eines Ausströmers befinden, da die Luftblasen den Betrieb stören können. In jedem Fall ist der Siphoneingang mit einem Sieb ausgestattet, das verhindert, daß kleine Fische oder grober Schmutz angesaugt werden und das System verstopfen können. Kurzes Ansaugen mit dem Mund setzt das System in Gang.

Meistens sind einige Versuche nötig, um die richtige Tropfenregelung für das jeweilige Aquarium herauszufinden. Zuerst muß jedoch immer das zu erneuernde Volumen berechnet werden (ca. 1 Prozent des Aquarienvolumens pro Tag).

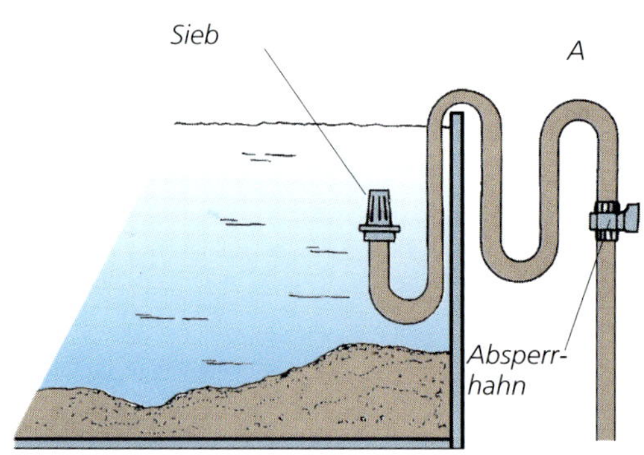

Schema 3

Die Pflege der Vegetation

Abgestorbene Pflanzenteile müssen durch Absaugen vom Bodengrund entfernt werden. Blätter, die gerade zu welken beginnen, werden mit einer Rasierklinge oder Schere abgeschnitten.

Falls erforderlich wird die Pflanzendekoration durch Stecklinge oder eine andere Form der Vermehrung verjüngt.

Man kann regelmäßig flüssigen oder festen Dünger geben, wobei sich die Häufigkeit nach dem jeweiligen Produkt richtet und in der Gebrauchsanweisung angegeben ist.

Wenn Sie nicht zu Hause sind

Was ist zu tun, wenn man länger als einen Tag wegfährt? Wie wird sich das Aquarium entwickeln? Das hängt von der Dauer der Abwesenheit ab, und man muß einige Vorsichtsmaßnahmen treffen, vor allem wenn man in Urlaub fährt.

Süßwasserfische können zwei Wochen, die widerstandsfähigsten auch drei Wochen ohne Futter auskommen. Bei Meeresarten sollte eine Woche jedoch nicht überschritten werden. Das gilt allerdings nur für erwachsene Tiere, Jungfische brauchen regelmäßig Futter. Bei kürzerer Abwesenheit sollte es also keine Probleme geben.

Längere Abwesenheit

Bei längerer Abwesenheit bieten sich zwei Möglichkeiten an:

– Man kann erstens einen Futterautomaten mit Zeitschaltuhr verwenden, der aber nur mit Trockenfutter funktioniert;

– man kann zweitens einen Bekannten bitten, die Fische zu füttern. Das sollte idealerweise selbst ein Aquarienfreund sein, der die Fütterung und die Kontrolle des Beckens genauso sorgfältig durchführt wie der Eigentümer. Anderen Personen muß man die tägliche Ration Trockenfutter vorbereiten und einige Ratschläge erteilen. Überfütterung ist auf jeden Fall zu vermeiden.

◁ *Batteriebetriebene Futterautomaten sind vom Stromnetz unabhängig und sehr praktisch.*

Es ist nicht erforderlich, daß sich der gute Geist Ihres verwaisten Aquariums täglich bemüht. Ein- bis zweimal pro Woche reichen völlig aus. Pflanzen können eine Woche ohne Licht auskommen, nach längerer Zeit werden sie allerdings gelb und sterben allmählich ab. Eine Zeitschaltuhr zum Ein- und Ausschalten der Aquarienbeleuchtung zu festen Zeiten ist also unabdingbar. Sonnenlicht ist übrigens nicht unbedingt erforderlich, so daß man getrost die Fensterläden schließen kann. Das ist im Sommer sogar besser, weil sich sonst die Zimmertemperatur und somit die Temperatur im Aquarium stark erhöhen könnten.

▽ *Das Ein- und Ausschalten der Beleuchtung kann über eine automatische Zeitschaltuhr erfolgen.*

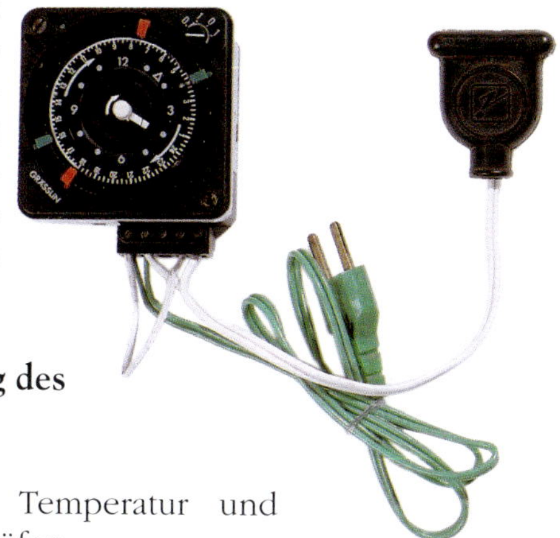

Vor- und Nachbereitung des Urlaubs

Vor der Abfahrt:

– pH-Wert, Nitritgehalt, Temperatur und Härte bzw. Dichte überprüfen;

– die Geräte kontrollieren;

– die Filtermassen und die Scheiben reinigen; Verunreinigungen absaugen;

– die Häufigkeit (jedoch nicht das Volumen) des Wasserwechsels erhöhen;

– die Pflanzen pflegen, das heißt zurückschneiden und evtl. Stecklinge bilden. Für pflanzenfressende Fische kann man zusätzliche feinfiedrige Pflanzen einsetzen, wenn sie kein anderes Futter bekommen;

– die Fische einige Tage vor der Abreise leicht überfüttern;

– eine Zeitschaltuhr für die Beleuchtung und ggf. einen Futterautomaten anschließen;

– am Vorabend oder am Morgen des Abfahrtstages nochmal alles überprüfen.

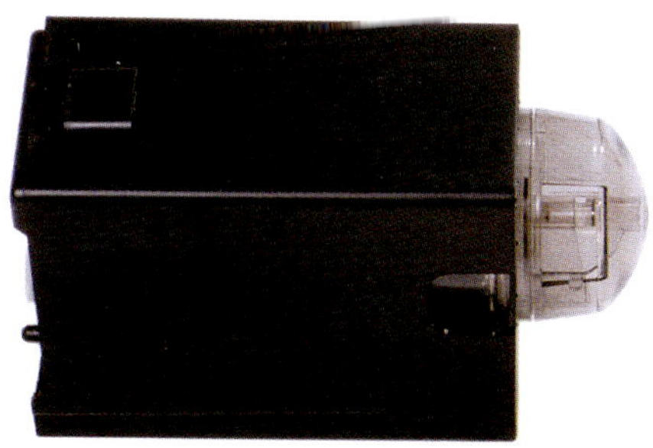

△ *Ein Futterautomat mit Netzbetrieb.*

Nach der Rückkehr:

– Die automatischen Geräte wieder abschalten und eine allgemeine Reinigung durchführen (Absaugen, Scheiben, Filtermassen, Vegetation);

– einige Tage lang jeweils 5 bis 10 Prozent des Wassers austauschen;

– die Fische weniger als sonst füttern – möglichst mit Lebend- oder Frischfutter – und die Futtermenge langsam wieder auf den normalen Stand erhöhen.

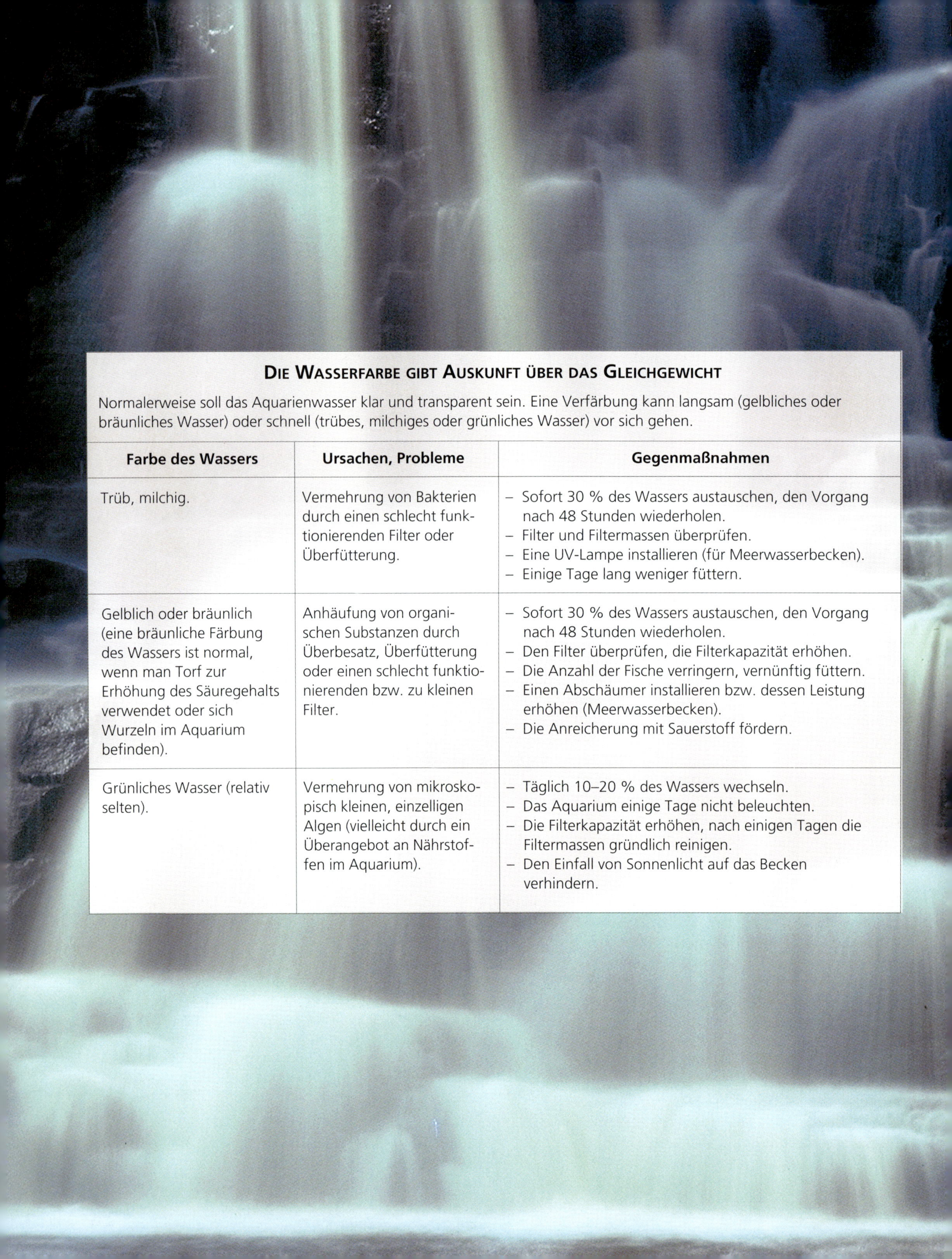

Die Wasserfarbe gibt Auskunft über das Gleichgewicht

Normalerweise soll das Aquarienwasser klar und transparent sein. Eine Verfärbung kann langsam (gelbliches oder bräunliches Wasser) oder schnell (trübes, milchiges oder grünliches Wasser) vor sich gehen.

Farbe des Wassers	Ursachen, Probleme	Gegenmaßnahmen
Trüb, milchig.	Vermehrung von Bakterien durch einen schlecht funktionierenden Filter oder Überfütterung.	– Sofort 30 % des Wassers austauschen, den Vorgang nach 48 Stunden wiederholen. – Filter und Filtermassen überprüfen. – Eine UV-Lampe installieren (für Meerwasserbecken). – Einige Tage lang weniger füttern.
Gelblich oder bräunlich (eine bräunliche Färbung des Wassers ist normal, wenn man Torf zur Erhöhung des Säuregehalts verwendet oder sich Wurzeln im Aquarium befinden).	Anhäufung von organischen Substanzen durch Überbesatz, Überfütterung oder einen schlecht funktionierenden bzw. zu kleinen Filter.	– Sofort 30 % des Wassers austauschen, den Vorgang nach 48 Stunden wiederholen. – Den Filter überprüfen, die Filterkapazität erhöhen. – Die Anzahl der Fische verringern, vernünftig füttern. – Einen Abschäumer installieren bzw. dessen Leistung erhöhen (Meerwasserbecken). – Die Anreicherung mit Sauerstoff fördern.
Grünliches Wasser (relativ selten).	Vermehrung von mikroskopisch kleinen, einzelligen Algen (vielleicht durch ein Überangebot an Nährstoffen im Aquarium).	– Täglich 10–20 % des Wassers wechseln. – Das Aquarium einige Tage nicht beleuchten. – Die Filterkapazität erhöhen, nach einigen Tagen die Filtermassen gründlich reinigen. – Den Einfall von Sonnenlicht auf das Becken verhindern.

MÖGLICHE PROBLEME UND GEGENMASSNAHMEN

Trotz aller Vorsichtsmaßnahmen ist man vor Problemen mit der Technik oder dem ökologischen Gleichgewicht im Aquarium niemals sicher.

Ein kürzerer Stromausfall hat z. B. keine schwerwiegenden Konsequenzen, ein längerer von einem ganzen Tag dagegen schon – auch wenn das zugegebenermaßen ziemlich selten vorkommt. Das Aquarium kühlt dann ab, wenn man es in eine Decke einschlägt, nur langsam. Die gleiche Maßnahme hilft bei einer Panne im Heizsystem.

In vielen Fällen wird sich das bei einem Stromausfall im Filter stehende Wasser mit toxischen Substanzen anreichern. Es ist also überaus wichtig, den Filter zu leeren, bevor der Strom wieder angeschaltet und der Filter eingesetzt wird.

Blockiert der Thermostat in Heizstellung, kann sich die Wassertemperatur übermäßig erhöhen. Die einzige Lösung besteht darin, den Thermostaten auszustecken und auszuwechseln, damit die Temperatur langsam wieder auf ihren Sollwert sinkt.

Auch im Sommer kann die Temperatur steigen, wenn sich der Raum, in dem das Becken steht, stark erwärmt. Natürlich beendet der Thermostat die Aufheizung, aber das Wasser wird manchmal über 25 °C warm. Bis rund 28 °C besteht noch kein Grund zur Sorge, das Zimmer sollte aber abgedunkelt werden, damit weniger Sonnenlicht einfällt. Einen Teil des Wassers durch Leitungswasser zu ersetzen oder gar Eiswürfel ins Wasser zu geben, bringt allerdings wenig.

Die Färbung des Wassers gibt Aufschluß über das Gleichgewicht im Aquarium: Ist es klar und transparent, ist alles in Ordnung, verfärbt es sich jedoch, kann das ein Anzeichen für Probleme sein.

Ein Absinken des pH-Werts ist oft auf zuviel im Wasser gelöstes Kohlendioxid zurückzuführen. Man sollte in diesem Fall die Durchlüftung verstärken. Und schließlich soll auch der seltene Zwischenfall eines Lecks oder gar Sprungs in einer Scheibe nicht unerwähnt bleiben. In einem solchen Fall muß man schnell handeln und Pflanzen und Fische mitsamt ihrem angestammten Wasser in ein anderes Becken umsetzen. Dann leert man das Aquarium aus und läßt es trocknen. Mit den auf den Seiten 224–225 beschriebenen Glasklebetechniken läßt sich das Leck oder der Sprung anschließend kitten bzw. die Scheibe auswechseln.

△ *Ein junges Mitglied eines Aquarienvereins richtet mehrere Becken neu ein.*

Der Umbau des Aquariums

Ein Aquarium, in dem ökologisches Gleichgewicht herrscht, kann ein Jahr lang in Betrieb sein bzw. sogar länger, wenn es regelmäßige Pflege bekommt. Andernfalls muß es neu eingerichtet werden. Wenn man die Dekoration auswechseln, das Becken an einem anderen Ort aufstellen oder gar umziehen möchte, kann man diese Gelegenheit gut nutzen. Pflanzen und Fische müssen mit ihrem angestammten Wasser vorübergehend in einem anderen Becken untergebracht werden. Dann entfernt man alle nicht lebenden Elemente, reinigt sie und bewahrt sie bis zu ihrer erneuten Verwendung auf.

Dann ist das Becken selbst an der Reihe. Es wird genauso wie bei seiner Neueinrichtung wieder in Betrieb genommen. Auch wenn dieser Umbau innerhalb eines Tages vonstatten gehen kann, sollte man dennoch nicht den gesamten Kies waschen, der den Bodengrund bildet, denn er enthält Bakterien, die für den Stickstoffzyklus gebraucht werden. Die gröbsten Verunreinigungen lassen sich schnell wegspülen, nur die obere Schicht sollte mehrfach gereinigt werden.

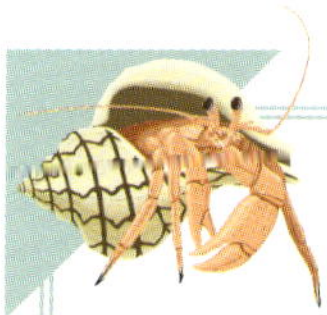

GOLDENE REGELN FÜR EIN ÖKOLOGISCHES GLEICHGEWICHT

Diese Regeln sind zu beherzigen, damit im Aquarium ein ökologisches Gleichgewicht herrscht:

1. Keine falsche Bescheidenheit: Je größer das Becken ist, desto leichter läßt sich das Gleichgewicht bewahren, besonders in der Meerwasseraquaristik.
2. Gute Filterung und effektive Durchlüftung sind wichtig.
3. Das Aquarium sollte bepflanzt werden, besonders bei Meerwasser, denn viele Anfängerbecken enthalten nicht genügend Pflanzen.
4. Am Anfang sollte man sich für leicht zu pflegende, robuste Arten entscheiden, die nicht weniger schön und oft sogar preisgünstiger sind.
5. Überbesatz muß vermieden werden.
6. Die Fische dürfen nicht überfüttert werden.

DER BODENGRUND

Der Bodengrund hat nicht nur eine ästhetische Funktion, sondern trägt auch zum ökologischen Gleichgewicht im Aquarium bei. Er ist ein lebendiges Milieu, in dem physikalische, chemische und biologische Vorgänge ablaufen, die durch seine Zusammensetzung und Körnung beeinflußt werden. Es ist also wichtig, das Bodensubstrat bei der Gestaltung des Aquariums sorgfältig auszuwählen, um allen Anforderungen gerecht zu werden.

Rolle des Bodengrunds

Das Bodensubstrat erfüllt zunächst eine mechanische Funktion, indem es die Dekoration aus Felsen oder anderen Gegenständen stabilisiert. Aus diesem Grund muß das Aquarium bei seiner Einrichtung auch vor dem Einfüllen des Bodensubstrats dekoriert werden. Der Bodengrund hat aber auch eine biologische Funktion, die nicht minder wichtig ist; denn er enthält Bakterien, die am Stickstoffzyklus beteiligt sind, und unterstützt so den Abbau von Stickstoffverbindungen. Diese Funktion ist besonders bei der Verwendung eines Bodenfilters wichtig.
Und last but not least ermöglicht der Bodengrund die Verankerung der Pflanzen, was hauptsächlich für die Süßwasseraquaristik von Bedeutung ist.
Aus diesen Gründen muß ein Bodensubstrat folgende Eigenschaften aufweisen:

– Es muß eine mittlere Körnung haben.
– Es darf nicht zu hoch geschichtet sein, aber hoch genug, damit sich die Pflanzen gut darin verankern können.
– Es sollte sowohl schön aussehen als auch natürlich wirken.

Die Körnung der verschiedenen Materialien

Bezeichnung	Körnung in mm (= Größe der Partikel)
Kiesel	> 20
Grober Kies	8–20
Mittelfeiner Kies	4–8
Feiner Kies	2–4
Grober Sand	0,5–2
Feiner Sand	0,5–0,05
Schlamm	< 0,05

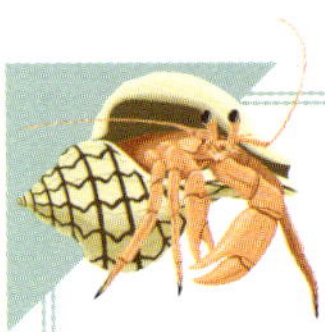

Wie hoch soll der Kies geschichtet werden?

Hoch genug, damit sich die Pflanzen darin verankern können, aber nicht zu hoch, um der Ästhetik nicht zu schaden. 5 bis 8 cm sind für die meisten Becken eine bewährte Richtgröße.
Nur das Quarantänebecken bekommt aus naheliegenden Gründen der Hygiene kein Bodensubstrat.
Die folgende Tabelle zeigt in etwa das Gewicht des Bodengrunds für eine Fläche von 1 m². Im allgemeinen werden bei grobem Sand 70 kg/m² nicht unterschritten.

Sediment	Schichthöhe (in cm)	Volumen (in l)	Gewicht (in kg/m²)
Feiner Flußsand	5	50	90
	8	80	144
Feiner Kies (Quarzsand)	5	50	75
	8	80	112

▽ *Die Schichthöhe ist wichtig, damit die Pflanzen ihre Wurzeln verankern können.*

◁ *In diesem Meerwasserbecken (Aufsicht) wird der Bodengrund zur Befestigung der Dekoration dienen.*

Es gibt mehrere Sandarten, die sich in ihrer Körnung und Farbe unterscheiden. ▽

Bodengrund ist schwer (1,4 bis 2 kg pro Liter). Bei 30 kg Bodengrund für ein Becken von 100 Litern wiegt das Aquarium etwa 150 kg.

Die Bodentypen

Natürliche Bodensubstrate für das Süßwasseraquarium

- *Grober Sand und feiner Kies*

Für die Aquaristik sind das die geeignetsten Sedimente. Quarzsand entsteht durch die Zerkleinerung von Silikatgestein (Granit). Seine 1 bis 3 mm großen Körner sind scharfkantig und können gründelnde Fischarten verletzen, sind aber günstig für die Wasserzirkulation. Seine Färbung variiert mit dem Gehalt an Eisenoxid. Quarzsand gilt als nährstoffarmes Bodensubstrat und sollte besser in der Filtertechnik verwendet werden. Flußsand stammt ursprünglich aus Flußbetten. Heute wird gleichwertiger Sand auch aus Steinbrüchen gewonnen. Dieser Sand ist feiner (0,5 bis 1 mm) als Quarzsand, die Körner sind abgerundeter. Feiner Kies mit einer Körnung von 2 bis 3 mm hat sich als ideal erwiesen.

- *Feiner Sand*

Er ist meistens hell und bei Aquarianern beliebt, hat jedoch den Nachteil einer

Ein dunkleres Sediment bringt helle Fische besser zur Geltung. ▽

Spezielle Bodensubstrate

Substrat	Verwendung
Dunkler oder schwarzer Sand, feiner Kies	Dieser Sand, der oft vulkanischen Ursprungs ist, wird manchmal verwendet, um helle Fische besser zur Geltung zu bringen, während traditionelle Böden besser für dunklere oder farbenfrohe Fischarten geeignet sind.
Kies	Für Aquarien mit geringer Bepflanzung oder mit Pflanzen mit robusten Wurzeln, für größere Fische (z. B. Cichliden, obwohl dieses Substrat für sie nicht ideal ist).
Lavalit und anderes Vulkangestein	In zerkleinerter Form ergibt es ein sehr grobkörniges Sediment, das für hervorragende Wasserzirkulation sorgt. Manche Gesteinsarten haben eine besondere rotbraune Farbe. Sie werden eher aus ästhetischen Gründen als aus Bemühung um eine natürliche Wirkung verwendet.
Torf	Laichsubstrat für Killies (Eierlegende Zahnkarpfen, *siehe* S. 95). *Siehe* auch S. 16.

△ *Manche Fische (hier* Sturisoma rostratum *aus Südamerika) bevorzugen feinen Sand, um sich darin teilweise einzugraben.*

schlechteren Wasserzirkulation. Außerdem sind unästhetische Ablagerungen von Pflanzenabfällen, Fischkot oder Futterresten auf der Oberfläche gut sichtbar. Die feinsten Partikel können als Schwebestoffe im Wasser verbleiben. Grundfische mit Barteln schätzen dieses Bodensubstrat.

• *Selbst beschaffter Bodengrund aus natürlicher Umgebung*

Mancher Aquarianer ist versucht, sich sein Bodensubstrat selbst in der Natur zu beschaffen, obwohl das eigentlich verboten ist. Man sollte ein sauberes, sauerstoffreiches Gewässer aussuchen. Die Körnung des Substrats nimmt flußabwärts ab. Oft kommt man an der Innenseite einer Flußschleife gut an den Bodengrund heran.

Anreicherung von natürlichem Sediment

Wie ein Gärtner, so kann auch der Aquarianer natürliche Bodensubstrate anreichern, da die häufigsten Bestandteile wie Quarz- oder Flußsand relativ mineralstoffarm sind und die Pflanzen somit bei der Inbetriebnahme des Aquariums nicht genügend Mineralstoffe zur Verfügung hätten. Wie bereits erwähnt, kann man zum Ausgleich zu festem oder flüssigem Dünger greifen. Wenn im Aquarium ein stabiles Gleichgewicht herrscht, wird der Boden mit der Zeit immer nährstoffreicher. Nach etwa vier bis sechs Monaten Betrieb profitieren die Pflanzen voll von diesem Sediment.

Wer das Pflanzenwachstum fördern möchte, kann schon bei der Einrichtung des Beckens angereichertes Bodensubstrat verwenden. Es ist fertig im Handel erhältlich, läßt sich aber nach einer von vielen Aquarienfreunden und Fachzeitschriften empfohlenen Rezeptur auch selbst herstellen (*siehe* unten). Anfänger sollten einen normalen oder angereicherten Bodengrund besser im Fachhandel kaufen, bevor sie sich an die Herstellung bestimmter Bodengrundarten wagen.

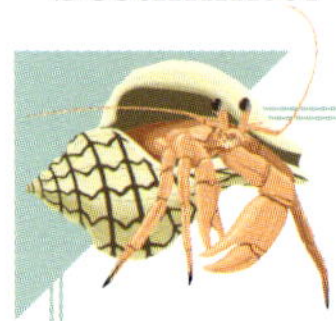

Bodensubstrat und Sauerstoff

Generell geht man davon aus, daß der Bodengrund gut wasserdurchlässig sein muß. Das Wasser liefert der darin lebenden Mikrofauna Sauerstoff, was den Stickstoffzyklus fördert. Wenn der Sand jedoch zu fein ist, wird er für eine gute Wasserzirkulation zu kompakt.
Es erscheinen dunkle Flecken, die ein Zeichen für Sauerstoffmangel und die Bildung toxischer Substanzen sind.

Die Herstellung eines angereicherten Bodensubstrats

Folgende Zusammensetzung ist klassisch:
- 10 % Ton, der die Verwertung der Mineralsalze durch die Pflanzen fördert;
- 40 % ungedüngte Moorerde. Vorsicht vor falscher Moorerde und humusreichen Böden;
- 50 % unbehandelter Flußsand, der in ungewaschener Form Mineralstoffe enthält.

Alle Bestandteile werden gemischt, dann wird als erstes eine Schicht von 1 cm Quarzsand eingestreut, gefolgt von 2 bis 3 cm der Mischung, die gut festgedrückt wird. Den Abschluß bildet eine Schicht aus einigen Zentimetern feinem Kies. Natürlich kann man einen solchen Bodengrund nicht mehr umgraben, deshalb muß die Dekoration vorher angeordnet werden. Mit diesem Substrat kann kein Bodenfilter verwendet werden. Man kann es als Nachteil ansehen, daß es nicht mit Sauerstoff angereichert wird, was an anderer Stelle empfohlen wurde, statt dessen laufen aber andere Reaktionen ab, und Zwischenfälle sind äußerst selten.
Erfahrungsgemäß kann ein solcher Bodengrund ein Jahr lang bestehen bleiben, manchmal sogar länger als zwei Jahre. Wer dieses Rezept nicht gleich in seinem Aquarium ausprobieren möchte, kann es in kleinen Unterwassergärten mit Pflanzen ausprobieren.

Natürliche Bodensubstrate für das Meerwasseraquarium

Im Meerwasseraquarium erfüllt der Bodengrund eine andere Funktion, denn die wenigen Pflanzen, die in diesem Milieu vorkommen, verankern ihre Wurzeln nicht im Boden. Deshalb muß es nicht besonders hoch geschichtet werden und kann gröber gekörnt sein. Es kommen hauptsächlich zwei Materialien zum Einsatz, die oft verwechselt und unter dem Begriff Korallensand zusammengefaßt werden.

- *Muschelgrus*

Hierbei handelt es sich um ein grobes Substrat, das mancherorts am Meeresboden vorkommt und aus Kalkalgen und Teilen von Weichtierschalen und Skeletten von Blumentieren besteht. Es ist sehr kalziumhaltig und hat eine hohe Pufferkapazität.

- *Korallenbruch*

Dieses Sediment, das mehr oder weniger stark zerkleinert angeboten wird, besteht nur aus Skeletteilen von Korallen und verwandten Lebewesen. Die Körner sind rund genug, daß sich kriechende oder wühlende Tiere nicht verletzen können. Es besteht fast ausschließlich aus Kalk und hat ebenfalls eine hohe Pufferkapazität. Diese Substrate sind im Zoohandel erhältlich.

- *Lebender Sand*

Er wird aus dem Meer gewonnen und in feuchtem Zustand verkauft. Reich an Mikroorganismen, darunter den für den Stickstoffzyklus erforderlichen Bakterien, ist er theoretisch sofort nach Inbetriebnahme des Beckens funktionsfähig, was auf andere Sedimente nicht zutrifft. Über die positive Wirkung dieses Substrats sind die Aquarianer geteilter Meinung.

Viele Aquarianer sammeln Meersand direkt an der Küste, da darin Bakterien enthalten sind. Hierbei müssen aber mehrere Punkte berücksichtigt werden.

Man sollte einen nicht verschmutzten und von den Gezeiten gut umgewälzten Strandabschnitt auswählen und nur grobes Sediment einsammeln.

Ausschließlich aus Sand bestehendes Substrat ist kalkarm, kann aber mit Muschelgrit angereichert werden. Man sollte aber lieber ein Sediment wählen, das zum Großteil aus Schalenteilen von Muscheln besteht. Vor dem Einbringen ins Aquarium muß es gründlich gewaschen werden, um die feinen Partikel auszuspülen.

Dünensand ist für Meerwasseraquarien keinesfalls geeignet.

- *Muschelgrit*

Muschelgrit kann als Zusatz für die oben beschriebenen groben Sandarten verwendet werden, damit deren Kalkgehalt steigt. Vor Gebrauch muß er gründlich gewaschen werden, um die feinsten Partikel auszuspülen.

Die beiden letzten Bodengrundarten kommen übrigens nicht in den Gebieten vor, aus denen die Tropenfische stammen. Sie gelten deshalb nicht als vollkommen natürlich, können aber aus Gründen der Verfügbarkeit oder aus Kostengründen an Stelle von Korallensand verwendet werden.

△ *Für Meerwasseraquarien werden hauptsächlich zwei Sedimentarten verwendet: Muschelgrus (oben) und zerstoßene, abgerundete Korallenteile, die gröber sind (unten).*

▽ *Theoretisch ist es verboten, am Strand größere Mengen Sand einzusammeln. Bisher ist jedoch nicht bekannt geworden, daß ein Aquarianer bei kleineren Mengen Schwierigkeiten bekommen hätte.*

DIE DEKORATION

Die Dekoration trägt zur Ästhetik des Aquariums bei; und ist nicht die Freude an einem schönen Schauspiel einer der Hauptbeweggründe des Hobbyaquarianers? Man sollte allerdings nichts übertreiben und die natürliche Wirkung nicht gering schätzen.

DIE DEKORATION – WICHTIGER TEIL DES AQUARIUMS

Die Funktion der Dekoration

Die Dekoration ist für bestimmte Tiere und Pflanzen, die sich darin wohl fühlen müssen, wichtig, wenn nicht unverzichtbar. Fische suchen darin Zuflucht, entweder ständig, wenn es sich um scheue Arten handelt, oder zeitweilig für die Fortpflanzung. Manche Arten legen ihren Laich auf senkrechten oder waagerechten Steinen ab. Auch wenn sie sich nicht unbedingt darin verstecken, gibt die Dekoration den Beckeninsassen Sicherheit und bietet räumliche Anhaltspunkte, durch die einige Arten ihr Revier abstecken können.

Im Meerwasser muß die Dekoration manchmal als Verankerung für Wirbellose dienen, die sich daran festheften. ▷

Dies gilt auch für Wirbellose, von denen sich manche, wie z. B. Anthozoa, an die Dekorationsgegenstände heften. Wenn man eine Anemone in ein Aquarium einsetzt, geschieht es nicht selten, daß sie zuerst umherwandert, bis sie sich fest an der geeignetsten Stelle niederläßt. Auch Pflanzen halten sich an der Dekoration fest: Farnkraut und Moose im Süßwasser, *Caulerpa* und andere Algen im Meerwasser.

Schließlich dient die Dekoration zum Verbergen der Geräte, Abdecken der Scheiben und Verdecken der hinteren Winkel. Sie verleiht dem Aquarium Tiefenwirkung und läßt es harmonischer erscheinen.

Allgemeine Eigenschaften

Außer dem Streben nach Ästhetik und natürlicher Wirkung muß man bei der Gestaltung der Beckendekoration einige Regeln beachten. Sie muß praktisch, gut zugänglich und einfach zu reinigen sein. Das verwendete Material muß, bis auf wenige Ausnahmen, chemisch neutral sein, das heißt es darf die Eigenschaften des Wassers nicht verändern. Die Gegenstände müssen so befestigt werden, daß sie von Fischen wie z. B. Cichliden nicht bewegt werden können.

Natürlich wird das Becken durch die Dekoration schwerer: Man rechnet 60 kg Dekoration pro Quadratmeter Fläche. Bei dicht bepflanzten Aquarien wie Holländischen Pflanzenbecken ist es weniger, ebenso bei Meerwasserbecken und bei künstlicher Dekoration.

Noch einmal sei betont, daß das Becken vor dem Befüllen mit Bodensubstrat dekoriert werden muß.

DEKORATION IN SÜSSWASSERBECKEN

Felsen

In der Natur oder auch im Fachhandel findet man unterschiedliche Gesteinsarten, die in einem Aquarium als Dekoration dienen können (*siehe* Rahmen S. 265). Sie dürfen aber nicht zu scharfkantig sein, damit die Fische sich nicht verletzen; gegebenenfalls muß man sie abrunden.

Woran erkennt man kalkhaltiges Gestein? Mit einem traditionellen Versuch, den so mancher schon in der Schule durchgeführt hat: Einige Tropfen Essig oder Säure werden auf das Gestein getropft. Wenn es durch die

Dekoration aus Pflanzenelementen: Moorkienholzwurzeln und Weidenzweige. ▷

Einige Gesteinsarten, die im Süsswasseraquarium verwendet werden können	
Art	**Bemerkungen**
Kalkgestein	– Darf nur verwendet werden, um die Wasserhärte zu erhöhen oder beizubehalten (Ostafrikanische Becken oder Brackwasser).
Silikatschiefer	– Unterschiedliche Färbungen: grau, grünlich oder rötlich; – kann in dünne, leichte Plättchen zerteilt werden, praktisch zum Verbergen der Geräte.
Schiefer	– Schwarz bringt Pflanzen und Fische schön zur Geltung; – Vorsicht vor golden glänzendem Gestein, es enthält Metalle.
Lavagestein	– Gespaltenes oder bei Eruptionen ausgeschleudertes Gestein; – verschiedene Farben: Rötlich, Braun, Schwarz.
Basalt	– Schweres, scharfkantiges Lavagestein.
Kieselsteine	– Schwer, aber abgerundet; – praktisch für ein kleines Geröllfeld mit Verstecken; – Eigenschaften von Fließgewässern.
Verkieseltes (oder versteinertes) Holz	– Kein Gestein, sondern Kieselerde, die nach und nach die lebenden Teile des Holzes ersetzt hat; die Faserstruktur ist noch erkennbar; – sehr dekorativ, helle Farbe.

△ *Gestein kann man selbst in der Natur sammeln oder im Zoofachhandel kaufen.*

Freisetzung von CO_2 (Kohlendioxid) schäumt, enthält es Kalk. Die gleiche Methode kann natürlich auch bei Sand angewandt werden.

Pflanzen als Dekorationsgegenstände

In den natürlichen Biotopen der Zierfische gibt es oft mehr Pflanzen als Felsen: Wurzeln, ins Wasser gefallene Äste, Rindenstücke, in der Regenzeit unter Wasser stehende Pflanzen.

Allein oder zusammen mit einem Stein wirkt Holz überaus dekorativ, besonders wenn Moos oder Farnkraut darauf wachsen.

Es liegt also durchaus nahe, diese Materialien auch im Aquarium zu verwenden, aber erst nachdem sie gereinigt wurden.

Dekoration pflanzlichen Ursprungs hat zwei wesentliche Nachteile: Zum einen setzt sie Säuren frei, die das Wasser bräunlichgelb färben. Das mag in Amazonasaquarien erwünscht sein, für Becken mit hartem Wasser jedoch sicherlich nicht. Zum anderen haben diese Gegenstände Auftrieb und müssen verklemmt oder beschwert werden.

- *Die Reinigung der Pflanzen*

Durch die folgende Behandlung:
– sollen sämtliche lebenden Elemente wie Bakterien, Pilze und andere unerwünschte Organismen aus dem Holz entfernt werden, vor allem bei Holz, das in der Natur gesammelt wurde;
– soll sich das Holz besser mit Wasser vollsaugen, damit es schwerer wird;
– soll ein Großteil seiner Säuren und Farbstoffe ausgespült werden.

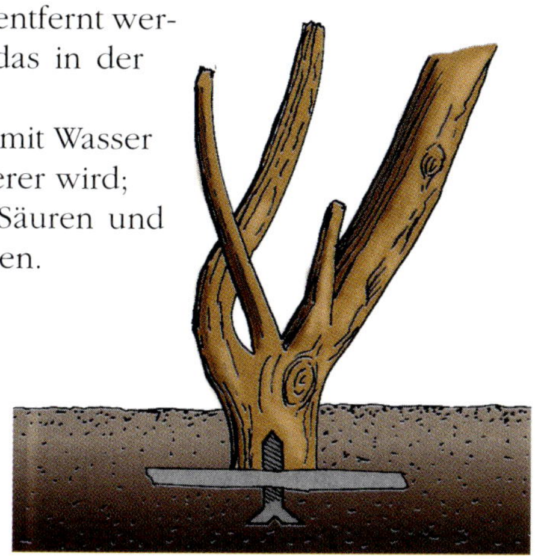

Um das Wurzelstück zu fixieren, kann man es an einem flachen Stein festschrauben. ▷

Dekorationsgegenstände pflanzlichen Ursprungs	
Äste, Wurzeln	Eiche, Buche und Weinrebe sind interessant. Verwendet wird nur abgestorbenes Holz, das um so attraktiver ist, wenn es bereits im Wasser gelegen hat. Nadelhölzer sind nicht geeignet, ebensowenig Holz, das vom Meer an Land gespült wurde, da es mit Salz gesättigt ist.
Rinde	Korkeiche macht sich gut als Dekoration der Seitenscheiben und der Rückscheibe des Beckens. Befestigt wird sie mit Silikonkautschuk.
Moorkienholz	Auch Torfmoorwurzeln genannt. Es handelt sich um Äste und Wurzeln, die im Moor gelegen haben. Sie setzen schnell Säuren frei, die das Wasser färben.
Bambus	Zusammen mit Pflanzen mit bandförmigen Blättern *(Vallisneria)* ist Bambus für ein asiatisches Aquarium interessant.

Echt oder künstlich? Diese marine Dekoration ist eine Mischung aus beidem, Wirbellose haben sich daran festgeheftet. ▷

Zuerst bürstet man das Holzstück sorgfältig ab, dann legt man es für 48 Stunden in Desinfektionslösung:
– entweder in Bleichlauge (1 ml auf 4 l Wasser bei Konzentrat);
– oder in Kupfersulfat im Verhältnis 1 g/l.
Dann wird es ausgekocht und dabei das Wasser mehrfach gewechselt. Das Wasser verfärbt sich, wenn die Säuren aus dem Holz ausgespült werden. Zur Vervollkommnung kann man es 1 bis 2 Wochen einweichen lassen, damit es sich mit Wasser vollsaugt.

△ In der Meerwasseraquaristik ist das Skelett der Korallen ein klassischer Dekorationsgegenstand.

Reicht auch das nicht aus, und das Holzstück hat noch immer Auftrieb, muß es im Aquarium zwischen Felsen festgeklemmt werden. Man kann es auch mit kleinen Steinen beschweren.

Die Dekoration in Meerwasserbecken

Der Lebensraum der tropischen Meeresfische ist arm an Felsen, aber um so reicher an Korallen und anderen Elementen, die man im Aquarium als Dekoration verwenden kann.

Korallen

Das in Kalk umgewandelte Skelett der Korallen wird als Dekoration verwendet. Es ist oftmals rauh oder scharfkantig und hat verschiedene Formen, je nachdem welcher Art es zur Versteifung gedient hatte. Es ist mei-

stens leicht weißlich, und mit Bleichlauge bekommt man es vollständig weiß.
Im Aquarium kommt es häufig vor, daß die tote Koralle von Grünalgen besiedelt wird. Zuerst wird sie unter fließendem Wasser gewaschen und abgebürstet, dann eine Woche lang in Bleichlauge eingeweicht (1 Flasche Bleichlauge auf 10 Liter Wasser). Dadurch wird nicht nur das Skelett weiß, sondern es werden auch sämtliche organischen Partikel zerstört, die noch daran haften. Danach wird die Koralle gut abgespült und muß mindestens eine Woche an der frischen Luft trocknen. Einfuhr und Verkauf vieler Korallen sind heute meist aus Gründen des Artenschutzes streng verboten.

Sonstige Dekorationsgegenstände tierischen Ursprungs

Hornkorallen bilden ein dunkles Skelett, das empfindlich ist und manchmal zerfällt. Sie dürfen nicht mit Bleichlauge, sondern nur mit warmem Wasser behandelt werden.
Auch die Schalen von Mollusken, z. B. Riesenmuscheln, können verwendet werden. Auch sie müssen vor Gebrauch im Aquarium unter warmem Wasser abgebürstet werden.
Manche Aquarianer hegen die Befürchtung, daß sich in Mollusken lediglich Abfälle ansammeln. Sie können aber kleinen Fischen und Krustentieren auch als Unterschlupf dienen.
Nicht zu vergessen sind auch die Lebenden Steine, die sich gut zum Dekorieren eines Beckens eignen.

Künstliche Dekoration

Heutzutage verbreitet sich diese Technik immer mehr, insbesondere für größere Süß- oder Meerwasserbecken. Ihr Hauptvorteil liegt wohl in der großen Gestaltungsfreiheit, die sie dem Aquarianer läßt, indem er seine Wunschdekoration auf den Zentimeter genau gestalten kann.

Zweierlei Materialien kommen hauptsächlich zum Einsatz, Polystyrol und Polyurethan, die beide leicht und chemisch neutral sind.

△ *Hornkorallen besitzen ein dunkles Skelett, das als Dekoration dienen kann.*

Polystyrol

Der geschäumte Kunststoff ist in Block- oder Plattenform erhältlich und bietet normalerweise, z. B. bei Verpackungen, Schutz vor Stößen und Hitzeeinwirkung. Man kann gebrauchtes Material verwenden oder neues kaufen.
Für die Aquaristik eignet sich feinporiges Polystyrol besser, da es stabiler ist. Es ist ein leichtes Material, das im Wasser schwimmt und deshalb im Becken befestigt werden muß. Polystyrol kann außerhalb des Beckens bearbeitet und erst dann eingesetzt werden.

• *Herstellung von Aufbauten aus Polystyrol*
Man verwendet Blöcke oder Platten, die in kaltem Zustand mit einem gezahnten Messer oder einer kleinen Säge bearbeitet werden. Man kann es aber auch mit einem heißen Draht schneiden. Im Modellbaufachhandel sind entsprechende Werkzeuge erhältlich. Doch Vorsicht, Polystyrol kann dabei schmelzen, in Brand geraten und giftige Dämpfe freisetzen.
Am Beispiel auf der nächsten Seite werden die verschiedenen Arbeitsschritte beschrieben. Zuerst schneidet man die Formen in der gewünschten Größe aus dem Block. Wenn man Platten von einigen Zentimetern Dicke verwendet, kann man auch mehrere Platten übereinanderschichten. Zum Verkleben mischt man Sand mit Zweikomponenten-Harz. Das Beispiel auf S. 269 kann mit weiteren Polystyrolstücken ergänzt werden, die zum Teil die Seitenscheiben abdecken.
Man kann auch Platten, kleine Blöcke und große Blöcke kombinieren und anschließend die sichtbaren Partien mit einem Gas-

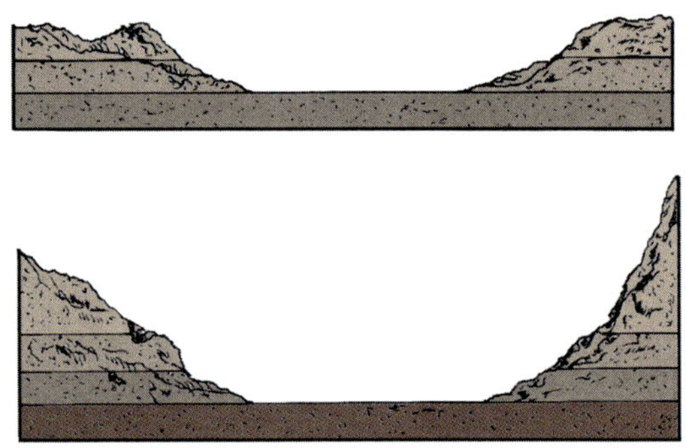

◁ *Aufbauten aus Polystyrolplatten: Die ganze Platte wird vertikal an die Rückscheibe des Beckens geklebt.*

brenner bearbeiten, um eine natürliche Wirkung zu erzielen. In diesem Stadium können natürliche Elemente wie Felsen oder Korallen integriert werden. Das Ganze wird dann bis auf die natürlichen Bestandteile geharzt, mit Sand bedeckt und anschließend abgesaugt. Diese Arbeitsschritte finden im allgemeinen außerhalb des Aquariums statt, weil das praktischer ist und die Dekoration später mit Silikonkautschuk an den Scheiben befestigt werden kann.

Polyurethan

Polyurethanschaum ist in praktischen Sprühdosen erhältlich. Der austretende Schaum vergrößert sein Volumen sehr rasch und wird innerhalb weniger Minuten fest. Dann kann er mit einem Messer oder einem anderen Schneidewerkzeug bearbeitet werden.

• *Aufbauten aus Polyurethan*

Es ist empfehlenswert, erst einmal bei jemandem zuzuschauen, bevor man sich selbst an die Herstellung einer Dekoration aus Polyurethan wagt, weil sich auf diese Weise Fehler vermeiden lassen.

Die Dekoration muß hier direkt im Aquarium entstehen. Ist es ein selbstgebautes Becken, können die Aufbauten vor dem Einsetzen der Frontscheibe gestaltet werden. Das erleichtert die Arbeit.

Zuerst bereitet man das Becken wie folgt vor, damit der Polyurethanschaum haften bleibt:

– Kleine Glasstücke werden im Abstand von einigen Zentimetern dort aufgeklebt, wo die Dekoration angebracht werden soll;

– man kann auch Silikonkautschuk mit Sand vermengen und diese Mischung an den entsprechenden Stellen auftragen.

Dann wird der Polyurethanschaum Schritt für Schritt aufgeschäumt, z. B. in vertikaler Richtung, um einen Felsabhang zu gestalten. Auch Felsen oder Teile von Korallenskeletten können einbezogen und Aussparungen für die Pflanzen gelassen werden.

Falls das Becken eine Innenfilterkammer bekommen soll, dürfen die Zu- und Ableitungen nicht vergessen werden. Man kann sie über Plastikschläuchen aus Hartschaum formen. Nach dem Aushärten, das schnell vonstatten geht, wird der Schaum mit einem Messer, Cutter oder einen kleinen Säge bearbeitet, um ihn unregelmäßiger erscheinen zu lassen. Mit einem Staubsauger werden schließlich Staub und kleine Abfallstücke abgesaugt.

Terrakotta

Felsendekoration aus Terrakotta bzw. Ton kann man im Zoofachhandel kaufen.

Manche Aquarianer stellen jedoch ihre Aufbauten aus Ton selbst her. Polystyrol und Polyurethan kommen allerdings häufiger zum Einsatz, vor allem weil man diese Techniken in vielen aquaristischen Clubs und Vereinen kennenlernen und dort auch Unterstützung bekommen kann.

• *Herstellung von Aufbauten aus Terrakotta*

Zuerst sollte man mit einer Ziegelei oder Töpferei Kontakt aufnehmen, wo man den Rohstoff beziehen und seine Werke brennen lassen kann.

Man sollte Töpfererde verwenden, die neutral und leicht formbar ist. Man rechnet

Polyurethan wird immer häufiger für die Dekoration größerer Becken verwendet; hier kombiniert mit Korkrinde. ▽

durchschnittlich 100 Gramm Töpfererde pro Liter Volumen, aber erst durch eigene Erfahrung und den Rat eines erfahreneren Bastlers wird man die richtige Menge herausfinden.
Nun bekommt die Masse ihre endgültige Form:
- Mehr oder weniger große Felsen;
- Felsabhänge;
- Höhlen, Bögen.

Die fertigen Stücke, die möglichst natürlich aussehen sollten, werden anschließend an der Luft getrocknet und zuletzt in einem Brennofen bei 800 bis 900 °C gebrannt. Ihr Gewicht verringert sich dabei um 25 bis 30 Prozent, die Farbe ist ungefähr die von Ziegeln. Danach kann die Oberfläche ggf. geharzt und mit Sand bedeckt werden.

Harzen

Durch Harzen bekommt die Dekoration den letzten Schliff. Natürlich könnte man warten, bis die künstliche Dekoration nach einigen Monaten im Becken von selbst Patina ansetzt. Aber im allgemeinen soll sie durch die Einbeziehung unterschiedlicher Materialien natürlicher wirken. Das kann verschieden gekörnter Sand, Kies und Korallensand, das können auch Teile von Felsen oder Korallen sein.
Hierfür verwendet man lebensmittelechtes Harz, sogenanntes Epoxiharz, das keinen Einfluß auf das Wasser hat. Es besteht aus zwei Komponenten, die nach dem Vermischen aushärten.

△ *Das auf den Polyurethanschaum aufgetragene Harz kann mit Lebensmittelfarben angemalt werden, hier mit einer Mischung aus Rot und Schwarz.*

Aussendekoration

Von Außendekoration zu sprechen mag überraschend erscheinen, aber es ist unangenehm, wenn man durch das Aquarium hindurch die Mauer mit den ganzen Kabeln und Schläuchen sieht. Die wichtigste Funktion der äußeren Dekoration ist also, diese Teile zu verstecken, die zweitwichtigste, Pflanzen und Tiere schöner zur Geltung zu bringen.

Die Fertigstellung einer künstlichen Dekoration mit Harz und Sand

Harz und Sand machen den Dekorationsgegenstand wasserfest und lassen ihn natürlich wirken. Der hierbei verwendete Sand muß der Beckenart (Süß- oder Seewasser) entsprechen und zum Bodensediment passen. Bei feinem Sand sind mehrere Schichten nötig.

- Dekoration aus Polystyrol oder Terrakotta

Harz und Sand werden außerhalb des Aquariums aufgetragen, zuerst mit dem Pinsel eine Schicht Harz, dann wird das Ganze mit Sand bestreut. Je nach Körnung wird dieser Schritt nach dem Trocknen (24 Stunden pro Harzschicht) ein- bis dreimal wiederholt.
Es ist wichtig, daß überall Harz aufgetragen wird, auch auf den kleinen Erhebungen, in den Vertiefungen und Höhlen. Die Teile der Dekoration, die mit den Scheiben in Berührung kommen, werden geharzt, aber nicht mit Sand bedeckt. Ein Überschuß an Sand wird mit einem großen Pinsel und einem Staubsauger entfernt. Die fertigen Aufbauten werden schließlich nach einer Trockenzeit von 48 Stunden mit Silikonkautschuk im Aquarium befestigt.

- Dekoration aus Polyurethan

Die gleichen Schritte gelten für Polyurethan, das sich bereits im Becken befindet, wobei die Verbindungsstellen zwischen der Dekoration und den Aquariumsscheiben geharzt und mit Sand bedeckt werden. Wiederum wird der überschüssige Sand abgesaugt. Auf jeden Fall muß die Dekoration mindestens zweimal im Aquarium gespült werden.

Poster

Im Zoofachhandel gibt es mehrere Motive, die z. B. Süßwasserpflanzen oder einen Meeresgrund darstellen. Sie werden von außen an der rückwärtigen Scheibe des Aquariums befestigt. Über ihre ästhetische Wirkung gibt es geteilte Ansichten.

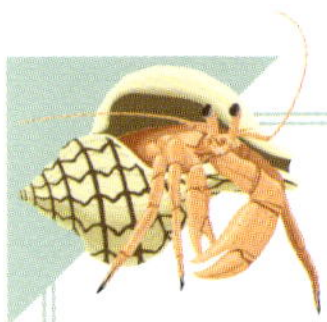

Dekoration und Phantasie

Die Phantasie ist eine launische Fee, die einen manchmal im Stich läßt. Man will die Dekoration für das Aquarium gestalten, man hat schon lange davon geträumt... und plötzlich fällt einem nichts ein. Da hilft nur, sich inspirieren zu lassen:

– Von anderen Aquarien, Vereinen, in öffentlichen Aquarien;
– von Büchern und aquaristischen Veröffentlichungen;
– aber auch – und vor allem! – von der Natur. Man kann Fotos machen und sich so Ideen für die Dekoration holen, vor allem in Bezug auf die harmonische Gestaltung des Reliefs.

△ *Es gibt unzählige Möglichkeiten, sich inspirieren zu lassen, wenn man eine Dekoration gestalten möchte.*

△ *Die Rückscheibe dieses Aquariums wurde durch einen Spiegel ersetzt.*

Farbiger Hintergrund

Anstelle von Postern sind auch einfarbige Hintergründe (Blau, Grün, Grau, Hellbraun, Schwarz) möglich. Besonders Schwarz bringt Pflanzen und Fische eindrucksvoll zur Geltung. Einige wenige Aquarienfreunde malen selbst einen abgestuften Hintergrund (oben hell, weiter unten dunkel), um den Lichteinfall zu imitieren. Man kann auch direkt auf die Außenseite der Rückscheibe malen.

Spiegel

Sie werden hinter der Rückscheibe aufgestellt und lassen das Becken größer wirken – aber gleichzeitig hat sich die Anzahl der Fische und Pflanzen mit einem Mal verdoppelt!

Weitere Möglichkeiten

Man kann eine mit Harz und Sand behandelte Polystyrolplatte von außen an der Rückscheibe befestigen.

Oder aber man gestaltet den Raum zwischen der rückwärtigen Scheibe und einem schwarzen Karton mit natürlichen Gegenständen wie Felsen, Ästen und Wurzeln. Diese Elemente können entweder einfach miteinander verkeilt, zusammengeklebt oder mit einer Klebemasse fixiert werden, mit der man auch Poster an die Wand kleben kann.

Wenn das Aquarium gefüllt ist, wird die Tiefenwirkung erhöht, denn durch die Lichtbrechung im Wasser erscheint das Becken um ein Drittel weniger tief. Diese Art Dekoration, die jederzeit umgestaltet werden kann, muß vorher nicht behandelt werden und erfordert sehr wenig Pflege; der einzige Nachteil ist, daß sie verstaubt.

Einige Regeln, damit die Dekoration gelingt		
Eigenschaften der Dekoration	**Was zu vermeiden ist**	**Was wir empfehlen**
Ästhetik und Natürlichkeit	– Einige Gegenstände, die man noch immer sieht, die aber für unseren Geschmack zu wenig natürlich wirken: Taucher, Miniamphoren, Wracks, Kisten, aus denen Blasen aufsteigen; – zu intensiv gefärbte Felsen; – zu viele unterschiedliche Gesteinsarten.	– Eine einzige Gesteinsart verwenden, höchstens zwei bei größeren Aquarien; – die Dekoration nach der Größe des Beckens bemessen: große Felsen für große Becken, kleinere für kleine Becken.
Funktionalität, Zugänglichkeit, leichte Wartung	– Zu stark zerklüftete Erhebungen, die schwierig zu reinigen sind (Absaugen von Abfällen und Einfangen von Fischen).	– Einen mittelgroßen, nicht zu hohen Geröllhaufen auftürmen, eine Höhle oder einen großen, gut zugänglichen Überhang schaffen, eine Terrasse bilden; – künstliche Dekoration verwenden, um einen Felsabhang oder Geröllhaufen zu imitieren.
Neutralität	– Kalkgestein, bis auf Ausnahmen, im Süßwasser; – Gestein mit metallischen Bestandteilen, das jedoch manchmal schwer zu erkennen ist, wenn es nicht glänzt.	– Schiefer, Basalt, Lavagestein oder Silikatschiefer verwenden.
Stabilität	– Wackelige Konstruktionen; – Felsen auf dem Bodengrund.	– Dekoration vor dem Einfüllen des Bodengrunds anordnen; – die Felsen mit Silikonkautschuk untereinander verkleben oder an die Scheiben kleben.

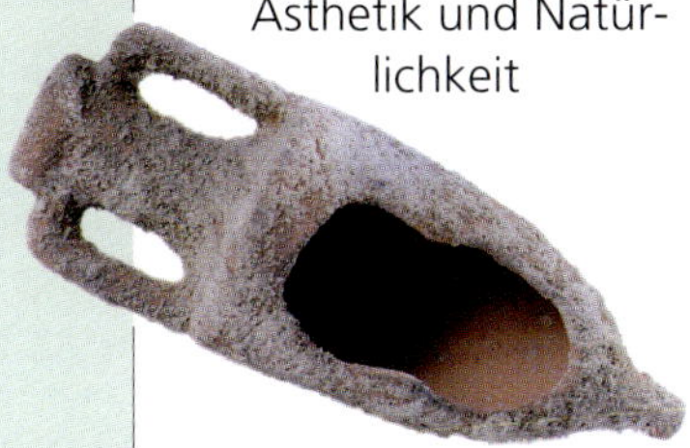

Vor- und Nachteile von künstlicher Dekoration		
	Traditionelle natürliche Dekoration	**Künstliche Dekoration (Polystyrol, Polyurethan)**
Vorteile	– Leicht anzuordnen; – kann verändert werden; – neutral.	– Leichtes Material; – plastisch: kann bearbeitet und mit Naturstoffen kombiniert werden; – große Gestaltungsfreiheit; – neutral.
Nachteile	Gewicht und Volumen.	– Nicht veränderbar; – erfordert etwas Erfahrung.

DIE INBETRIEBNAHME DES AQUARIUMS

Die Einrichtung eines Aquariums erfordert Ruhe und ein wenig Sorgfalt. Es darf nichts übereilt werden, sonst leidet das Ergebnis darunter. Zunächst ist wichtig, daß erst einige Zeit nach der Inbetriebnahme die ersten Fische eingesetzt werden können, besonders im Meerwasser. Man sollte sich also mit etwas Geduld wappnen.

Die Vorgehensweise

Bei der Neueinrichtung eines Aquariums gibt es eine logische Reihenfolge, die unbedingt eingehalten werden muß. Die Arbeitsschritte sind für Meerwasser ein wenig anders als für Süßwasser, das Prinzip ist aber das gleiche: Das Wasser wird erst eingelassen, wenn Dekoration, Bodengrund und Geräte eingebaut sind.

Die einzelnen Arbeitsschritte

Die Reihenfolge ist:

1. Das Becken wird gereinigt. Hierfür benutzt man einen weichen Schwamm und lauwarmes Wasser. Reinigungsmittel sollten vermieden werden.

2. Die Außendekoration wird angebracht (*siehe* S. 264). Es ist wichtig, daß sie richtig und dauerhaft befestigt wird, da sie später nur noch schwer zugänglich ist.

3. Das Aquarium wird auf seine Unterlage gestellt. Noch einmal sei betont, daß diese absolut waagerecht und mit einem weichen Material bedeckt sein muß, um Unebenheiten auszugleichen. Hinter dem Bekken muß genügend Platz bleiben, damit der Beleuchtungskasten bequem geöffnet werden kann und alle Kabel und Schläuche Platz finden. Das Bekken wird von nun an nicht mehr bewegt.

4. Es wird mit Wasser gefüllt und auf Dichtheit überprüft. Undichte Stellen sind selten, leichtes Lekken, das erst etwa 24 Stunden nach dem Befüllen festgestellt werden kann, wird mit Silikon abgedichtet. Ist das Becken garantiert dicht, wird das Wasser durch Absaugen wieder entfernt.

5. Ein Bodenfilter wird so eingesetzt, daß sich der Ausströmer in einer hinteren Ecke des Aquariums befindet.

6. Die Geräte werden eingesetzt, entweder unmittelbar ins Becken oder in die Innenfilterkammer. Die Heizung darf kein Kunststoffteil berühren und muß in der Nähe eines Ausströmers montiert werden. Bei Verwendung eines Außenfilters dürfen die Anschlußschläuche nicht vergessen werden.

7. Die Dekoration wird eingesetzt. Felsen oder Korallen werden so plaziert, daß sich eine gute optische Wirkung bei praktischer Handhabung ergibt und die Dekoration die Geräte verdeckt. Man sollte sich Zeit lassen und so lange ausprobieren, bis man vollkommen zufrieden ist. Denn ist das Becken erst einmal gefüllt, kann die Dekoration praktisch nicht mehr verändert werden.

8. Einfüllen des Bodensubstrats. Die Hälfte des Sediments wird ungewaschen im hinteren Teil des Aquariums verteilt, die zweite Hälfte wird so lange mit lauwarmem Wasser gewaschen, bis das Spülwasser klar ist, und auf die erste Hälfte des Substrats gefüllt.

Man sollte sich erneut vergewissern, daß die Dekorationen einen festen Halt haben. Einige Teile können für die Anlage von

Das Einsetzen des Bodenfilters, auf den dann der Bodengrund geschichtet wird. Der Wasserablauf muß sich in einer rückwärtigen Ecke des Aquariums befinden. ▷

erhöhten Sandterrassen verwendet werden. Aus ästhetischen Gründen sollte das Bodensubstrat von hinten nach vorne leicht abfallen, damit eine bessere Tiefenwirkung erzielt wird.

9. Einfüllen des Wassers. Egal ob man einen Schlauch oder einen Eimer benutzt, in jedem Fall muß der Wasserstrahl »abgefangen« werden, um nicht einen Teil des Sediments wegzuspritzen. Man kann zu diesem Zweck eine Schüssel oder einen Suppenteller unter den Wasserstrahl stellen.

Das Aquarium wird jedoch noch nicht bis zu seiner Maximalhöhe befüllt, denn vielleicht muß man später noch einmal einen Dekorationsgegenstand zurechtrücken, z. B. ein Stück Holz, das sich selbständig gemacht hat. Jetzt kann man mit dem Anpflanzen beginnen. Das Wasser ist zunächst leicht trüb, an der Oberfläche schwimmen kleine Teilchen, die man mit einem feinmaschigen Sieb oder durch Absaugen entfernen kann.

10. Inbetriebnahme der Geräte. Zuerst muß man sich vergewissern, daß das Heizelement völlig mit Wasser bedeckt ist, dann kann die Heizung eingesteckt und auf 25 °C eingestellt werden. Auch die Durchlüftung und der Filter werden nun angeschlossen. Dann wird noch kurz überprüft, ob alle Geräte ordentlich funktionieren; nach wenigen Stunden muß das Wasser bereits klarer und wärmer geworden sein.

△ *Ein Becken muß vorsichtig mit Wasser befüllt werden, um die empfindliche Dekoration nicht zu beschädigen.*

11. Nach 24 Stunden werden die Geräte nochmals kontrolliert. Das Wasser muß jetzt ganz klar sein und eine Temperatur von ca. 25 °C erreicht haben. Manchmal muß man den Thermostat noch nachstellen, bis die gewünschte Temperatur erreicht wird. Jetzt können die Pflanzen eingesetzt werden.

◁ *Das Bodensubstrat bedeckt den Bodenfilter, die Heiz- und Durchlüftungselemente müssen später noch verdeckt werden.*

Abweichende Arbeitsschritte für ein Meerwasseraquarium

Bis Schritt **6** ist die Vorgehensweise die gleiche. An dieser Stelle müssen der Abschäumer und die UV-Sterilisationsanlage eingesetzt werden.

Zuerst wird die Dekoration angeordnet, dann das Bodensubstrat, das hier vollständig zu waschen ist, in relativ geringer Schichthöhe eingefüllt. Nun wird das Aquarium mit möglichst weichem Wasser gefüllt und nur die Durchlüftung in Betrieb genommen. Jetzt gibt man die Salze hinzu: Die richtige Menge entsprechend dem tatsächlichen Wasservolumen abwiegen und ins Becken geben. Die Salze brauchen 48 Stunden, um sich völlig aufzulösen, dann kann man die Dichte überprüfen und gegebenenfalls Änderungen vornehmen. Weiter geht es mit Schritt **10**, ohne den Abschäumer und die UV-Anlage in Betrieb zu nehmen, dann weiter mit Schritt **11**.

Das Einsetzen der Pflanzen

• *Herkunft und Transport der Pflanzen*

Aquarienpflanzen können aus dem Zoohandel, einem Verein oder von einem Bekannten stammen. Auf jeden Fall sind sie außerhalb des Wassers sehr empfindlich und müssen sorgsam behandelt werden. Am besten transportiert man sie in wasserdichten und luftgefüllten Plastikbeuteln, wie sie auch für den Transport von Fischen verwendet werden.

▽ *Die Pflanzen kann man mit der Hand oder mit einer speziellen Pflanzenzange einsetzen.*

Die Anordnung der Pflanzen

Bei der ersten Bepflanzung eines Aquariums sollte man sich an die klassische Anordnung halten, sprich die Form eines Amphitheaters nachbilden.

Schnell wachsende Pflanzen werden an den Seiten und entlang der Rückscheibe des Aquariums angeordnet; durchschnittlich schnell wachsende Pflanzen davor, die kleinsten in den Vordergrund.

Durch diese Anordnung entsteht in der Mitte des Beckens ein Freiraum, und die Tiefenwirkung wird erhöht.

Die Anordnung der Pflanzen muß schön anzuschauen sein, aber auch gewissen ökologischen Anforderungen entsprechen. ▷

- *Die Bepflanzung*

Auch hier sollten ästhetische und praktische Gesichtspunkte berücksichtigt werden. Ein kleiner Plan des Aquariums kann bei der Bepflanzung entsprechend den Bedürfnissen der verschiedenen Arten sehr hilfreich sein.

Im allgemeinen werden mehrere Pflanzen derselben Art zusammengepflanzt und einzelne Exemplare separat zur Geltung gebracht.

Die Pflanzen müssen mit äußerster Vorsicht behandelt werden. Man fängt im hinteren Beckenteil an und darf sie auf keinen Fall zu dicht zusammensetzen. Lieber sollte man größere Zwischenräume lassen, auch wenn die Bepflanzung dadurch anfangs etwas licht wirkt. Das hat folgende Gründe:

– Für die Wurzeln muß genügend Platz sein;
– die Pflanzen werden wachsen und vielleicht ihre Blätter ausbreiten;
– und schließlich muß das einfallende Licht ungehindert bis auf den Grund des Beckens gelangen können.

Die bestehenden Wurzeln dürfen nicht beschnitten oder eng zusammengefaßt werden, sondern müssen breitgefächert im Bodengrund eingesetzt werden. Büschelartige Pflanzen setzt man nicht zu tief ein, nur die Wurzeln und der untere, meist weiße Teil der Stengel werden mit Bodengrund bedeckt.

Stecklinge befreit man von den unteren beschädigten Blättern und setzt sie 4 bis 5 cm tief in den Grund. Das geht leichter, wenn man vorher mit der Hand oder einem geeigneten Werkzeug eine kleine Mulde aushebt; der Boden um die Pflanze herum wird anschließend festgedrückt.

Pflanzen, die sich festheften, wie Farnkraut und Moos, setzt man direkt auf ihr Haltesubstrat. Sie wachsen leichter an, wenn sie fixiert oder mit einem Stück Nylonfaden festgebunden werden. Schwimmpflanzen setzt man an die Wasseroberfläche.

Man darf sich nicht wundern, wenn die Pflanzen nicht von Anfang an »normal« aussehen. Sie brauchen dazu einige Zeit und werden sich beim Einschalten der Beleuchtung nach dem Licht ausrichten. Von diesem Zeitpunkt an sollte das Aquarium wie beschrieben beleuchtet werden.

Nun muß man nur noch das restliche Wasser einfüllen und... warten, bis die Fische eingesetzt werden können.

Vorbereitungen für die Ankunft der Fische

Jetzt fehlen nur noch die Beckeninsassen. Doch hier muß man sich ein letztes Mal in Geduld üben. Das Aquarium weist im momentanen Zustand noch nicht das nötige ökologische Gleichgewicht auf. Die Pflanzen müssen erst wurzeln und die Bakterien für den Stickstoffzyklus müssen sich entwickeln.

- *Schrittweise Inbetriebnahme*

Für ein Süßwasserbecken beträgt die Wartezeit mindestens zwei, besser jedoch drei Wochen. Bei Meerwasser verlängert sich diese Zeit in manchen Fällen bis auf vier Wochen. Wenn man es nicht mehr erwarten kann, kann man diese Wartezeit mit verschiedenen Methoden abkürzen. Da sich

Lebende Steine und die mit ihnen verbundenen Organismen fördern die schnelle Inbetriebnahme eines Meerwasseraquariums. ▷

△ Bei einem Meerwasseraquarium ist viel Geduld erforderlich, bevor man ein so gelungenes Ergebnis erhält.

während dieser Zeit Bakterien bilden sollen, die giftige Stickstoffverbindungen abbauen werden, kann man deren Entwicklung künstlich beschleunigen. Die erste Maßnahme ist großzügige Sauerstoffzufuhr – denn die Bakterien brauchen Sauerstoff zum Atmen und für die Umwandlung der Stickstoffverbindungen –, die zweite das Einsetzen dieser Bakterien. Dies geschieht z.B., indem man Sediment oder ein Filtersubstrat aus einem anderen Seewasseraquarium, Sand oder Lebende Steine oder gar gefriergetrocknete Bakterien einbringt, die im Fachhandel erhältlich sind. Die letzte Lösung wird allerdings weniger empfohlen, da ihre Wirkung manchmal gleich Null ist. Man kann die Bakterien auch selbst heranzüchten und sie mit organischer Materie füttern, die in einem soeben in Betrieb genommenen Aquarium normalerweise nicht vorkommt.

Zu diesem Zweck kann man ein bis zwei gekochte und zerkleinerte Muscheln ins Aquarium legen und die Reste nach einigen Tagen absaugen. Mit diesen Methoden läßt sich die Wartezeit auf 8 bis 10 Tage verkürzen. Auf jeden Fall muß man aber den Nitritgehalt regelmäßig messen und darf Fische erst dann einsetzen, wenn sich dieser etwa eine Woche lang bei Null stabilisiert hat. Erst dann werden der Abschäumer und die UV-Sterilisationsanlage in Betrieb genommen – natürlich nur bei einem Meeresbecken.

Wieviel Platz brauchen die Fische?						
Größe der Fische	Besatzdichte					
	Süßwasser			Meerwasser		
	Generell	100-Liter-Becken	300-Liter-Becken	Generell	300-Liter-Becken	500-Liter-Becken
Unter 5 cm	1 Fisch auf 5 Liter	20	60	1 Fisch auf 25 Liter	12	20
5–8 cm	1 Fisch auf 8 Liter	12	37	1 Fisch auf 40 Liter	8	12
9–15 cm	1 Fisch auf 15 Liter	7	20	1 Fisch auf 75 Liter	4	7
Über 15 cm	1 Fisch auf 30 Liter	*	10	1 Fisch auf 150 Liter	*	3

* Fische dieser Größe sollten nicht auf so engem Raum gehalten werden.

• *Die Auswahl der Fische*

Die Auswahl der schwimmenden Pfleglinge hängt zunächst vom Aquarientyp – Gesellschafts-, Biotop- oder Artenbecken –, vom eigenen Geschmack und vom Geldbeutel ab. Im Fachhandel werden genügend Arten angeboten, um die meisten Aquarienfreunde, besonders die Anfänger, zufriedenzustellen. Durch einen Besuch in den verschiedenen Fachgeschäften kann man sich rasch einen Überblick verschaffen, um eine vernünftige Entscheidung zu treffen.

Allerdings sollte man sich an gewisse Regeln halten, um einen häufigen Fehler zu vermeiden. Gerade unerfahrene Aquarianer verursachen nämlich oft ein wildes Durcheinander von inkompatiblen und zu vielen Fischen. Besser ist, wenige Arten auszuwählen und diese in Gruppen zu pflegen, was bei vielen Fischen möglich ist. Ihr natürliches Verhalten sollte respektiert werden, denn dadurch erhöhen sich die Chancen, daß sich Paare bilden. Raubfischarten oder typische Einzelgänger dürfen selbstverständlich auch nur einzeln gehalten werden.

Man kann alle Wasserschichten ausnützen, indem man sowohl Freischwimmer als auch Oberflächen- und Bodenfische einsetzt.

Bleibt die Frage der nötigen Bewegungsfreiheit. Für kleinere Arten rechnet man 1 cm Fisch auf 1 Liter Süßwasser, 1 cm auf 5 Liter Meerwasser. Die obige Tabelle liefert zusätzliche Angaben. Für die Berechnung wird die maximale Größe zugrunde gelegt, die der Fisch im Aquarium erreichen kann.

Die Zoohandlungen haben eine große Auswahl an Fischarten, unter denen man seine ersten Pfleglinge leicht auswählen kann. ▽

Kauf und Transport

Selbstverständlich sollten nur gesunde Fische in ein Aquarium eingesetzt werden. Dafür gibt es einige Anzeichen, die beachtet werden müssen. Das Risiko einer bösen Überraschung bleibt jedoch stets bestehen, da manche Fische Überträger von Krankheiten sind, die erst im Aquarium ausbrechen.

Egal woher der Fisch stammt – aus dem Zoofachhandel, einem Verein oder von einem Bekannten –, er muß vor dem Kauf immer erst sorgfältig beobachtet werden. Deshalb sollte man nichts überstürzen und dem

Händler oder dem Verein regelmäßig einen Besuch abstatten, beobachten und vergleichen. Danach läuft das Einsetzen ins Becken nach einer bestimmten Strategie ab, von der möglichst nicht abgewichen werden sollte:

– Das Becken sollte möglichst in einem Zug besetzt werden, höchstens in zwei kurz aufeinanderfolgenden Etappen, anstatt die Fische einzeln einzusetzen. Ein Neuankömmling wird nämlich häufig als unerwünschter Eindringling betrachtet, was zu Konflikten führen kann, die manchmal sogar seinen Tod zur Folge haben;

– können die Fische aus irgendeinem Grund nicht zusammen eingesetzt werden, beginnt man mit den kleineren Arten, die sich zuerst an ihre neue Umgebung gewöhnen. Es stört sie dann wenig, wenn die größeren Arten nachfolgen.

Der Transport der Fische ist relativ einfach. Sie werden zu wenigen in einer mit einem Drittel Wasser und zwei Dritteln Luft gefüllten Plastiktüte transportiert.

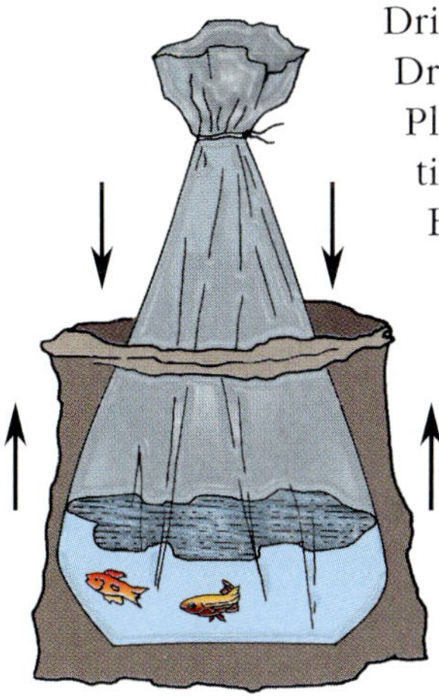

◁ Die Fische werden in dicht verschlossenen Tüten transportiert, die mehr Luft als Wasser enthalten.

Bei Arten mit stacheligen Flossenstrahlen kann man die erste Tüte mit einer zweiten verstärken. Dieses System funktioniert aber nur kurze Zeit: ein bis zwei Stunden, je nach Außentemperatur. Bei längeren Transportzeiten geht zuviel Wärme verloren. Um den Wärmeverlust zu verringern, kann man die Tüte in Kleidungsstücke oder in Papier wickeln und sie in eine Isolierbox stellen.

◁ Über längere Strecken muß man die Transporttüten isolieren, um den Wärmeverlust zu verringern.

△ Die Transporttüten für die Fische müssen erst eine Weile auf dem Wasser schwimmen, damit sich ihre Temperatur der Beckentemperatur anpaßt.

Das Einsetzen ins Aquarium

Die neue Umgebung bedeutet für den Fisch Streß; Streß durch den Transport, durch den Umgebungswechsel und durch die veränderte Wasserqualität. Um diesen Streß zu reduzieren, darf ein Fisch nie direkt ins Becken eingesetzt werden.

Man geht vielmehr schrittweise vor, wobei der ganze Vorgang mindestens ein bis zwei Stunden dauern sollte. Zuerst läßt man die Tüte mit dem oder den Fischen etwa 30 Minuten lang auf der Wasseroberfläche schwimmen, damit das Wasser die Temperatur des Beckenwassers annimmt. Dann wird die Tüte geöffnet und etwas Aquarienwasser hineingefüllt. Diesen Schritt wiederholt man mehrmals in Abständen von mehreren Minuten, bis die Tüte ganz voll ist. Jetzt erst kann der Fisch vorsichtig in seinen neuen Lebensraum entlassen werden.

Sind bereits Fische im Becken, ist zweierlei zu beachten: Die anderen Bewohner müssen – z. B. mit Futter – abgelenkt werden, und der Neuankömmling sollte am Morgen eingesetzt werden, bevor die Beleuchtung eingeschaltet wird.

Der neue Fisch wird sich auf jeden Fall zunächst eine Zeitlang verstecken, das ist normal. Je nach Charakter wird er schon eine knappe Stunde nach seiner Ankunft wieder auftauchen.

Im allgemeinen wird er seine neue Umgebung sehr schnell kennenlernen, sich an die Fütterung gewöhnen und sich schließlich perfekt ins Aquarium integrieren. Wenn der Fisch gesund ist und alle Vorsichtsmaßnahmen ergriffen wurden, sind Zwischenfälle äußerst selten.

Mittelamerikanisches Süsswasserbecken

Dieser Aquarientyp, der sich besonders für Anfänger eignet, stellt den Lebensraum in Süßwassergewässern Mittelamerikas nach. Die Fische, die darin leben (Familie der Poeciliidae), werden sich bald fortpflanzen, wenn sie gute Pflegebedingungen haben.

Es empfiehlt sich, zur Sicherheit der Fischlarven ein Aufzuchtbecken einzurichten. In der Folge kann sich der Aquarianer auch auf Hochlandkärpflinge konzentrieren, die aus der gleichen geographischen Zone stammen: *Ameca splendens* und *Xenotoca eiseni*. Die hier vorgestellten Pflanzen wachsen rasch und können leicht durch Ableger vermehrt werden; sie stellen also für den Aquarianer einen guten Einstieg in die Pflanzenwelt dar, die gerade von Anfängern manchmal zugunsten der Fische vernachlässigt wird.

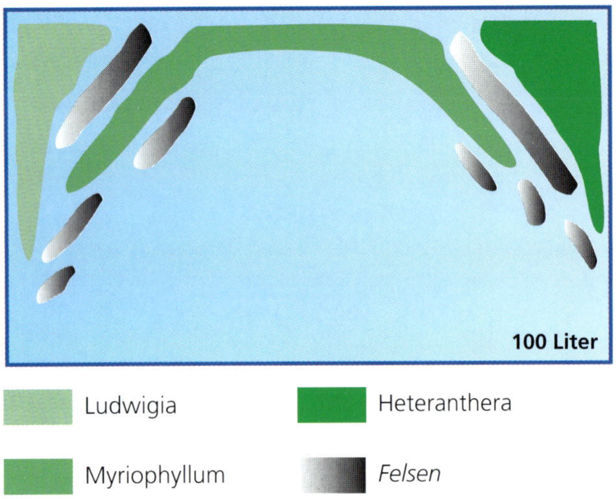

Abmessungen (in cm)	L x T x H: 80 x 35 x 35
Bruttovolumen	100 Liter
Region	Mittelamerika
Fische	Guppy, Platy, Schwertträger, Mollies, ca. 15 Fische insgesamt
Pflanzen	*Ludwigia, Myriophyllum* (oder *Cabomba*), *Heteranthera* (oder *Bacopa*)
Bodensubstrat	Relativ grob
Dekoration	Einige Felsen (Silikatschiefer oder Schiefer)
Temperatur (°C)	23–28, am besten 25
pH-Wert	7–7,8
Härtegrad	Über 5 °dGH, am besten 8 °dGH
Filterung	Normal

△ Xiphophorus helleri *(siehe S. 101).*

◁ Bacopa caroliniana *(siehe S. 202).*

DIE RICHTIGE BESETZUNG

Südostasiatisches Becken

Dieses Becken muß reichlich bepflanzt werden, den Fischen aber genügend Schwimmraum bieten. Man kann es origineller gestalten, indem man einige transparente Arten wie den Indischen Glasbarsch *(Chanda ranga)* oder den Indischen Glaswels (*Kryptopterus minor*) einsetzt.
Eine kleine Garnele *(Atya* oder *Macrobrachium)* und Schnecken *(Ampullaria)* können den Besatz ergänzen. Eine einzelne schöne Pflanze wie *Barclaya longifolia* oder eine Art aus der Gattung *Nymphaea* bringt die gesamte Vegetation besser zur Geltung.

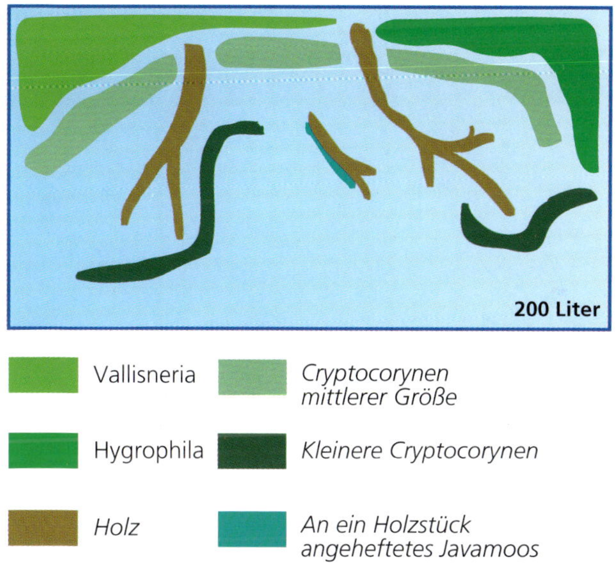

Abmessungen (in cm)	L x T x H: 100 x 40 x 50
Bruttovolumen	200 Liter
Region	Südostasien
Fische	Barben, *Rasbora*, Danios, 5 Dornaugen, 1 Fransenlipper, 1 Botia (ca. 35 Fische)
Pflanzen	*Vallisneria, Hygrophila*, mittelgroße und kleinere Cryptocorynen, an ein Holzstück angeheftetes Javamoos
Bodensubstrat	Sand, Quarz
Dekoration	Hauptsächlich Pflanzen: Äste, Wurzeln, Bambus
Temperatur (°C)	24–28, am besten 26
pH-Wert	6,6–7
Härtegrad	Unter 6 °dGH, am besten unter 3 °dGH
Filterung	Normal

△ Puntius titteya *(siehe S. 83).*

△ Cryptocoryne wendtii *(Siehe S. 208).*

Afrikanisches Cichlidenbecken

Das Fehlen von Pflanzen in diesem afrikanischen Cichlidenbecken wird durch eine Felsendekoration ausgeglichen, die den Fischen Höhlen und Verstecke bietet; hierbei erweisen sich Polyurethan oder Polystyrol als überaus praktisch.
Für den Tanganjika-See kann man den Cyprinodontiden *Lamprichthys tanganicanus* oder eine *Lamprologus*-Art einsetzen, die in einer Gasteropodenschale Unterschlupf sucht. Für den Malawi-See kann man einige Exemplare aus der Gattung *Haplochromis* dazunehmen. Diese Maulbrüter bieten dem Aquarienfreund ein faszinierendes Schauspiel, wenn das Männchen ein Weibchen mit einem von Eiern geschwollenen Maul erspäht hat.

Felsen

Abmessungen (in cm)	L x B x H : 120 x 50 x 50
Bruttovolumen	300 Liter
Region	Ostafrikanische Seen
Fische	*Neolamprologus, Julidochromis* für den Tanganjika-See (ca. 4 Fische); *Pseudotropheus, Aulonocara, Melanochromis* für den Malawi-See (ca. 30 Fische)
Pflanzen	In der natürlichen Umgebung gibt es keine Pflanzen. Eventuell einige *Anubias*
Bodensubstrat	Eher grobkörnig
Dekoration	Felsen mit Unterschlupfmöglichkeit, Höhlen, Verstecke. Eventuell künstlich
Temperatur (°C)	23–27, am besten 25
pH-Wert	Über 7,5
Härtegrad	Über 8 °dGH
Filterung	Relativ intensiv

△ Julidochromis marlieri *(siehe S. 112).*

Pseudotropheus tropheops *(siehe S. 117).* ▽

DIE RICHTIGE BESETZUNG

MEERWASSERBECKEN

Dieses Meerwasserbecken ist ein Grundmodell für Anfänger in der Seewasseraquaristik. Es werden nur widerstandsfähige Arten vorgeschlagen, deren Verhalten gleichzeitig ein schönes Schauspiel bietet, wie z. B. das der Clownfische in ihrer Anemone, die sich vielleicht auch fortpflanzen werden.
Zur Bereicherung der Fauna kann man außerdem eine Garnele oder einen Einsiedlerkrebs sowie kleine Wirbellose auf Lebenden Steinen einsetzen; Lebende Steine machen sich immer gut. Eine künstliche Dekoration mit Korallensand und sogar einigen Korallenstückchen ergibt einen angenehmen Effekt und kann von *Caulerpa* besiedelt werden. Das ökologische Gleichgewicht in einem solchen Aquarium kann nur durch einwandfreie Wasserqualität aufrechterhalten werden.

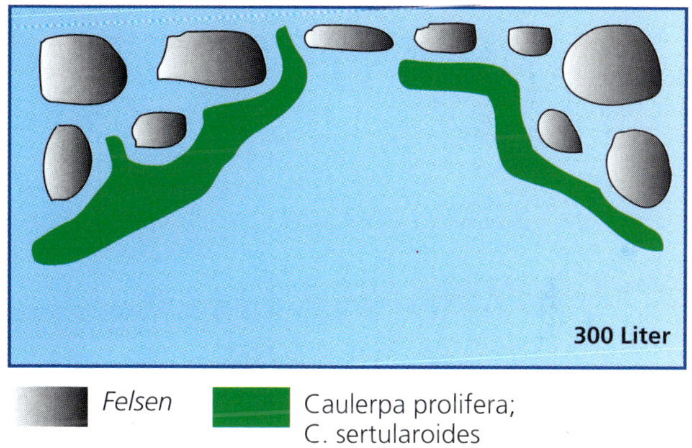

Abmessungen (in cm)	L x T x H: 120 x 50 x 50
Bruttovolumen	300 Liter
Region	Tropisches Korallenriff
Fische	1 Paar Anemonenfische (mit 1 Anemone), Blaue Demoisellen, 1 *Chaetodon auriga*, Schleimfische oder Grundeln (nicht mehr als 8 Fische)
Pflanzen	*Caulerpa*-Algen (*C. prolifera* oder *C. sertularoides*)
Bodensubstrat	Muschelgrus oder grober Korallensand
Dekoration	Abgestorbene Korallen, evtl. künstl. Dekoration
Temperatur (°C)	25-28
pH-Wert	ca. 8,3
Dichte (g/cm³)	1,022-1,023
Filterung	Stark (mindestens dreimal das Beckenvolumen)

Chaetodon auriga *(siehe S. 132).*

▽ Caulerpa sertularoides *(siehe S. 215).*

Allen, G. R. und N. J. Cross: Faszinierende Regenbogenfische, Melle 1995

Amano, Takashi: Faszinierendes Aquarium. Augsburg 1996

Amano, Takashi: Ratgeber Amanos Naturaquarien. Wasserpflanzenparadiese und die Welt der Salmler. Ruhmannsfelden 1997

Arend, Peter; Frickhinger, Karl A (III.),; Terhöfte, Barron B: Gesund wie ein Fisch im Wasser. Alles über Fischkrankheiten in Süß- und Meerwasseraquarien. o. O. 1995

Axelrod, Herbert R. und Warren Burgess: Atlas of the Freshwater Aquarium Fishes. T. F.H. Publications, Inc., Neptune City, USA.

Baensch, Hans A. und Rüdiger Rhiel: Aquarien-Atlas. Band 2–5. Melle 1985 bis 1997.

Beck, Peter: Aquarien-ABC. Profitips für Einsteiger. Stuttgart 1992.

Bleher, Heiko und Manfred Göbel: Discus. Neu-Isenburg 1992.

Bork, Dieter; Mayland, Hans J.: Seltene Schönheiten im Süßwasseraquarium, Bornheim 1998

Brembach, Manfred: Lebendgebärende Halbschnibler. Solingen 1991.

Bremer, Heinz: Aquarienfische gesund ernähren, Stuttgart 1997

Dawes, John: Das BLV Aquarienbuch, München 1996

Degen, Bernd: Das Diskusbuch. Ruhmannsfelden 1995

Deutsche Cichliden-Cesellschaft: Cichliden. Frankfurt 1995.

Dreyer, Stephan und Rainer Keppler: Das Kosmos-Buch der Aquaristik. Fische, Pflanzen, Wassertechnik. Stuttgart 1993.

Etscheidt, Jutta: Das Süßwasser-Aquarium. Niedernhausen 1995.

Evers, Hans-Georg: Meine ersten Aquarienfische, Melle 1998

Evers, Hans-Georg: Panzerwelse. Stuttgart 1994.

Fossa, Svein A.; Nilsen, Alf J.: Korallenriff-Aquarium I–VI. Bornheim 1995–1998

Gärtner, Gerhard: Zahnkarpfen. Die Lebendgebärenden im Aquarium, Stuttgart 1981

Greger, Bernd: Das praktische Aquarium, Stuttgart 1998

Greger, Bernd: Fische im Aquarium, Heimtiere halten. Stuttgart 1999

Greger, Bernd: Pflanzen im Süßwasseraquarium, Stuttgart 1998

Herrmann, Hans-Joachim: Amphibien im Aquaruim, Stuttgart 1994

Herrmann, Hans-Joachim: Aqualex-catalog Tanganjikasee-Cichliden. Ettling 1996.

Hieronimus, Harro: Guppy, Platy, Molly und andere Lebendgebärende. München 1991.

Horst, Kaspar und Horst E. Kipper: Das optimale Aquarium. Aquadocumenta-Verlag, Bielefeld 1992

Horst, Kaspar: Mein erstes Aquarium. Bielefeld 1992.

Horst, Kaspar: Pflanzen im Aquarium, Stuttgart 1992

Kein, Ernst, Hoffman, Franz: Das lehrreiche Aquarium. Esslingen 1996

Kipper, Horst E.: Das optimale Meerwasser-Aquarium. Stuttgart 1995

Konings, Ad und H. W. Dieckhoff: Geheimnisse des Tanganjikasees. St. Leon-Rot 1992.

Konings, Ad: Cichliden artgerecht gepflegt. St. Leon-Rot 1993.

Konings, Ad: Das Cichliden-Jahrbuch. Band 1. Ronnenberg 1991.

Konings, Ad: Malawi-Cichliden. St. Leon-Rot 1995.

Krause, Hanns-J.: Handbuch Aquarientechnik, Ruhmannsfelden 1992

Krause, Hanns-J.: Ihr Hobby, Aquaristik für Einsteiger, Ruhmannsfelden 1998

Linke, Horst: Farbe im Aquarium. Labyrinthfische. Melle 1987.

Mayland, Hans J.: Bewährte und begehrte *Welse* aus allen Erdteilen. Hannover 1991.

Mayland, Hans J.: Cichliden. Hannover 1988.

Mayland, Hans J.: Das Aquarium. Einrichtung und Unterhaltung eines Süßwasserbeckens. Hannover 1991

Mayland, Hans J.: Welse aus aller Welt. Minden 1987.

Meyer, Manfred und Lothar Wischnath und Wolfgang Foerster: Lebendgebärende Zierfische. Arten der Welt. *Melle 1985*

Nelson, Joseph S.: Fishes of the World. John Wiley & Sons, Inc., New York 1976, 1984 und 1994.

Riehl, Rüdiger und Hans A. Baensch: Aquarien-Atlas.
Band 1. Melle 1982 bis 1991.

Riehl, Rüdiger und Hans A. Baensch: Aquarien-Atlas. Band 3. Mergus-Verlag, Melle 1990.

Schliewen, Ulrich: Aquarienfische. München 1997.

Schliewen; Ulrich: Wasserwelt Aquarium. München 1991.

Schubert, Gottfried und Dieter Untergasser: Krankheiten der Fische. Stuttgart 2. Auflage 1994.

Seegers, Lothar: Killifische. Eierlegende Zahnkarpfen im Aquarium. Stuttgart 1980.

Seuß, Werner: Corydoras. Ettlingen 1992.

Spreinat, Andreas: Aqualex-catalog Malawisee-Chiliden. Ettlingen 1997.

Stadelmann, Peter: Erlebnis Aquarium. München 1996.

Staeck, Wolfgang und Horst Linke: Afrikanische Cichliden II. Buntbarsche aus Ostafrika. Melle 1982.

Staeck, Wolfgang: Handbuch der Cichlidenkunde. Stuttgart 1982.

Stallknecht Helmut: Lebendgebärende Zahnkarpfen. Leipzig, Radebeul 1989.

Stawikowski, Rainer und Uwe Werner: Die Buntbarsche der Neuen Welt – Mittelamerika. Reimar Hobbing, Essen 1985.

Stawikowski, Rainer und Uwe. Werner: Die Buntbarsche der Neuen Welt – Südamerika. Essen 1988.

Sterba, Günther: Süßwasserfische der Welt, Leipzig, Jena, Berlin 1987.

Untergasser, Dieter: Krankheiten der Aquarienfische. Diagnose und Behandlung. Stuttgart 1989.

Vierke, Jörg: Die beliebtesten Zierfische. Stuttgart 1992.

Vierke, Jörg: Fischverhalten beobachten und verstehen. Stuttgart 1994.

Vierke, Jörg: Labyrinthfische. Arten, Haltung, Zucht. Stuttgart 1986.

Vierke, Jörg: Unser erstes Aquarium. Stuttgart 1993.

Vogt, Dieter: Salmler I. Stuttgart 1983.

Vogt, Dieter: Salmler II: Stuttgart 1984.

Vogt, Dieter: Salmler III. Stuttgart 1985.

Vogt, Dieter: Schmerlen, Algenfresser, Flossensauger, Stachelaale. Suttgart 1973.

Vogt, Dieter: Tropische Barsche und Heringsfische. Stuttgart 1972.

Weber, Max und L. E de Beaufort: The fishes of the Indo-Australian Archipelago. 4. E.i. Brill, Leiden 1922.

Weiss, W.: Welse im Aquarium. Stuttgart 1979.

Werner, Uwe: Beliebte Fische für kleine Aquarien. Essen 1988.

Wildekamp, Ruud: Prachtkärpflinge. Essen 1981.

Wilkerling, Klaus: Die Aquarienfibel. Stuttgart 1988.

Zurlo, Georg: Buntbarsche/Cichliden. München 1990.

Zeitschriften

Aquaristik aktuell. Ettlingen (erscheint zweimonatlich)

Aquarium heute. Bielefeld (erscheint vierteljährlich)

Aquarium live. Ruhmannsfelden (erscheint zweimonatlich)

Das Aquarium. Bornheim (erscheint monatlich)

Datz. Ulmer-Verlag, Stuttgart (erscheint monatlich)

TI-Magazin. Tetra-Verlag, Melle (erscheint zweimonatlich)

VDA-aktuell. Verband Deutscher Vereine für Aquarien- und Terrarienkunde VDA, Bochum (erscheint vierteljährlich)

H

I

J

K

L

M

FOTONACHWEIS

Alle Fotos von Yves Labceau und Hervé Chaumeton/Agence Nature mit Ausnahme der folgenden:

Aquapress: S. 167; **Berthoule/Nature:** S. 12; S. 15 ; S. 25 (o) ; S. 30 ; S. 51 (l) ; S. 52 ; S. 53 (o) ; S. 54 (u) ; S. 57 (o) ; S. 58 (l) ; S. 168 (o) ; S. 173 (o) ; S. 222 ; S. 223 ; S. 230 ; S. 234 ; S. 235 (o) ; S. 236 ; S. 236/237; S. 238 ; S. 240 ; S. 241 ; S. 242 (l) ; S. 247 (u); S. 248 (o) ; S. 250 ; S. 251 ; S. 252 ; p; 254 ; S. 257 ; S. 271 ; S. 272 ; S. 273 ; S. 277 - **Biehler/Aquapress:** S. 25 (u) - **Bretenstein:** S. 55 (u) ; S. 56 (u) ; S. 169 (u) - **Chambfort:** S. 24 ; S. 221 (o) - **Corel:** S. 43 (Mitte l) ; S. 68 ; S. 128 (Mitte r-ul) ; S. 129 (or) ; S. 131 ; S. 132 (o); S. 134 (u); S. 135 (ol) ; S. 137 (o-u) ; S. 143 (or); S. 145 (Mitte r) ; S. 146 (Mitte l) ; S. 148 (or) ; S. 152 (or) ; S. 153 (ur) ; S. 154 (ul) ; S. 156 (ul) ; S. 161 (o) ; S. 163 (u); S. 164 (or) ; S. 165 (or) ; S. 171 (o) ; S. 176 (o-Mitte) ; S. 182 (Mitte) ; S. 231; S. 244; S. 258 - **Etcheverry:** S. 181 (Mitte) - **Francour/Aquapress:** S. 28 - **Genetiaux/Aquapress:** S. 185 (Mitte r) - **Guerrier/Nature:** S. 213 (Mitte l) - **Heather Angel:** S. 81 (or) - **Houtmann/Aquapress:** 182 (u) - **JM/ Bour/UW/Cameraman photographer:** S. 267 - **Lamaison/Nature:** S. 33 (o) ; S. 203 (ur) ; S. 206 (Mitte l) ; S. 210 (Mitte l) - **La Tourette/Nature:** S. 133 (or) ; S. 138 (Mitte u-ul) - **Londiveau/Aquapress:** S. 35 (r) - **Louisy:** S. 61 (o); S. 76 (Mitte) ; S. 87 (or-u) ; S. 94 (ur) ; S. 104 (Mitte) ; S. 107 (or) ; S. 108 (Mitte l) ; S. 112 (u) ; S. 113 (Mitte-ur) ; S. 130 (ul) ; S. 130/131 (u) ; S. 135 (or) ; S. 136 (or) ; S. 137 (Mitte r) ; S. 140 (ur); S. 144 ; S. 145 (or-ul) ; S. 146 (ur) ; S. 150 (Mitte); S. 164 (or) ; S. 165 (hg-b) ; S. 177 (or) ; S. 180 (o) ; S. 187 (or) ; S. 208/209 ; S. 215 (or) - **Maître-Allain :** S. 23 (u) ; S. 59 (o) ; S. 102 (o) ; S. 103 (ul) ; S. 109 (or) ; S. 148 (u) ; S. 155 (or) ; S. 164 (u) ; S. 174 (u) ; S. 175; S. 183 (Mitte) ; 185 (Mitte l) ; S. 190 ; S. 194 (o) ; S. 200 ; S. 220 ; S. 229 ; S. 248 (u) ; S. 249 ; S. 259 ; S. 261 ; S. 263 (o); S. 274 ; S. 278 ; S. 279 ; S. 280 ; S. 281 - **Pecolatto/Nature:** S. 94 (ul) - **Piednoir/Aquapress:** S.4 ; S. 5 ; S. 8 ; S. 9 ; S. 14 ; S. 20 ; S. 21 ; S. 29 ; S. 30 ; S. 31 ; S. 32 ; S. 33 (u) ; S. 34 ; S. 35 (l) ; S. 36 ; S. 37; S. 38 ; S. 39 (o) **Aquarium de Tours** ; S. 39 (u) ; S. 40 ; S. 41 ; S. 42 (l) ; S. 43 (Mitte r) ; S. 44 (u) ; S. 47 ; S. 48/49 ; S. 50; S. 51 (h - m) ; S. 52 (or) ; S. 53 (u) ; S. 54 (o) ; S. 56/57 ; S. 58 (r) ; S. 59 (u) ; S. 60 ; S. 61 (u) ; S. 62 ; S. 63 ; S. 64 ; S. 65 ; S. 70 ; S. 71 ; S. 72 (u) ; S. 73 ; S. 74 ; S. 75 (u) ; S. 77 (or) ; S. 77 (Mitte r) ; S. 78 (Mitte r) ; S. 80/81 ; S. 81 (Mitte l) ; S. 82 (o) ; S. 87 (ol-Mitte) ; S. 89 (or-Mitte l-ul) ; S. 91 (Mitte l) ; S. 92 (or) ; S. 93 (Mitte ul) ; S. 96 ; S. 97 ; S. 98 (or-Mitte l-ul) ; S. 100 (Mitte or-u) ; S. 101 (Mitte) ; S. 102 (Mitte l-ul) ; S. 103 (o-Mitte) ; S. 104 (u) ; S. 105 (ol-u Mitte) ; S. 106 (o-ul) ; S. 106/107 (u) ; S. 107 (or) ; S. 111 (Mitte r) ; S. 112 (o-Mitte o) ; p112/113 (o); S. 113 (or-Mitte ul) ; S. 114 (Mitte l) ; S. 114/115 ; S. 115 (u) ; S. 116 (Mitte l) ; S. 116/117 ; S. 117 (Mitte or-Mitte ul-ul) ; S. 118 (ul) ; S. 118/119 ; S. 122/123 ; S. 133 (or-ul) ; S. 139 (Mitte ur) ; S. 138 (Mitte ol) ; S. 142 (or) ; S. 147 (u) ; S. 148 (Mitte l) ; S. 149 (Mitte) ; S. 150 (ur) ; S. 151 (Mitte r) ; S. 153 (ul) ; S. 154 (o) ; S. 157 (u) ; S. 158 (o) ; p 160 (o-ul) ; S. 161 (Mitte-u) ; S. 162/163 ; S. 166 (l) ; S. 168 (u) ; S. 169 (o) ; S. 170 ; S. 173 (u) ; S. 174 (o) ; S. 176 (u) ; S. 177 (or-u) ; S. 179 ; S. 180 (Mitte-u) ; S. 181 (o-u) ; S. 182 (o) ; S. 183 (o-u) ; S. 184 (o-u) ; S. 185 (o-Mitte l-ur) ; S. 186 (h-b) ; S. 187 (ol -Mitte-u) ; S. 188/189 ; S. 189 (o-u) ; S. 191 (ul) ; S. 192 (u) ; S. 193 ; S. 194 (u) ; S. 197 ; S. 198 ; S. 199 (o) ; S. 201 (u) ; S. 203 (ul) ; S. 204 (o); S. 204/205 ; S. 205 ; S. 207 (or-u) ; S. 209 (or-Mitte l-ur) ; S. 210 (ur) ; S. 210/211 ; S. 211 (o-ur) ; S. 213 (ol-Mitte r-u); S. 214 ; S. 214/215 ; S. 215 (Mitte); S. 216/217 ; S. 217 (o-u) ; S. 218 ; S. 219 ; S. 221 (u) ; S. 226/227 ; S. 228 ; S. 233; S. 235 (u) ; S. 242 (r) ; S. 243 ; S. 245 ; S. 246 ; S. 247 (o) ; S. 253 ; S. 255 ; S. 260 ; S. 262 ; S. 263 (u) ; S. 264 ; S. 264/265 ; S. 265; S. 266 ; S. 266/267 ; S. 268 ; S. 269 ; S. 270 ; S. 275 ; S. 276 ; S. 281 (o) - **Prévot/Nature:** S. 120 (Mitte l) - **Quinn/Nature :** S. 172. - **Roulland/Aquapress:** S. 10/11 ; S. 23 (o) - **Sauer/Nature :** S. 56 (o) - **Tramasset & Etcheverry:** S. 166 (r).